미래전의 도전과 항공우주산업

미래전의 도전과 항공우주산업

2023년 9월 15일 초판 1쇄 인쇄
2023년 9월 30일 초판 1쇄 발행

엮은이 신범식
지은이 신범식·김상배·김양규·송태은·성기은·임경한·엄정식·이승주·윤민우·홍석훈·윤정현

편집 김천희
디자인 김진운
마케팅 김현주

펴낸이 권현준
펴낸곳 (주)사회평론아카데미
등록번호 2013-000247(2013년 8월 23일)
전화 02-326-1545
팩스 02-326-1626
주소 03993 서울특별시 마포구 월드컵북로6길 56
ISBN 979-11-6707-127-9 93340

미래전의 도전과 항공우주산업

신범식 엮음

신범식·김상배·김양규·송태은·성기은
임경한·엄정식·이승주·윤민우·홍석훈·윤정현 지음

사회평론아카데미

서문

우크라이나 전쟁의 발발과 진행 과정에서 전쟁 및 국방과 관련하여 과거와는 다른 전쟁의 수행방식과 그를 가능하게 한 과학기술 및 산업구조에 대한 다양한 분석들이 쏟아지고 있다. 흔히 미래전이라는 개념하에서 연구되고 있는 이 변화는 군이나 산업계 전반에 다면적인 도전을 제기하고 있다. 아직도 진행 중인 이 전쟁의 영향과 제기된 과제들이 매우 다층적이며 다면적이어서 이를 깊이 있게 정리하기가 쉽지 않은 것은 사실이다. 하지만 그 같은 난점에도 불구하고 미래전의 도전이 현실화되고, 특히 핵개발과 탄두 소형화에 이어 다양한 버전의 탄도탄 미사일의 개발에 혼신의 힘을 쏟고 있는 북한의 위협에 직면하고 있는 한국의 안보적 상황은 미래전의 도전을 정리하고 이에 대한 대응을 고민하는 것을 매우 절실한 과제로 만들고 있다.

이와 관련하여 우크라이나 전쟁이 그동안 이론적 수준에서 논의되어왔던 '미래전'의 의미를 실제화하고, 그로부터 제기되는 다양한 도전을 현재로 끌어오고, 현재화된 도전에 대하여 국방과 산업 전반의 대응이 가속화될 필요성에 공감하면서 이런 도전과 대응이 야기하는 변화의 동학을 파악하는 과제의 절박성에 주목하는 연구자들이 공동연구를 진행하게 되었고, 그 연구의 결과를 책으로 출간하게 되었다.

이 책은 미래전의 개념과 그 본격적인 부상의 배경을 분석하고, 이에 대한 한국의 육군, 해군, 공군의 대응 방안을 모색하며, 이와 함께 세계 주요 군사 강국의 항공우주산업 분야 육성과 우주군사력 증진 노력을 소개함으로써 변화하는 안보환경하에서 우리의 군과 관련 산업이 어떤 방향성과 전략을 수립해 가야 하는지에 대한 폭넓은 고려 사항들에 대한 논의를 제공한다. 이를 통하여 필자들은 미래전의 함의를 국제정치와 국가 정책적 차원에서 분석함으로써 이에 대한 민·관·군의 대응에 대한 종합적이고 총체적인 이해를 도모할 수 있는 사고의 기초를 제공할 수 있을 것이라 감히 자평해 본다.

사실 이 책자는 2년여의 세월을 통해 진행되어 온 집단연구의 결과물이다. 2021년 서울대 국제문제연구소는 한국의 안보환경 변화와 그로부터 제기되는 다면적인 도전 그리고 도전에 대한 대응을 종합적으로 연구하기 위한 연구팀을 결성해 연구를 진행해 왔다. 그 첫 번째 결과물은 『국제 안보환경의 도전과 한반도』(사회평론아카데미, 2023년 2월)로 출간되었고, 두 번째 결과물이 『미래전의 도전과 항공우주산업』으로 출간하게 되었다. 향후 안보와 국방 그리고 산업이라는 주제의 고리를 연결하는 이와 같은 후속 연구를 위한 의미 있는 출발점이 되기를 기대해 본다.

이 책이 나오기까지 수고해 주신 여러분께 감사를 드리고 싶다. 우선 본 주제의 시의성과 엄중함 그리고 전쟁과 위기고조가 진행되고 있는 상황이 주는 부담을 마다하지 않고 최선의 결과물로 집필해 주신 필자들의 노고에 깊은 존경과 감사를 표한다. 또한 본 연구 프로젝트의 기획과 진행, 그리고 출간에 이르는 2년이 넘는 동안 끈기로 격려와 지원을 아끼지 않으신 한국항공우주산업(KAI) 관계자들께 특별한 감사의 말씀을 전한다. 그리고 본 프로젝트를 진행하는 모든 과정에서 재기넘치는 활력과 조력으로 함께해준 서울대학교 정치외교학부 외교학전

공 박사과정 이준석 군과 정민기 군에게 깊은 감사의 마음을 전한다. 끝으로 어려운 출판계의 상황에서도 두 권의 책자를 멋지게 출판해 주신 사회평론아카데미와 김천희 소장님께 깊이 감사드린다.

2023년 8월

필진을 대표하여

신범식

8

차례

제1장   미래전의 도전과 항공우주산업의 대응

신범식(서울대학교)

I. 머리말

2022년 2월 우크라이나 전쟁이 발발하였다. 전쟁 발발 직후 러시아가 지니고 있는 군사력의 규모는 물론이고 특히 2008년 조지아 전쟁, 2014년 크림반도 합병, 그리고 발트해 연안국들을 대상으로 여러 차례 보여준 하이브리드전쟁의 성과들을 고려해 볼 때, 러시아가 압도적인 승리를 신속하게 거둘 수 있을 것이라는 예상이 지배적이었다. 하지만 러시아의 사이버 공격과 통신망 차단 그리고 정보전 수행의 공세에 이은 전투부대의 공격은 그 이전에 러시아가 거두었던 유(類)의 성과를 거두지 못하였다. 도리어 서방의 지원에 힘입은 우크라이나의 방어가 돋보이기까지 했다.

이러한 예상 밖의 전황 전개가 가능했던 최고의 공은 일론 머스크의 스페이스엑스가 지구 저궤도에 띄워 올린 수천 개의 소형 위성 시스템인 스타링크(Starlink)에 있다는 평가가 지배적이다(Economist 2023/1/5). 러시아가 전통적인 우크라이나의 통신망을 파괴하고 하이브리드전쟁을 수행하려는 시점에 '스타링크'를 통한 개인 무선통신망이 사적 정보의 유통과 군사적 통신의 수단으로 활용되면서 새로운 방식으로 정보를 수집하고 준비한 방어작전을 수행하는 대응이 가능해진 것이다.

또한 주목되는 점은 이 전쟁이 진행되면서 첨단 기술이 동원된 하이테크 전쟁의 양상이 점차 강화되어 가고 있다는 것이다. 특히 이 전쟁은 전쟁사에 인공지능(AI)이 최초로 사용된 전쟁으로 기록될 것이다. 이 전쟁에는 안면인식 기술을 비롯하여 인지전의 수행을 위한 심층조작(deep fake) 기술이 사용된 첫 번째 전쟁이기도 하다. 또한 사이버 공격과 사물인터넷에 대한 공격이 시도되었으며, 군과 민간의 경계가 무너지면서 해킹이 전쟁의 중요한 수단으로 부상하였다. 이와 관련하여 특히 주목할 점은 우크라이나전에서 정보심리전을 넘어 인지전(cognitive war)의 중요성이 강조되고 있다는 것이다. 실제 전투에서 거둔 결과 못지않게 중요한 것은 사람들의 생각에서 어떤 이미지가 전쟁과 관련하여 형상화되고 있는가이다. 그래서 이 전쟁은 과거의 어떤 전쟁보다 더 전쟁에 대한 해석과 그에 대한 심층조작 기술이 총력적으로 동원되고 있다. 이러한 전쟁의 차원에서는 정보의 생산 못지않게 유통과 피드백에 의한 재생산이 중요해지며, 이런 의미에서 스타링크의 존재는 인지전 승리의 중요한 기반이 될 수 있는 것이다.

그리고 무엇보다 이 전쟁을 통하여 무인무기체계의 중요성이 크게 부상하였다는 점을 지적하지 않을 수 없다. 이 전쟁 이후로는 드론(drone) 특히 무인항공기(UAV)가 실제 전투에서 얼마나 효과적일 수 있는가에 대한 논쟁은 더 이상 필요 없어 보인다. 러시아군과 우크라이나군 모두에게 장거리, 정밀, 다용도 타격에서 드론의 활용도는 점점 더 높아가고 있으며, 이는 미래전에서 무인체계 무기들이 감당하게 될 역할이 급속히 증대될 것임을 보여주고 있다. 그래서 수많은 전문가는 우크라이나 전쟁이야말로 전쟁사에 새로운 획을 그으면서 '미래전'을 현재로 끌어온 최초의 전쟁으로 기록될 것으로 보고 있다. 드론의 활용도와 관련하여 특히 중요한 것은 전쟁의 성패를 가를 수 있는 작전 능력 가운데 정밀 장거리 타격능력이 얼마나 중요한가를 보여준다는 점이 특별히 지적되어야 한다. 우크라이나군이 가진 강력한 전쟁 의지와 서방이 지원한 첨단무기에도 불구하고 러시아아군에 대한 결정적 승기를 잡지 못하는 이유는 공중 전력의 지원 및 장거리 타격능력에서의 열세 때문이라는 점은 많은 군사전문가들이 인정하고 있다.

이처럼 우크라이나 전쟁의 발발과 진행 과정에서 전쟁 및 국방과 관련하여 다면적 도전이 제기되고 있다. 전쟁의 영향과 제기된 과제들이 너무 다층적이고 다면적이어서 그것을 모두 정리하기란 쉽지 않다. 본서가 주목하고자 하는 것은 우크라이나 전쟁이 그동안 이론적 수준에서 논의되어왔던 '미래전'의 의미를 실제화하였고, 그로부터 제기되는 다양한 도전을 현재로 끌어왔으며, 이처럼 현재화된 도전에 대하여 국방과 산업 전반의 대응을 가속하고 있다는 점이다. 따라서 이런 도전과 대응이 야기하는 변화의 동학을 파악하는 과제의 절박성을 공유한 연구자들이 공동연구의 문제의식을 같이 가다듬었고, 이러한 연구의 결과를 책으로 출간하게 되었다.

II. 미래전의 주요 발전 방향

미래전은 무엇이며 어떤 특징을 띠게 될 것인가? '미래전'은 일반적으로 지정학과 사회적 변화 및 과학기술의 발전 등과 같은 변화의 요인들이 국가를 비롯한 다양한 집단들이 참여하는 무력 분쟁의 형성 및 수행 방식 그리고 전략의 진화에 영향을 미치는 과정과 실천을 일컫는다. 따라서 미래전의 변화를 정의하는 것은 무기체계와 전술 및 전략의 단기, 중기적 발전에 대한 연구를 담아내는 중요한 연구 분야로 이해될 수 있다. 미래전의 개념을 정의하려면 과학기술의 발전에 기반한 군사기술, 사이버 안보와 갈등, 정보 전쟁, 우주 전쟁, 인공지능, 인지전 등과 같은 다양한 요소를 고려해야 한다.

첫째, 미래전을 논의하는 데 과학기술의 발전과 그 통합적 적용에 대한 논의는 중요한 출발점이 된다. 미래전은 인공지능, 로봇, 사이버, 자율시스템, 나노기술, 첨단 소재와 같은 기술의 발전에 큰 영향을 받게 될 것이 분명하며, 특히 이러한 첨단 기술이 통합되어 다양한 스마트무기의 출현이 필연적이다. 따라서 미래전에는 첨단 센서, 로봇, 드론, 자율주행차, 스마트무기 등 다양한 기술의 통합이 이루어지고, 이를 통해 정밀한 타겟팅, 개선된 상황 판단, 인명에 대한 위험의 감소 등이 가능해질 것으로 기대되고 있다. 또한 미래전에서는 인간과 기계 간의 협업이 중요해질 것이다. 웨어러블 기기, 강화 외골격, 신경 인터페이스로 증강된 능력을 갖춘 병사들은 전장에서 극대화된 능력으로 작전을 수행할 수 있게 될 것으로 예상된다. 이같이 발전되고 통합된 과학기술의 활용은 전쟁에서의 의사결정 프로세스의 개선으로부터 원격 또는 자동화된 전투 작전의 실현에 이르기까지 전쟁 수행 방식을 혁명적으로 변화시킬 것이 분명하다.

둘째, 미래전과 무기체계 관련 논의에서 가장 주목되고 있는 분야는 무인·자율 무기체계이다. 미래전에서 드론, 무인 차량, 로봇의 사용은 크게 증가할 것이다. 이러한 무기체계는 정찰, 감시, 표적 식별, 심지어 전투 작전 수행에까지 사용될 수 있어 위험한 환경에서 사람이 수행하는 역할은 현격히 줄어들 것으로 예상된다. 또한 미래전의 작전 현장에서는 원거리에서 특정 자산을 정확하게 표적화할 수 있는 첨단 정밀 유도무기의 사용이 중요해질 것으로 예상된다. 이 또한 부수적인 인명 피해를 줄이고 보다 효과적인 군사 작전 수행을 가능하게 할 것으로 보인다. 하지만 이와 같은 자율무기체계의 발전은 미래전의 윤리적, 법적 고려 사항을 더욱 복잡하게 만들 것으로 보인다. 자율 무기의 사용, 사이버 공격으로 인한 민간인 피해 가능성, 진화하는 기술 환경 속에서 교전 규칙을 정의하는 문제는 미래전과 관련하여 해결해야 할 중요한 과제가 될 것으로 보인다.

셋째, 미래전과 관련하여 고려하여야 할 중요한 도전 중의 하나는 사이버 공간과 인간의 심리 등을 포괄하는 전장(戰場)의 확장이다. 미래전은 물리적 전장뿐만 아니라 정보, 통신, 인식, 심리, 관리 영역에서도 전투가 벌어지는 특징을 가지기 때문에, 정보전, 심리전, 인지전으로서의 다면적 전쟁의 양상을 띨 수밖에 없어 보인다. 따라서 이 전쟁에는 적의 통신 네트워크 교란 공격을 비롯한 사이버 공격, 허위 정보 캠페인, 디지털 플랫폼을 통한 여론 조작 등이 중요한 전쟁의 수단으로 활용될 것이 분명하다. 물리적 공간에서 벌어지는 전투의 승리 못지않게 사람들의 인식과 인지 속에서 이루어지는 전투도 전쟁의 결과에 깊은 영향을 미치는 구조가 미래전의 중요한 특징이 될 것이다.

넷째, 미래전의 전장과 관련하여 전 세계 인구가 도시 지역에 점점 더 집중됨에 따라 미래전에서는 도시전과 같은 인구집중 지역에 대한 전투 시나리오의 비중과 중요성이 높아질 수 있으며, 동시에 비국가 행위자가 재래식 군사력을 상대로 비전통적인 전술을 사용하는 비대칭 전쟁은 미래 분쟁의 주요 특징으로 남을 가능성이 높다.

다섯째, 미래전에서 안보 위협의 근원은 훨씬 다양화될 것이다. 자원의 부족과 환경적 도전은 미래 분쟁의 성격에 영향을 미칠 수 있다. 물과 식량, 에너지, 희토류 등 희귀금속 자원 및 기타 중요 자원에 대한 접근을 둘러싼 경쟁은 새로운 분쟁 역학의 출현에 기여하게 될 것이다. 특히 기후변화는 극한 기상의 잦은 출몰로 인간의 삶에 커다란 영향을 미치며 인간 생존에 근본적인 문제를 제기하고 있다. 가뭄이나 풍수해 피해의 대규모화 및 지구적 전염병의 확산은 인간안보(human securituy)의 중대한 도전이 되고 있다. 이처럼 신흥안보(emerging security)의 차원에서 제기되는 도전들이 미래전의 양상에 지대한 영향을 미칠 것은 분명해 보인다.

여섯째, 이상의 변화에 못지않게 미래전과 관련하여 예상되는 중요한 변화는 역시 공중, 우주, 가상공간과 같은 새로운 영역에서의 전쟁이 새롭게 정의될 것이라는 점이다. 특히 우주 영역은 위성 기반 통신 및 교란, 감시와 정찰, 잠재적으로 직접적인 우주 기반 무기를 포함한 군사 작전의 직접적인 장으로서 급속하게 부상할 것으로 보인다. 우주는 더욱 혼잡해지고 경쟁이 치열해짐에 따라 미래전은 필연적으로 우주 공간으로 확대될 것이다. 우주 영역에서의 미래전에는 대(對)위성 무기, 우주 기반 감시 자산, 궤도상의 중요 자산 보호 등과 관련된 다양한 기술과 무기의 개발과 강화가 필수적 역량이 될 것이다. 사이버 전쟁의 경우도 계속해서 중요한 인프라, 통신 네트워크, 군사 시스템을 표적으로 삼는 전투와 연관될 수밖에 없는데, 이 경우에는 특히 공중과 우주 영역에서의 새로운 기술적 기반을 바탕으로 한 통합적 무기체계를 바탕으로 더욱 확장되고 파괴력 높은 전장을 형성하게 될 가능성이 높아 보인다. 우주가 육상과 해상의 군사 활동을 지원하며 사이버 공간과 연결되어 정보작전이 직접적으로 이루어지는 '전략 공간(strategic space)'으로서의 특징을 강화하면서 향후 미래전의 주된 전장이 될 것으로 보인다.

　이와 같은 미래전의 특성과 전망은 실제 전쟁의 진화에 커다란 영향을 미칠 것이 분명하지만, 그 실제적 진화 양상이 어떻게 전개될지 불확실하다는 점에서 주의를 기울일 필요가 있다. 미래전의 트렌드는 신지정학적 역학, 기술 발전의 향방, 산업적 발전의 동력 창출, 사회적 가치의 변동과 윤리적 대응의 방향과 같은 복잡한 정치, 경제, 사회, 기술적 요인들의 상호작용에 의해 형성될 것이기 때문이다.

　이처럼 다양한 변수들이 상호작용하는 미래전 모습을 그리는 것이 난해하고 불확정적이긴 하지만, 그 예상되는 변화를 특정하여 식별하면서 전쟁의 핵심 당사자인 군과 그 군의 전쟁 수행능력을 결정 짓는 산업계는 어떤 식으로든 이에 대응할 수밖에 없을 것이다. 따라서 미래전의 도전에 대해 군과 산업계에서는 어떤 인식과 전망을 하고 있으며 어떤 대응을 준비하고 있는지 검토해 볼 필요가 있다.

III. 미래전의 도전과 군의 대응

미래전에 대해서 가장 큰 관심을 가지고 대응을 고심해 온 집단은 역시 군일 것이다. 앞서 지적한 바와 같이 다면적이고 다층적인 변화를 수반할 것으로 예상되는 미래전의 변모와 관련하여 군이 특히 주목하고 있는 부분은 다영역 전쟁의 필요성과 그에 대한 수행능력 함양이다. 군의 입장에서 볼 때 미래전은 육상, 해상, 수중, 공중, 우주, 사이버 등 6차원 전쟁을 수행하기 위하여 여러 영역에 걸친 작전의 통합이 필수적이다. 이런 전쟁에서 승리하려면 다양한 군사 분야의 발전은 물론이고 각 분야의 역량 간의 고도의 조정 능력과 높은 상호 운용성이 필요하다. 이것은 공격에만 적용되는 미래전의 특징은 아니다. 방어를 위해서도 작전의 특성은 동일하게 적용될 수 있다. 그래서 '통합 억지'는 미래전의 중요한 목표가 되고 있다. '다영역 작전'과 관련된 군의 대응과 관련해서는 이 책의 2부에서 자세히 다루고 있기 때문에 이곳에서 반복하지 않겠다. 다만 이런 다영역 작전의 수행과 관련하여 최근 제기된 '모자이크적 전투' 방식에 대해서 몇 가지 언급할 필요가 있어 보인다.

　　다영역 작전과 함께 군에서 논의되고 있는 미래전의 중요한 양상으로 주목받고 있는 것이 모자이크전(mosaic warfare) 개념이다. 모자이크전이란 2017년 8월에 미국 DARPA(Defense Advanced Research Projects Agency)가 제안한 새로운 전투방식으로 호환 가능한 센서와 타격 기능을 갖춘 일종의 '타일'로 구성된 복합 체계를 통해 수행되는 전투방식을 의미한다. 모자이크전은 '의사결정 중심전'으로서의 특성을 지니는데, 인간의 지휘와 기계의 통제를 결합하여 분산된 전력을 신속하게 구성 및 재구성하는 능력 위에 수행된다. 이런 전투 수행 방식은 상대의 의사결정 체계를 붕괴시키고, 우군의 인명 피해를 최소화하고, 전투력 손실 시에 신속하고 효과적인 회복력을 강화하려는 목적을 지닌다(장진오·정재영 2020; Clark et al. 2020).

모자이크전의 핵심 요소로는 다음과 같은 것을 꼽을 수 있을 것이다. 첫째, 적응형 킬웹(kill-web)이다. 이는 다양한 센서와 무기를 연결하여 유연하게 타격할 수 있는 네트워크화된 공격체계를 의미한다. 둘째, 조합형 전력 패키지인데, 이는 영역에 상관없이 전력을 조합할 수 있는 전반적 군 구조의 결합을 의미한다. 셋째, 인공지능 작전 수행이다. 어쩌면 인공지능이야말로 모자이크전의 핵심적 요소라 할 수 있는데, 이를 통해 전력의 구성 및 재구성을 지원하고, 상황에 따른 최적의 해법을 제시하는 기술을 확보할 수 있기 때문이다. 넷째, 상황 중심적 C3 구조이다. 이는 지휘관의 의사결정 속도를 증가시키고, 작전적 템포를 활용하는 체계로서 의사결정 중심전으로서의 모자이크전을 수행하는 데 필수적인 요소라 할 수 있다.

따라서 다영역 작전의 적용을 위한 한국군의 발전 방향과 관련하여 한국의 안보 환경을 고려한 '모자이크전'에 대한 연구와 발전도 필요해 보인다. 미래전에 대비하여 영역에 상관없이 전력을 조합할 수 있는 전반적인 군 구조의 검토가 특히 중요해 보인다. 물론 이런 전투 개념을 수행할 수 있는 체계와 조직 및 인력을 양성하는 과업은 커다란 예산적 소요를 발생시킬 수밖에 없다. 그럼에도 불구하고 제한된 국방 재원과 예산을 고려하여 우선순위에 따른 선택과 집중의 전략이 필요하다. 하지만 다영역 작전 및 모자이크전 등으로 발전하고 있는 미래전의 개념을 고려해 볼 때에 항공·우주 분야가 제공할 수 있는 연결성 및 통합성 제고의 역량 강화는 필수적인 대응 과제로 인식되어야 할 것으로 보인다(유지헌 2019.).

이처럼 미래전의 도전에 대응하는 군의 체제를 개편하는 일은 간단한 과제가 아니다. 특히 미국과 같은 선진 강국의 군사 변환의 속도를 따라잡기란 쉽지 않다. 하지만 한국군의 입장에서 미래전의 변화를 예상하고 포착하는 것은 우크라이나 전쟁 이후 변화하는 국제질서의 빠른 속도와 그에 따른 지정학적 재편의 동학을 두고 볼 때 선택이 아니라 필수적인 과제라 할 수 있다. 그렇다면 미래전의 도전과 관련하여 한국군은 어떤 것을 심각하게 인식하고 그에 대해 어떤 대응을 준비하고 있는지 살펴볼 필요가 있다. 우선, 한국군이 직면하고 있는 다면적 도전과 관련하여 특히 미래전적 함의를 크게 지닌 것으로 지적되는 것은 다음과 같다.

첫째, 현재 한국이 당면한 최대의 위협은 북한이 개발하고 있는 핵무기와 탄도미사일로부터 온다. 북한은 핵무기와 다종·다량의 탄도미사일을 보유하고 있으며, 이들은 한반도 안보에 심각한 위협을 가하고 있다. 한국군은 북한의 핵·미사일 공격에 대비하기 위해 한국형 3축 체계를 구축 및 보완해 가고 있다. 한국형 3축 체계는 한국군이 북한의 핵·미사일 공격에 대비하기 위해 구축하고 있는 방어체계로 탐지·경보체계, 타격체계, 방어체계로 구성되어 있다. 탐지·경보체계는 북한의 핵·미사일 발사를 조기에 탐지하고 경보하는 체계로, 미국과의 정보 공유와 국내의 첩보 수집을 통해 이루어지며, 타격체계는 북한의 핵·미사일 발사대와 지휘·통제시설을 타격하는 체계로, 정밀유도무기와 장거리 타격무기를 활용하며, 방어체계는 북한의 핵·미사일을 공중에서 요격하는 체계로, 미군과 협력하는 미사일방어(MD) 체계를 활용한다. 한국형 3축 체계는 한반도 안보에 중요한 역할을 하고 있지만, 완벽하지 않으며 개선이 필요한 것이 사실이다.

둘째, 극초음속 미사일의 도전이다. 극초음속 미사일은 초음속보다 5~10배 이상 빠른 속도로 비행하는 미사일로, 현재의 방공체계로는 탐지하거나 요격하기 어렵다. 러시아의 킨잘은 극초음속 미사일 중하나로, 최대 10배 이상의 초음속 비행 속도를 내는 것으로 알려져 있으며, 이미 우크라이나전에서 실전 사용하면서 개선이 진행되고 있다. 중국도 둥펑17(DF-17) 등 극초음속 미사일 개발에 힘을 쏟고 있으며, 북한도 극초음속 미사일 개발을 추진하고 있는 것으로 알려져 있다. 사실 이에 대한 대응은 유사한 체계를 구비함으로써 동일한 공격으로 보복할 수 있는 능력을 확보하는 방법밖에는 없다는 주장이 힘을 얻고 있다.

이런 도전과 관련하여 미국과 한국 모두 극초음속 미사일에 대한 대응을 강화하여야 할 필요성이 고조되고 있다. 미국은 극초음속 미사일에 대한 대응으로, 2020년 6월 17일 「미 해군의 새로운 전략」을 발표하였다. 이는 극초음속 미사일 등 새로운 위협에 대응하기 위한 전략으로, 기존의 해군 구조를 개선하고, 새로운 기술과 장비를 도입하는 것을 목표로 하고 있다(US Navy 2020/06/17). 한국도 극초음속 미사일에 대한 대응을 강화하고 있는데, 2021년 8월 2일 국방부의 「2022~2026년 방위력 구축계획」에 따르면 한국은 극초음속 미사일 등 새로운 위협에 대응하기 위해, '고고도탄도미사일방어체계(THAAD)'와 함께 '중장거리 탄도미사일 방어체계(M-SAM)'와 '단거리지대공미사일 체계(SPYDER)'를 도입할 예정이며, 한국형 극초음속 미사일을 2030년대 초까지 실전 배치하기로 했다(Lee 2021; 조홍일

2022). 특히 한국은 극초음속 미사일 방어체제 개발을 추진하기로 하고, 장거리지대공미사일(L-SAM II)을 2024-2035년에 개발할 예정이며 (The Defense Post 2023/04/28), 또한 지상발사형 음속6+ 극초음속 순항미사일 하이코어(Hycore) 개발을 추진한 뒤 해상 및 공중 발사형으로도 제작할 예정이다(The Eurasian Times 2022/11/06).

셋째, 신형 저고도 정밀 전술유도무기의 도전이다. 이 신형 정밀 유도무기는 낮은 고도에서 비행하며 정밀하게 목표물을 파괴하는 능력을 갖추고 있어서 다양한 방어체계를 우회하거나 피할 수 있다. 북한은 최근에 신형 전술유도무기를 시험 발사한 것으로 알려졌다(The Diplomat 2022/4/18). 이는 북한이 거의 1년 만에 처음으로 발사한 탄도미사일이었으며, 북한은 이 미사일이 "새로운 유형의 전술유도탄"이라고 주장하고 있다. 북한 조선중앙통신은 이 미사일이 600km 떨어진 북한 동해안의 시험 목표물을 정확하게 명중했다고 보도했다. 특히 이 미사일은 2.5톤의 페이로드를 운반할 수 있어 핵탄두 운반도 가능하다고 한다. 북한은 이 시험발사의 성공이 장거리 포병부대의 화력 타격력을 획기적으로 강화하고 전술핵 작전의 효과성을 강화한다는 점을 강조하였다. 특히 북한이 이런 저고도 정밀유도무기를 갖출 경우 핵 소형화에 따른 실전 사용 가능성을 높임으로써 중요한 위협 수단이 될 수 있을 것이다. 북한이 이러한 무기 개발과 관련하여 한국과 미국의 현존하는 결합형 미사일방어체계는 저고도 정밀유도무기에 대한 취약성이 있다는 지적이 있으며, 한국군은 이에 대응하기 위해 적응형 방공체계를 강화해야 한다는 주장이 제기되고 있는데, 이는 기존 K30 비호와 자주식대공포(SPAAG) 등을 넘어 새로운 적응형 체계의 구축을 검토하고 있는 것으로 알려져 있다.

이같이 미래전과 관련하여 한국군이 당면한 다면적 도전과 그에 대한 대응을 검토하면서 여러 방면에서 군사력을 강화하기 위한 다양한 노력을 경주하고 있음을 알 수 있다. 하지만 무기체계의 개발 못지않게 군사혁신과 군 대비 태세의 발전, 무기체계 중심이 아닌 전투력 관점에서 [무기체계 + 전략전술 + 인재양성]의 종합적 능력 기반을 강화하는 변혁이 시급하다는 주장도 만만치 않다. 전술한 바와 같이 한국군은 북한의 핵무기와 다종·다량의 탄도미사일 및 방사포까지 대비해야 하는 어려움에 처해 있다. 북한의 극초음속 무기가 전력화되고 저고도 정밀유도의 신형 전술유도무기를 포함한 재래식 탄도미사일과 섞어쏘기 방식으로 다차원 동시 공격을 할 경우에 우리 군이 막기 어려운 최악의 상황을 맞을 수도 있다는 비관적 지적이 있다. 최근에는 북한의 드론이 서울 깊숙이까지 침투한 사실에 대한 보고가 있었으며, 이에 대한 대책이 강구되고 있는 것으로 알려져 있다. 도전은 광범위하고 파상적일 수 있다. 결국 미래전과 북한의 도전에 대한 종합적 대응이 필요한 상황을 맞게 되었다.

이와 관련하여 한국 정부는 박근혜 정부 시기 「국방개혁 기본계획 2014~2030」을 수립한 이후 환경 변화에 대응하여 지속적인 개혁·혁신안을 모색하고 있다. 문재인 정부는 2018년 7월에 「국방개혁 2.0」을 발표하였고, 윤석열 정부는 「국방혁신 4.0」을 추진하고 있다. 이에 따르면 한국군은 제2창군 수준의 「국방혁신 4.0」을 추진하여 AI 과학기술 강군을 육성한다는 목표를 천명하고 있다. 4차 산업혁명의 변환과 함께 인구절벽으로 병역자원이 감소함에 따라 국방 시스템을 전방위적으로 변화시켜야 하는 현 상황에서, 첨단 과학기술의 총아인 인공지능(AI)을 전폭적으로 국방체계에 도입하고 국방의 스마트화를 추진하려는 이 계획은 시대적 변화의 요청에 부합하려는 한국군의 노력으로 볼 수 있다.

국방혁신 4.0은 4차 산업혁명 첨단과학기술 기반의 국방을 창출하는 계획으로 다음과 같은 내용을 담고 있다(국방부 2023/03/28). 첫째, 국방혁신 4.0 민관 합동위원회를 설치하여 제2창군 수준으로 국방시스템을 재설계하고, AI 과학기술 강군을 육성하기 위한 전략을 수립하려 한다. 둘째, AI 기반의 유인·무인 복합 전투체계, 국방 AI 전략 추진, 민간기술의 국방 분야 적용 등 국방 R&D 체계 전반을 개혁하려 한다. 셋째, 우리 군 고유의 새로운 군사전력과 작전 수행개념을 발전시키고, 그에 필요한 지휘, 부대, 전력, 병력 구조를 재설계하려 한다. 넷째, 합성훈련환경(STE)을 구축하고 예비군 훈련도 과학적 훈련 방식으로 전환하려 한다. 다섯째, 국방 연구개발(R&D) 거버넌스를 강화하고,

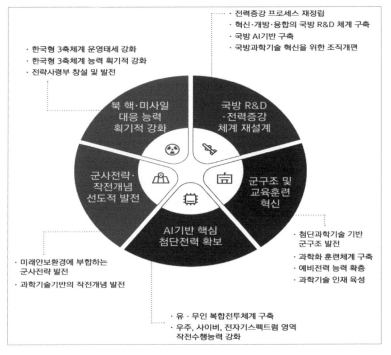

그림 1-1 국방혁신 4.0 중점 과제

군·산·학·연 융합형 소요 기획 및 연구개발 체계를 구축하려 한다.

특히 국방혁신 4.0은 합동성에 기반을 둔 국방우주력의 발전을 강조하면서 이를 위한 조직과 작전개념의 개발 및 중장기적 전력 확보의 추진을 강조하고 있으며, 또한 대내외적 협력을 추진하는 체계를 구축하는 것을 강조하고 있는데, 이는 우주항공청의 설립과 우주항공산업 클러스터의 육성 및 관-산-학 협력체계의 구축과 같은 과제의 중요성과 연결됨을 뜻한다. 결국 미래전의 도전에 대응하며 한국군은 과학기술 발전의 성과를 최대한 반영하면서 새로운 개념과 협력적이며 유연한 조직에 기반한 새로운 국방체계를 구축해 나가려는 노력을 지속적으로 경주해 나갈 수밖에 없으며, 혁신기반의 구축과 혁신성과의 가시화를 이루고 이를 가속화하려는 3단계의 계획은 인구절벽 이후 병역자원의 급격한 축소를 첨단 과학기술 기반 전력의 강화를 통해 보완하려는 노력과 결부되어 단계적이고 지속적으로 추진하려는 의지까지도 담고 있다(국방부 2023/03/28).

따라서 미래전에 대한 군(軍)의 대응은 군만의 노력으로 달성하기 어려운 과제이며, 결국 민(民)의 협력이 중요하다. 특히 첨단 과학기술의 성과를 바탕으로 군의 개혁과 혁신을 진행해야 하는 이유로 산업계와의 협력이 중요하다. 이는 단지 방위산업체와의 협력만을 의미하는 것은 아닐 것이다. 산업계 전반의 혁신과 성과가 군의 개혁과 연결되는 구조를 어떻게 창출할 수 있는가가 미래전에 대한 군의 대응을 성공적으로 이룰 수 있는 기반이 될 것이다.

IV. 항공우주산업의 대응

세계 우주항공산업은 2034년까지 5조 6천억 달러 규모의 시장으로 성장할 것으로 전망되고 있다. 미국이나 영국 등의 기존 주력시장도 안정적으로 성장할 것으로 전망될 뿐만 아니라 중국과 인도와 같은 아시아의 신흥국가들의 수요가 급증하고 있기 때문이다. 특히 아시아의 항공기에 대한 수요는 세계 전체 수요의 38%에 해당하는 1만 2800여 대를 구매할 것으로 전망된다. 항공산업은 물론이고 우주개발 관련 산업도 빠르게 성장하고 있다. 2022년『우주산업실태조사 보고서』에 따르면, 2021년 기준으로 세계 82개국이 우주개발에 참여하고 있는 것으로 알려지는데(과학기술정보통신부 2022/12/30), 2000년 기준 약 30개국 정도가 우주개발에 참여하고 있었던 것에 비하면 크게 증가한 것을 알 수 있다. 이는 그만큼 항공우주 분야의 새로운 의미와 발전 전망이 부각되고 있음을 뜻한다. 우주개발에 참여하는 국가들이 매년 늘어나고 있을 뿐만 아니라 국내 연구기관과 기업체의 참여도 크게 증가하고 있다. 우주산업 분야에서 국내 기업 및 연구기관 등의 참여 수가 증가하는 이유는 우주산업의 성장과 발전에 대한 관심과 수요가 높아지고 있기 때문이다. 한국항공우주산업진흥협회에 따르면, 국내 항공우주산업은 2017년 이후 지속적으로 성장하고 있다(한국항공우주산업진흥협회 홈페이지). 2019년 항공우주산업의 생산은 약 60억 달러로 전년 대비 28% 증가하였으며, 수출은 약 28억 달러로 전년 대비 8% 증가하였다.

하지만 항공우주산업의 산업적 측면만을 두고 검토하는 것은 이 급격한 변화의 동학을 설명하는 충분한 틀이 될 수 없다. 최근 항공우주산업의 급속한 발전은 도리어 미래전의 도전과의 연관 속에서 고찰할 때에 그 의미가 좀 더 잘 드러날 수 있을 것이다. 사실 미래전의 도전과 항공우주산업의 발전은 매우 밀접한 관계에 있다. 전술한 바와 같이 항공우주 기술의 발달로 우주는 강대국들 간 치열한 전장으로 탈바꿈하고 있다. 미중 전략경쟁은 이미 전 지구적 범위를 넘어 우주 공간으로 확장되고 있다. 또한 1년 반 넘게 지속되고 있는 우크라이나 전쟁에서 위성인터넷과 정찰첩보위성의 활약은 미래 전장의 변화 양상과 관련 산업이 가지는 연관성을 관찰할 수 있는 기회를 제공하고 있다. 따라서 미래전 혁신에 대한 항공우주산업의 대응이 가지는 산업적이고 안보적인 의의는 한층 더 중요해지고 있다고 할 수 있을 것이다.

항공우주산업은 미래전의 도전에 대응하기 위해 지속적으로 발전하고 있으며, 이러한 발전은 미래전의 변화 양상을 이해하고 대응하는 데 중요한 역할을 하고 있다. 이러한 상호관계는 앞으로도 지속될 것으로 예상된다. 따라서, 한국의 항공우주산업은 미래전에서 항공과 우주 영역 간 연계가 가지는 다층위적 중요성에 관해 인식해야 한다. 이를 보다 자세히 살펴보면 다음과 같다.

우선, 미래전에서 우주는 지상-수중-공중을 연결하는 핵심적인 공간이라는 점에서 중요하다. 그리고 항공력은 이와 같은 삼중 공간에서 특정 국가가 통합적 전투력을 확보하고 그에 기반을 둔 상황적 유연성의 체계를 마련할 수 있게 한다는 점에서 중요한 역할을 한다. 이와 같은 상황 속에서 각 국가는 우주 공간을 앞서 살펴본 군사적인 측면뿐 아니라 기술·산업·사회적 측면에서도 중요한 공간으로 규정하고 위성방송, 해양감시, 기상관측, 자원탐사, 그리고 다양한 공학·생물학 실험을 통한 신제품과 과학기술 개발 등을 진행하며 우주 공간이 가져다줄 수 있는 효용성을 극대화하고자 노력하고 있다. 이러한 관점에서 우주 공간을 활용하는 국가들의 목표는 우주에서의 우위 확보라고 할 수 있으며, 충분한 우주 및 항공력을 갖추는 것은 그러한 목표를 달성하기 위해 필수적인 조건이라고 할 수 있다(설현주 외 2020).

한편, 상술한 바와 같은 충분한 항공우주력을 바탕으로 비교우위를 점하는 것도 중요하지만 항공우주산업은 우주 공간과 항공력을 어떻게 평화적으로 이용할 수 있을 것인지에 대해 고민해야 할 필요가 있다. 이는 비단 국가 행위자뿐 아니라 기업이나 개인 행위자에게도 해당한다. 즉, 우주와 항공을 군사안보 전략의 측면에서뿐 아니라 산업의 발전과 그것의 파급력, 그리고 우주라는 미래 사회의 새로운 공간 영역과 기술이 어떻게 인간안보를 훼손하지 않을 수 있을지에 대한 규범적 차원의 원칙을 고려해야 할 필요가 있다는 것이다.

우주공간은 영토, 해양, 남극, 항공 등에서의 국제법 논의와 유사하면서도 상당한 독특한 특성을 보인다. 우주공간에서 이뤄지는 활동은 국경과 경계에 얽매이지 않고 이뤄지고 있으면서 우주인, 인공위성 등의 우주물체 등은 국가의 통제를 받고 있으며 민관협력이 상당한 수준으로 구축되어 있다. 따라서 우주공간에서의 국제규범 형성의 현안과 과제는 지구에서의 그것과 비교했을 때 큰 차이를 보일 수밖에 없다. 국제규범 형성 및 창설과 관련하여, 현재 논의되는 주요 사항은 우주의 군사화·무기화, 자위권의 적용, 우주파편의 경감 등 위험요소 제거, 투명성 및 신뢰구축 등이다(유준구 2018).

상술한 논의 사항 중 우주의 군사화 및 무기화는 현재 가장 논쟁적인 쟁점이다. 과도한 우주의 군사화 및 무기화는 우주에서의 군비경쟁을 부추길 수 있으며 이는 무력 분쟁의 증가로 연결될 것이다. 지구 정치와 마찬가지로 주요 우주 강국들이 절대적인 우위를 확보하기 위해 서로가 서로에 대해 무한적으로 경쟁하게 될 경우, 우주 영역에서도 안보 딜레마 형성이 발생할 수 있다. 이러한 문제를 인식하고 있는 군비 통제론자들은 우주의 평화적인 이용을 위해 우주 무기화에 대한 국제적 규제와 제한이 필요하다고 본다. 물론 1967년 우주조약이 체결되어 우주의 평화적인 사용에 대한 주요 국가들 사이에 기초적인 합의가 이뤄졌으나, 우주무기의 개발·시험·배치·사용 등에 관한 금지조항은 취약한 상태이며, 최근 무기 통제에 대한 여러 제안이 있었으나 각국의 이해관계로 합의에 이르지 못하고 있다(이석수 2023).

군사 분야를 제외한 각 쟁점에서도 국가 간 자신들의 이해를 반영 서로 다른 입장이 제기되고 있다. 물론 현재 다양한 국가들이 우주 안보에 대한 거버넌스 및 규범에 대한 논의를 활발하게 진행하고는 있다. 가령, 유엔 총회 산하에 'UN 외기권의 평화적 이용에 관한 위원회(Committee on the Peaceful Uses of Outer Space, COPOUS)'와 '유엔 군축위원회(Conference on Disarmament, CD)'가 있으며, COPOUS 는 지속가능한 우주환경 조성에 관한 정책적·규범적 방안을 동시에 모색 중이다.

그렇지만 이러한 다자주의적 노력에도 불구하고 난립하는 다양한 입장은 각 쟁점의 논의가 향후 국제정치·경제적으로 상당한 영향을 미칠 수 있음과 동시에 점증하는 우주 다자협력 진전에 부정적인 변수로 작용할 수 있음을 암시한다. 이러한 입장의 차이는 서방과 비서방 진영 또는 선진국과 개도국 진영 사이에서 나타나고 있다. 가령 이러한 입장 차이는 장기지속성 가이드라인, 우주2030 어젠다, 우주 상황인식, 우주 교통관리, 우주파편물, 투명성 신뢰구축 조치, 위성부품 수출통제 등과 같은 다양한 쟁점들에 걸쳐서 나타나고 있다(유준구 2018). 따라서, 항공우주산업은 상업적인 차원에서의 우주공간의 활용뿐 아니라 규범적 차원에서의 우주공간 활용과 이에 대한 국제적인 논의를 지속적으로 추적하며 향후 관련 전략을 구상해야 할 필요가 있다.

동시에 항공우주산업은 이러한 우주공간을 연구하고 적용하는 데서 어떠한 모델을 적용할 것인지에 관한 고민을 해야 한다. 과거의 우주산업은 군사·안보와 관련된 목적을 달성하기 위해 국가 주도로 시행되었으며, 매우 높은 개발 비용으로 인하여 민간기업이 뛰어들기에는 진입장벽이 높았다. 따라서 과거의 '올드 스페이스(Old Space)' 시대에는 기술 개발이 제한적일 수밖에 없었다. 그러나 최근 들어서는 우주공간의 경제적인 중요성이 증대됨에 따라 창출될 수 있는 상업적인 가치도 늘어나면서 민간기업도 적극적으로 우주개발에 참여하게 되었고 '뉴 스페이스(new space)' 시대가 본격적으로 시작되었다. 그 결과 국가는 이러한 민간에 '스핀 오프(spin-off)'를 통해서 기술을 이전하는 한편, 민간기업의 우주활동 참여가 국가에 영향을 주는 '스핀 온(spin-on)' 현상이 동시에 나타나게 되었다(박인식 2023).

그렇지만 우주개발 관련 후발국가들에게는 민간뿐 아니라 국가의 역할도 여전히 매우 중요한 상황이다. 따라서 항공우주산업은 국방과 산업의 적절한 결합 모델을 모색해야 한다. 대표적인 모델로는 민관협력이 매우 중요하게 작동하고 있는 미국식 모델, 국가의 주도가 여전히 중요한 중국 및 러시아식 모델이 있을 수 있다. 더불어, 국가가 중요한 역할을 하고 있으나 민간도 어느 정도 참여하고 있는 인도식 모델도 있다. 인도의 우주개발은 국가주의 및 국가안보에 대한 이해뿐 아니라 경제적인 이해 아래에서도 이뤄지고 있으며, 후자와 관련하여 인도의 우주산업은 약 4천억 달러의 이익을 내고 있고 이는 인도우주개발의 주요한 추진동력이라고 할 수 있다. 이러한 국가들과 비교했을 때 상대적으로 우주 후발국인 한국이 가질 수 있는 한국형 모델은 무엇인지에 대한 고민이 비단 국가뿐 아니라 항공우주산업에도 필요하다고 할 수 있다. 이를 위해서는 우주 선진국인 주요 국가들의 개발 모델에 대한 심층적인 비교와 분석이 지속해서 이뤄져야 한다. 결국 한국에게 필요한 모델은 국가 주도형이지만 산업적 유연성과 그 파급 효과가 큰 모델이자, 작은 내수시장을 넘어설 수 있는 국제적인 지향도 동시에 갖춘 모델일 것으로 판단된다. 특히, 우리나라 우주항공산업 규모가 세계 시장에서 차지하는 점유율은 2% 미만이라는 영세성도 극복해야 할 필요가 있다. 그러한 의미에서 미국, 중국, 러시아 등과 비교했을 때 우주 전력에서 열세를 보이는 인도가 달 남극에 최초로 탐사선을 착륙시킨 것은 큰 시사점을 준다고 할 수 있다.

위와 같은 필요에 걸맞은 우주항공산업의 발전과 관련된 과제들로는 다음과 같은 것들이 있다. 첫째, 우주항공산업 인력 양성이다. 우주항공산업의 규모가 나날이 커지고 있지만 국내에서는 해당 산업을 이끌어갈 인재가 충분하지 않다는 지적이 나오고 있다. 기업과 학계는 관련 산업의 발전을 위해서는 2025년까지 만 명이 넘는 인재가 필요하다고 입을 모으고 있으나, 현재 관련 인력은 감소세로 돌아섰다. 신기술을 연구하고 개발할 박사급 연구원은 수가 줄어들고 있으며 제한적으로 배출되고 있는 인력 역시 특정 분야에 편중되어 있다. 한국의 부족한 우주 분야 전문 인력 상황은 다른 국가와 비교했을 때 확연하게 드러난다. 예를 들어, 2019년 기준으로 미 항공우주국(NASA)은 1만 7,396명, 독일항공우주연구센터(DLR)는 8,444명, 프랑스 국립우주연구센터(CNES)는 2,400명, 인도우주연구기구(ISRO)는 1만 7,222명에 달하지만, 한국항공우주연구원(KARI)의 인력은 고작 1,039명에 불과하다. 경제 및 인구 규모를 종합적으로 고려해봤을 때 절대적인 수를 비교하는 것에는 무리가 있으나, 이를 감안하더라도 한국의 인력은 충분하지 않다는 것을 알 수 있다. 우주 선진국들이 미래 인재 양성에 열을 올리고 있는 만큼 국가 차원에서 장기적인 인재 양성 계획을 마련해야 할 필요가 있으며 부가가치 큰 응용 분야 육성 절실하다(조양준

2022). 그러한 지점에서 경상남도가 안정적인 우주항공산업 인력 수급을 위해 18억 원을 들여 KAI 등과 협력해 우주 분야 전문인력 30명, 항공정비(MRO) 인력 50명을 양성하고, 32억 원을 들여 우주항공산업 청년 인재 채용을 지원하며, 대학생과 KAI를 연계한 경남형 트랙사업에 4억 원, 경남주력산업 청년 채용 지원에 25억 원을 투입하기로 한 것은 주목할 만한 일이라고 할 수 있다(황봉규 2023).

둘째, 충분한 예산의 확보이다. 한국의 우주예산은 2020년 기준 GDP 대비 0.04% 수준이다. 항공우주산업의 발전을 위해 정부는 2023년 우주개발에 2022년 7,316억 원보다 19.5% 증가한 8,742억 원을 투입하기로 하였다. 이 중 우주산업 육성 분야에 투입되는 예산이 5,862억 원으로 가장 크며 우주 수송 분야에 1,482억 원, 우주 안보에 954억 원, 우주과학에 344억 원, 우주탐사에 100억 원 순으로 예산을 투입하기로 하였다. 우주산업 육성과 관련해서는 초소형 위성, 정지궤도, 공공복합 통신위성, 차세대 중형 위성, 한국형 위성항법 시스템(KPS) 등 공공 위성 개발 확대가 주요 사업이다. 공공 위성 공급 확대를 통해 민간 우주산업이 성장할 토대를 마련하겠다는 것이 정부의 전략이다(박시수 2023). 또한 국내 우주 개발 담당 기관에 대해서도 충분한 예산을 지원할 필요가 있다. 국내 우주 개발 담당 기관 예산도 하위권에 머무르고 있다. 미 항공우주국과 러시아 연방 우주국(RosKosmos), 중국 국가우주국(CNSA) 등의 연간 우주 프로그램 예산은 한국항공우주연구원보다 4배에서 최대 40배 이상 많은 것이 현재의 실정이다(한민구 2022).

셋째, 예산 효율성을 확보할 필요가 있다. 항공우주산업 관련 예산이 나날이 증대되고 있는 상황에서 늘어난 예산을 효율적으로 사용하는 것은 중요하다. 이를 위해서는 기존 체계의 정비가 필요하다고 할 수 있으며, 이 중 뉴 스페이스 시대에 맞게 기업과 공공기관의 역할 분담을 새롭게 정립해야 한다. 한국 정부의 우주개발은 민간의 기술 역량을 직·간접적으로 지원하는 기술 공급 측면 정책에 집중하였으나 최근 들어 일부 기업과 스타트업의 제조역량이 급속하게 발전하고 있어 기존 정부 지원이 불필요한 분야가 발생하고 있다. 따라서, 공공기관은 기존 정부 지원의 필요성과 정당성이 떨어지는 부문은 선별하고 수요 지향적인 정책을 모색하고 이를 공급과 어떻게 연계시킬 수 있을지 강구해야 한다. 가령 공공기관은 차세대 미래기술(예: 우주쓰레기 경감) 탐색을 위한 산학연 공동연구, 기업의 지속적 연구개발 투자유인을 위한 금융·조세 지원, 초기시장 선점을 위한 표준화, 인증, 시험·평가 등을 지원할 수 있다. 그 과정에서 민간기업은 공공기관과 공동으로 사업 개념 검토, 기술개발 및 실증 등을 실시하여 새로운 사업을 창출하며 공동투자형 연구개발프로그램을 진행할 필요가 있다(김종범 외 2022).

넷째, 항공우주산업의 발전을 위한 국제협력이다. 현재 이와 관련된 국제협력은 국가 대 국가의 양자적 차원, 지역적 단위에서의 소다자적 차원, 지구적 단위에서의 다자적 차원에서 동시적으로 이뤄지고 있다. 국제협력은 항공우주산업의 후발주자들이 더 좋은 기술과 환경에 접근 가능한 기회를 제공해줄 수 있다. 가령, 한국은 미국의 아르테미스 프로그램(Artemis Program)과 달-화성 계획(The Moon to Mars Initiative) 등 달과 화성으로의 여정을 위한 협력을 진행하기로 하였는데, 그 과정에서 인류의 우주 진출 전초기지가 될 달 기지 및 게이트웨이(Lunar Gateway) 건설에 한국의 △수소기술 △교통 및 이동기술 △통신기술을 기반으로 한 협력이 논의됐다(김미경 2022).

한편, 지역적 수준에서의 국제협력도 중요하다고 할 수 있다. 이러한 중요성 아래 최근 들어 지리적으로 인접한 국가들끼리 우주개발을 협력하는 지역 단위의 협력체계도 점차 나타나고 있다. 인접한 국가 들 사이에는 필요한 우주 인프라와 서비스가 비슷하기에, 협력이 적절 하게 이뤄질 경우 경제적 부담은 줄이면서 높은 수준의 우주기반 서비 스를 안정적이고 지속적으로 받을 수 있다는 강점을 지니고 있다. 지 역 단위 우주협력의 대표적인 예는 2019년 3월 출범한 '아랍 우주협력 그룹'이다. 현재 아랍에미리트(UAE)와 사우디아라비아, 이집트, 이라 크, 쿠웨이트, 요르단 등을 포함 총 14개국이 회원으로 있다. 이들은 우 주개발을 위한 각종 연구와 개발을 공동으로 진행하고 있다. 또한 지난 2021년 남미에서도 지역 국가들의 우주개발 협력체(ALCE)가 출범했 다. 현재 아르헨티나, 멕시코, 파라과이, 볼리비아, 코스타리카 등 19개 국이 가입되어 있다. 아울러 아프리카 국가들의 우주개발 협력체인 아 프리카 우주청(AfSA)은 현재 출범을 위한 준비가 진행되고 있다. 최근 에 전해진 소식에 따르면 AfSA의 본부는 이집트 카이로에 설립될 것 으로 보인다(박시수 2022). 이러한 지역 단위의 우주협력체 신설에도 불구하고 현재 동북아시아에서는 이와 비슷한 형태의 움직임이 나타 나지 않고 있다. 따라서 한국은 동북아시아라는 지역적 수준에서 어떠 한 형태의 우주 국제협력을 창출해 나갈지에 대한 고민을 해야 한다.

동시에 아르테미스 외에 뚜렷한 우주 국제협력 사안이 없는 한국 은 양자 내지 다자 차원에서 진행할 수 있는 국제협력 방안을 지속적 으로 탐색하고 이를 바탕으로 우주 접근성을 높여가야 한다. 그러한 측 면에서 인도와 UAE의 우주 협력 사례는 참고할 만하다. UAE는 인도 와 우주기술 스타트업에 합작 투자하기로 결정하는 한편 양자 등 신우 주기술 개발 협력을 확대하기로 했다. 또한 UAE는 프랑스의 CNES와 우주 기후관측소 출범 협약을, 필리핀 우주국과는 우주 과학기술 협력 증진 업무협약(MOU)을 맺으며 우주와 관련된 국제협력을 활발하게 진행하고 있다.

　이처럼 항공우주와 관련하여 추진될 수 있는 다양한 형태의 국제
협력 모델이 존재하는바, 한국은 이에 대한 지속적인 관심과 연구를 바
탕으로 우주 접근성을 확보하고 더 나아가 항공우주산업 발전을 위한
탄탄한 기반을 다져야 한다.

V. 책의 구성과 주요 논지

이와 같은 미래전의 도전에 대한 군의 대응과 산업계의 대응을 다루
는 이 책은 크게 세 부분으로 구성되어 있는데, 먼저 제1부 "미래전
의 도전"은 미래의 전쟁 수행 방식을 의미하는 미래전(未來戰, future
warfare) 개념의 이론적 함의, 정치, 군사·안보, 기술적 배경 그리고 미
래전의 부상으로부터 제기되는 도전을 다룬다. 구체적으로, 각 장은 미
래전 부상의 배경과 그 복합지정학적 함의, 우주를 둘러싼 미래 군사안
보적 억지 전략의 등장, 그리고 미래 정보전 대응 방안으로서 우주기술
의 발전에 관한 논의를 통해 미래전의 발전 양상을 추적·전망하고 그
전략적 무대로서 우주 공간을 조망하고 있다.

　2장 "미래전 환경변화의 복합지정학: 항공우주산업에 주는 함의"
에서 김상배는 미래전 부상의 배경이 되고 있는 과학기술과 군사안보
및 국제정치 분야의 환경변화를 복합지정학적 변환의 시각에서 살펴
보고 있다. 미래전의 발전 양상은 인공지능(AI)과 로봇 기반 무기체계
와 '정보전(information warfare)'의 출현, 그리고 전투 영역의 공간적,
인지적(cognitive) 확대 등으로 요약할 수 있다. 특히 인공지능 기반 자
율무기체계(Autonomous Weapon Systems, AWS)의 도입은 단순한 무

기체계 질적 혁신을 넘어서 군사안보 분야 작전개념, 전투 공간, 전쟁 양식의 근본적인 변화를 불러올 것으로 예견되며, 정보전의 부상은 군사안보 분야 조직과 제도 혁신을 유발하고 있다. 거시적으로, 위와 같은 전쟁 수행 주체와 방식의 변화는 국제정치의 작동방식과 구성원리에 영향을 미칠 것으로 예상된다. 필자는 이러한 변환 과정의 이면에 놓인 강대국 간 지정학적 경쟁이 우리에게 익숙한 지정학의 범위를 넘어선다는 사실을 지적하고, 그로부터 다양한 지정학적 시각을 아우르는 '복합지정학(complex geopolitics)'의 시각이 필요함을 역설한다. 지리적 공간의 초월, 비국가 행위자들의 부상, 자율무기체계의 초(超)국가성과 반(反)인륜성은 기존 국제협력 거버넌스와 국제규범에 중대한 도전을 제기함과 동시에 고전지정학, 비판지정학, 비지정학, 탈지정학 등 어느 하나의 지정학적 시각으로 이해할 수 없는 세계정치의 복합적 성격을 드러낸다는 점을 강조하는 필자의 주장은 미래전에 대한 다면적 대응의 필요성을 잘 보여준다.

3장 "'전장으로서의 우주'와 미래의 억지전략: 미중 안보전략 변화와 한국"에서 김양규는 현재 '통합억지(Integrated Deterrence)'와 '지능화전(智能化戰)'의 대립으로 나타나고 있는 군사안보 차원에서 벌어지고 있는 미중 전략경쟁의 본질이 냉전 시대 핵무기의 강력한 보복 능력에 의존한 '징벌에 의한 억지(deterrence by punishment)'로부터 인공지능과 장거리 정찰 및 타격 영역 신기술 기반의 '거부에 의한 억지(deterrence by denial)'로의 패러다임의 전환이라는 점을 설명한다. 그는 이러한 변화가 우주 공간과 연계된 지휘·통제, 통신, 정보, 감시 및 정찰(C4ISR) 역량에 있음에 주목, 미국과 중국의 군사력이 충돌하는 주요 전장으로서 우주 영역에서 양국의 상대적 세력 배분 상태를 살펴본다. 김양규에 따르면 미중은 현재 공격 우세, 공격-방어 역량 구

분 모호성, 군사-비군사용 자산 구별 불가능 등의 특징으로 인해 우주
라는 전장 공간에서 상호 취약성(mutual vulnerability)을 공유하고 있
으며, 이는 냉전기 미국-소련 간 '공포의 균형'과 유사한 형태로 양자
간 전략적 안전성을 부여하고 있다. 그러나 미래전의 특성 중의 하나인
'거부에 의한 억지'가 '징벌에 의한 억지'의 취약성을 극복하려는 시도
임을 고려할 때, 미국은 앞으로 우주 전장에서도 회복력과 방어력에 토
대를 둔 거부에 의한 억지 태세를 강화하기 위해 더욱 힘을 쏟을 것이
라는 예상을 가능하게 한다. 이러한 전망을 바탕으로 필자는 한국의 안
보전략 및 관련 역량의 강화를 위해서 한국은 세계안보질서의 변화와
동맹국 미국이 집중적으로 강화하려는 역량을 고려해 그에 적합한 안
보전략 개념을 개발해야 하며, 항공우주산업의 발전과 관련해서도 한
국 안보전략의 변화와 궤를 같이하며 미래 전장에 필수적인 역량의 증
진과 관련된 기술 개발에 좀 더 집중하는 전략적 고려가 필요함을 주
지해야 한다는 점을 강조하고 있다.

　4장 "미래 정보전과 우주위성"에서 송태은은 우주라는 신흥안보
공간의 현재적 의미를 조망하면서 육상과 해상의 군사 활동을 지원하
고 사이버 공간과 연결되어 정보작전이 직접적으로 이루어지는 전략
공간으로서의 특징을 지니고 있음을 강조하고, 향후 미래 정보전과 관
련하여 더욱 커다란 비중을 차지하는 주된 전장으로 부상하게 될 것임
을 전망한다. 필자는 우주기술 강국들이 최근 다수의 경량화된 군집형
소형 위성체 개발에 매진하고 있음에 주목하며 이것을 우주의 주(主)
전장화의 주요 증거이자 사례로 제시하는데, 특히 우주위성에 대한 인
공지능 기술의 접목이 정보전에서 우주기술의 전략적 위상을 높이는
데 일조하고 있음을 강조한다. 구체적으로, 주요국들은 무기화되고 있
는 우주자산을 공격할 수 있는 반위성(anti-satelite) 전력의 개발과 함

께 우주자산과 통신하는 지상 스테이션에 대한 공격과 방어에도 주목하고 있다. 우주기술 대표 강국인 미국은 그간 통신, 항해, 미사일 발사 등에 대한 정보 및 조기경보 시스템 차원에서 우주위성을 운용했으나, 최근 우주기술을 사이버전이나 정보전과 같은 비전통 군사작전에 사용하기 위한 다양한 방법을 모색하고 있다. 미국이 복원력이 한층 강화된 데이터 중심 환경인 다층적 사이버 안보 환경을 강화하고 있으며, 적의 반접근·지역거부(A2/AD) 영역을 분열시키고 특수작전을 전개하는 데에 있어서 감시정찰 위성과 사이버 기술을 사용하려는 접근법을 취하고 있다는 필자의 지적은 향후 미래전의 전개 과정에 대비해야 하는 우리 군에 대한 중요한 시사점을 제시해 주고 있다.

제2부 "미래전과 군의 대응"에서는 전쟁 수행 방식의 새로운 패러다임으로서 미래전의 등장에 대한 육군, 해군, 그리고 공군 차원의 이해와 각 군의 대응 방안을 다룬다. 각 장은 작전 영역의 시공간적 확대로 인한 다영역 작전(Multi-Domain Operation, MDO) 개념의 도입과 이에 따른 기존 공중·지상·해상 간 작전 영역의 중첩 및 우주 공간으로의 작전 영역 확대에 대한 한국군의 대응과 관련하여 병종(兵種) 간 상호운용성 확대 및 해양 기반 우주 작전 능력 배양 그리고 공중-우주 교차영역에서의 작전 역량의 증진이라는 중점 과제에 초점을 맞추어 육군과 해군 그리고 공군의 관점에서 분석하고 있다.

제5장 "다영역 작전의 등장과 미래 전장의 변화"에서 성기은은 2010년대 중반 미국 육군에서 시작된 다영역 작전의 개념이 첨단과학기술의 발전에 따른 미래 전장의 변화에 대응하는 군사전략 진화의 일환이었음을 지적한다. 특히 미래 전장의 변화는 크게 우주와 사이버 공간으로의 작전 영역의 확대, 병종 간 작전 영역의 중첩, 그리고 근접 지역 중심 작전 지침의 우군과 적군 간의 깊은 종심 지역의 확대 등을 요

청하고 있다는 것이다. 이러한 미래전의 도전에 대응하여, 필자는 확대된 시공간에서 단순한 병종 간 합동성을 강화하는 수준을 넘어 성공적인 다영역 작전의 수행을 위해서 필요한 한국 육군의 과제를 다음과 같이 정리하고 있다. 우선, 합동 또는 연합 다영역 작전에서 육·해·공군의 작전이 중첩되는 영역의 확대는 합동군 지휘관의 합리적이고 신속한 결심을 요구한다. 또한, 작전 영역의 중첩 현상으로 초래될 수 있는 집단행동의 부정적 결과에 대비해야 한다. 각 병종이 고유의 전통적 작전 영역에만 집중한다면, 모두에게 중요하지만 아무도 주도하지 않는 중첩된 영역의 작전 공백이 예상되므로 이에 대한 세밀한 대비책이 필요하다는 것이다. 마지막으로는 사이버 영역에서 상호운용성 강화를 위해 노력해야 한다. 이 같은 과제와 관련하여 중요한 화두로 떠오르고 있는 것이 미국을 중심으로 설계된 연합 다영역 작전 수행에서 미국과 동맹국 간 정보 공유 및 접근이다. 따라서 한국 육군 역시 미군과의 연합 다영역 작전을 위해 지휘통제 및 통신 체계와 네트워크 방호의 분야에서 양자 간 상호운용성을 강화하는 것이 중요한 과제가 되고 있는 만큼, 이에 유의해야 할 것이다.

　제6장 "미래 해양 우주력과 다영역 작전"에서 임경한은 해양 분야에 특화된 미래전 수행의 차원에서, 수중을 포함한 해양에서부터 우주 공간에 이르는 영역에서의 해양 기반 우주력과 다영역 작전에 대해 고찰하고 있다. 미래 정보화 전쟁(정보전)을 주도할 빅데이터 인공지능 기반 첨단무기체계는 유·무인체계의 결합을 통해 전장을 지배하는 새로운 핵심 요소로 자리할 가능성이 농후하다. 정보화 전쟁이 가져올 미래전에서는 전쟁 수행 주체 간 연결 또는 연계가 가속화될 것이므로, 기존의 공중·지상·해상과 함께 우주·사이버 등 이른바 다영역에서 효과적으로 군사작전을 수행할 수 있는 무기체계 개발과 운용 능력을 갖

추는 것이 필수적이다. 특히 필자는 해양 기반 우주력이 시각적으로 보이지 않는 수중이라는 전통적 전장 영역에 우주 공간과 사이버 전자기 스펙트럼 영역을 연계한 작전수행 능력을 보장할 수 있는 근간임을 역설한다. 필자에 따르면 현재 한국 해군은 이런 작전수행 능력의 확보를 위해 다영역 통합 해양작전을 준비 중이며, 구체적으로는 육·해·공 합동작전을 지원할 목적으로 해양작전을 주도하기 위한 우주력 운용 방안을 수립하고 우주-사이버-전자기스펙트럼 간 영역 중 최소 두 개 이상의 교차영역에서 작전의 시너지를 창출하기 위한 구체적인 운용 방안을 고심하고 있다고 한다. 그는 한반도를 위협하는 적의 공격 방향을 보다 원거리에서 감시 및 탐지하고 대응하기 위해서는 해양 기반의 우주력 발전 체계를 갖추는 것이 대단히 중요하며, 이에 해군이 수행하는 다영역 작전에 우주력을 효과적으로 활용하기 위한 면밀한 준비가 뒤따라야 한다고 제언한다.

제7장 "미래전 전망과 공중-우주 교차영역에서 한국 공군의 발전 방향"에서 엄정식은 한국 공군이 한반도에서 향후 발생할 수 있는 미래전적 전장에서 공중 우세를 확보하고 이를 지속하기 위해서는 공중-우주 교차영역을 필수적으로 활용해야 함을 주장한다. 이 교차영역의 활용을 통해 항공 작전의 효과성과 효율성을 증대시킬 수 있는 것은 물론이고 '교차영역 연결, 접근, 접근 거부'를 달성할 수 있기 때문이다. 특히 우주 전력은 공중과의 교차영역에서 임무 성공률을 증대시키는 효과성을 높일 수 있을 뿐만 아니라 공중 전력의 소모율을 감소시키는 효율성도 발휘할 수 있다. 필자는 한국 공군이 이러한 교차영역을 활용할 수 있는 능력과 우주력을 단기간에 달성하기는 어렵다는 현실을 인정하지만, 발전된 미국의 우주력을 활용할 수 있는 파트너십을 구축하여 한미 연합 항공우주력을 강화하고 관련된 역량과 경험을 적

극적으로 축적해야 함을 역설한다. 구체적으로는 미 공군의 ACE 전략에 적극적으로 참여하고, 공중-우주 교차영역을 활용한 지휘통제에 한국 공군이 주도적 역할을 담당하여 한반도 전구(戰區)에 분산된 전력을 통제할 수 있는 역량을 갖추는 것이 중요하고 제언한다.

　제3부 "미래전과 항공우주산업의 대응"에서는 제1장에서 제시한 미래전의 부상에 대한 항공우주산업의 대응 양상을 한국을 포함하는 세계 주요국 정부와 민간 영역에 걸쳐 논한다. 각 장은 미래전의 도전과 군의 대응 그리고 그로부터 파생되는 항공우주산업의 대응의 다양한 면모를 미국과 중국의 우주산업 발전과 경쟁 양상, 러시아와 인도의 최근 우주군사전략, 세계 주요국의 항공우주산업 분야 기술 경쟁, 그리고 한국 항공우주산업 강화를 위한 정부와 민간 영역 협력 방안 등과 같은 주제를 중심으로 검토하고 있다.

　제8장 "우주의 군사화-상업화 시대 미중 우주 경쟁"에서 이승주는 2015년 이후 가시화되고 있는 중국의 '우주 굴기'와 현재 미중 전략경쟁 구도의 연관성과 우주 공간에서 미국의 패권적 지위에 미치는 영향을 분석한다. 그는 미중 간 전략경쟁이라는 구조적 요인이 중국의 시진핑 정부가 국가전략 차원에서 우주산업을 '중국몽(中國夢)'의 새로운 분야로 설정하여 집중적으로 육성하게 된 계기로 작용하였음을 지적한다. 우주는 군사적 차원에서 새로운 전장으로 부상하고 있을 뿐만 아니라 장기전이 예상되는 전략경쟁에서 미래 경쟁력의 핵심이므로, 이러한 중국 우주산업의 비약적 발전은 결과적으로 전략경쟁의 상대인 미국에게 커다란 위협으로 다가오고 있다. 필자는 특히 우주 공간이 미국이 오랜 기간 패권적 지위를 구축한 분야라는 사실로부터, 중국의 추격이 미국이 주도해 온 우주 공간에서의 세계질서의 변화를 초래할 수 있다는 점에서 더욱 경계의 대상이라는 점을 상기한다. 그는 미국과

중국이 자국 우주산업의 경쟁력을 바탕으로 세계질서의 주도권을 장악하기 위한 경쟁을 치열하게 전개해 나갈 것이며, 이에 따라 향후 우주산업의 불확실성은 더욱 커질 것으로 전망한다.

제9장 "세계 주요국의 우주군사전략: 러시아와 인도"에서 윤민우는 우주군사력 측면에서 두 번째 그룹(Second Tier)에 속하는 러시아와 인도의 최근 우주군사전략을 고찰하고 그로부터 한국 우주군사전략에 대한 시사점을 도출한다. 세계의 주요 군사 강국들은 미래 전쟁에서 우주군사력의 중요성을 인식하고 그 증강을 위한 경쟁에 적극적으로 나서고 있다. 필자는 우주군사력의 강화를 위해 경쟁하는 국가들을 각국의 전략적 비전, 경제력, 과학기술력, 그리고 일반 군사역량을 총괄하여 세 개의 그룹으로 나눈다. 첫 번째 그룹(First Tier)에 속하는 국가는 미국과 중국이다. 이들 국가는 다른 국가들과 차별되는 우주군사력의 뚜렷한 우위를 갖고 있다. 러시아와 인도는 두 번째 그룹을 구성하는 대표적 국가들로 미국과 중국 등에는 미치지 못하지만 상당한 정도의 우주 경쟁력, 군사적 비전, 그리고 전략목표를 가지고 있는 것으로 평가된다. 일본, 이스라엘, 영국, 프랑스, 독일, 한국 등은 세 번째 그룹(Third Tier)으로 우주개발과 우주군사력 강화에 대한 의지와 잠재적 역량을 가지고 있는 국가들로 지목될 수 있다. 이와 같은 분류를 통해, 필자는 러시아와 인도가 한국보다 앞선 우주 군사 강국으로 한국이 우주군사력 발전의 모델로 벤치마킹하기에 적절한 현실 사례임을 지적하고 있다.

제10장 "항공우주산업 분야에서의 미래전 기술 경쟁"에서 홍석훈은 4차 산업혁명 시대 전쟁 양상의 변화와 함께 우주 공간이 미래 전장으로 부상하는 데 따른 우주과학기술 경쟁의 국제적 양상을 살펴보고 이와 관련된 한국 과학기술 발전 현황과 주요 과제를 분석한다. 미래전

의 도래와 더불어 군사적 초강대국인 미국을 비롯한 중국과 러시아 등 기존 군사 강국들은 다양한 신무기와 새로운 전쟁 개념을 발전시키고 있다. 필자는 특히 북한의 우주개발이 그간 핵개발과 장거리미사일 등 전략무기 개발 정책과 연계되어 왔다는 점에서 그 우주전략의 방향성 이 남북관계뿐만 아니라 한반도 안보 및 평화체제 정착에 중요한 변수 로 대두될 것이라는 점을 지적한다. 이는 사이버, 우주, 전자기 영역 등 다양하고 비전통적인 군사적 경쟁 공간에서 한국군의 상대적 우위를 통해 무력 충돌을 억제하며, 충돌 시 신속한 군사적 대응을 확보할 수 있는 방향으로 전쟁 개념이 발전되어야 할 필요성과 연결된다. 그런데 한국의 항공우주 무기체계 관련 기술 수준은 미국, 중국, 러시아와 같 은 주요 군사 강대국과 큰 격차가 있는 것이 사실이다. 이에 따라 필자 는 향후 관련 핵심기술 확보를 위한 중·장기 기술 발전 기반을 강화하 고, 군사작전 지원에 긴요한 우주전력 및 소요 기술을 우선 확충할 것 을 조언한다. 이를 위해서는 한국 정부가 항공우주 산업과 미래전에 대 비한 우주무기 등 기술 경쟁에 대한 분류, 운용개념, 위성체 및 발사체 발전 추세, 주요국의 우주과학 기술 개발 동향을 파악하고 이에 따른 대응 방안을 마련해야 할 것이다.

제11장 "미래 우주산업 강화를 위한 한국형 민관협력 방향"에서 윤정현은 이른바 '뉴 스페이스(New Space)' 시대로 명명되는 현 우주 산업의 새로운 도약기를 맞아 주요 국가들 사이에서는 우주산업의 지 형변화를 주도하는 새로운 민관협력에 대한 논의가 활발히 진행되고 있다는 중요한 공통점을 포착한다. 우주 공간이 군사안보적인 핵심 영 역으로 부상하고 있는 만큼, 주요 우주 선도국들은 민간 기업의 장점을 우주개발에 더욱 적극적으로 도입하고 있다. 이에 따라 군과 민간의 상 호협력 극대화를 위한 효과적인 관계 정립이 주요 화두로 부상하고 있

지만, 필자는 위와 같은 뉴 스페이스 담론이 한국과 같은 우주개발의 후발주자에게도 유효한지에 대해서는 보다 신중하고 면밀한 검토가 필요하다고 주장한다. 특히 뉴 스페이스 담론의 발원지로 관련 기술 개발을 위해 이미 성숙한 민간 생태계를 구축한 미국과 달리, 한국은 아직 국가의 전략적 목표와 정부의 투자가 우주개발의 방향을 좌우하는 중요한 요인이라는 차이를 보인다는 점에 주목할 필요가 있다. 따라서 필자는 한국의 특수한 발전 단계와 여건을 종합적으로 고려한 민관협력의 정립이 필요함을 강조한다. 구체적으로는 통합적 혁신 생태계 구축, 민군 겸용 분야에서의 기술 개발과 활용, 한미동맹과 연계성 강화, 향후 세계시장 진출을 위해 국제협력과 규범에 입각한 외교적 노력 등이 필요하며, 이를 통해 우주개발의 실질적 전진을 위한 한국형 발전 방향을 기대할 수 있을 것이다.

종합하자면, 이 책은 미래전의 개념과 그 본격적인 부상의 배경을 분석하고, 이에 대한 한국의 육군, 해군, 공군의 대응 방안을 모색하며, 이와 함께 세계 주요 군사 강국의 항공우주산업 분야 육성과 우주군사력 증진 노력을 소개함으로써 변화하는 안보 환경하에서 우리의 군과 관련 산업이 어떤 방향성과 전략을 수립해 가야 하는지에 대한 폭넓은 고려 사항들에 대한 논의를 제공한다. 이를 통하여 필자들은 미래전의 함의를 국제정치와 국가 정책적 차원에서 분석함으로써 이에 대한 민·관·군의 대응에 대한 종합적이고 총체적인 이해를 도모할 수 있는 사고의 기초를 제공하게 될 것으로 기대한다.

VI. 전략과 과제

미래전의 도전에 대응하면서 동시에 새로운 산업적 도약의 물결을 타야 하는 항공우주산업의 지속적인 성장을 담보하기 위해서는 다음과 같은 논점과 과제들에 대한 검토를 요구한다. 첫째, 우주항공산업 발전을 위한 원칙의 문제들이다. 앞서 살펴본 바와 같이 우주개발과 함께 필연적으로 수반되는 우주의 평화적 이용이라는 원칙의 훼손에 어떻게 대응할 것인지 고민해야 할 필요가 있다. 이러한 것에 대응하기 위해서는 1967년 발효된 우주조약 이후의 규범적인 논의를 지속하여 진행할 필요가 있다. 우주공간의 평화적 사용에 대한 규범적인 논의가 없이는 다양한 문제가 촉발될 수 있는데, 그러한 것 중 하나는 대량살상무기의 사용이다. 1967년 조약은 대량살상무기를 운반하는 일체의 물체를 지구궤도나 외기권에 배치하는 것을 금지하고 있다. 이는 미국과 소련이 각자의 핵무기를 지구 궤도상에 올리는 행위를 금지하기 위함이었다.

그러나 이러한 조약의 존재에도 불구하고 무기가 계속하여 개발되었으며, '신의 지팡이(Rods of God)'가 가장 대표적인 예이다. 신의 지팡이는 수천에서 수만 km의 인공위성 궤도에서 무거운 물체를 떨어트려 운동에너지를 폭탄처럼 활용하는 무기를 의미하는데, 1972년 소련과 미국 사이에 체결된 대탄도미사일조약(Anti-Ballistic Missile Treaty)에는 우주에 핵무기를 배치하는 것만 명시적으로 금지하고 있었기 때문에 텅스텐 막대만 궤도에 올리는 '신의 지팡이'는 조약을 위반하지 않고 배치 가능성이 있었다. 물론 신의 지팡이의 배치는 1967년 우주조약에 위반되는 행위였지만, 미국, 소련, 영국만 이 조약에 먼저 서명하였기에 조약 위반에 대한 별다른 처벌이 이뤄지기는 현실적으로 어려웠다.

1983년 미국에 의해 발표된 '전략방위구상(Strategic Defense Initiative)' 역시 우주자산을 군사적 목적으로 활용하려는 계획이었다. 물론 전략방위구상의 목적 그 자체는 소련의 핵무기로부터 미국을 보호하기 위함이었으나, 그 방식이 우주공간에 레이저나 입자빔 인공위성 같은 첨단 우주 장비를 배치하는 것이었기에 우주공간의 군사화를 촉진한다는 비판을 피하기 어려웠다. 최근 들어 미국과 중국, 미국과 러시아 등의 관계가 악화되는 상황 속에서 각국이 국력 증진을 위해 우주공간을 활용하는 상황이 발생할 수도 있기에 이를 방지하기 위한 규범적인 논의가 필요하다.

우주공간의 평화적인 이용에 대한 규범적인 논의는 우주개발 경쟁이 본격화되면서 상업적 목적의 우주산업이 차지하는 비중이 급격히 증가하는 상황에서도 필요하다. 우주공간에서의 상업적 활동은 사실상 군사적 활동을 전제하거나 수반할 가능성이 높으며, 대부분의 우주기술은 군사적 사용으로 즉각적인 전환이 가능한 이중용도(dual-use) 기술이다. 이와 더불어, 우주개발에 따른 우주공간의 체증, 우주 잔해물의 충돌 위험, 전자간섭 및 사이버 해킹 문제 등도 발생할 수 있다(유준구 2021). 최근 미국에 의해 적극적으로 추진되고 있는 달 탐사 프로젝트인 아르테미스의 비판점 역시 우주 경쟁의 가속화에 영향을 줄 수 있다는 것에 있다. 2021년 당시 러시아는 아르테미스 프로그램이 현재 형식으로 서명하기에는 너무 '미국 중심적'이라고 밝혔으며, 미국 정부는 중국과의 우주 협력을 금지하고 있어 중국은 아르테미스 협정 체결 대상이 될 수 없다. 더불어, 아르테미스 협정이 우주 자원 활용에 관한 국제조약 위반이라는 지적도 있다. 아르테미스 협정에는 우주 자원에 대해 우주조약을 위반하지 않는 수준에서 우주 자원을 추출하고 활용할 수 있다고 명시하고 있어 달에서 희토류 등 광물 채굴이 진행될 수 있음을 시사했다. 이는 지난 1979년 달을 포함한 외계 행성의 자원에 대한 상업적 이용을 금지하는 유엔의 '달 조약(Moon Agreement)' 비준안에 위배된다고 할 수 있다. 물론 미국이 이 비준안에 동의하지는 않았으나, 이와 같은 경쟁의 가속화는 우주공간의 평화적인 사용에 부정적인 영향을 줄 수 있다(이현경·김민수 2021). 실제로 중국 역시 미국의 적극적인 달 탐사에 대응하여 '창어(嫦娥) 공정'을 추진하고 있다. 창어는 중국 신화에 나오는 달의 여신 이름이다. 또한 중국은 자체 우주정거장 구축에 속도를 내는 등 독자적인 우주개발을 강화하고 있고, 러시아와 중국이 우주탐사에서 협력을 약속했다. 그러한 이유로 앞으로 우주탐사에서 미국을 중심으로 한 아르테미스 연합체와 중·러의 대결 구도가 굳어질 수 있다는 전망이 나오고 있다.

이처럼 우주공간의 블록화는 지구에서 발생하고 있는 국제정치적 동학과 맞물리며 새로운 안보적 위협을 만들어 낼 수 있다. 한국은 우주 강국들 사이에 이미 논의된 규범적 논의에 편입되기보다는 이와 관련된 규범적인 논의의 장에 활발하게 참여해야 한다. 또한, 그 과정에서 변화하는 우주공간에 대한 접근은 현실주의적 안보 개념보다는 포괄적 안보(comprehensive security)나 복합적 안보(complex security)의 차원에서 이뤄질 필요가 있다(유준구 2021).

그 외에도 항공우주산업의 발전은 미래전과 안보의 관점에서 다양한 문제를 제기한다. 앞서 살펴본 바와 같이 항공우주산업은 국가안보와도 직결되는 분야이기 때문이다. 따라서 한국이 향후 항공우주산업 전략을 세워나가는 과정에서 그 중심을 어디에 둘지 고민하는 것은 필수적인 작업이라고 할 수 있다. 이는 전략의 기준점(reference point)을 어디로 설정할 것인지에 관한 질문으로도 연결된다. 즉, 한국에 있어서 항공우주산업이 가지는 미래전과 안보적 의미를 고민할 필요가 있다. 가령, 한국의 항공우주산업 전략은 미국과의 동맹구조에 대한 동조의 필요성, 대북 억지의 관점에서의 필요성, 대(對)중국 대응을 위한 필요성 등에 기반을 두고 전개될 수 있다. 혹은 인도의 사례에서 확인할 수 있듯이 각 지점에 대한 독립적이고 선택적인 전략을 펼쳐 나갈 수도 있다.

2023년을 기준으로 한국의 항공우주산업은 미국과의 전략적 연대 강화에 기준점을 두고 있는 것으로 보인다. 지난 2023년 5월 미국 워싱턴D.C. NASA 고다드우주비행센터에서 '과학기술정보통신부-NASA 간 우주탐사 및 우주과학 협력을 위한 공동 성명서'가 서명되었으며 이를 통해 한국과 미국 간 기존에 이뤄졌던 개별 연구기관 중심 산발적 협력이 전략적 협력으로 발전될 기반이 형성되었다. 또한 이 성명에는 한국 우주항공청(Korea AeroSpace Administration, KASA)과 NASA가 협력을 추진한다는 내용도 담겼다. 이와 같은 한국과 미국의 항공우주 관련 협력의 심화는 분명히 한국에 큰 기회로 작동할 것이다.

그러나 미국과 좋은 관계를 유지하면서도 러시아와 협력하여 한국이 항공우주기술을 크게 발전시켰던 지난 과거의 사례를 생각해 보았을 때, 한 국가에만 의존하는 것이 아닌 다양한 전략적 지점들을 고려하고 각각의 지점이 한국의 항공우주산업 발전에 의의를 지니는지 고민해야 한다. 결국 항공우주산업이 지니는 안보·경제의 양면적 중요성을 모두 잘 살리는 교차를 어떻게 잘 통합할 것인지가 한국에게는 매우 중요한 과제로 남을 것으로 보인다.

끝으로 이러한 모든 전략에 대해 고민해야 하는 업무를 가진 우주항공청과 관련된 과제가 제시될 수 있다. 한국 정부는 대한민국 우주시

대 개막을 국정과제로 삼고, 지난해인 2022년 11월 미래우주경제 로드
맵을 발표하면서 2023년까지 우주항공청을 설치하겠다고 밝혔다. 정
부에 따르면 우주항공청은 항공우주산업을 체계적으로 지원하고, 위
성과 발사체 개발을 넘어서 탐사 로봇, 우주 실험 장비 개발 등 우주공
간에서 필요한 기술 개발을 적극 지원하는 것을 목표로 한다. 한국 우
주항공산업의 육성 및 진흥을 총괄하는 거버넌스 조직으로서 우주항
공청이 세워지는 것은 분명히 의미 있는 일이지만, 우주항공청이 효율
적으로 작동하기 위해서는 다음과 같은 사안에 대한 고민이 필요하다.

첫째, 우주와 항공의 연계성을 어떻게 확보할 수 있을지 고민해야
한다. 지금까지 살펴보았듯, 우주와 항공은 독립적인 분야가 아니라 상
호 밀접하게 연결된 분야라고 할 수 있다. 따라서 우주와 항공을 분리
하여서 생각할 것이 아니라 이 둘을 유기적으로 연계할 방안을 마련해
야 한다. 항공우주는 핵심 국가전략 기술인데, 현재 한국과 기존 강대
국 사이의 격차는 매우 큰 상황이다. 따라서, 항공과 우주의 구분을 넘
어 시너지를 내도록 하고 정부 부처와 산학연 연구개발 기관, 군이 같
이 힘을 모을 필요가 있다. 또한, 정부에서 이를 다루는 기관인 한국항
공우주연구원과 한국천문연구원이 우주항공청 내부에서 수행하여야
하는 기능의 범주와 법적 위상, 조직 운영 방안 등이 확정되지 않고 있
는 상황 속에서 한국에서 이에 관한 연구를 수행하고 전략을 수립해온
두 기관의 기능과 역할을 어떻게 구체화할 것인지에 대한 고민이 필요
하다(윤광석 외 2023).

둘째, 산업적 원칙과 과학기술의 선도성, 그리고 국방과의 관련성
을 잘 조화할 수 있는 전략을 구상해야 한다. 지금까지 살펴본 바와 같
이 항공우주산업은 군사적·경제적으로 포괄적인 기회와 도전을 제기
하는 분야라고 할 수 있다. 항공우주산업의 원칙은 무엇인지에 대한 고

민을 바탕으로, 과학기술의 선도성, 그리고 이것이 국방에 가져다줄 수 있는 함의를 지속해서 고민할 필요가 있다. 특히 북한의 위협을 마주하고 있는 한국에 있어서 항공우주 기술은 북한의 미사일을 요격하는 감시정찰 체계를 구축하는 데 필수적인 안보 조건인 만큼 이에 대한 고민은 필수적이다.

종합하자면, 한국의 항공우주청은 항공과 우주, 국방과 산업, 과학기술과 미래의 영역이 교차하고 이를 잘 통합하는 발전 방향을 모색하는 종합적인 컨트롤 타워가 될 수 있는 조직으로 기능할 수 있어야 할 것이다.

참고문헌

고재원. 2023. "우주개발 화두는 '안보'와 '우주환경'…공론화 서둘러야." 『동아사이어스』. 12월 12일.

과학기술정보통신부. 2022. 『2022 우주산업실태조사』. 12월 30일.

국방부. 2023. 『국방혁신 4.0』. 3월 28일.

김강녕. 2018. "미래 전쟁양상의 변화와 한국의 대응." 『한국과 국제사회』 1(1): 115-152.

김미경. 2022. "한국, 국제적 우주협력 논의 '착착'." 『The Science Times』. 12월 27일.

김종범 외. 2022. 『주요국의 우주개발관련 민간참여 현황조사』. 한국항공우주연구원.

박시수. 2022. "[우주산업 리포트]요즘 국제 우주협력의 다섯 가지 트렌드." 『동아사이언스』 6월 17일.

_____. 2023. "[핵심요약] "8,742억 원"…한국 2023년 우주 예산." 『산경투데이』. 4월 1일.

박인식. 2023. "일상으로 다가온 우주기술, 스핀 오프." 『YTN 사이언스』. 5월 25일.

변완일. 2014. "국내 항공우주산업의 현황과 전망." 『항공우주산업기술동향』 12(1): 59-67.

설현주. 2020. 『미래 우주전장 분석 및 공군 우주전략』. 충남대학교 산학협력단.

유준구. 2018. "우주안보 국제규범 형성의 쟁점과 우리의 과제." 『국립외교원 외교안보연구소』 정책연구시리즈 18: 1-19.

_____. 2021. "우주경쟁과 우주안보." 『통일평화연구원 지식과 비평』 8: 1-4.

유지헌. 2019. "항공우주력의 미래, Mosaic Warfare(모자이크전)." 『항공기술정보』 103. 오산: 공군작전사령부.

윤광석 외. 2023. 『우주항공청 설립의 이슈와 조직 설계 방향』. 한국행정연구원.

이석수. 2023. "현실이 된 우주전쟁, 우주무기." 『한국일보』. 11월 4일.

이현경·김민수. 2021. "한국 참여하는 미국 주도 달탐사 '아르테미스' 프로젝트란 무엇인가." 『동아사이언스』. 5월 27일.

장진오·정재영. 2020. "미래전을 대비한 한국군 발전방향 제언: 미국의 모자이크전 수행개념 고찰을 통하여." 『해양안보』 1(1): 215-240.

조양준. 2022. "美 1.5% 불과한 우주예산 확 늘리고…핵심기술 민간에 이전해야." 『서울경제』 4월 24일.

조홍일. 2022. "극초음속활강체의 특성과 군사적 함의: 한반도 내에서 활용될 경우를 중심으로." 『국방정책연구』 38(2): 157-195.

한민구. 2022. "韓 우주인력 1000명, 인도 6% 수준…그나마 배출돼도 현장과 '미스매칭'." 『서울경제』. 4월 24일.

황봉규. 2023. "[우주항공시대 경남이 연다] ② 인력 양성·영세 산업규모 과제." 『연합뉴스』. 1월 23일.

한국항공우주산업진흥협회 홈페이지.

Clark, Bryan., Patt, Dan., and Schramm, Harrison. 2020. "Mosaic Warfare: Exploiting artificial intelligence and autonomous systems to implement decision-centric operations." *Center for Strategic and Budgetary Assessments*, February 11. https://csbaonline.org/research/publications/mosaic-warfare-exploiting-artificial-intelligence-and-autonomous-systems-to-implement-decision-centric-operations.

Lee, Young-bin. 2021. "The 2022-2026 Mid-term Defense Plan for Successful Accomplishment of Defense Reform 2.0 and Building a Digitalized Strong Military." *ROK Angle: Korea's Defense Policy* 240: 1-5.

"How Elon Musk's satellites have saved Ukraine and changed warfare." 2023. Economist. January 15. https://www.economist.com/briefing/2023/01/05/how-elon-musks-satellites-have-saved-ukraine-and-changed-warfare?utm_medium=cpc.adword.pd&utm_source=google&ppccampaignID=18151738051&ppcadID=&utm_campaign=a.22brand_pmax&utm_content=conversion.direct-response.anonymous&gclid=EAIaIQobChMI2c_6uaqEgQMVHAp7Bx2nFQjoEAAYASAAEgJc3fD_BwE&gclsrc=aw.ds

"Hypersonic Hype? This Is Why US 'Trails' Russia, China & Even North Korea In Hypersonic Missile Development." 2022. *The Eurasian Times*. November 6. Hypersonic Hype? This Is Why US 'Trails' Russia, China & Even North Korea In Hypersonic Missile Development

"North Korea Tests Tactical Guided Weapon." 2022. The Diplomat. April 18. https://thediplomat.com/2022/04/north-korea-tests-tactical-guided-weapon/

"South Korea to Develop Hypersonic Missile Defense System." 2023. *The Defense Post*. April 28. https://missiledefenseadvocacy.org/missile-defense-news/south-korea-to-develop-hypersonic-missile-defense-system/.

"U.S. Maritime Strategy." 2020. *US NAVY*. June 17.

제1부   미래전의 도전

제2장 미래전 환경 변화의 복합지정학:
항공우주산업에 주는 함의

김상배(서울대학교)

I. 머리말

이 글은 미래전(未來戰, future warfare) 부상의 배경이 되는 과학기술
과 군사안보 및 국제정치 분야의 환경 변화를 복합지정학적 변환의 시
각에서 살펴보았다. 정보화 시대의 기술혁신은 1990년대부터 군사안
보 분야에 큰 영향을 미쳐서 이른바 '군사혁명(Revolution in Military
Affairs, RMA)'과 '군사변환(Military Transformation)'을 논하게 했다.
이후 기술혁신은 첨단 무기체계의 발달과 이에 기반을 둔 새로운 군사
작전의 개념을 출현시켰으며, 전투 공간의 복합적 확장과 전쟁 양식의
다양한 변환에도 영향을 미쳤다. '3차 산업혁명'으로 불리기도 하는 초
기 정보화가 인간의 정보능력을 확장시켜 네트워크 지휘통제를 가능
케 하는 작전 개념을 끌어냈다면, 지능화로 대변되는 오늘날 '4차 산업
혁명' 분야의 기술혁신은 무기체계와 작전운용의 차원을 넘어선 군사
안보 시스템 전반의 혁신뿐만 아니라 좀 더 넓고 포괄적인 의미의 변
환을 일으키면서 진화하고 있다.

　4차 산업혁명 시대의 첨단 무기체계 혁신은 새로운 디지털 데이
터 환경을 배경으로 하여 인공지능(AI)과 로봇을 활용하는 '정보전
(information warfare)'을 출현시키고 있다. 아울러 육·해·공의 전
통 전투 공간이 우주와 사이버 및 인지(cognitive) 공간으로 확대되
는 양상을 촉진하고 있다. 특히 인공지능을 활용한 자율무기체계
(Autonomous Weapon Systems, AWS)의 도입은 단순한 무기체계의
질적 혁신 차원을 넘어서 군사안보 분야 작전 개념의 변환과 전투 공
간의 복합, 그리고 전쟁 양식의 변환에 있어 새로운 국면의 전개를 예
견케 한다. 이와 더불어 미래전으로서 정보전의 부상은 군사안보 분야
의 조직과 제도 혁신을 유발하고 있으며, 더 나아가 거시적인 국제정치

의 차원에서 주체와 구조 및 작동방식과 구성원리의 변환을 예견케 하는 데까지 영향을 미치고 있다(김상배 편 2020).

이러한 변환 과정의 이면에는 강대국들의 지정학적 경쟁이 있다. 그러나 이는 우리가 알던 지정학의 범위를 넘어선다는 사실도 놓쳐서는 안 된다. 무엇보다도 인공지능이나 로봇 등과 같은 첨단기술은 기본적으로 지리적 공간을 초월하는 탈(脫)지정학적 사이버 공간의 이슈일 뿐만 아니라, 영토국가의 경계를 넘어서 글로벌하게 활동하는 다양한 비국가 행위자들이 관여하는 비(非)지정학적 이슈이다. 또한 이들 기술이 살상무기로 활용되는 과정은 국제질서의 안정성 확보를 위한 국제협력의 거버넌스와 국제규범의 형성에 대한 고민도 깊게 한다. 이러한 과정에서 자율무기체계의 반(反)인류적 위험성을 경고하는 '안보화(securitization)'의 세계정치도 출현하고 있다. 이 글이 고전지정학의 시각뿐만 아니라 이른바 비지정학과 비판지정학 및 탈지정학의 시각을 복합적으로 아우르는 '복합지정학(complex geopolitics)'의 시각을 제안한 것은 바로 이러한 이유 때문이다(김상배 2014; 2018; 2022).

이 글은 세 부분으로 나누어 미래전의 부상과 국제정치의 변환을 살펴보았다. 제2절은 최근 4차 산업혁명 분야의 기술 발달을 바탕으로 진행되는 무기체계의 혁신과 이에 기반을 둔 군사작전의 변환을 살펴보았다. 특히 인공지능을 기반으로 한 자율무기체계의 도입이 야기할 변화와 쟁점에 주목하여 논지를 펼쳤다. 제3절은 무기체계의 혁신과 함께 진화하고 있는 미래전의 양상을 전투 공간의 복합과 전쟁 양식의 변환이라는 맥락에서 검토하였다. 미래전으로서 사이버전, 데이터 기반 정보전, 사이버 정보심리전과 인지전이 부상하는 양상에 초점을 두었다. 제4절은 미래전의 부상과 국제정치 변환의 복합지정학을 강대국들이 펼치는 경쟁과 세력 구도의 변환, 국민국가와 근대 국제질서의 변환 및 자율무기체계의 국제규범과 윤리 등으로 나누어 검토하였다. 맺음말에서는 이 글의 주장을 종합·요약하고, 미래전의 부상과 국제정치 환경의 변화가 항공우주산업에 주는 함의를 짚어보았다.

II. 무기체계의 혁신과 군사작전의 변환

1. 4차 산업혁명과 첨단 군사기술

오늘날 4차 산업혁명의 전개에 따른 기술 발달은 첨단 군사기술 분야에도 큰 영향을 미치고 있다(Winkler et al. 2019). 무엇보다도 무인로봇, 인공지능(AI) 및 머신러닝, 빅데이터, 사물인터넷(IoT), 가상현실(VR), 3D 프린팅, 생명공학 등과 같은 4차 산업혁명 분야의 신흥 및 기반기술(Emerging and Foundational Technologies, EFT)을 적용하여 새로운 무기체계의 개발이 이루어지고 있다. 인공지능과 자율로봇 기술을 적용한 자율무기체계(AWS)의 개발이 대표적인 사례인데, 총, 폭탄, 전투차량, 전투함정, 전투비행기, 레이저, 레일건, 사이버SW, 로봇, 드론 등 분야에서 첨단화된 재래식 무기의 개발이 이루어지고 있다.

미 수출통제개혁법(Export Control Reform Act, ECRA)은 미래 무기체계의 시각에서 의미를 갖는 기술로서 14개 분야를 들고 있다. 1) 바이오, 2) 인공지능과 머신러닝, 3) PNT(positioning, navigation, timing), 4) 마이크로프로세서, 5) 첨단 컴퓨팅 기술, 6) 데이터 분석 기술, 7) 양자 정보 및 센싱 기술, 8) 로지스틱스, 9) 3D 프린팅, 10) 로보틱스, 11) 두뇌-컴퓨터 인터페이스, 12) 극초음속, 13) 첨단 소재, 14) 첨단 감시 기술 등이다. 이들 기술 대부분은 민간 부문을 중심으로 발달하여 군사 분야에 적용되는 민군 겸용(dual-use)의 특성을 지닌다. 실제로 최근 상업용 AI 기술이 군사용으로 전용되어 기존의 군사역량을 강화하는 데 기여하는 일이 많아지고 있다. AI 기술혁신이 대학과 기업에서 이루어지고 있으나, 군사 분야로 빠르게 전용되고 있는 것이다.

이러한 맥락에서 군사안보 차원에서 기술적 우위 확보를 통한 군사력 육성에 대한 관심이 증대되는 것은 당연하다. 이러한 효과를 낳는 4차 산업혁명 분야의 기술 중에 가장 큰 주목을 받는 것은 AI 기술이다 (윤정현 2022). AI의 경우 인식·인지증강 분야에서 급속도로 실용화되고 있고, 무기·정보·감시·정찰 시스템과 결합할 경우 군사·정보적 잠재력이 막대할 것으로 평가된다. 드론·로보틱스 기술도 AI 기술의 발전과 더불어 정밀도가 크게 향상되었는데, 군용 무인장비가 널리 보급되고 있고 군용 드론과 AI가 결합한 자율살상무기도 점점 더 현실화되어 가고 있다. 이런 맥락에서 AI는 군사적 관점에서 안보화되고 더 나아가 군사화되면서 실제 무기체계로 개발될 가능성이 높아지며, 더 나아가 전투 수행의 효율성을 극대화하는 데 기여할 것으로 기대된다 (Johnson 2019).

기술의 융복합을 핵심으로 하는 4차 산업혁명의 특성상, 개별 무기체계의 개발과 도입을 넘어서 사이버–물리 시스템(Cyber-Physical System, CPS) 전반의 구축이 군사 분야 전반에 미치는 영향도 크다. 사이버–물리 시스템은 모든 것이 초연결된 환경을 바탕으로 데이터의 수집과 처리 및 분석 과정이 고도화되고, 이를 바탕으로 기계가 인공지능을 장착하고 스스로 학습하면서 새로운 가치를 창출하는 시스템이다. 이러한 사이버–물리 시스템의 도입을 바탕으로 새로운 형태의 제품과 서비스가 창출되고 사회 전반의 변화가 발생한다(Schwab 2016).

이러한 관점에서 볼 때, 4차 산업혁명이 첨단 방위산업에 미치는 영향은 무기체계의 스마트화, 디지털 플랫폼의 구축, 제조-서비스 융합 등으로 요약할 수 있다(장원준 외 2017).

첫째, 4차 산업혁명의 신흥기술, 특히 인공지능이 기존의 무기체계와 융합하여 스마트화가 촉진되고 있다. 기존 무기체계에 스마트 기술을 접목하는 수준을 넘어서 인간을 대체할 정도의 무인무기체계 또는 자율무기체계가 출현할 가능성도 없지 않다. 이러한 스마트화는 '단순 제품'이 아니라 초연결된 환경을 배경으로 한 '시스템 전체'에서 진행된다. 스마트 빌딩이나 스마트 시티처럼 스마트 국방시스템의 구축을 지향한다. 다시 말해, 사물인터넷으로 구성된 초연결 환경을 배경으로 하여 인공지능을 활용한 지휘통제체계의 스마트화를 통해 국방 분야의 사이버-물리 시스템을 구축하는 것이다.

둘째, 국방 분야에서도 클라우드 환경을 기반으로 생성되는 각종 데이터를 수집·처리·분석하는 디지털 플랫폼의 구축이 모색되고 있다. 인공지능이 전장의 각종 정보와 데이터를 수집·분석하고, 클라우드 서버에 축적·저장하여, 필요 시 실시간으로 인간 지휘관의 지휘결심을 지원하는 '지능형 데이터 통합체계'를 구축한다. 훈련 데이터를 축적하여 전투력 증강을 위한 계량 데이터를 축적할 수도 있고, 사이버 위협을 탐지하는 채널을 통해 악성코드를 찾고 이에 대한 대응책을 마련할 수 있다. 이러한 디지털 플랫폼을 기반으로 해서 작동하는 무기체계 자체가 새로운 전투 플랫폼으로도 기능할 수 있게 되는 것이다.

끝으로, 스마트화와 디지털 플랫폼 구축을 바탕으로 한 제품-서비스 융합을 통해서 가치를 창출하는 변화가 발생하고 있다. 제품 자체의 가치 창출 이외에도 유지·보수·관리 등과 같은 서비스가 새로운 가치를 창출하는 영역이 새로이 자리 잡고 있다. 기존 재래식 무기체계의 엔진계통에 센서를 부착하여 축적된 데이터를 분석함으로써 고장 여부를 사전에 진단하고 예방하며, 부품을 적기에 조달하는 '스마트 군수 서비스'의 비전이 제기되고 있다. 디지털 공급사슬에 대한 투자는 시장 접근성의 속도를 빨리하고 생산비용을 절감하며 협업 혁신을 촉진하는 데 기여함으로써 방위산업 분야에서 시스템 변화를 야기할 것으로 기대된다.

2. 자율무기체계의 개념적 이해

미래전의 진화에 영향을 미칠 기술 중에서 특히 자율로봇에 주목할 필요가 있다. 쉽게 말해, 자율로봇은 인공지능으로 지능화되어 '감지-사고-행동' 패러다임을 따라 작동하는 기계이다(싱어 2017). 이러한 기술을 무기체계에 적용한 것이 자율무기체계이다. 용어상으로는 자율 살상무기, 무인무기체계, 군사로봇 또는 킬러로봇 등이 사용되기도 한다. 일반적으로 이해되는 자율무기체계는 '일단 작동하면 인간이 개입하지 않고도 자율적으로 전개되어 목표물을 확인하여 물리적으로 공격하는 능력을 갖춘 무인무기체계'이다. 여기서 자율무기체계를 정의하는 핵심은 인간과의 관계에서 설정되는 자율성의 정도이다. 관측(Observe) – 판단(Orient) – 결심(Decide) – 행동(Act)의 'OODA 고리(loop)'에서 인간이 관여하는 정도로 '자율성'을 이해하여 그 발전 단계를 셋으로 구분한다.

　첫째는 '자동(automatic)'의 단계이다. 임무 수행의 일정 단계에서 인간의 개입과 통제가 이루어지는데(human-in-the-loop), 일반적으로 사람이 원격 조정하는 무인무기가 여기에 포함된다. 대개 교전의 결정은 인간이 수행한다. 둘째, '반자율(automated)'의 단계이다. 이는 인간이 감독 역할을 수행하는 자율무기에 해당한다(human-on-the-loop). 자율무기가 독립적으로 작동하나 기능 장애나 시스템 고장 등을 일으킬 경우 인간이 개입한다. 끝으로, '자율(autonomous)'의 단계이다. 완전한 자율성이 발휘되는 단계로 기계가 스스로 독립적으로 작동한다(human-out-of-the-loop). 최종적인 감독 권한은 사람이 갖고 있지만, 초기의 명령을 입력한 이후에는 사람이 항상 관여할 필요가 없다(Scharre 2018; 조현석 2018, 223-224).

마지막 단계의 완전 자율성을 갖추고 작동하며 '인간에 의한 추가적 개입'이 없이도 무력을 행사하게 되는 자율무기의 경우, 이를 인간이 얼마나 적절히 감독하느냐의 문제를 놓고 윤리적으로나 국제법적으로 논란이 벌어진다(Williams 2015). 그러나 현재 배치되어 있는 대부분의 자율무기체계는 아직 '자동' 또는 '반자율'의 범주에 속하는 것들이며, 완전하게 '자율'인 것은 드물다. 그러나 그 지능의 정교함은 꾸준히 늘어나고 있어 결국 머지않은 장래에 완전 자율의 무기가 실제 작전에 배치될 것으로 예견된다(Birkeland 2018). 특히 4차 산업혁명 분야에서 빅데이터에 기반을 둔 머신러닝과 인공지능의 발달은 자율무기체계의 도입을 가속화시키고 있는데, 배치된 전장의 종류나 활용 영역 등에 따라서 다양한 범주로 나누어진다.

가장 널리 알려진 것은, 공중에서 운용되는, 일반적으로 드론(drone)으로 알려진, 무인비행체(Unmanned Aerial Vehicles, UAVs)이다. 이미 실전에서 그 위력을 보여준 프레데터나 글로벌 호크 이외에도 인간이 조종하는 드론에서부터 인간의 조종 없이 사전에 입력된 좌표를 타격하는 드론에 이르기까지 다양한 형태가 있다(Fuhrmann and Horowitz 2017; Horowitz, Kreps, and Fuhrmann 2016). 이들 드론은 2022년 발생한 우크라이나 전쟁에서 더 진화된 모습으로 선보이며 그

위력을 발휘한 바 있다. 특히 폭탄을 장착하고 적진으로 날아드는 '자폭 드론'이 주목거리다. 이 밖에도 지상에서 운용되는 무인지상차량(Unmanned Ground Vehicles, UGVs)도 있다. 병사 운용의 소형 로봇에서부터, 인간형 전장구조 로봇, 물류수송용 무인차량, 무인전투차량 등이 있다. 해양에서 운용되는 무인수상함정과 무인잠수정도 주목된다. 이러한 물리적 영역의 자율무기체계 외에도 비(非)물리적 영역의 사례도 매우 다양한데, 우주·사이버 무기나 기타 감시와 정찰 등과 같이 전략적 의사결정을 지원하는 자율무기체계들이 있다.

이러한 드론을 포함한 자율무기체계의 도입은 향후 전장의 패러다임을 바꿀 것으로 예견된다. 미래전에서 자율로봇이 전쟁의 인식론적·존재론적 전제를 재설정할 행위자로 새로이 자리매김하게 될 가능성도 배제할 수 없다. 특히 이러한 전망이 나오는 이유는, 전장 환경에 대한 인식론적 문제가 그 배경이 되는 물질적 조건과 무관하지 않기 때문이다. 즉 인공지능과 자율로봇의 도입이 직접 모든 군사작전을 결정하는 것은 아니지만 적어도 그 가능성의 범위를 규정하는 존재론적 기반을 새롭게 정의할 가능성도 없지 않다. 이렇게 보면, 자율로봇에 의존하는 전쟁은 그 개시에서부터 다양한 전투행위에 이르기까지 인간 중심의 전쟁에 비해 그 형식과 내용을 달리할지도 모른다. 이러한 전망이 나오리만큼 이미 로봇은 인간과 공존하는 공간 또는 자율성의 공간을 점점 늘려가고 있는 것이 사실이다(Shaw 2017, 453, 459).

이러한 과정에서 자율무기체계와 관련되어 제기되는 것은 '로봇이 완전자율성을 갖고 전쟁을 수행하는 날'이 올 것이냐, 즉 '특이점(singularity)'이 올 것이냐의 문제이다. 당장은 로봇이 인간을 보조하는 정도의 역할에 머물고 있지만, 인공지능의 발전으로 인해 군사로봇의 자율성은 점점 더 늘어나는 추세이다. 군사작전의 측면에서 로봇 운용의 이득은 매우 크다. 무엇보다도 군사로봇의 도입은 인명피해를 최소화함으로써 인간이 전장의 위험에 처하지 않고도 전쟁을 수행할 가능성을 높여놓았다(Docherty 2012). 자율로봇의 도입이 아니더라도 자동성이나 부분 자율성을 지닌 무인무기체계의 도입은 군사 분야 운용인력의 절감과 인간의 능력을 초월한 임무 수행을 가능케 할 것이다. 이에 따라 많은 국가가 미래 군사 분야를 주도할 기술혁신을 수용하는 차원에서 인공지능과 로봇의 군사적 이용을 확대하는 경향을 보이고 있다.

장기적 관점에서 보면, 자율무기체계의 발전은 인간 중심의 전쟁관에 큰 변화를 가져올 가능성도 없지 않다(Altmann and Sauer 2017). 자율군사로봇이 대거 동원될 경우 전쟁 개시는 쉽고 전쟁을 끝내기는 어려워질 것이라는 전망이 나온다. 작전 전개 과정에서 인공지능이 오작동하여 자율무기체계 간 상호작용의 조정이 실패하고 의도하지 않게 전쟁이 확대될 우려도 제기된다. 자율살상무기들이 해킹당하면 아군을 살상하는 참혹한 결과가 생길 수도 있다. 또한 인간과 인공지능 간의 인터페이스 기술이 발달하면서 양자의 구분이 희미해지는 현상이 발생할 수도 있다. 이렇게 되면 자율무기체계의 발달은 무기체계를 업그레이드하는 차원을 넘어서 그 무기를 사용하는 인간의 정체성에도 영향을 줄 수 있다(Payne 2018). 이러한 연장선에서 자율무기체계의 발달과 이에 따른 전쟁 수행 방식의 변화가 '근대전(modern warfare)'의 본질을 바꿀 정도의 변화를 초래할 것이냐는 질문을 던져볼 수 있다. 예를 들어, 자율무기체계의 도입은 클라우제비츠(Carl von Clausewitz)가 말하는 전쟁의 세 가지 속성, 즉 폭력성과 정치성, 우연성(또는 불확실성)을 변화시킬 정도로 획기적인 의미를 지니고 있을까?(민병원 2017; Hoffman 2017/18; Dimitriu 2018).

3. 첨단기술 도입과 군사작전의 변환

정보화 시대 초기부터 미국은 첨단 정보통신기술을 바탕으로, 정보·
감시·정찰(ISR)과 정밀타격무기(PGM)를 지휘통제통신체계(C4I)로
연결하는 복합시스템을 구축했으며, 이를 '네트워크 중심전(Network
Centric Warfare, NCW)'으로 통합하는 전략을 추진해왔다. 현대 군사
작전이 특정 무기체계가 단독으로 수행하는 '플랫폼 중심전(Platform
Centric Warfare, PCW)'으로부터 모든 전장 환경요소들을 네트워크화
하는 방향으로 변환되고 있다는 인식에 따른 것이었다. 정보 우위를 바
탕으로 지리적으로 분산된 모든 전투력의 요소를 네트워크로 연결·활
용하여 전장 인식을 확장할 뿐만 아니라 위협 대처도 통합적으로 진행
하겠다는 것이었다(Koch and Golling 2015).

이러한 개념은 다양한 형태의 자율무기체계 도입으로 더욱 구체
화되고 있다. 특히 스워밍(swarming) 작전의 개념이 네트워크 중심
전의 개념을 정교하게 발전시키는 데 기여했다(Arquilla and Ronfeld
2000). 스워밍은 자율무기체계, 그중에서도 특히 드론의 발전을 배경
으로 하여 실제 적용할 수 있는 효과적인 작전 개념으로 인식된다. 스
워밍 작전의 개념적 핵심은 전투 단위들이 하나의 대형을 이루기보다
는 소규모로 분산되어 있다가 유사시에 이들을 통합해서 운용한다는
데 있다. 여기서 관건은 개별 단위체들이 독립적으로 작동하면서도 이
들 사이에 유기적인 소통과 행동 조율이 가능한 정밀 시스템의 구축인
데, 인공지능 알고리즘이 이를 가능케 했다(Ilachinski 2017).

인공지능은 전장 정보의 실시간 수집과 처리 및 활용을 바탕으로
타격 대상을 식별하여 판단하고 공격하는 기능을 원활히 수행할 수 있
게 한다. 인공지능을 적용한 수많은 드론 떼가 각 전투 단위들의 데이

터를 수집하여 다른 단위들과 공유하며 집합적으로 공격과 방어의 기동을 동시에 수행하는 모습을 상상해 볼 수 있다. 이를 통해서 전통적으로 군 지휘부의 임무였던 지휘통제 기능마저도 자율무기에 탑재된 알고리즘에 의해 어느 정도 대체하는 것이 가능해졌다. 이러한 알고리즘 기반 스워밍 작전을 광범위하게 적용함으로써 새로운 유형의 전투조직이 출현하고 해외 군사기지의 필요성이 없어지는 단계까지도 전망하게 되었다(Mori 2018, 32; Shaw 2017, 461).

최근 제시된 모자이크전(Mosaic Warfare)의 개념도 기술혁신을 반영한 전쟁 수행 방식 변화의 사례이다. 모자이크전의 개념은 적의 위협에 신속 대응하고 피해를 입더라도 빠르게 복원하는 것을 목적으로 한다. 기술 부문에서 ISR과 C4I 및 타격체계의 분산을 추구하고 이를 준독립적으로 운용함으로써 중앙의 지휘통제체계가 파괴된다고 할지라도 지속적인 작전 능력을 확보할 뿐만 아니라 새로이 전투조직을 구성해 낸다는 내용을 골자로 한다. 이는 네트워크 중심전 하에서 하나로 통합된 시스템이 지닌 한계를 극복하는 의미를 갖는데, 단 한 번의 타격으로 시스템 전체가 마비되는 사태를 미연에 방지하자는 것이다(Grayson 2018).

이러한 모자이크전의 수행에 있어서 인공지능 기술은 핵심적인 역할을 담당할 수밖에 없다. 분산 네트워크의 개념을 도입함으로써 모자이크와도 같이 전투 체계를 결합하고 재구성하는 과정에서 처리해야 할 정보의 양은 막대하게 늘어날 수밖에 없으며, 이를 처리하는 속도도 일정 수준 이상을 보장해야 하는 상황이 창출될 것이기 때문에, 그 기능의 상당 부분을 인공지능에 의존하지 않을 수 없게 될 것이다. 이렇듯 4차 산업혁명 분야에서 제공되는 첨단기술을 적용한 자율무기 체계가 도입됨에 따라서 기존에 제기되었거나 혹은 새로이 구상되는 군사작전의 개념들이 실제로 구현될 가능성을 높여가고 있다.

그런데 이러한 과정에서 주목할 것은 새로운 군사작전 개념의 출현이 미국이 주도하는 첨단 무기체계의 개발과 사용 및 전파에 의해 영향을 받는다는 것이다. 다시 말해, 첨단 무기체계를 제조하는 방위산업은 관련 서비스의 제공으로 연결되고, 더 나아가 그 무기나 서비스의 존재를 합리화하는 전쟁 수행 담론을 전파하고 있음을 명심할 필요가 있다. 역사적으로도 미국은 방위산업의 지구화를 통해서 우방국들에게 자국 무기체계를 전파·확산하는 입장을 취해 왔다. 이러한 방위산업 지구화의 이면에는 전쟁 수행 방식의 원리와 개념 등의 전파를 통해서 자국의 무기를 파는 데 유리한 환경을 조성하여 미국의 영향력을 증대시키려는 이른바 '신자유주의적 통제'의 속셈이 있었던 것으로 평가된다(Caverley 2007, 613).

실제로 미국은 서유럽의 동맹국들에게 미국과 나토의 전쟁 수행 담론과 표준을 따르는 무기체계를 수용하도록 했다. 미국이 동북아 동맹전략에서 한국과 일본에 원했던 것도 이와 다르지 않았다. 다시 말해, 미국 무기체계의 기술표준을 수용하고 미국 군사작전의 담론표준을 따르게 하는 것이었다. 최근 4차 산업혁명 시대 미래전의 개념을 수용하는 문제에 있어서도 한국은 미국발 작전개념을 원용하는 경향이 있다. 미국은 자국의 무기체계를 팔기 위해서 작전개념을 개발하고, 이를 구현하기 위해서는 거기에 호환되는 무기체계의 도입이 필요하다. 게다가 한번 도입된 무기체계와의 호환성을 유지하려면 지속적으로 미국의 무기체계를 수입할 수밖에 없다. 군사담론의 전파와 무기체계의 도입이 함께 가는 모습이다. 이렇게 보면, 최근 미국이 제기하고 있는 군사작전 담론에는 나름대로 미국 방위산업의 속내가 깔려 있다.

2000년대 이래로 제기되었던 미국발 작전운용 개념들은 미국의 무기체계를 바탕으로 해야 구현될 수 있는 구상들이었다. 특히 미국발 네트워크 중심전의 담론은 정보 우위를 바탕으로 첨단 정보시스템으로 통합된 미국의 무기체계 운용과 밀접한 관련이 있다. 첨단기술을 적용한 무기체계가 도입됨에 따라서 기존에 제기되었거나 혹은 새로이 구상되는 군사작전의 개념들이 실제로 구현될 가능성을 높여가고 있다. 스위밍은 드론 기술의 발전을 배경으로 하여 실제 적용할 가능성을 높인 작전 개념이다. 개별 단위체들이 독립적으로 작동하면서도 이들 사이에 유기적인 소통과 행동의 조율이 가능한 정밀 시스템의 구축이 인공지능 알고리즘을 통해 가능해진 것이다. 모자이크전의 개념도 4차 산업혁명 분야의 새로운 분산 네트워크 기술의 성과를 반영한 작전 개념인데, 분산 네트워크와 인공지능 관련 기술이 핵심적인 역할을 담당한다.

III. 전투 공간의 복합과 전쟁 양식의 변환

1. 미래전으로서 사이버전의 부상

4차 산업혁명 분야의 첨단기술을 활용한 무기체계의 도입은 전투 공간의 복합적 확장에도 큰 영향을 미치고 있다. 최근 이러한 변화를 보여주는 대표적 사례가 '다영역 작전(Multi Domain Operation, MDO)' 또는 전영역 작전(All Domain Operation, ADO)의 개념이다(Reily 2016). 이는 기존의 육·해·공의 전장 개념에 우주와 사이버 전장을 더한 '5차원 전쟁' 개념을 바탕으로 한다. 특히 이러한 5차원 전쟁 개념의 출현은 사이버·우주 공간이 육·해·공 작전운용의 필수적인 기반이 되었다는 인식을 반영한다. 또한 인간 중심으로 이해되었던 기존의 전투 공간의 개념이 비인간 행위자인 자율무기체계의 참여를 통해서 변화될 가능성을 시사하는 것이기도 하다. 이런 상황에서 인공지능과 자율로봇은 전투 공간의 경계를 허물고 상호 복합되는 새로운 물적·지적 토대를 마련할 것으로 예견된다.

사이버전은 전투 공간의 복합적 확대를 보여주는 대표적 사례이다(김상배 2018). 지난 수년 동안 양적인 차원에서 사이버 공격 건수는 꾸준히 증가하고 있으며, 그 공격의 패턴도 질적으로 변화하고 있다. 지난 10여 년 동안 사이버 안보 이슈는 양적으로 증가하고 질적으로 변화하면서 진화해 왔는데, 최근에는 국가안보와 실제 전쟁의 맥락에서 본 사이버전이 부각되었다. 사이버 공격의 양상을 보면, 국가 기간 시설의 교란과 시스템 파괴에서부터 금전 탈취와 정보 절취 등에 이르기까지 다변화되고 있다. 사이버 공격에 동원되는 수법이라는 측면에서도 디도스 및 봇넷 공격, 악성코드 침투, 가상화폐를 노린 해킹과 랜섬웨어 유포, 인공지능을 활용한 사이버 공격의 자동화 등으로 다양화되고 있다.

공격 주체 면에서도 초창기에는 해커나 테러리스트와 같은 비국가 행위자들이 나섰다면 최근에는 국가 지원 해킹이 두드러지고 있으며 오프라인 작전에 사이버 작전을 병행하여 그 효과를 극대화하고 있다. 2007년 에스토니아와 2008년 조지아에 대한 러시아의 사이버 공격, 2010년과 2012년 미국·이스라엘과 이란 간에 오고간 사이버 공방, 2013년 이후 부쩍 논란이 된 미국과 중국 간의 사이버 공방 등이 대표적인 사례이다. 2014년과 2022년 두 차례에 걸쳐서 발생했던 우크라이나 전쟁도 사이버전이 이미 국가 간 분쟁의 전면에 떠올랐음을 보여주었다. 이렇듯 국가 행위자가 지원하여 수행되는 사이버전이 독자적인 작전의 형태를 띠면서 물리적 군사력과 통합된 '사이버-물리전 (Cyber-Kinetic Warfare)'의 도래가 점쳐지고 있다.

현대 전쟁의 전반적인 맥락에서 볼 때, 사이버전의 위상과 역할 설정은 큰 쟁점이다. 사이버전의 수행은 모든 물리적 작전의 기반을 형성하며 모든 임무를 아울러서 널리 사용될 것으로 전망된다. 사이버전은 전술임무 수행(무기체계 무력화 및 전투기능 마비), 작전임무 수행(적의 군사 지휘체계 마비 및 군사능력 약화), 전략임무 수행(적의 전쟁 의지를 마비시키고 전쟁을 억지) 등에 점점 더 긴밀히 작동할 것이다. 다시 말해, 미래전에서 사이버전의 효용과 가치는 갈수록 더욱 커질 것이며, 군과 민간의 주요 전략적 표적들이 디지털화, 네트워크화, 스마트화되면서 사이버 무기의 전략무기의 효과도 더욱 커질 것이다. 미래전에서 사이버 공간을 장악하는 전력의 의미는 육·해·공·우주 공간의 지배를 보장하고 전쟁의 승패를 좌우할 수 있는 핵심이며, 미래전 환경에서 일국의 국방 전력 수준을 보여주는 핵심 지표가 되어 가고 있다.

이상에서 언급한 사이버 공격의 진화와 사이버전의 전개 과정에서 사이버전이 여타 전쟁의 양상과 복합적으로 연계되는, 이른바 '사이버전 복합 넥서스(Cyber Warfare Complex Nexus)'에 주목해야 할 것이다. 특히 최근 학계에서는 기존의 '사이버-물리전 넥서스' 이외에도 사이버 공격이 핵무기와 복합적으로 연계되는 '사이버 - 핵 넥서스 (Cyber-Nuclear Nexus)'에 주목하고 있다(Nye 2011). 사이버-핵 넥서스의 초기 사례로는 미국/이스라엘의 이란 원전에 대한 사이버 공격 논란이 있다. 또한 사이버 공격에 대해서 그 원점에 대한 핵 공격도 불사한다는 미국 정책당국자들의 안보화(securitization)도 등장했다. 최근 사이버-핵 넥서스는 노후화된 ICBM의 스마트화 과정에서 전략 핵무기 지휘통제체제(NC3)에 대한 사이버 공격의 가능성에 대한 우려와 함께 제기되었다. 이는 전통적인 핵보유국의 안보에 사이버 공격이 미치는 영향이 커지고 있음을 보여주며, 사이버 위협이 핵 억지의 신뢰성을 약화시키고 역으로 핵 사용 위험을 유발할 수도 있다는 우려를 반영한다.

'사이버-우주전 넥서스'도 최근 큰 쟁점이다. 우주체계에 대한 사이버 공격은 인공위성이나 지상통제소의 안테나, 지상통제소 사이의 연결망, 인공위성과 연결되는 사용자 단말기 등을 대상으로 감행되어, 데이터의 손실이나 광범위한 방해, 심지어 영구적인 인공위성의 상실로 이어질 수 있다. 사이버-우주전 넥서스에 대한 논의는 EMP(Electro Magnetic Pulse)나 HPM(High Power Microwave) 등을 사용하는 '전자전(electronic warfare)'과도 연결된다. 미국은 2013년 2월 북한의 미사일 발사를 무력화시킬 목적으로 '발사의 왼편(Left of Launch)'이라는 사이버·전자전을 감행한 것으로 알려져 있다. 최근 개발되는 민간 또는 군사 부문의 기술과 서비스들은 사이버·우주 공간의 복합성을 전제로 하고 있다. GPS와 드론 등을 활용한 지상무기체계의 무인화와 위성기술을 활용한 스마트화 등을 통해서 사이버·우주 공간을 연결하는 복합시스템이 등장하고 있다. GPS 신호를 방해하는 전자전 수단인 GPS 교란(jamming)이나 가짜정보를 전달하는 조작(spoofing) 등은 바로 이러한 환경을 배경으로 출현한 비대칭 위협 중의 하나이다(김상배 편 2021b).

한편 사이버 공격이 인공지능(AI)을 활용한 사이버 무기와 연계되는 '사이버-AI무기 넥서스'에도 주목해야 한다. 최근 사이버 공격과 방어에 인공지능을 활용하는 문제가 관건이다. 사이버전이 독자적인 군사작전으로 부상하는 가운데 인공지능을 활용하여 무차별적으로 악성 코드를 전파하는 사이버 공격을 가하거나, 혹은 반대로 알고리즘 기반 예측과 위협정보 분석, 이상징후 감지 등이 사이버 방어에 활용되고 있다. 지속적으로 악성코드를 바꾸어서 진화하는 사이버 공격에 대해서 과거 수행된 공격 패턴을 파악하는 식의 통상적인 방어책은 점점 더 그 효과를 상실하고 있다. 게다가 자동화(또는 반자율화)된 방식으로 사이버 공격이 이루어지고 있는 상황에서 인간 행위자가 이를 모니터링한다는 것은 거의 불가능하다. 이런 맥락에서 인공지능을 사용하여 기존의 취약점을 확인하고 보완·수선하는 자율방식이 모색되고 있다.

2. 데이터 기반 정보전의 부상

최근 데이터 기반 정보전이 미래전의 새로운 수행 방식으로 주목받고 있다. 데이터 기반 정보전은 첨단 정보통신기술(ICT)을 활용하여 정보/데이터 우위를 장악하려는 정보전의 한 양태이다. '데이터의 정보화' 또는 데이터의 '조작' 과정의 중요성이 증대하면서 데이터의 획득과 활용이 미래전의 수행 과정에서 핵심적인 위치를 차지한다. 이러한 과정에서 적의 인식과 결정에 영향을 주는 수단으로서 데이터의 중요성이 커지고, 데이터 생산과 융합, 데이터의 보호, 알고리즘의 우세 등이 전쟁의 결과에 큰 영향을 미치게 된다. 특히 앞서 언급한 바와 같이, 작전 수행 과정에서 데이터 분석에 기초하여 지휘결심을 지원하는 '지능형 데이터 통합체계'의 구축이 지니는 의미가 커지고 있다. 이는 초연결 네트워크 기반의 지능형 C4I체계 구축을 통한 전력 운용 효과의 극대화를 의미한다(김상배 편 2021c).

　　이러한 과정에서 '디지털 데이터 플랫폼'의 구축이 전쟁 수행에 큰 영향을 미칠 것으로 예견된다. 전장의 개별 플랫폼들을 클라우드 컴퓨팅으로 상호 긴밀하게 연결하고, 원거리 정밀감시체계와 지휘통제체계, 그리고 공격 및 방어체계를 모두 연결하여, 개별 플랫폼이 입수한 정보를 공유하는 시스템의 구축이 중시되고 있다. 이 밖에도 훈련 데이터 축적, 사이버 위협 탐지, 새로운 전투 플랫폼 구축 등이 디지털 데이터 플랫폼의 구축이라는 차원에서 진행되고 있다. 초연결된 환경을 배경으로 한 '시스템 전체'의 스마트화도 진행되고 있는데, 이는 국방 분야의 '사이버-물리 시스템'의 구축으로 나타난다. 무기/지원체계의 고장 여부 사전 진단/예방, 부품 적기 조달의 '스마트 군수 서비스' 비전이 제시되고 있으며, 이를 통해서 무기체계 자체의 가치창출 이외에도 유지·보수·관리 등과 같은 서비스가 새로운 가치를 창출하고 있다.

데이터 기반 정보전의 수행 과정에서 군사 분야뿐만 아니라 민간 분야도 포괄하는 '데이터 안보(data security)'가 쟁점으로 부각되고 있다. 4차 산업혁명 시대의 데이터는 군사 분야를 넘어서 활용되고 있는데, 이러한 데이터는 상업, 금융, 외교, 정치, 사회 등의 영역을 넘나들며 활용되는 그야말로 빅데이터이다. 이러한 빅데이터 세상에서 전통 군사안보 이슈만이 데이터 안보의 대상이 아니라는 사실을 명심할 필요가 있다. 이는 군사안보와 무관하게 보이는 개인정보라도 빅데이터 분석을 하면, 숨어 있던 중요한 군사안보 이슈가 드러날 수도 있기 때문이다. 그렇지만 이러한 빅데이터 분석 과정에서 객관적인 데이터 안보위협의 수준을 넘어서는 안보화 및 '과잉 안보화'의 위험이 항시 존재함을 명심할 필요가 있다(김상배 2022, 제6장).

데이터 안보를 위협하는 가장 대표적인 정보전의 이슈는 '데이터 감시(dataveillance)' 문제와 연관된다. 스몰데이터 시대 HUMINT 기반의 정보/첩보 활동은, 지정학적 갈등의 소지를 안고 있음에도, 국가 정보활동이라는 이유로 국가 행위자들 간에 용인되었다. 예를 들어, 미 국가안보국(NSA)의 암호해독과 정보수집 활동은, 지정학적 임계점에 이르렀다고 판단하면, 사생활 보호보다는 국가안보를 우선에 두고 데이터 수집과 감청 활동을 합리화했다. 안보를 명분으로 하는 도청/감청이나 대테러 활동을 목적으로 한 데이터 감시의 존재에 대해서는 에드워드 스노든의 폭로 사건을 통해서 드러난 바 있다. 이러한 과정에서 미국 NSA의 '에셜론 프로젝트'가 폭로되었는데 이는 파이브 아이즈(Five Eyes) 국가들이 운영하는 전 세계의 통신감청 협력체제이다.

데이터 감시와 정찰자산을 활용한 정보전의 수행은 우주 공간을 기반으로 한 군사 정찰위성의 활용과도 연동된다. 전통적으로 데이터의 수집·처리·분석 역량은 군사작전과 전쟁 수행의 핵심 요소인데, 빅데이터 시대를 맞아 민군 겸용의 함의가 더 커진다. 이른바 '우주의 군사화'를 통해서 우주 감시와 정찰 자산의 활용에 대한 필요성이 증대된다. 정찰위성과 정찰기를 활용한 군사 정보·데이터의 수집은 전략적 우위를 창출하는 핵심역량이다. 예를 들어, 한반도에서 미군은 정찰위성이나 무인정찰 드론 등을 활용하여 북한의 ICBM 이동발사 차량을 정확하게 추적하고 파악할 역량을 보유한 것으로 알려졌다. 또한 위성항법시스템(Global Navigation Satellite System, GNSS)도 항법, 측지, 긴급구조 등 공공부문, 스마트폰 등과 같은 국민생활 속까지 그 활용 영역을 확대하고 있는데, 이도 데이터 기반 정보전의 수행에 활용된다. 최근에는 저궤도 인공위성을 활용한 위성인터넷의 중요성에 대한 인식이 커지고 있는데 이러한 위성 인프라가 미래전의 수행 과정에서 담당하는 역할도 커질 것으로 전망된다.

그런데 이제는 이러한 데이터 안보와 데이터 감시 및 정찰의 이슈가, 기존의 프레임에서는 군사정보로 다루어지지 않던 민간 분야의 정보/데이터를 포괄하게 되었다. 우크라이나 전쟁은 민간 차원에서 수행되는 '데이터 기반 정보전'의 부상을 보여주었다. 민간 인공위성 정보의 활용 사례로는, 해상도 30cm로 구형 정찰위성 수준의 해상도를 갖게 된 민간위성들의 활약으로 러시아군 부대 배치 및 이동 상황이 드러난 데서 드러났다. 중국 기업인 DJI의 민간 드론을 구입한 민간 활동가들이 스스로 참여하여 '자폭 드론 공격'뿐만 아니라 정찰과 촬영 등의 다양한 목적으로 드론을 사용하고 있는 것으로 알려졌다. 이러한 데이터 기반 정보전 수행 과정에서 민간 우주 기업들의 활약도 두드러졌다. 맥사테크놀로지와 플래닛랩스와 같은 민간 인공위성 업체의 활동이나 구글의 지도·교통 서비스인 구글맵의 활약, 민간 우주기업인 스페이스-X의 스타링크 제공 등이 그 사례들이다. 이러한 데이터 기반 정보전의 수행 과정에서 주목할 것은, 민간 데이터와 오픈소스 정보(Open Source Intelligence, OSINT)의 역할이 커졌다는 사실이다. 대중에 공개된 스마트폰 영상, 빅데이터, 위성 이미지 자료 등과 같이 겉으로 보기엔 전쟁과는 아무 상관 없어 보이는 오픈소스 정보/데이터들이 SNS(틱톡, 유튜브, 페이스북 등)를 통해서 사이버 공간으로 전파되는 '사이버 정보심리전'이 전개되었다.

3. 사이버 정보심리전과 인지전의 부상

사이버 정보심리전에서는 허위조작정보와 사이버 루머, 가짜뉴스 등이 쟁점인데, 이는 사이버 공간의 네트워크를 타고서 유포되는 특징을 지닌다. 가짜뉴스를 활용한 교란 행위는 단순히 경쟁국이나 적국의 사회 혼란을 야기하는 여론전만을 목표로 하지 않는다. 소셜 미디어와 인공지능 기술을 활용하여 사이버 정보심리전의 전략적 효과를 노리고 언론매체에 빈번한 역정보 또는 허위정보를 유포하는 행위는 미래전의 한 양식을 보여준다(Bresinsky 2016). 이러한 과정에서 전쟁 주체가 관객에 대한 전략적 커뮤니케이션을 어떻게 효과적으로 전개하여 이들의 마음과 생각을 획득하는 것이 중요하다. 현대 초연결사회의 공개된 온라인 공론장은 이제 정보와 내러티브가 무기화되고 정치적 우위를 점하려는 심리전 전술이 전방위적으로 전개될 수 있는 전장으로 전환 중이다(송태은 2019). 최근 인공지능과 가상현실(VR) 등을 사용해 만든 '딥페이크(deep fake)'도 쟁점으로 떠올랐다. 2020년 코로나19 사태와 미국 대선 등을 거치면서 사이버 공간에서 유포되는 가짜뉴스를 안보의 관점에서 보아야 한다는 인식이 확산되었다. 이는 '루머 정치' 또는 '괴담 정치'의 형태를 띠기도 한데, 이러한 현상은 '안보화 정치'와 동전의 양면과도 같은 관계이다.

이러한 현상들은 디지털 환경, 특히 사이버 공간을 매개로 하여 오늘날의 정보심리전이 새롭게 변하고 있음을 보여주는 사례들이다. 전쟁 수행의 수단이라는 점에서 오늘날의 정보심리전에서는 주로 디지털 미디어를 통해서 자국에 유리한 정보를 유포하여 국내외적으로 정치·외교·군사적 지지를 확보하려는 양상이 발생하고 있다. 특히 SNS(Social Network Service)의 역할이 중요한 의미를 갖게 되었다. 전쟁 수행의 주체라는 점에서 오늘날의 정보심리전에서는 국가 행위자뿐만 아니라 빅테크 기업, 초국적 해커, 일반 시민 등이 중요한 역할을 담당하고, '전쟁의 객체'였던 민간 행위자가 '전쟁의 주체'로 부상하는 현상이 발생한다. 전쟁 수행의 목표라는 점에서 오늘날의 정보심리전에서는 정보심리전 그 자체가 전쟁 수행의 목표로 부각되어 설득력 있고 감동적인 내러티브를 전파하는 측은 '전쟁'에서는 져도 '역사'에서는 이긴다는 말이 나올 정도이다. 지난 수년 동안의 정세 변화, 특히 2022년 우크라이나 전쟁의 발생은 사이버 정보심리전이 새로운 미래전의 양식으로 부상했음을 여실히 보여주었다(송태은 2022).

기존에 이러한 트렌드를 주도하는 것은 러시아발 사이버 정보심리전 공세였다. 최근 미국이나 서방 진영 국가들의 선거 과정에서 감행된 러시아발 가짜뉴스 공격은 인터넷과 소셜 미디어에서 여론을 왜곡하고 사회분열을 부추기며 서구 민주주의 체제의 정상적인 작동을 방해하는 효과를 빚어냈다(Walker and Ludwig 2017). 러시아 정부가 수행한 전술은 고도화된 설득전략을 바탕으로 정교하게 구사되었을 뿐만 아니라, 인공지능을 활용한 다양한 정보 확산의 기술을 사용한 것으로 알려져 있다. 러시아는 2014년 크림반도 병합 때 SNS를 사용하여 허위조작정보를 퍼뜨렸다. 러시아는 2016년 미 대선에 개입하기도 했다. 민주당 전국위원회와 민주당 지도부, 힐러리 대선캠프 측 인사 100여 명의 이메일을 해킹하고 민주당 지도부가 힐러리 측에 유리한 경선 구도를 만들기 위해 노력하였다는 점을 암시하는 이메일의 내용을 공개했다. 러시아는 2022년 우크라이나 전쟁에서도 초기에 유사한 접근을 펼쳤다. 사이버 공간을 매개로 허위조작정보를 유포하고 상대국의 대중과 리더십을 교란시키며, 전 세계 수십억 명의 사용자를 보유한 SNS를 선동과 호소의 채널로 활용했다.

그러나 2022년 우크라이나 전쟁에서의 사이버 정보심리전의 양상은 과거와는 달랐다. 무엇보다도 미국이 2014년 크림반도 합병 때 러시아의 하이브리드전에 완패했던 경험을 교훈 삼아 2022년 우크라이나 전쟁에서는 전에 없던 방식으로 대응했다. 러시아가 침공할 구체적인 날짜까지 언급하며 극비 정보까지 선제적으로 공개하였으며, 러시아 기습 침공의 김을 빼고 국제적 지원을 얻기 위한 정보심리전의 일환으로 해석되는 행보를 보였다.

2022년 우크라이나 전쟁 과정에서 수행된 사이버 정보심리전의 과정에서 우크라이나의 선방이 주목을 끌었다. SNS는 우크라이나 현지 상황을 실시간으로 전 세계에 공유하며. 러시아의 가짜뉴스 선동과 맞대응하는 과정에 활용되었다. 특히 SNS를 통해서 수집되고 유포되는 방대한 양의 오픈소스 정보가 인공지능(AI)을 통해서 분석되면서 러시아의 가짜뉴스를 이용한 정보심리전에 대응하는 데 사용하였다. 틱톡이 15초 안팎의 짧은 동영상을 순식간에 전 세계로 전파하고 우크라이나에 대한 지지 여론의 확산에 기여하는 플랫폼의 역할을 담당하여 '전쟁을 위해 설계된 도구'라는 별명을 얻었다. 틱톡은 단순히 전황만을 중계하는 것이 아니라 '휴먼스토리'까지도 전파한다는 평가를 획득하기도 했다.

그러나 이러한 과정에서 가짜뉴스 논란과 SNS의 역기능이 드러나기도 하였다. 우크라이나 국방부가 2022년 2월 말 공개했던, '키이우의 유령'으로 알려진, 미그-29기 조종사가 러시아 최신예기를 격추한 영상은 유명 게임의 장면을 편집한 것으로 드러났다. 어나니머스가 러시아군에 전차를 넘기면 큰 액수의 비트코인을 주겠다고 제안했다는 내용이 확인되지 않은 보도로 떠돌았다.

이러한 과정에서 '인지전(Cognitive Warfare)'의 개념도 부상했다. 인지전 개념의 가장 큰 특징 중의 하나는 공간 개념의 확장인데, 육-해-공-우주-사이버 공간을 넘어서는 '제6의 공간'으로서 인지 공간을 설정했다. 이는 1990년대 후반 RAND 연구소 팀들이 '사이버 공간(Cybersphere)'과 '정보공간(Infosphere)'과 구별되는 공간으로서 '정신공간(Noosphere)'을 설정했던 것과 일맥상통한다. 인지전의 개념은 기존 정보심리전의 '발신자 모델'에 대한 강조에 대비되는 의미에서 '수신자 모델'을 강조했다는 점에서 그 특징이 발견된다. 즉 정보의 생산-취합-전달에서 대상의 인지 체계에 대한 교란과 조작으로 새로운 정보심리전의 초점이 이동하고 있음을 강조하는데, '메시지'가 아니라

'메신저'를 겨냥해야 한다는 것이다. 이러한 과정에서 인지전의 대상을 적대층 일변도에서 동료층과 지지층에까지 확장할 필요성도 제기되었다. 인지전에서는 이른바 '프레임 전쟁' 또는 '내러티브 전쟁'이 강조되는데, '선제적 인지공격'과 '각인 효과' 등의 중요성이 부각되고 있다(윤민우 2022).

IV. 미래전의 부상과 국제정치의 변환

1. 첨단무기 경쟁과 세력구도의 변환

오늘날 4차 산업혁명 시대에도 첨단 무기체계를 자체적으로 생산하는 기술역량의 확보가 국력의 상징으로 이해되고 있음은 물론이다. 이러한 역량의 보유는 실제 전쟁의 수행이라는 군사적 차원을 넘어서 무기 판매나 기술이전 등과 같은 경제적 차원의 경쟁력을 의미하기도 한다. 특히 이 과정에서 기술력을 확보하는 것은 국가전략의 요체로 인식된다. 사실 첨단 방위산업은 역사적으로 외부의 위협으로부터 국가안보를 지키는 전략산업으로 인식되었으며, 이렇게 생산된 기술을 활용하여 민간산업의 성장도 꾀할 수 있는 원천으로 여겨졌다. 이런 점에서 첨단 무기체계의 생산력 확보 경쟁은 단순한 기술력 경쟁이나 이를 바탕으로 한 군사력 경쟁이라는 의미를 넘어서, 좀 더 포괄적인 의미에서 본 스마트 자원권력을 확보하기 위해서 벌이는 복합적인 '디지털 부국강병 경쟁'을 의미한다(Bitzinger 2015; 김상배 편 2021a).

  이러한 이유에서 세계 주요국들은 4차 산업혁명 분야의 기술을 활용한 첨단무기 개발 경쟁에 나서고 있다(Haner and Garcia 2019). 첨단 방위산업이 새로운 자원권력의 원천이라는 점을 인식하고 이 분야에 대한 투자를 늘리고 있으며, 민간기술을 군사 분야에 도입하고, 군사기술을 상업화하는 등의 행보를 적극적으로 펼치고 있다. 특히 첨단화하는 군사기술 추세에 대응하기 위해서 민간 분야의 4차 산업혁명 관련 기술 성과를 적극 원용하고 있다(윤정현 2022). 사이버 안보, 인공지능, 로보틱스, 양자 컴퓨팅, 5G 네트웍스, 나노소재 등과 같은 기술이 대표적인 사례들이다. 이러한 기술에 대한 투자는 국방 분야를 4차 산업혁명 분야 기술의 테스트베드로 삼아 첨단 민간기술의 혁신을 도모하는 효과도 있다(김민석 2020).

미국은 중국과 러시아의 추격으로 군사력 격차가 좁아지는 상황에 대처하기 위해서 이른바 '제3차 상쇄전략'을 추진하고 있다. 일찍이 무인무기체계의 중요성을 인식하고 연구개발을 추진하여 다양한 무인무기를 개발·배치함으로써 현재 전 세계 군용 무인기의 60%를 미국이 보유하고 있다. 한편, 중국도 4차 산업혁명 분야의 첨단기술을 활용한 군현대화에 적극 나서고 있다. 후발주자인 중국은 미국을 모방한 최신형 무인기를 생산·공개하고, 저가의 군용·민용 무인기 수출을 확대하는 등 기술적 측면에서 미국의 뒤를 바짝 쫓고 있다(杨仕平 2019). 이러한 양국의 경쟁은 최근 첨단 방위산업 분야에서도 보호무역주의와 기술민족주의가 부활하는 모습을 방불케 한다(Weiss 2017).

이런 점에서 향후 자율무기체계 개발 경쟁은 미중이 벌이는 글로벌 패권 경쟁과 연계될 가능성이 크다(설인효·박원곤 2017). 이렇게 보면 자율무기체계의 기술혁신 경쟁은 단순한 군사력 경쟁을 넘어서는 미래전 수행의 기반이 되는 복합적인 사이버 권력 경쟁의 성격을 띤다. 사실 자율무기체계 경쟁은 향후 고전지정학적 세력구도의 변화를 야기할 가능성이 있다. 냉전기 미소 핵군비 경쟁에서 보았듯이 자율무기체계 경쟁도 군비경쟁을 야기하고 국제정치의 불안정성을 낳을 가능성이 있다. 여태까지 재래식 무기 역량은 핵무기 역량을 능가할 수 없는 하위 역량으로만 이해되었지만, 4차 산업혁명 시대를 맞이하여 다양한 스마트 기술을 적용한 재래식 무기의 정확도와 파괴력이 증대되면서, 이제 자율무기체계 역량은 핵무기 능력에 대한 억지를 논할 만큼 중요한 변수가 되었다(Altmann and Sauer 2017, 118, 120).

4차 산업혁명 시대의 첨단 방위산업 경쟁은, 단순히 어느 한 무기체계의 우월성을 놓고 벌이는 제품과 기술의 경쟁만이 아니라, 무기체계 전반의 표준장악과 관련되는 일종의 플랫폼 경쟁의 성격을 지닌다. 여기서 플랫폼 경쟁은 기술이나 제품의 양과 질을 놓고 벌이는 경쟁이 아니라, 판을 만들고 그 위에 다른 행위자들을 불러서 활동하게 하고 거기서 발생하는 규모의 변수를 활용하여 이익을 취하는 경쟁을 의미한다. 주로 컴퓨팅이나 인터넷, 그리고 좀 더 넓은 의미에서 본 네트워크 분야에서 원용된 개념으로 ICT의 발달로 대변되는 기술변화 속에서 변환을 겪고 있는 첨단기술과 방위산업 분야에서 전개되고 있는 무기체계 경쟁에도 적용해 볼 수 있다.

최근 미국은 가속화되는 미중 경쟁 과정에서 첨단기술 수출통제의 카드를 적극 활용하고 있다. 트럼프 행정부 시기인 2018년 8월에 발표한, '수출통제개혁법(Export Control Reform Act, ECRA)'은 신흥기술의 최종 사용자 및 목적지에 대한 보다 체계적인 제한에 초점을 두었다. 이 외에도 미국은 2021년 전략경쟁법(Strategic Competition Act)이나 각종 행정명령을 통해 대중국 기술통제를 강화했다. 미국은 신흥기술에 대한 대중국 통제를 위한 다자 이니셔티브도 강화하고 있는데, 2019년 9월 민감기술 보호, 특히 관련 기술의 대중국 유출 방지 방안 논의 등을 위해 유사입장국 간 협의체인 '민감기술에 대한 다자 조치(Multilateral Action on Sensitive Technologies, MAST)'를 출범시켰다. 바이든 행정부에 이르러서도 민군겸용기술 제재가 확장되었는데, 2021년 6월 중국 군과 관련된 방위 및 감시 분야의 기술을 다루는 회사들, 즉 중국의 핵, 항공, 석유, 반도체, 감시기술 분야 59개 기업에 대한 미국의 투자를 금지하는 행정명령을 내렸다.

한편 자율무기체계를 둘러싼 지정학적 경쟁의 전개는 강대국 관계뿐만 아니라 기존의 강대국과 약소국 간의 이른바 '알고리즘 격차'를 더욱 벌려 놓을 가능성이 크다. 최근 북한이나 이란처럼 일부 국가들이 핵과 같은 전략무기를 통해서 비대칭 관계의 타파를 노리더라도 미국을 비롯한 강대국들의 '알고리즘 우위'는 이를 상쇄해 버릴 가능성이 있다(Payne 2018, 24). 4차 산업혁명 분야의 미래 첨단기술은 확고한 지식기반을 보유하고 있어야 개발이 가능한 분야이기 때문에 대부분의 약소국들은 이러한 경쟁에 쉽게 뛰어들 수 있는 처지가 아니다. 그렇다고 이들 약소국이 나서서 현재 강대국들이 벌이는 자율무기체계 개발을 규제하는 국제규범을 창출하기도 쉽지 않다. 현재로서는 강대국들이 이러한 요구를 받아들이지 않을 것이며, 향후 그러한 규범이 마련되더라도 주로 강대국들의 이익이 반영될 가능성이 높다.

2. 국민국가와 근대 국제질서의 변환

4차 산업혁명의 진전에 따른 자율무기체계의 도입과 미래전의 부상 과정에서 전쟁 수행 주체로서 국민국가의 역할과 성격 변화가 관찰된다. 근대 국민국가의 무력행사 과정에서 기술혁신은 무기체계의 발달뿐만 아니라 전쟁 양식의 변환에 큰 영향을 미쳤다. 1차 및 2차 산업혁명의 시대에는 '전쟁의 산업화(industrialization of war)'라고 부를 정도로 군대와 산업은 밀접히 연계되며 발전했다. 정보화 시대의 초기 (또는 3차 산업혁명기)에도 '전쟁의 정보화(informatization of war)' 추세 속에서 RMA와 군사혁신이 모색된 바 있다. 이러한 연속선상에 서 지능화로 대변되는 4차 산업혁명 시대의 자율무기체계 발달도 국가변환에 영향을 미치고 있다. 특히 예전에는 당연시되던 국가에 의한 폭력 사용의 공공화와 독점화가 도전을 받고 있으며, 안보사유화 (privatization of security)와 폭력 사용의 분산화도 발생하고 있다.

　이는 기술개발의 주체라는 점에서 4차 산업혁명이 주로 민간 행위자들에 의해서 주도된다는 특징에서 비롯된다. 인공지능, 빅데이터, 로봇 등의 기술혁신은 지정학적 경계를 넘어서 민간 부문에서 이루어지고, 나중에 군사 부문에 적용되는 '스핀온(spin-on)'의 양상을 보인다. 이는 20세기 후반 냉전기에 주요 기술혁신이 주로 군사적 목적에서 진행되어 민간 부문으로 확산되었던 '스핀오프(spin-off)' 모델과 차이가 있다. 사실 좀 더 엄밀하게 말하면, 4차 산업혁명 시대의 기술은 그 복잡성과 모호성으로 인해서 민용과 군용을 구분하는 것 자체가 쉽지 않다. 기술 개발이 민간에 기원을 두고 있을 뿐만 아니라 민군의 용도 구분도 잘 안 된다는 점은, 경쟁국들, 심지어 비국가 행위자들도 그 기술에 쉽게 접근한다는 것을 의미한다(김상배 편 2022).

　민간군사기업(Private Military Company, PMC)의 부상은 이러한 비국가 행위자의 역할 증대를 보여주는 대표적인 사례이다. 전쟁의 전문화로 인해서 국가는 계약을 통해 다양한 군사임무를 부분적으로 혹은, 경우에 따라서는 전부를 민간군사기업에 위임하는 안보사유화 현상이 발생한다. 4차 산업혁명의 진전으로 인해서 첨단기술을 기반으로 한 무기체계의 복잡성이 증대되면서 전쟁의 집행뿐만 아니라 무기체계의 생산과 사용에 대한 지식과 전쟁 수행의 의사결정 관련 업무에도 민간군사기업이 관여할 가능성이 크다. 최근 민간군사기업은 전투에 대한 자문 업무를 넘어서 전쟁 자체의 개시와 같은 어젠다 설정도 주도하고 있다. 사이버 안보 분야에서 민간 정보보안업체들이 담당하는 역할도 이러한 민간군사기업의 역할에 비견된다(이장욱 2007).

민간군사기업이 국가 영역 안의 변화라면, 국가 영역 밖에서 발생하는 변화로 테러집단과 해커, 국제범죄 네트워크 등의 부상이 있다. 이들 집단에 고용되는 용병들은 폭력 사용에 특화된 전문가 집단이다. 흥미롭게도 국가 영역의 안팎에 각기 몸담은 폭력전문가들이 두 영역 사이를 오가면서 폭력행사 업무를 담당하기도 한다. 특히 4차 산업혁명의 기술 확산은 이들 전문가 집단에 큰 힘을 실어 주었다. 인터넷과 소셜 미디어 등을 통해서 살상무기에 대한 정보를 습득하는 것이 쉬워졌을 뿐만 아니라 드론이나 로봇, 무인자동차 등의 상용화가 활발해지면서 이들 기술을 살상용으로 쉽게 전용할 수 있게 되었다. 이러한 정보와 기술의 획득은 국가에 저항하는 비국가 행위자들의 폭력행사 능력 자체를 강화시키고 있다(윤민우 2011).

첨단무기 경쟁은 관념과 정체성의 차원에서 본 국제정치의 질적 변환에도 영향을 미친다. 무엇보다도 민간이 주도하는 첨단 방위산업의 발전과 그 산물인 민군겸용기술의 민간영역으로의 확산은 국가중심 질서의 기본 전제를 와해시키고 비국가 행위자들의 위상을 제고할 가능성이 있다. 특히 자율살상무기의 확산은 국제정치에서 불안정과 갈등을 유발하고 기존에 국가 행위자들을 중심으로 합리적으로 통제되던 국제질서의 기본골격에 도전할 가능성이 있다. 자율살상무기가 비국가 행위자들의 손에 들어가면서, 단순한 주체 분산의 문제를 넘어서, 각국이 디지털 부국강병 경쟁의 차원에서 자율무기체계를 개발하려는 역량 증대의 노력이 역설적으로 자국의 안보를 위협할 뿐만 아니라 현 국제질서의 취약성을 드러내는 방향으로 귀결될 가능성이 있다 (Schneider 2019, 842).

궁극적으로 인공지능과 빅데이터 등과 같은 4차 산업혁명 기술의 발달은 국민국가의 지정학적 경계를 넘어서는 권력 분산과 주체 다양화 및 질서 변환의 문제를 제기한다. 가장 현상적으로는 인공지능을 도구로 활용하거나 국력 증진의 목표로 삼은 새로운 권력게임이 벌어지고 있다. 그러나 자율무기를 놓고 벌이는 게임에서 국가 행위자는 유일한 주체가 아니며, 오히려 글로벌 차원에서 초국적으로 활동하는 비국가 행위자들이 위상이 높아지고 있다. 이러한 과정에서 4차 산업혁명의 기술 변수는 단순한 도구가 아니라 행위능력을 지닌 하나의 주체, 즉 '포스트 휴먼'으로 거론되기도 한다. '인간들 간의 정치(inter-human politics)'에 기반을 둔 국제질서에 대한 논의를 넘어서 '포스트 휴먼들 간의 정치(inter-post-human politics)'까지도 포함하는 세계질서의 부상 가능성을 엿보게 하는 대목이다.

3. 자율무기체계의 국제규범과 윤리

자율무기체계의 도입이 근대 국제질서의 변환에 미치는 영향은 자율살상무기, 이른바 킬러로봇에 대한 규범적 통제에 대한 논의에서도 나타난다. 핵군비 경쟁의 역사적 교훈을 떠올리면, 자율살상무기의 개발은 강대국들 간의 새로운 군비경쟁을 촉발함으로써 국제질서의 불안정을 초래할 뿐만 아니라 더 나아가 인류 전체를 위험에 빠트릴 수도 있다. 게다가 핵무기와는 달리 값싼 비용으로도 개발할 수 있다는 특성 때문에 자율살상무기를 둘러싼 경쟁이 낳을 파장은 그 정도가 더 심할 수도 있다(Garcia 2018, 339). 이른바 불량국가들이나 테러집단, 국제범죄조직과 같은 비국가 행위자들이 자율살상무기를 획득하게 된다면 그 피해가 어느 방향으로 튈지를 예견하기 어렵다(Bode and Huelss 2018, 398).

이러한 우려를 바탕으로 기존의 국제법을 원용하여 킬러로봇의 사용을 규제하는 문제가 논의되어 왔다. 예를 들어, 킬러로봇이 군사적 공격을 감행할 경우, 유엔헌장 제51조에 명기된 '자기방어(self-defense)'의 논리가 성립할까? '전쟁의 원인에 관한 법(Jus ad Bellum)' 전통에 근거해서 볼 때, 킬러로봇을 내세운 전쟁은 '정당한 전쟁'일까? 또한 '전쟁 중의 법(Jus in Bello)'의 관점에서 볼 때, 킬러로봇은 전장에서 전투원과 민간인을 구별(distinction)하여 전투행위를 전개해야 하며, 킬러로봇의 공격 시 의도하는 민간인 인명 살상이나 재산 피해가 군사적 목적을 상회하지 않도록 하는 규정한 비례(proportionality) 원칙은 지켜져야 할까?(민병원 2017, 175-176).

좀 더 근본적으로 제기되는 쟁점은 전장에서 삶과 죽음에 관한 결정을 기계에 맡길 수 있는가 라는 윤리적 문제이다. 핵무기가 아무리 인류에 위험을 부가했더라도 이는 여전히 정책을 결정하는 인간의 '합리적 통제' 하에 있었다. 그러나 인간의 인지 능력을 모방해서 만들어진 인공지능 시스템이 사람의 목숨을 빼앗는 결정을 내리는 것을 용납할 수 있을까? 이러한 결정을 인공지능에게 부여하는 것은 인간 존엄성을 포기하는 것은 아닐까? 급속히 발달하는 인공지능 로봇에 대해 인간의 '의미 있는 통제'를 수립하려면 어떻게 해야 할까? 좀 더 구체적으로 자율살상무기가 국제법을 준수하고 인명에 영향을 미치는 윤리적 판단을 할 수 있도록 설계하고 운용할 수 있을까?(Arkin 2009; Sharkey 2008).

이러한 문제의식을 바탕으로 킬러로봇의 금지를 촉구하는 시민사회 운동이 글로벌 차원에서 진행되었다. 예를 들어, 2009년에 로봇 군비통제 국제위원회(International Committee for Robot Arms Control, ICRAC)가 출범했다. 2012년 말에는 휴먼라이트와치(Human Rights Watch, HRW)가 완전자율무기의 개발을 반대하는 보고서를 냈다. 2013년 4월에는 국제 NGO인 킬러로봇 중단운동(Campaign to Stop Killer Robots, CSKR)이 발족되어, 자율살상무기의 금지를 촉구하는 서명운동을 진행했는데 2016년 12월까지 2천여 명이 참여했다. 이는 대인지뢰금지운동이나 집속탄금지운동에 비견되는 행보라고 할 수 있는데, 아직 완전자율무기가 도입되지 않은 상황임에도 운동이 진행되고 있음에 주목할 필요가 있다(Carpenter 2016).

　이러한 운동은 결실을 거두어 2013년에는 23차 유엔총회 인권이사회에서 보고서를 발표했고, 유엔 차원에서 자율무기의 개발과 배치에 관해서 토의가 시작되었다. 자율무기의 금지와 관련된 문제를 심의한 유엔 내 기구는 특정재래식무기금지협약(Convention on Certain Conventional Weapons, CCW)이었다. 2013년 11월 완전자율살상무기에 대해 전문가 회합을 개최하기로 결정한 이후, 2014년 5월부터 2016년 12월까지 여러 차례 회합이 개최되었으며, 그 결과로 자율살상무기에 대한 유엔 정부전문가그룹(GGE)이 출범되었다. 한편, 2017년 8월에는 자율자동차로 유명한 일론 머스크와 알파고를 개발한 무스타파 슬레이먼 등이 주도하여, 글로벌 ICT 분야 전문가 116명(26개국)이 유엔에 공개서한을 보내 킬러로봇을 금지할 것을 촉구하기도 했다(조현석 2018, 251).

　정부 간 협의체 차원의 움직임에도 주목할 필요가 있는데, G20 정상회의는 2019년 6월 제시한 'G20 AI 원칙'이 그 사례이다. 'G20 AI 원칙'은 디지털 경제와 관련하여 '인간중심 미래사회'라는 기조를 유

지해야 한다고 지적하면서, 기존 유엔 SDGs를 강화하는 방향으로 추
진되어야 함을 강조했다. '인간중심 AI'를 실현하기 위해 정부, 국제기
구, 학계, 시민사회, 민간부문 등 모든 이해당사자들이 각각의 역할을
수행해야 한다는 점을 확인하였다. 특히, AI 기술을 수용하기에는 열악
한 상황에 처해 있는 중소기업 등을 지원해야 하는 점을 강조했다. 이
밖에 유네스코에서도 더 신뢰할 수 있고 윤리적인 인공지능을 만들기
위해 2021년 'AI 윤리 권고문'을 채택했다. 한편 AI 및 신흥기술 관련
평시 규범에 대한 논의는 유엔에서도 진행되기 시작했는데, 2023년 7
월 유엔 안전보장이사회가 처음으로 인공지능 관련 회의를 열고 AI의
위험과 대응책에 대해 논의했다. 이번 회의에서 영국 등 서방 국가들은
AI를 규제하기 위한 국제적 협의체의 신설이 필요하다고 했지만, 안보
리 상임이사국인 러시아·중국이 반대하면서 의견은 엇갈렸다. 앞으로
유엔은 AI 협의체 신설에 대한 논의를 이어갈 것으로 알려졌다.

　또 하나 주목할 사례는 GPAI(Global Partnership on AI)이다.
GPAI는 2020년 6월 공식 출범한 세계 최초의 인공지능 전담 협의체이
다. GPAI는 프랑스와 캐나다가 2018년 처음 설립을 제안했고, 2019년
G7 정상회의에서 창설이 협의됐으며, 이후 2020년에 이르러 AI 글로
벌 협의체로 출범했다. 이를 통해 AI 기술의 발전은 물론 올바른 활용
에 대한 국제적 논의가 본격화될 전망이다. 한국을 포함해 프랑스, 캐
나다, 호주, 독일, 미국, 일본, 유럽연합, 뉴질랜드 등 총 14개 창립회원
이 함께 발족했다. GPAI에는 각국의 과학계와 산업계, 시민사회, 정부
기관 및 국제기구의 AI 전문가 등 이해관계자가 참여하며, 전문가그룹
및 주제별 작업반을 통해 AI 관련 이슈 및 우수사례에 대한 이해를 제
고하고 국제적 AI 이니셔티브 공유를 지향한다.

　이러한 과정에서 주목할 것은 자율살상무기의 금지를 위한 윤리

적 행보가 인공지능이나 로봇과 같은 4차 산업혁명 분야의 구체적인 기술 자체를 규제하거나 금지하려는 것은 아니라는 점이다. 그 대신 이러한 행보는 '안보화'의 정치논리를 내세우며, 군사적 목적을 위해서 특정 기술의 적용을 수행하는 군사적 관행에 대한 반대의견의 표출이라고 볼 수 있다. 사실 자율살상무기 금지에 대한 논의에 이르면 모든 국가는 비슷한 처지에 있다. 몇몇 나라들이 기술적인 면에서 앞서가고 있는 것은 사실이지만, 아직 그 보유국과 비(非)보유국 간의 구별이 명확하지 않다. 이러한 상황에서 자율살상무기 금지 논쟁은 아직 본격적으로 불붙지 않았고, 특히 강대국들의 지정학적 이해관계로 인하여 본격적인 문제제기 자체가 심히 제한되고 있다(Altmann and Sauer 2017, 132-133).

V. 맺음말: 항공우주산업에 주는 함의

이 글은 기술혁신이 미래전의 진화와 국제정치의 변환에 미치는 영향을 살펴보았다. 오늘날 기술 발달은 무기체계와 군사작전의 개념을 변화시키고 있으며, 전투 공간의 확대와 전쟁 수행 방식의 변화에도 영향을 미치고 있다. 이 과정에서 강대국들의 지정학적 경쟁이 거세지고 있다. 그러나 전통적인 지정학의 시야를 넘어서 이해할 필요가 있다. 인공지능이나 로봇 등의 기술혁신은 민간 부문에서 주도하는 성격이 강할 뿐만 아니라 그 적용과 활용의 과정도 지리적 경계를 넘어서는 '비(非)지정학적' 차원에서 이루어지는 경우가 많다. 이러한 과정에서 인공지능을 탑재한 로봇의 살상무기화를 경계하는 '안보화' 담론의 출현은 '비판지정학'의 시각에서 이해할 수 있는 대표적인 현상이다. 게다가 자율무기체계의 작동 자체가 점점 더 '탈(脫)지정학적' 공간으로서 사이버·우주 복합공간을 배경으로 진행되고 있음에 주목해야 한다. 그 야말로 미래전 환경 변화와 이를 둘러싼 국제정치의 변환은 '복합지정학'의 시각에서 봐야 한다.

이러한 미래전 부상과 국제정치 변환에 대한 논의가 항공우주산업에 주는 함의는 무엇인가? 최근 뜨거워진 주요국들의 항공우주 경쟁은 단순한 기술·산업적 차원에서만 이해할 현상이 아니라 미래 국가전략을 거론케 하는 국제정치의 지정학적 현상이라고 할 수 있다. 그렇지만 4차 산업혁명 시대를 맞은 항공우주의 국제정치가 보여주는 복합성은 전통적인 고전지정학적 시각을 넘어서는 좀 더 정교한 분석틀의 구비를 요청한다. 특히 복합공간으로서 항공우주 공간의 부상에 제대로 대응하기 위해서는 좀 더 거시적이고 포괄적인 차원에서 파악된 미래 국가전략의 모색이 필요하다. 복합지정학의 시각에서 볼 때 오늘날 항공우주 경쟁과 이를 둘러싸고 벌어지는 국제정치 변환은 전략과 산업 및 규범의 3차원 경쟁으로 이해해야 한다(김상배 편 2021b).

먼저, 항공우주의 국제정치가 국가안보가 걸린 지정학적 사안으로 '안보화'되면서 주요국 간의 전략경쟁이 치열하게 벌어지고 있음을 직시할 필요가 있다. 특히 미국, 중국, 러시아 등 항공우주 강국들의 군사·안보·전략 경쟁이 가속화되고 있으며, 아시아와 유럽의 항공우주 후발국들도 나서고 있다. 이들 국가는 단순한 항공우주 기술 개발의 차원을 넘어서 항공우주 공간에서의 전쟁 수행 능력을 높이기 위한 군비 경쟁 및 항공우주 무기 경쟁을 벌이고 있다. 특히 최근에는 우주 군사력을 국가안보 전략 수행의 핵심으로 이해하여 다양한 우주 무기의 개발과 배치는 물론, 우주전의 수행을 위해 우주군을 독립 군종으로 창설하는 데까지 나아갔다. 그야말로 항공우주 공간은 국가안보의 공간이

자 국가적 자존심과 꿈을 실현할 공간으로 확고하게 자리매김하는 양상을 보이고 있다.

둘째, '뉴 스페이스(New Space)'의 부상이라는 시대적 변환 속에서 항공우주산업 경쟁이 치열하게 벌어지고 있다. 이러한 변화는 단순히 민간 항공우주 기업들의 수적 증가나 벤처형 투자의 증대라는 차원을 넘어서 항공우주산업 생태계의 변동과도 연결된다. 이러한 변환의 이면에는 획기적인 기술 발달과 혁신을 추구하는 민간 기업가들의 발상 전환이 존재하고 있다. 4차 산업혁명을 배경으로 다양한 위성활용 서비스들이 활성화되고 있는데, 위성항법시스템에서 제공하는 위치정보서비스, 전 지구적 위성인터넷, 위성을 활용한 각종 영상 및 데이터 서비스 분야에서 새로운 비즈니스 모델들이 부상하고 있다. 우주 분야가 4차 산업혁명 관련 기술들과 융복합되면서 뉴 스페이스의 지평을 넓혀 나가고 있다.

끝으로, 우주공간에서의 군비경쟁 방지와 지속가능한 우주환경 조성을 위한 우주규범 마련을 위한 노력이 진행되는 가운데, 그 형식과 내용을 놓고 주요국 간의 견해가 대립하는 우주 규범 경쟁의 양상도 나타나고 있다. 1959년 12월 설립된 유엔 '우주공간평화적이용위원회(Committee on the Peaceful Uses of Outer Space, COPUOS)'와 1978년 5월 처음 개최된 유엔 군축특별총회에 기원을 두고 1982년부터 우주 문제를 논의한 다자간 제네바 군축회의(Conference on Disarmament, CD) 등에서 진행되고 있는 우주 규범에 대한 논의 과정에서 서방과 비서방 진영 또는 선진국과 개도국 진영 간의 입장차가 드러나고 있다. 이러한 진영 간 입장차는, 장기지속성 가이드라인, 우주2030 어젠다, 우주 상황인식, 우주 교통관리, 우주파편물, 투명성 신뢰구축 조치, PAROS GGE, 우주의 군사화와 무기화 및 자위권 적용

문제, 위성부품 수출통제 등과 같은 다양한 쟁점들에 걸쳐서 나타나고 있다(유준구 2016).

요컨대, 항공우주산업의 국제정치는 전략-산업-규범의 시각에서 본 복합지정학적 양상을 보이며 전개되고 있다. 항공우주 분야에서 벌어지는 최근의 양상은 사이버 안보나 자율무기체계 분야의 세계정치와 더불어 4차 산업혁명 시대 신흥기술 분야의 구조변동에 대한 국가전략적 대응의 필요성을 제기한다. 이 글에서 살펴본 미래전 환경 변화의 복합지정학은 21세기 세계정치의 중견국으로서 한국에게 기회이자 과제를 동시에 제기한다. 이러한 과정에서 항공우주 전략은 근대화, 자주국방, 경제개발, 국가자긍심, 외교리더십 등의 연속선상에서 본 미래 국가전략의 또 하나의 과제가 아닐 수 없다. 한국에게도 이제 항공우주 공간은 '저 멀리 있는 공간'이 아니라, 우리 삶에 밀접히 연계된 '복합 공간'이라는 점을 염두에 두고 적극적인 대응전략을 구상하고 실천해야 한다.

참고문헌

김민석. 2020. "성큼 다가온 인간과 전투로봇의 전쟁."『중앙일보』, 2월 28일.

김상배. 2014.『아라크네의 국제정치학: 네트워크 세계정치이론의 도전』. 한울.

＿＿＿. 2018.『버추얼 창과 그물망 방패: 사이버 안보의 세계정치와 한국』. 한울엠플러스.

＿＿＿. 2022.『미중 디지털 패권경쟁: 기술-안보-권력의 복합지정학』. 한울.

김상배 편. 2020.『4차 산업혁명과 신흥 군사안보: 미래전의 진화와 국제정치의 변환』. 한울.

＿＿＿. 2021a.『4차 산업혁명과 첨단 방위산업: 신흥권력 경쟁의 세계정치경제』. 한울.

＿＿＿. 2021b.『우주경쟁의 세계정치: 복합지정학의 시각』. 한울.

＿＿＿. 2021c.『디지털 안보의 세계정치: 미중 패권경쟁 사이의 한국』. 한울.

＿＿＿. 2022.『미래전 전략과 군사혁신 모델: 주요국 사례의 비교연구』. 한울.

민병원. 2017. "4차 산업혁명과 군사안보전략." 김상배 편.『4차 산업혁명과 한국의 미래전략』,
　　사회평론아카데미.

설인효·박원곤. 2017. "미 신행정부 국방전략 전망과 한미동맹에 대한 함의: 제3차
　　상쇄전략의 수용 및 변용 가능성을 중심으로."『국방정책연구』33(1): 9-36.

송태은. 2019. "사이버 심리전의 프로퍼갠더 전술과 권위주의 레짐의 샤프파워: 러시아의
　　심리전과 서구 민주주의의 대응."『국제정치논총』59(2): 161-203.

＿＿＿. 2022. "러시아-우크라이나 전쟁의 정보심리전: 평가와 함의."『주요국제문제분석』.
　　국립외교원 외교안보연구소.

싱어, 피터(Singer, Peter). 2017. "기계들의 전쟁." 사이언티픽 아메리칸 편집부 편. 이동훈 역.
　　『미래의 전쟁: 과학이 바꾸는 전쟁의 풍경』. 한림출판사.

유준구. 2016. "최근 우주안보 국제규범 형성 논의의 현안과 시사점."『주요국제문제분석』.
　　국립외교원 외교안보연구소.

윤민우. 2011. "국제조직범죄의 전통적 국가 안보에 대한 위협과 이에 대한 이론적
　　패러다임의 모색."『한국범죄학』5(2): 107-141.

＿＿＿. 2022. "사이버 안보의 국가전략." 서울대학교 국제문제연구소 이슈브리핑, No.157.

윤정현. 2022. "신기술 안보의 국가전략: 인공지능 기술의 민간·군사적 활용의 쟁점."
　　서울대학교 국제문제연구소 이슈브리핑, No.156.

이장욱. 2007. "냉전의 종식과 약소국 안보: 약소국의 생존투쟁과 PMC."『사회과학연구』
　　15(2): 310-347.

장원준·정만태·심완섭·김미정·송재필. 2017. "4차 산업혁명에 대응한 방위산업의 경쟁력
　　강화 전략." 연구보고서 2017-856, 산업연구원.

조현석. 2018. "인공지능, 자율무기 체계와 미래 전쟁의 변화." 조현석·김상배 외.『인공지능,
　　권력변환과 세계정치』. 삼인.

Altmann, Jürgen and Frank Sauer. 2017. "Autonomous Weapon Systems and Strategic
　　Stability." *Survival* 59(5): 117-142.

Arkin, Ronald C. 2009. "Ethical Robots in Warfare." Georgia Institute of Technology, College of Computing, Mobile Robot Lab.

Arquilla, John and David Ronfeld. 2000. *Swarming: the Future of Conflict*. Santa Monica, CA: RAND.

Birkeland, John O. 2018. "The Concept of Autonomy and the Changing Character of War." *Oslo Law Review* 5(2): 73-88.

Bitzinger, Richard A. 2015. "Defense Industries in Asia and the Technonationalist Impulse." *Contemporary Security Policy* 36(3): 453-472.

Bode, Ingvild and Hendrik Huelss. 2018. "Autonomous Weapons Systems and Changing Norms in International Relations." *Review of International Studies* 44(3): 393-413.

Bresinsky, Markus. 2016. "Understanding Hybrid Warfare as Asymmetric Conflict: Systemic Analysis by Safety, Security, and Certainty." *On-line Journal Modelling the New Europe* 21: 29-51.

Carpenter, Charli. 2016. "Rethinking the Political/-Science-/Fiction Nexus: Global Policy Making and the Campaign to Stop Killer Robots." *Perspectives on Politics* 14(1): 53-69.

Caverley, Jonathan D. 2007. "United States Hegemony and the New Economics of Defense." *Security Studies* 16(4): 598-614.

Dimitriu, George. 2018. "Clausewitz and the Politics of War: A Contemporary Theory." *Journal of Strategic Studies*. DOI: 10.1080/01402390.2018.1529567.

Docherty, Bonnie L. 2012. *Losing Humanity: The Case against Killer Robots*. Washington, DC: Human Right Watch/International Human Right Clinic, Dec. 5.

Fuhrmann, Matthew and Michael C. Horowitz. 2017. "Droning On: Explaining the Proliferation of Unmanned Aerial Vehicles." *International Organization* 71(2): 397-418.

Garcia, Denise. 2018. "Lethal Artificial Intelligence and Change: The Future of International Peace and Security." *International Studies Review* 20: 334-341.

Grayson, Tim. 2018. "Mosaic Warfare." Keynote Speech delivered at the Mosaic Warfare and Multi-Domain Battle. DARPA Strategic Technology Office.

Haner, Justin and Denise Garcia. 2019. "The Artificial Intelligence Arms Race: Trends and World Leaders in Autonomous Weapons Development." *Global Policy* 10(3): 331-337.

Hoffman. F.G. 2017/18. "Will War's Nature Change in the Seventh Military Revolution?" *Parameters* 47(4): 19-31.

Horowitz, Michael C., Sarah E. Kreps, and Matthew Fuhrmann. 2016. "Separating Fact from Fiction in the Debate over Drone Proliferation." *International Security* 41(2): 7-42.

Ilachinski, Andrew. 2017. *AI, Robots, and Swarms: Issues, Questions, and Recommended Studies*. CNA Analysis & Solutions.

Johnson, James. 2019. "Artificial Intelligence & Future Warfare: Implications for International Security." *Defense & Security Analysis* 35(2): 147-169.

Koch, Robert and Mario Golling. 2015. "Blackout and Now? Network Centric Warfare in an Anti-Access Area Denial Theatre." in M. Maybaum, et al. (eds.), *Architectures in Cyberspace*. Tallinn: NATO CCD COE Publications.

Mori, Satoru. 2018. "US Defense Innovation and Artificial Intelligence." *Asia-Pacific Review* 25(2): 16-44.

Nye, Joseph S. 2011. "Nuclear Lessons for Cyber Security?" *Strategic Studies Quarterly*, Winter, 18-38.

Payne, Kenneth. 2018. "Artificial Intelligence: A Revolution in Strategic Affairs?" *Survival* 60(5): 7-32.

Reily, Jeffrey M. 2016. "Multidomain Operations: A Subtle but Significant Transition in Military Thought." *Air & Space Power Journal* 30(1): 61-73.

Scharre, Paul. 2018. *Army of None: Autonomous Weapons and the future of War*. New York: W.W. Norton.

Schneider, Jacquelyn. 2019. "The Capability/Vulnerability Paradox and Military Revolutions: Implications for Computing, Cyber, and the Onset of War." *Journal of Strategic Studies* 42(6): 841-863.

Schwab, Klaus. 2016. *The Fourth Industrial Revolution*. World Economic Forum.

Sharkey, Noel. 2008. "The Ethical Frontiers of Robotics." Science 322(5909), Dec. 19.

Shaw, Ian G. R. 2017. "Robot Wars: US Empire and Geopolitics in the Robotic Age." *Security Dialogue* 48(5): 451-470.

Walker, Christopher and Jessica Ludwig. 2017. "The Meaning of Sharp Power: How Authoritarian States Project Influence" *Foreign Affairs*, November 16, 8-25.

Weiss, Moritz. 2017. "How to Become a First Mover? Mechanisms of Military Innovation and the Development of Drones." *European Journal of International Security* 3(2): 187-210.

Williams, John. 2015. "Democracy and Regulating Autonomous Weapons: Biting the Bullet while Missing the Point?' *Global Policy* 6(3): 179-189.

Winkler, John D., Timothy Marler, Marek N. Posard, Raphael S. Cohen, and Meagan L. Smith. 2019. "Reflections on the Future of Warfare and Implications for Personnel Policies of the U.S. Department of Defense." Santa Monica, CA: RAND.

杨仕平. 2019. "5G在军用通信系统中的应用前景." 『信息通信』 06期.

제3장 '전장으로서의 우주'와 미래의
억지전략: 미중 안보전략 변화와 한국

김양규(동아시아연구원)

* 이 글의 내용 중 일부는 김양규(2023), "미중 군사안보전략 변화와 동아시아 안보질서의 미
래"(동아시아연구원『미중 핵 대타협 스페셜리포트』, 8월 22일)를 토대로 수정 보완하여 작
성되었다.

I. 변곡점에 있는 세계안보질서

2022년은 탈냉전기 이후 세계질서가 근본적 재편기에 들어서는 분기점이 될 것으로 보인다. 지난 2월 바이든 행정부의 명시적 억지위협(deterrent threats)에도 불구하고 러시아가 우크라이나를 침공하며 2차대전 이후 유럽 내 최대 규모의 재래식 전쟁을 일으켰고 아직까지도 전쟁은 지속되고 있다. 한국전쟁과 베트남전쟁, 테러와의 전쟁이 각각 냉전, 데탕트, 탈냉전기 질서 변혁을 알리는 신호탄이 되었듯, 이번 우크라이나 전쟁도 지정학의 귀환과 권위주의 대 민주주의 진영의 대립과 같은 새로운 세계질서가 등장하는 계기를 마련할 가능성이 높다.

　　이러한 대변혁의 시기에 각국은 새로운 국가안보전략을 마련하느라 바쁘다. 2022년 한 해 동안에만 인태전략서(Indo-Pacific Strategy, IPS), 국가안보전략서(National Security Strategy, NSS), 국방전략서(National Defense Strategy, NDS), 핵태세검토보고서(Nuclear Posture Review, NPR) 등 국가전략 핵심 문건들을 쏟아낸 미국은 '변곡점(inflection point)'에 서 있는 세계질서 변환 속 미국의 안보전략을 '통합억지(integrated deterrence)'로 풀어내고자 한다. 중국은 '세기적 대변환기(百年未有之大变局)'(State Council Information Office 2019-09-01)의 도전을 맞아 2019년 중국의 대전략에 대한 백서를 편찬한 것에 이어, 2022년 10월 20차 당대회를 통해 시진핑 주석의 역사적인 3연임을 확정하여 덩샤오핑 이후 정착된 집단지도체제를 뒤집고 마오쩌둥 시기로 회귀하는 선택을 했다. 2022년 기록적인 군사도발을 이어간 북한은 12월 노동당 중앙위 8기 6차 전원회의에서 "국제관계구도가《신랭전》체계로 명백히 전환"되었다고 강조하고, 우크라이나 전쟁과 대만문제에서 노골적인 러시아 및 중국 편들기로 국제질서의 진영화 추

세 강화에 편승하여 국제사회 내 고립을 극복하려 하고 있다. 일본은 미국의 통합억지전략을 차용한 국가전략 개념을 토대로 2022년 12월 국가안전보장전략(国家安全保障戦略について), 국가방위전략(国家防衛戦略について), 방위력정비계획(防衛力整備計画について)을 발행하고, 향후 5년간 방위비 국내총생산(GDP) 대비 2퍼센트까지 증액 및 순항 미사일 등 원거리 공격(standoff) 미사일을 포함한 공격 능력 도입을 골자로 하는 군 현대화를 추진하고 있다.

이 장은 이러한 세계질서 대변혁기를 맞아 한국이 지향해야 할 안보전략을 검토하되, 특히 우주공간의 전략적 중요성을 중점적으로 논의한다. 먼저 이론적 차원에서 억지전략을 '징벌에 의한 억지(deterrence by punishment)'와 '거부에 의한 억지(deterrence by denial)'로 나누어 설명한다. 이어서 세계 안보 질서 형성에 가장 큰 영향을 미치는 미중 군사전략 변화를 살펴본다. 2022년 2월부터 공개된 미국의 전략 문건에서 나타난 미국 안보전략의 핵심 개념인 '통합억지'와 2049년 중화민족 대부흥을 목표로 군사 현대화와 '지능화(智能化)'에 매진하는 중국의 군사전략을 비교하여 분석하고, 그 이론적 함의를 검토한다. 아울러, 미국의 통합억지와 중국의 지능화전이 결국 '징벌에 의한 억지'에서 '거부에 의한 억지'로 안보전략의 패러다임이 변화하는 것이라 지적하고, 이런 맥락에서 우주공간의 중요성에 대해 설명한다. 끝으로, 이러한 변화가 한국의 안보전략 및 항공우주산업에 주는 함의에 대해 논의한다.

II. 억지이론과 두 가지 형태의 억지

억지(抑止, deterrence)란 "조건부 협박(conditional threat)을 동원하여 다른 행위자의 특정 행동을 실행하지 '못하게' 하려는 시도"(Freedman 2004, 6)로 "공포를 통해 어떤 행동을 하고자 하는 의욕을 꺾는다"는 의미의 라틴어 데떼르레레(*deterrere*)에서 비롯된 개념이다(Harper n.d.). 최초 억지전략은 냉전기 소련이 유럽을 침공하는 것과 핵전쟁을 시작하는 것을 막고자 하는 시도에서 출발하였지만, 프리드만(Lawrence Freedman)의 지적대로 시간이 흐름에 따라 억지는 적국이 "직접적인 군사행동을 하지 못하도록 하는 모든 정책"을 의미하는 말이 되어 개념의 과대확장(overstretch)을 겪고, 냉전기 세계 거의 모든 나라들의 안보전략을 구상함에 있어 핵심 개념으로 사용되었다(Freedman 2004, 14-17). 소련의 해체와 함께 억지전략에 대한 관심도 자연히 줄어들었지만, 21세기 들어 테러집단, 북한 및 이란과 같은 국제규범에 저항하는(recalcitrant) 국가들이 제기하는 새로운 형태의 핵위협, 사이버 공격 등에 대한 대응 등이 중요해지면서 다시 안보 연구의 중심 무대로 급부상하였다(Wilner and Wenger 2021, 4-8).

최초로 억지이론의 기초를 닦은 스나이더(Glenn Snyder)는 억지를 두 가지 형태로 분류한다(Snyder 1961, 14-16). 첫째, '징벌에 의한 억지(deterrence by punishment)'는 방어국이 잠재적 적국으로 하여금 '하지 못하게 하려는 행위'의 비용(cost)을 급격히 증대시킴으로써 현상을 유지하는 것이 변경하는 것보다 낫다는 판단을 적국이 내릴 수 있도록 하는 전략이다. 이때 핵심은 적국의 입장에서 '용납할 수 없는 비용(unacceptable damage)'을 부과할 수 있는 방어국의 보복(retaliation) 능력이다. 핵무기의 개발, 특히 핵 선제공격을 받고도 핵으로 반격할 수 있는 '2차 공격능력(second-strike capability)'을 미소가 모두 보유하게 되자 미국과 소련 모두 서로에게 재앙적 수준의 피해를 가할 수 있는 능력을 보유하게 되었고, 이로 인해 '징벌에 의한 억지' 조건 달성이 용이해짐에 따라 냉전기의 주류 전략으로 자리매김하였다(Wilner and Wenger 2021, 1-3).

둘째, '거부에 의한 억지(deterrence by denial)'는 방어국이 적국으로 하여금 '하지 못하게 하려는 행위'의 효용(benefit) 혹은 그 행위의 성공 확률을 급격히 감소시키는 전략으로 적국의 현상변경 능력(capability) 자체를 대상으로 하는 전략이다(Morgan 2021, 16-19). 이를 달성하기 위해서는 적이 현상변경을 시도하더라도 그 시도를 좌절시킬 수 있는 강력한 방어력(endurance) 또는 복원력(resilience)을 보유하거나, 적의 현상변경 시도가 감지될 때 이를 감행하기 이전에 미리 선제타격 또는 교란작전을 감행하여 거부의 목적을 달성할 수 있다. 구체적으로는 미사일 방어체계(Missile Defense, MD)나 한국형 3축체계에서 먼저 언급되는 킬체인(Kill Chain)이 이에 해당한다(국방부 2022).

이처럼 억지를 달성하는 수단이나 방법에 따라 두 종류의 억지전략을 구분할 수도 있지만, 다른 방식으로도 분류가 가능하다. 기존 연구는 누구의 방어('자국의 영토와 국민' vs. '동맹국의 영토와 국민')를 위한 것인지에 따라 직접억지(direct deterrence)와 확장억지(extended deterrence)로 구분하기도 하고, 어떤 국면을 대상으로 하는지('잠재적 현상변경 시도 위협' 또는 '이미 진행중인 현상변경 시도')에 따라 일반억지(general deterrence)와 긴급억지(immediate deterrence)로 나눌 수 있다. 이 두 기준을 적용하면, 억지를 일반 직접억지, 긴급 직접억지, 일반 확장억지, 긴급 확장억지와 같이 총 네 개의 형태로 구분할 수 있다(Huth 1999).

그렇다면 억지전략은 언제 성공하는가? 이제까지 축적된 연구에 의하면, 억지의 성공을 위해서는 도전국의 현상변경 시도를 거부(방어)하거나 이를 철저히 징벌(공격)할 수 있는 '능력(capability)'과 그 능력을 사용하겠다는 '의지(resolve)'가 모두 필요하다(Jervis 1989; Levy 1988; Morrow 1989; Huth and Russett 1990; Huth 1999; Harvey 1999; Morgan 2003; Johnson et al. 2015; McManus 2017). 의지는 보통 더 중요한 이익이 걸린 문제(예, 국가의 생존)일수록 높아지기 마련이기 때문에, 직접억지 상황에서는 대부분의 상황에서 방어국의 높은 의지 조건이 충족된다. 미중 전략경쟁의 경우 세계질서에서 패권적 지위를 두고 벌어지는 경쟁이라는 특징을 가지고 있고, 이런 맥락에서는 타협과 협상에 의한 이해관계의 충돌이 구조적으로 어려울 가능성이 높다(Gilpin 1981). 이로 인해 향후 미중 경쟁은 양국이 서로에 대한 직접적 군사충돌 또는 양국의 핵심이익이 걸려 있는 영역에서의 대립을 상정하는 경우가 많게 되고, 양국 모두 현상을 유지 혹은 변경하기 위해 상당히 높은 의지를 가지기 때문에 '의지'가 결정적인 독립변수로 작동할 가능성은 비교적 낮다. 따라서, 더욱 중요한 변수는 미국과 중국이 향후 어떤 '능력'을 확보하게 되는지에 대한 문제이며, 그 능력을 어떻게 활용하고자 미리 계획하고 준비하고 있는지에 대한 연구와 판단이 필요하다. 다음 절에서는 미국과 중국의 군사전략 문건을 검토하여 양국이 확보하고자 하는 핵심 능력이 무엇인지 살펴본다.

III. 미국의 안보전략: 통합억지

2000년대 들어 중국이 제1도련선 내 제3세력의 개입을 막기 위해 지역거부(Anti-Access/Area Denial, A2AD) 역량 개발에 집중하자 이에 대응하기 위해 동아시아 지역 내 동맹국들에 대한 안보 지원 능력을 유지하는 문제가 미국에게 매우 중요해졌다(U.S. Department of Defense 2010). 이런 맥락에서 '다영역 작전(multi-domain operations)' 개념(Perkins 2017)을 2010년대 말부터 미 육군이 개발하여 논의하기 시작하였고, 해군과 공군에서도 활발한 논의가 이어졌다. 그런데 2021년부터는 '다영역'을 넘어 '통합억지'라는 개념이 새롭게 강조되어 사용된다. 오스틴(Lloyd J. Austin III) 국방장관 연설(Austin 2021; 2022a; 2022b)에 자주 등장하던 이 개념은 앞서 언급한 IPS, NSS, NDS, NPR 등 2022년 미국이 발표한 모든 전략 문건에서 향후 미국 국방전략의 핵심 개념으로 제시된다.

NSS의 설명(Whitehouse 2022)에 따르면 '통합억지'는 잠재적 적국으로 하여금 적대 행위의 비용이 그 편익을 압도한다는 사실을 납득시킬 수 있는 "매끄러운 역량의 조합(the seamless combination of capabilities)"이다. 이는 통합억지가 군사영역(domain, 즉 육해공, 우주, 사이버, 비군사), 지역(예. 유럽과 인태), 분쟁 스펙트럼(무력분쟁~회색영역), 정부 역량(외교, 정보, 경제), 그리고 동맹 역량을 모두 통합하는 형태의 '총력억지(all of us giving our all)' 전략임을 의미한다. 미국과 동맹국 국력의 모든 요소와 영역을 통합하는 전략이므로 통합억지는 국방부가 단독으로 운영하기는 무리가 있고, 장기적으로는 '통합안보'와 같은 국가 대전략의 형태로 발전될 가능성이 높다.

오스틴 국방장관은 미국이 통합억지전략으로 선회해야 하는 이유를 변화하는 안보환경으로 인해 미국이 표적의 '탐지, 이해, 반응 (track, understand, and respond)'을 기존과 비교할 수 없는 속도로 '빠르게' 실행해야 하기 때문이라고 설명한다(Austin 2021). 그 구체적인 과업으로는 (1) 공중 지휘통제 체계(air command-and-control framework), (2) 감시 및 정찰 역량(surveillance and reconnaissance capabilities), (3) 복원력 있는 기지 운영, 유지 및 통신(resilient basing, sustainment, and communications), (4) 장거리 타격 능력, (5) 우주 복원력(space resilience), (6) 사이버 인프라 복원력(resilience in the cyber infrastructure), (7) 핵 능력 현대화(modernization of our nuclear capabilities)를 꼽고 있다.

NDS(U.S. Department of Defense 2022a)는 미국이 통합억지전략을 내세우는 이유를 현재 '결정적 10년(decisive decade)'을 지나고 있기 때문이라고 설명한다. 즉, 2030년경이 되면 미국이 "두 개의 핵강대국과 동시에 분쟁을 겪을 가능성(near-simultaneous conflict with two nuclear-armed states)"이 있으므로 여기에 대한 대비가 필요하다는 것이다. 복수의 핵보유국을 상대하기 위해서는 미국의 전술 목표를 분쟁 발생 초기에 빨리 달성하는 것이 필요하고, 그러기 위해서는 장거리 탐지 및 공격 능력을 대폭 강화할 필요가 있다. 마침 군사 분야에 적용된 현대 첨단기술은 투명성(transparency)과 정밀성(accuracy) 혁명을 일으켜 고분해 능력 레이더(synthetic aperture radar)를 탑재한 인공위성과 다양한 고도에서 운용하는 드론의 종합적 장거리 정찰로 거의 24시간에 가까운 탐지를 날씨와 상관없이 가능하도록 만들었고, 장거리 타격 능력 또한 기존 수백 미터에서 수십 미터 내로 줄어든 오차 범위 내 타격으로 거의 100퍼센트에 육박하는 명중률을 보여주고 있다(Lieber and Press 2017).

물론 현재 발표된 전략 문건만을 가지고 미 수뇌부가 그리고 있는 미래 전장의 모습을 구체적으로 예측하기는 어렵다. 그러나 상기 설명과 같이 미국이 군사안보 분야에서 설정하고 있는 국가과제와 확보하고자 하는 능력, 그리고 기술의 발달로 인해 가능해진 전장에서의 국가능력을 중점적으로 고려할 때, 현재 미국이 추진하고 있는 것은 강화된 '장거리 감시정찰' 능력에 기반한 '장거리 정밀타격 능력'으로 초기에 전장을 지배하여 2030년대 핵을 보유한 두 개의 전략적 경쟁국이 제기하는 안보 위협에 대응하는 것임을 알 수 있다. 이는 미국이 기존의 핵 보복 능력을 토대로 한 '징벌에 의한 억지' 기반 대강대국 전략에서 탈피하여 '거부에 의한 억지'를 시도하고 있음을 의미한다. 이에 대한 근거로 세 가지 사실을 들 수 있다.

첫째, NDS는 미국의 억지 역량 강화를 위해 필요한 노력을 '거부에 의한 억지', '복원력에 의한 억지(Deterrence by Resilience)', '징벌에 의한 억지(Deterrence by Direct and Collective Cost Imposition)' 순으로 제시하면서, 장거리타격, 초음속·해저·자동 무기체계(undersea, hypersonic, autonomous systems), 정보공유 강화를 가장 먼저 달성해야 하는 과업으로 강조한다. 이것이 반드시 미국 안보전략의 우선순위를 밝히는 것이라 보기는 어렵지만, 최소한 다른 형태의 억지보다 거부에 의한 억지를 전면에 내세우고 있는 점, 그리고 두번째로 언급하는 '복원력'에 의한 억지 또한 앞서 설명한 것처럼 본질적으로는 거부에 의한 억지의 영역인 점 등을 고려할 때, 최소 현재 미국 전략의 3분의 2는 적의 선제공격을 물리적으로 불가능하게 만드는 능력 또는 강력한 방어력으로 적의 공격 시도를 무의미하게 만드는 조치에 초점을 두고 있다.

둘째, 통합억지 체계 구축을 위한 동맹국과 미국의 연구개발 협력을 논의할 때 대표적으로 강조되는 역량이 미국의 국방전략 방향을 보여준다. 오스틴 국방장관은 2022년 샹그릴라 대화 연설(Austin 2022b)을 통해 미국이 추구하는 통합억지전략의 성공적 이행을 위해 신속국방실험예비대(Rapid Defense Experimentation Reserve)를 통해 첨단기술에 기반한 군사역량들이 빠르게 실전 배치될 수 있도록 노력함과 동시에, 동맹국들이 군사기술 영역에서 미국의 성취를 신속히 흡수할 수 있도록 노력하겠다고 설명한다. 이러한 맥락에서 호주의 핵잠수함 역량을 주요 사례로, 인공지능(AI)과 초음속미사일(hypersonics)을 대표적인 신기술 협력 영역으로 언급한다. AI는 앞서 언급된 장거리 정찰 능력을 통해 수집한 방대한 데이터를 신속히 처리하기 위해 중요한 기술이고, 초음속미사일은 적의 방어체계를 뚫을 수 있는 강력한 장거리 타격 능력으로 주목받는 기술이다. 따라서 동맹국에게 제공할 핵심 역량으로 이 둘을 꼽고 있다는 것 또한 미국이 거부에 의한 억지에 초점을 두고 있다는 것을 보여준다.

셋째, 미중의 군사력을 구체적인 세부 항목별로 평가한 랜드보고서(Heginbotham et al. 2015)와 미 국방부 관료들이 말하는 워게임 결과(Center for a New American Security 2019-03-07)는 동아시아 전구(theater)에서 중국 A2AD 역량 강화에 대한 미국의 우려를 보여준다. 즉, 중국이 대만과 같은 지역에서 무력에 의한 현상변경을 시도하더라도 미국이 이를 징벌하기 위한 정책을 수행하기가 어려워지는 상황을 중대한 위협으로 보는 것이다. 아울러, 국제회의에서 미사일 방어(MD) 체계의 비효율성에 대해 미국의 유력 싱크탱크 전문가들이 문제를 제기하는 점도 중요하다. 무엇보다 MD는 100% 확실한 방어가 불가능하지만, 체계 발전에 천문학적인 비용이 소요되고, 값싼 적의 유인용(decoy) 미사일에도 MD 자산이 쉽게 낭비된다는 심각한 문제가 있다(EAI-Belfer October Dialogue 2023-10-03). 물론 이는 미국 정부의 공식 입장은 아니지만 정부의 안보정책에 큰 영향을 미치는 전문가들의 사고방식을 보여주고 있기 때문에 장기적으로 미국의 관심이 방어적이고 대응적인 조치보다는 선제적이고 공격적인 행보를 통한 거부(denial)에 있음을 간접적으로 입증한다.

IV. 중국의 안보전략: 지능화전(智能化戰)

미국의 NDS와 대비를 이루는 중국의 문건은 2019년 7월 발표된 『신시대중국국방(新时代的中国国防)』이다(State Council Information Office 2019). 본 문건에서 중국은 세계 세력배분 구조의 근본적 변화가 있는 가운데 미국은 세계 패권의 유지를 위해 신기술 활용하여 중국을 견제하고 있다는 기본 인식을 보여주고, 이에 대응하기 위해 중국은 시진핑 사상에 입각한 중국특색의 군사안보전략을 마련해야 한다고 본다. 최우선 과제로 '중화민족의 부흥'을 제시하고, 이를 달성하기 위해 첫째, 대만독립 방지, 티베트와 신장의 분리독립 방지와 둘째, 중국의 지속가능한 경제 발전 지원을 강조한다. 이런 맥락에서 제1도련선 내 제삼자의 무력 개입을 막는 것이 중국이 가장 우선하여 갖추어야 하는 역량이라는 점을 분명히 한다. 동시에, 중화민족 부흥이라는 지상과제에 집중하기 위해 중국은 패권을 추구하지 않고 동맹과 파트너십 확대를 추구할 것과, 세계 평화 및 인류 공영에 이바지할 것을 약속한다. 아울러, 이러한 방향성을 가지고 중국 공산당에게 중요한 이정표에 따라 향후 30년간 추진할 군사 발전 목표를 세운다. 첫째, 인민해방군 건군 100주년을 맞이하는 2027년까지 '기계화, 정보화, 지능화

역량 구축 가속화'를 추진하고, 둘째, 2035년까지 '군사적 현대화의 대체적 완성' 단계에 이른다. 셋째, 건국 100주년을 맞이하는 2049년까지는 미국과 맞붙어도 이길 수 있는 '세계 최강군대 건설'을 이룩한다.

『신시대중국국방』의 방향성은 2022년 10월 20차 당대회 때 발표한 시진핑 주석의 업무 보고(Ministry of Foreign Affairs of the People's Republic of China 2022)에서도 그대로 유지된다. 2049년까지 '중화민족의 위대한 부흥'을 이루기 위해 정치·사회·군사적 현대화를 추구하고, 이런 맥락에서 첨단기술 자립과 자강, 과학기술 인재 양성, 민생 복지 증진, 생태환경의 개선, 공동부유 달성, 경제 쌍순배(双循环) 통해 내수시장 촉진과 대외공급망 의존도 축소, 기술 분야 민관융합(军民融合)을 주요 과제로 제시한다. '안전(安全)'이라는 표현도 91회나 언급되는데 이를, '인민안전'(궁극적 목표), '정치안전'(근본적 과업), '경제안전'(토대), '군사·기술·문화·사회안전'(주요 기둥)으로 구분하여 설명한다. 경제안전의 토대 위에 군사안전을 이룩하여 이것이 정치안전 및 인민안전 달성에 기여해야 한다는 것은 국가의 총력동원을 안보전략 차원에서 제시하는 미국의 통합억지 개념과 그 맥을 같이 한다.

보다 직접적으로는 "전역연동(全域联动)", "기계화, 정보화, 지능화의 통합(机械化信息化智能化融合)", "합동작전 지휘체계를 최적화하고 정찰 및 조기경보, 합동타격, 전장지원, 종합지원체계 및 역량강화를 추진한다(优化联合作战指挥体系, 推进侦察预警, 联合打击, 战场支撑, 综合保障体系和能力建设)"는 표현에서 보이는 '통합역량' 구축 노력이다. 이는 미국이 추구하는 통합억지와 본질적으로 매우 유사하다. "정보화, 지능화 전쟁의 특성과 법칙(信息化智能化战争特点规律)"에 따른 전력 운영 등에서 '지능화전' 개념을 강조하는 것도 다양한 영역의 군사력을 통합하고자 하는 '복합시스템(system of systems)' 구축을 위해서고, AI를 통한 인간-기술 융합도 이러한 맥락에서 강조된다(Kania 2021). 미 국방부(U.S. Department of Defense 2022b)는 중국이 2021년부터 '다영역정밀전(多域精确战, Multi-Domain Precision Warfare)' 개념을 제시하며 빅데이터와 AI를 활용한 지휘, 통제, 통신, 컴퓨터, 정보, 감시 및 정찰(Command, Control, Communications, Computers, Intelligence, Surveillance and Reconnaissance, C4ISR) 역량을 토대로 미군의 취약점을 파악하여 합동군으로 정밀 타격을 감행하는 것에 대한 우려와 대비를 강조한다.

　'지능화전'이라는 개념에서부터 드러나듯이 중국은 미국보다도 더 명확하게 통합역량 구축을 위한 핵심축으로 AI 기술을 내세운다. 육해공, 우주, 전자전 및 사이버 영역의 효과적인 통합은 AI, 빅데이터, 클라우드 컴퓨팅 기술의 적용을 통해서만 가능하고(CNA 2022-08-11), 상대방의 통합역량을 와해하는 것도 AI를 동원한 전자기전을 통해 가능하다. 따라서 미래 전쟁은 "누가 더 발전된 알고리듬을 개발하느냐(game of algorithms)"의 문제로 치환되고, 이런 맥락에서 데이터의 확보가 가장 중요한 과제로 부각된다. 흥미로운 점은 중국이 제시하는 지능화전도 궁극적으로는 군사작전의 템포, 정확도, 효율성을 증대시키는 것에 초점을 맞추고 있고, 이를 위해 필요한 핵심역량으로 "소형 폭발물을 탑재한 장거리 정밀 무인기 공격(remote, precise, miniaturised, large-scale unmanned attacks)"을 내세운다는 점이다(Kania 2021). 즉, 최소 중국의 핵심이익이 걸려 있는 제1도련선 내에서 미국의 군사 지원과 분쟁 개입을 방지할 수 있는 '거부에 의한 억지'를 중국 또한 추진하고 있는 것이다.

V. 이론적 함의: 징벌에 의한 억지에서 거부에 의한 억지로

앞서 살펴본 바와 같이 미국과 중국은 공히 전 영역의 국력을 통합하여 운용하는 것을 국방전략의 핵심으로 삼고 있고, 궁극적으로는 '상대방이 공격하기 전에 먼저 공격하여 공격 작전 자체를 좌절시키는' 방식의 '거부에 의한 억지' 전략과 이를 달성할 수 있는 능력 개발을 추구한다. 미국이 강조하는 "장거리타격 및 초음속·해저·자동 무기체계"나 중국이 추구하는 "소형 폭발물을 탑재한 장거리 정밀 무인기 공격"은 요구되는 기술의 발전도에서 차이가 있을 뿐, 본질적으로 내용상 큰 차이는 없다. 군사력 및 군사기술 차원에서 가장 앞서 있는 미국과 그 유일한 경쟁국으로 입지를 확대하고 있는 중국이 모두 유사한 안보전략을 추구하고 있다는 점에서, 거부에 의한 억지는 향후 세계 안보질서의 핵심 개념으로 부상할 가능성이 높다.

이러한 역량과 억지태세를 준비하는 목적에서는 미중 양국 사이에 차이가 있다. 미국은 동시에 두 개의 핵 국가와 분쟁 상황에 직면하게 되는 최악의 상황에 대한 대비 차원에서, 중국은 중화민족의 부흥이라는 '중국몽'의 달성을 위해 대만해협과 같은 핵심이익 영역에 대한 미국의 전력 투사를 막는 신속하고 효율적인 공격역량에 기초한 군사전략 수립의 차원에서 이를 강조한다.

이처럼 거부에 의한 억지를 추구하는 목적은 다르지만, 그 내용은 양 국가에게 모두 핵심적 안보이익의 영역에 속하는 것이다. 특히 중국은 위섭(威懾)이라는 개념을 통해 '중국과 대립하려는 계획 자체를 갖지 못하게 만드는 것'으로 억지 개념을 이해하고 있어, 쉘링(Schelling 1966)이 강조하는 '설득(persuasion)'의 측면을 강조하는 미국의 전통적인 이해보다 훨씬 강력한 심리적 압박으로 억지전략을 추구한다는 점을 고려할 필요가 있다. 따라서 미국의 '통합억지'와 중국의 '지능화전'의 대립은 향후 동아시아 지역의 미래 전장에서 서로의 전력투사 능력을 거부하기 위한 맹렬한 경쟁으로 치닫게 될 것으로 보인다.

1. 거부에 의한 억지 관점에서 우주공간의 중요성 및 미중의 우주 전략 변화

향후 미중 양국이 거부에 의한 억지를 추구한다고 할 때 가장 치열한 경쟁이 벌어질 영역(domain)은 우주공간이다. 최근 연구에 의하면(Bingen, Johnson, and Young 2023, 2; Lambakis 2022, 332-336; Gleason and Hays 2020, 1-2; 정헌주 2021, 23), 오늘날 우주는 부대배치(positioning), 항법과 시간계산(navigation and timing), 지휘·통제·통신·컴퓨터·정보수집·감시·정찰(C4ISR) 등의 영역에서 미국은 물론 미국의 동맹국들에게 핵심적인 전쟁 수행 능력을 제공하는 영역이다. 전투작전 실행, 부대 지휘통제, 핵 및 미사일 방어체제, 적 미사일 발사 감지와 타격, 미사일 방어 상황에서 적 미사일 파괴평가(kill assessment), 타겟팅과 공세작전 수행, 군수와 인도적 지원 등의 임무를 달성하는 과정에서 우주공간에 대한 의존도는 매우 높다. 공간, 주야간, 날씨, 지형조건과 상관없이 군사작전을 수행할 수 있는 능력을 우주 영역 기반의 기술이 제공하므로, 우주공간에서 제공되는 역량은 오늘날 미국이 전 세계 어느 지역에서든지 적국의 군사적 작전에 반응하고 미국의 국익을 지킬 수 있게 하는 '결정적 능력 부여자(critical enabler)' 역할을 한다.

따라서 우주 영역은 육, 해, 공, 사이버 영역 전반에 영향을 미치는 오늘날 국가안보전략의 중심축이고 앞으로도 그 중요성은 더욱 커질 수밖에 없다. 특히 앞서 언급한 '거부에 의한 억지' 역량을 구축함에 있어서는 표적의 탐지 및 실시간 위치 정보, 장거리 정밀타격 등이 필수적인데, 이러한 역량을 갖추는 데 필요한 GPS(Global Positioning System) 유도, 통신, 전력 동원, 군사작전의 통합적 조직을 가능하게 하는 것이 우주 기반 기술이므로 미래 군사안보전략 구축 차원에서 우주공간은 절대적인 위상을 가진다. 사실상 "신뢰성 있는(credible) 거부에 의한 억지 체제를 누가 먼저 수립할 것인가?"의 문제는 "누가 우주 영역을 장악하는가?"에 달려 있다고 볼 수 있다.

미국은 1950년대 이후 일관되게 우주공간을 과학과 상업적 이익의 영역으로 바라보다가, 1970년대 들어서면서 능동적인 '전장(warfighting domain)'의 하나로 인식하기 시작했다. 레이건 행정부의 전략방위구상(Strategic Defense Initiative, SDI)과 부시(George H. W. Bush) 행정부의 '똑똑한 조약돌(Brilliant Pebbles)'과 같이 우주에서 발사하는 요격미사일 개발 계획 등이 그 대표적인 예라 할 수 있다. 이러한 흐름은 2001년 부시(George W. Bush) 행정부가 탄도탄요격미사일(Anti-Ballistic Missiles, ABM) 조약에서 탈퇴하고 우주 탐지 기술과 능동 방어 프로그램들에 역점을 두면서 계속 유지되다가, 2006-2010년 오바마 행정부 시기 다시 민간 영역과 과학적 목적에서 우주에 대한 인류의 자유로운 접근을 강조함에 따라 미국 우주 정책 기조가 변화하였다.

이러한 기조에 다시 변화가 일어나 미국이 2018년 우주사령부(U.S. Space Command) 창설을 천명하고 1947년 미 공군 창설 이후 최초로 신규 독립 군종인 우주군 창설에 나선 것을 두고, "우주공간에서 미국의 우월성(American dominance in space)" 확보를 역설한 트럼프 행정부의 특징으로 보기도 한다. 그러나 2011년 오바마 행정부가 발표한 국가우주전략서(National Security Space Strategy)에서 이미 미국이 인류의 공유지로서의 우주에 대한 낙관적 인식에서 벗어나서 냉전 후기와 탈냉전기 공화당 정부가 보인 경쟁적 전장의 개념으로 회귀하였음을 주목해야 한다. 현재 바이든 행정부 역시 우주를 플랫폼으로 하는 안보전략을 구축하며 전장이자 강대국 경쟁의 중심지로서 우주를 바라보는 인식을 드러내고 있다. 따라서 우주가 '전장'이라는 인식은 현재 미국 내 초당적 합의를 이루고 있다고 보아야 할 것이다(Lambakis 2022, 337-341; 정헌주 2021, 24-25; 신성호 2020, 73-76).

　　미국이 2010년대 초반부터 다시 우주를 전장으로 인식하고 군사적 대비를 강화하게 된 데에는 중국의 추격이 가장 큰 이유로 손꼽힌다(Lambakis 2022, 336-337; 정헌주 2021, 25-27; Langeland and Grossman 2021, 25-36; 신성호 2020, 77-83; Heginbotham et al. 2015). 중국은 2007년 작동을 멈춘 상공 850km에 있는 자국 기상 위성을 운동성(kinetic) 인공위성 요격 무기(anti-satellite weapons, ASAT)로 파괴하는 데 성공했다. 그 이후에도 보다 높은 고도에 있는 위성을 요격하는 실험을 계속하면서, 잠재적으로 미국이 보유한 GPS를 파괴할 수 있는 능력을 과시하였다. 2011년에는 미국과 러시아에 이어 무인 우주선 도킹에 성공한 나라가 되었고, 2019년에는 세계 최초로 달 뒷면에 로봇을 착륙시키는 데 성공했다. 미국보다 더 빨리 2015년에 우주, 사이버 공간 및 전자 기능 통합을 담당하는 전략 지원군(Strategic Support Force)을 창설한 바 있고, 2016년에는 우주백서를 발표했다.

　　물론, 2019년 『신시대중국국방』에서 우주의 무기화에 반대하고 자국의 우주 접근권을 보호하는 조치를 강조함으로써 공개적으로는 평화적이고 방어적인 태세를 보여주고 있다. 그러나 중국이 진정으로 원하는 것이 무엇인지를 분석할 때는 앞서 지적한 것과 같이 중국의 억지 개념 자체가 미국보다 더 공세적인 면이 있음을 고려할 필요가 있다. 예컨대, 중국의 전략가들은 '공간위섭(空間威懾)' 개념을 사용하며 적국에게 '충격과 공포'를 심어 중국의 우주자산을 보호한다는 아이디어를 제시하고 있고, 이를 위해 인민해방군(People's Liberation Army, PLA)이 비운동성(non-kinetic) 무기 및 사이버 영역의 역량뿐 아니라 운동성 무기까지 동원하는 방식으로 징벌적 공격을 감행함으로써 중국의 의지를 보여줄 필요가 있다고 강조하기도 한다 (Langeland and Grossman 2021, 29-30).

그렇다면, 미중 사이 우주 역량 차이는 어떠한가? 현재 미국이 중국의 우주 역량을 압도하고 있는 것은 분명하지만 중국은 2050년까지 미국을 앞선다는 '우주몽(Space Dream)'을 가지고 미국을 추격하고 있다. 2022년 5월 기준(Union of Concerned Scientists 2022-05-01) 총 5,465개 인공위성이 우주에서 운영되고 있는데, 미국이 3,433개(62.81%)의 위성을 보유해 압도적인 1위이고, 그 뒤를 중국(541개, 9.89%)과 러시아(172개, 3.1%)가 따른다. 2020년 이후 발사하고 있는 위성의 수 추이를 보면 중국이 매년 39, 56, 61개, 미국이 36, 45, 78개로(Center for Strategic and International Studies 2023-02-16), 추격하는 중국을 미국이 따돌리려는 양상을 보인다.

그러나 우주를 하나의 전장이라는 측면에서 살펴보면 그림이 복잡해진다. 우주전에 사용되는 4대 무기체계, 즉 운동-물리적(kinetic physical), 비운동-물리적(non-kinetic physical), 전자(electronic), 사이버(cyber) 무기 가운데, 중국은 현재 (1) 인공위성요격(ASAT) 능력, 랑데부 및 근접운용(Rendezvous and Proximity Operations, RPO) 능력과 같이 위성을 직접 파괴할 수 있는 '운동-물리적 무기', (2) 지상기지에서 운용되어 저위도 위성들의 센서를 망가뜨리는 고출력레이

저(high-powered lasers) 및 고출력극초단파(microwaves) 같은 '비
운동-물리적 무기', 그리고 (3) 재밍(jamming)이나 스푸핑(spoofing)
과 같은 '전자전 역량'을 보유한 것으로 알려져 있다. 특히, 우주물체
추적함(space-tracking ships)과 신형 SLC-18 레이더를 활용함으로써,
우주자산들을 높은 신뢰도로 추적할 수 있는 능력을 갖췄고, 이를 통
해 대우주전(counterspace) 역량을 크게 높였다는 평가를 받고 있다
(Bingen, Johnson, and Young 2023, 9-11). 정찰역량에서도 현존하는
GPS에 대항할 수 있는 유일한 시스템인 베이더우 시스템을 구축하여
일대일로(一帶一路) 프로젝트에 동참하는 국가들에게 제공하고 있는
데, 군사작전 차원에서 미국의 GPS가 제공하는 항법과 시간 계산보다
뛰어난 면이 있다고 알려져 있다(정헌주 2021, 21).

따라서, 우주공간의 상업적·군사적 활용 차원에서는 현재 미국이
독보적인 위치를 차지하고 있지만, 우주가 보편적 접근과 평화적 이용
공간에서 물리적 혹은 비물리적 공방을 주고받는 전장 공간으로 변모
하게 될 경우, 중국은 미국을 군사적으로 견제할 수 있는 충분한 역량
을 현재에도 보유한 상태라고 할 수 있다.

2. 전장으로서의 우주: 미중 상호 취약성의 공유와 억지의
   이중구조

그렇다면 '전장으로서 우주'라는 측면에 주목할 때 현재 미중의 군사
적 균형은 어떻게 평가할 수 있을까? 미중이 우주에서 상대방의 군사
적 행동을 억지하기에 충분한 역량을 확보하고 있는지를 평가하기 위
해서는 먼저 우주 전장의 특성에 대한 이해가 필요하다. 공격-방어 균
형(balance), 공격-방어 구별(differentiation)과 기타 양국의 전략 계

산에 영향을 미치는 변수들에 관한 우주 영역의 특징을 아래와 같이 정리할 수 있다.

첫째, 우주 전장은 공격이 방어보다 "용이하고 비용이 덜 드는" 전형적인 '공격 우세'의 공간이다(Gleason and Hays 2020, 2). 우주자산은 엄폐물이 없는 열린 공간을 예측 가능한 궤도를 따라 일정한 속도로 이동하며, 궤도 수정 및 재진입에 필요한 연료를 고려하면 사실상 회피 기동이 거의 불가능하므로 적국의 공격에 매우 취약하다(정헌주 2021, 28). 둘째, 우주자산들은 평소에도 늘 미세유성체(micro-meteoroid)나 지자기 폭풍(geomagnetic storm)과 같은 자연적 위협에 직면해 있어, 기능 고장을 일으킬 시 이것이 의도적인 적국의 공격에 의한 것인지 자연적인 현상인지 구별하기가 힘들다(Gleason and Hays 2020, 3). 셋째, 비군사용·상업용 위성을 별다른 조정 없이 언제든지 군사용 위성으로 사용할 수 있다는 점과 이미 상당수의 상업위성이 군사적으로 활용되고 있다는 점으로 인해 나타나는 '이중용도 얽힘(dual-use entanglement)' 현상은 상대국의 우주 역량 증강을 군사적 의도를 가진 것인지 평화적인 우주의 활용인지 구분하기 어렵게 한다(Gleason and Hays 2020, 3; 정헌주 2021, 30). 넷째, 상대 위성을 파괴할 때 발생하는 잔해(debris)가 다른 인공위성에게 주는 피해를 고려할 때 우주 전장에서 운동성-물리적 무기를 사용한다는 것은 자국 위성의 희생까지 야기하는 자살적인 수단이 되기에 현실적 활용 가능성이 거의 없다(Stone 2020). 다섯째, 쓰레기 제거와 위성 파괴를 동시에 감행할 수 있는 랑데부 및 근접운용(RPO) 역량을 고려하면, 우주공간에서 공격용 무기와 방어용 무기를 구분하기는 매우 어렵다(정헌주 2021, 29).

바로 이러한 점 때문에 중국은 첨단기술 영역에서 미국이 중국보

다 압도적 비교우위를 가지고 있는 점을 상쇄할 수 있는 '기회의 창'
으로 우주 전장을 인식한다(Langeland and Grossman 2021, 31). 만
약 가까운 미래에 미국이 거부에 의한 억지를 달성한다고 해도, 그 역
량의 근본 토대를 제공하는 우주에서 미국을 방해하고 저지할 수 있다
면 미국의 통합억지 역량 전체의 작동을 멈출 수 있는 것이다. 실제로
랜드보고서(Heginbotham et al. 2015)와 최근 발표된 우주 위협보고
서(Bingen, Johnson, and Young 2023)를 종합적으로 검토해 보면, 자
국과 경쟁국의 우주자산 전체를 망가뜨릴 위협이 있는 운동성-물리적
무기의 활용을 피하고 비운동-물리적 무기나 전자전, 사이버전 역량만
을 동원하더라도, 미중이 모두 상대국의 우주 역량을 파괴할 수 있는
충분한 능력을 보유하고 있는 것으로 보인다. 다만, 실제로 상대방의
우주 역량에 대한 방해 또는 무력화 시도를 할 경우 그 정치적 파급효
과와 전면전으로의 확전 가능성에 대한 두려움 때문에 이를 실행에 옮
기지 못할 뿐이다. 따라서, 미소가 신뢰성 있는 2차 공격 능력을 갖춤
으로 인해 쌍방이 궁극적인 징벌에 의한 억지를 달성하고, 그 결과 '공
포의 균형'과 상호확증파괴(Mutual Assured Destruction, MAD)를 구
축하여 이룩한 전략적 안정성(Jervis 1989)이 현재 우주 전장에 형성되
어 있다고 볼 수 있다.

이는 미래 전장에서 억지전략 차원에 벌어질 미중 군사전략 경쟁
이 이중구조로 형성되고 있음을 보여준다. 미중이 모두 첨단기술, 장
거리 정찰과 정밀타격 능력 등을 포함한 다양한 군사역량 통합을 통해
서로에 대하여 거부에 의한 억지체계를 구축하려고 경쟁하고 있지만,
그러한 체계를 구축함에 있어 전제조건에 해당하는 C4ISR 역량은 우
주에 상당 부분 의존하고 있다. 물론 다양한 고도에서 운용하는 드론의
종합적 장거리 정찰 능력도 중요하기는 하나, 여전히 그 기능은 우주에

서 제공하는 감시정찰 능력을 보완하는 수준이라고 보는 것이 적절하
다(Lieber and Press 2017). 이처럼 지상에서 군사작전에 핵심적 능력
부여자(enabler) 역할을 하는 우주 전장에 지금 미중 간 MAD가 걸려
있다는 점, 나아가 ASAT 역량을 보유한 나라(예, 미국, 중국, 러시아, 인
도)라면 누구든지 상대 위성을 파괴하고 대량의 잔해를 발생시켜 모든
나라의 우주 기반 역량을 무력화할 수 있는 옵션을 가지고 있다는 점
은 상당히 중요한 함의를 가진다.

다시 말해, 향후 미국이나 중국이 비우주(non-space) 영역에서 거
부에 의한 억지체계 구축에 성공하더라도, 그 체계가 작동하는 전제는
우주의 자유로운 이용에 있다. 그런데 우주의 자유로운 이용은 현재 미
중 사이에 안정적으로 걸려 있는 징벌에 의한 억지로 인해 가능한 상
황이다. 거부에 의한 억지체계 전체의 안정성이 우주 영역에 걸린 미중
간 징벌에 의한 억지 체제의 안전성에 귀속되는 이중 억지 구조가 형
성되어 있는 것이다. 따라서, 이론적으로는 미국이 자국의 뛰어난 첨단
기술 능력을 토대로 중국에 대해 거부에 의한 억지를 확립하더라도, 미
국이 구축한 체제 전체의 기본 전제인 우주 역량을 중국이 파괴해 버
린다면 미국의 거부에 의한 억지 시스템 전체를 무력화시킬 수 있다.

최근 우주역량 강화에 미국이 박차를 가하는 것도 이러한 우려
와 무관하지 않다. 우주 전장에서 중국을 억지하는 방안으로 현재 미
국의 싱크탱크에서 제시하고 있는 경로는 '회복력(resilience)'에 중점
을 둔 방안과 '징벌력(punitive measures)'을 강조하는 견해로 나눌 수
있다. 전자의 경우(Lambakis 2022, 347-348; Gleason and Hays 2020;
Langeland and Grossman 2021), (1) '악의적인 행동을 추적하고 책임
을 물을 수 있는 역량(attribution)' 강화, (2) 우주공간 이외에 대안적
인 감시정찰 능력 강화, (3) 우주자산에 대한 유인·호위·호송 등 능동

적 방어와 분리·다양화·기만·확산 등 소극적 방어, (4) 저위도 위성의 숫자 대폭 확대 등을 들 수 있다. 후자의 경우는 다른 영역(예, 지상 혹은 공중) 및 수단(예, 경제, 외교)을 동원한 징벌을 통해, 우주에서 직접 징벌하지 못하더라도 다른 경로를 통해 중국의 현상변경 시도에 대해 보복하고 막대한 피해를 주는 방안 등을 통해 현상변경 시도를 막는 길을 제시한다(Stone 2020; Langeland and Grossman 2021).

그러나 징벌력을 강조하는 조치로는 '(비우주 영역에서) 거부에 의한 억지가 (우주 영역에서) 징벌에 의한 억지에 의존'하는 이중구조를 바꾸지는 못하기 때문에 궁극적인 해결책이 되기는 어렵다. 결국 징벌에 의한 억지는 '능력'과 '의지' 변수가 동시에 작동하는 것으로, 특히 의지 변수의 불확실성 때문에 실패할 가능성이 상존한다. 이에 반해 거부에 의한 억지는 현상 변경을 하려는 능력 자체에 제동을 걸기 때문에 제대로 구축되면 항상 성공할 수밖에 없다. 따라서 향후 미국은 비우주 영역에서 중국에 대해 거부에 의한 억지를 제대로 구축하기 위해서, 우주 영역에서도 동일하게 거부에 의한 억지를 달성하려고 노력할 가능성이 높고, 우주자산의 회복력과 능동·수동 방어력 강화에 매진할 것으로 보인다.

VI. 결론: 한국의 안보전략과 항공우주산업

이 장은 현재 미중 간 진행되고 있는 전략경쟁이 군사안보 차원에서는 '통합억지'와 '지능화전'의 대립으로 이어지고 있고, 그 본질은 냉전기 유지되어온 '징벌에 의한 억지'에서 신기술을 기반으로 한 '거부에 의한 억지'로의 패러다임 전환이라고 지적한다. 아울러 이러한 변화를 가능하게 하는 핵심이 우주 기반의 C4ISR 역량에 있음에 주목하고, 미중 군사력이 충돌하는 주요 전장으로 우주 영역에 초점을 두고 현재 양국의 상대적 세력배분 상태를 살펴보았다. 공격 우세, 공격-방어 역량 구분 모호성, 군사-비군사용 자산 구별 불가능 등의 특징으로 인해 우주라는 전장 공간에서 미중은 현재 '상호 취약성(mutual vulnerability)'을 공유하고 있고, 이는 미소 간 형성된 2차 공격력에 의한 공포의 균형 같은 형태로 미중 사이 전략적 안전성을 우주공간에서 부여하고 있다. 그러나 거부에 의한 억지가 징벌에 의한 억지의 취약성을 극복하려는 의도에서 진행되는 것임을 고려할 때, 미국은 앞으로 우주 전장에서도 '징벌력'에 기초한 억지태세를 '회복력'과 '방어력'에 토대를 둔 거부에 의한 억지로 점차 바꾸어 나가려고 할 것이다.

이러한 미래 전장의 변화가 한국에 주는 함의는 무엇인가? 먼저 군사안보전략 차원에서 한국은 미국의 통합억지 태세에 대한 연동성을 높이는 방향으로 국방혁신을 추진해 나가야 한다. 북한의 핵 능력이 계속해서 고도화되는 현재, 한국이 핵무장 혹은 전술핵을 재배치하지 않고도 높은 대북억지력을 유지할 수 있는 방법은 미국이 한국에 제공하는 확장억지의 신뢰성을 높이는 것이고, 그런 맥락에서 2023년 4월 26일 발표된 '워싱턴 선언(Washington Declaration)'에서 핵 협의그룹(Nuclear Consultative Group, NCG)을 창설하고 핵잠수함을 포함한 미국의 전략 자산 전개를 확대한 것은 의미 있는 노력의 일환이다. 그러나 본질적으로는 한국 또한 미국과 같이 첨단기술 역량 개발에 투자하여 '한국형' 통합억지와 '거부에 의한 억지력'을 구축하려는 노력이 필요하다.

이런 맥락에서 한국 정부가 『2022 국방백서』에서 밝힌 대로 통합역량 구축의 필요성을 강조하고 3축 체계 중 킬체인 차원에서 거부에 의한 억지 개념을 적용하여 대비하는 점은 긍정적으로 평가할 수 있다. 그러나 '국방혁신 4.0'을 설명할 때 AI 기술이나 드론 기술의 활용 방식이 통합억지 태세 구축과 큰 접점이 없는 방식으로 기술되고 있는 점은 다소 아쉬운 부분이다(국방부 2023). 현재 미국은 자국의 이익을 위해 통합억지 전략을 내세우고 있고, 그 핵심에 동맹국과의 협력을 강조하고 있으므로, 미국의 억지태세 패러다임 전환 노력에 적극적으로 참여하여 한미동맹 전력의 상호운용성을 증대시키고 미국의 연구개발(R&D) 성과를 공유받을 수 있도록 노력하는 것이 국익의 차원에서 바람직한 방향이다. 이를 통해 궁극적으로 한국의 대북 억지력도 크게 향상될 것이다.

항공우주산업 차원에서도 한국의 안보전략과 보조를 맞추는 방향의 노력이 필요하다. 앞으로 한국의 안보전략이 3축 체제 중 킬체인에 역량 집중하게 되면, 현재 미국이 추진하는 것과 유사하게 표적의 탐지, 이해, 대응 속도를 빠르게 가져가기 위한 노력을 기울여야 한다. 이런 맥락에서 집중해야 할 기술 영역은 국방백서에서 강조하듯 정찰용 무인항공기, 드론, 초소형위성체계, AI, 양자컴퓨팅, 빅데이터 및 다출처영상융합체계, 5세대 전투기, 합동정밀직격탄(JDAM), 고위력미사일, 초음속미사일, 전자기펄스탄 등이다. 추가적으로 이번 한미 정상회담 공동선언을 통해 발표한 '차세대 핵심·신흥기술 대화(Next Generation Critical and Emerging Technologies Dialogue)'의 주요 안건으로 언급된 최첨단 반도체, 배터리, 양자(quantum) 영역에서 협력을 통해 한국 기업의 기술 수준을 신장시키고 미래 전장에 대비하는 노력을 기울여야 한다(White House 2023).

특히, 이번 윤석열-바이든 정상회담을 계기로 한미동맹이 우주 동맹으로 그 영역을 확대한 것은 크게 환영할 만한 발전이다. 이번 정상

회담 공동선언문은 한국이 '징벌력'(운동성-물리적 능력)에 속하는 "파
괴적인 직접 상승방식 위성요격 미사일 실험(destructive, direct-ascent
anti-satellite missile testing)" 중단에 대한 공약을 유지하고, '회복력'
중 악의적 행동에 대한 책임 묻기(attribution) 역량에 해당하는 '우주
상황인식 협력(space situational awareness cooperation)'은 향후 한
미가 강화하는 것으로 발표되었다. 이는 앞서 미국이 우주 전장에서 징
벌력이 아닌 회복력에 무게중심을 둔 거부에 의한 억지력 제고 노력에
나설 것이라는 전망과 일치하는 정책 방향이다. 이를 염두에 두고 앞
으로 한국의 항공우주산업은 우주공간에서의 탐지 능력과 우주자산의
방호 기술 개발에 역점을 두고 기술 및 프로젝트 개발에 나서야 할 것
이다.

참고문헌

국방부. 2023. 『2022 국방백서』(2월 16일). https://www.korea.kr/archive/expDocView.
　do?docId=40357&group=S

신성호. 2020. "21세기 미국과 중국의 우주 개발: 지구를 넘어 우주 패권 경쟁으로." 『한국학
　논집』 58: 275-308.

정헌주. 2021. "미국과 중국의 우주 경쟁과 우주안보딜레마." 『국제정치논총』 61(1): 143-167.

Allison, Graham. 2020. "The U.S.-China Strategic Competition: Clues From History."
　In Leah Bitounis and Jonathon Price (eds). *The Struggle for Power: U.S.-China
　Relations in the 21st Century*. Aspen Strategy Group.

Austin III, Lloyd J. 2021. "Secretary of Defense Remarks for the U.S. INDOPACOM
　Change of Command" (April 30). https://www.defense.gov/news/Speeches/
　Speech/Article/2592093/secretary-of-defense-remarks-for-the-us-indopacom-
　change-of-command/

_____. 2022a. "Prepared Remarks Before the House Armed Services Committee" (April
　5). https://docs.house.gov/meetings/AS/AS00/20220405/114628/HHRG-117-AS00-
　Wstate-AustinL-20220405.pdf

_____. 2022b. "Remarks at the Shangri-La Dialogue by Secretary of Defense Lloyd J.
　Austin III (As Delivered)" (June 11). https://www.defense.gov/News/Speeches/
　Speech/Article/3059852/remarks-at-the-shangri-la-dialogue-by-secretary-of-
　defense-lloyd-j-austin-iii-a/

Bingen, Kari, Kaitlyn Johnson, and Makena Young. 2023. "Space Threat Assessment
　2023." Center for Strategic and International Studies (April 14). https://www.csis.
　org/analysis/space-threat-assessment-2023

Center for a New American Security. 2019. "Transcript: How the U.S. Military Fights
　Wars Today and In the Future" By Susanna V. Blume, Robert O. Work, Chris
　Dougherty and David Ochmanek (March, 07). https://www.cnas.org/publications/
　transcript/transcript-how-the-u-s-military-fights-wars-today-and-in-the-future
　(검색일: 2023년 6월 11일)

Center for Strategic and International Studies. 2023. "Space Environment: Total
　Launches by Country" (February 16). https://aerospace.csis.org/data/space-
　environment-total-launches-by-country/

CNA. 2022. China AI and Autonomy Report, Issue 20 (August 11). https://www.cna.
　org/our-media/newsletters/china-ai-and-autonomy-report/issue-20 (검색일:
　2023년 6월 11일)

EAI-Belfer October Dialogue. 2023. Private Roundtable Discussion: "Bolstering U.S.-

ROK Cooperation on Regional Nuclear Nonproliferation Governance Amid Growing Nuclear Arsenals in China and North Korea" (October 3). https://www. eai.or.kr/new/en/event/view.asp?intSeq=21486&board=eng_event&keyword_opti on=&keyword=&more= (검색일: 2023년 6월 11일)

Freedman, Lawrence. 2004. Deterrence. Cambridge: Polity Press.

Fukuyama, Francis. 1989. "The End of History?" The National Interest 16: 3-18.

Gilpin, Robert. 1981. War and Change in World Politics. Cambridge University Press.

Gleason, Michael and Peter Hays. 2020. "Getting the Most Deterrent Value from U.S. Space Forces." Space Agenda 2021, Center or Space Policy and Strategy, Aerospace Corporation (October 27).

Harper, D. n.d. Etymology: Online Etymology Dictionary. https://www.etymonline. com/

Harvey, Frank P. 1999. "Practicing Coercion: Revisiting Successes and Failures Using Boolean Logic and Comparative Methods." Journal of Conflict Resolution 43(6): 840-871.

Heginbotham, Eric, Michael Nixon, Forrest E. Morgan, Jacob L. Heim, Jeff Hagen, Sheng Tao Li, Jeffrey Engstrom, Martin C. Libicki, Paul DeLuca, David A. Shlapak, David R. Frelinger, Burgess Laird, Kyle Brady, and Lyle J. Morris. 2015. The U.S.-China Military Scorecard: Forces, Geography, and the Evolving Balance of Power, 1996–2017. Santa Monica, CA: RAND Corporation.

Huntington, Samuel P. 1993. "The Clash of Civilizations?" Foreign Affairs 72(3): 22-49.

Huth, Paul. 1999. "Deterrence and International Conflict: Empirical Findings and Theoretical Debates." Annual Review of Political Science 2(1): 25-48.

Huth, Paul K. and Bruce Russett. 1990. "Testing Deterrence Theory: Rigor Makes a Difference." World Politics 42(4): 466-501.

Jervis, Robert. 1989. The Meaning of the Nuclear Revolution. New York: Cornell University Press.

Johnson, Jesse C., Brett Ashley Leeds, and Ahra Wu. 2015. "Capability, Credibility, and Extended General Deterrence." International Interactions 41(2): 309-336.

Kania, Elsa. 2021. "Artificial Intelligence in China's Revolution in Military Affairs." Journal of Strategic Studies 44(4): 515-542.

Langeland, Krista and Derek Grossman. 2021. Tailoring Deterrence for China in Space. Santa Monica, CA: RAND Corporation. https://www.rand.org/pubs/ research_reports/RRA943-1.html

Lambakis, Steve. 2022. "Space as a Warfighting Domain: Reshaping Policy to Execute 21st Century Spacepower." Comparative Strategy 41(4): 331-369.

Levy, Jack S. 1988. "When Do Deterrent Threats Work?" British Journal of Political Science 18(4): 485-512.

Lieber, Keir and Daryl Press. 2017. "The New Era of Counterforce: Technological

Change and the Future of Nuclear Deterrence." *International Security* 41(4): 9-49.

McManus, Roseanne. 2017. *Statements of Resolve: Achieving Coercive Credibility in International Conflict.* Cambridge: Cambridge University Press.

Ministry of Foreign Affairs of the People's Republic of China. 2022. "Report to the 20th National Congress of the Communist Party of China" (2022-10-25). https://www. fmprc.gov.cn/eng/zxxx_662805/202210/t20221025_10791908.html

Morgan, Patrick. 2003. *Deterrence Now.* Cambridge: Cambridge University Press.

_____. 2021. "Deterrence by Denial from Cold War to the 21st Century." In *Deterrence by Denial: Theory and Practice,* edited by Alex S. Wilner and Andreas Wenger, 15-40. New York: Cambria Press.

Morrow, James D. 1989. "Capabilities, Uncertainty, and Resolve: A Limited Information Model of Crisis Bargaining." *American Journal of Political Science* 33(4): 941-972.

Perkins, David G. 2017. "Multi-Domain Battle: Driving Change to Win in the Future." *Military Review* (July-August): 6-12.

Schelling, Thomas. 1966. *Arms and Influence.* New Haven: Yale University Press.

Snyder, Glenn. 1961. *Deterrence and Defense: Toward a Theory of National Security.* Princeton: Princeton University Press.

State Council Information Office. 2019. "China's National Defense in the New Era" (July 24). https://english.www.gov.cn/archive/whitepaper/201907/24/content_WS5d394 1ddc6d08408f502283d.html

Stockholm International Peace Research Institute (SIPRI). 2022. *SIPRI Yearbook 2022: Armaments, Disarmament and International Security.* Oxford University Press.

Stone, Christopher. 2020. "Deterrence in Space: Requirements for Credibility" (December 1). Real Clear Defense. https://www.realcleardefense.com/ articles/2020/12/01/deterrence_in_space_requirements_for_credibility_651410.html

Union of Concerned Scientists. 2022. "UCS Satellite Database." (May 1). https://www. ucsusa.org/resources/satellite-database

U.S. Department of Defense. 2010. "Quadrennial Defense Review Report." https://dod. defense.gov/Portals/1/Documents/pubs/2010_QDR_Report.pdf

_____. 2022a. "National Defense Strategy" (October 27). https://media.defense. gov/2022/Oct/27/2003103845/-1/-1/1/2022-NATIONAL-DEFENSE-STRATEGY-NPR-MDR.PDF

_____. 2022b. "Military and Security Developments Involving the People's Republic of China 2022" (November 29). https://www.defense.gov/News/Releases/Release/ Article/3230516/2022-report-on-military-and-security-developments-involving-the-peoples-republi/

Waltz, Kenneth N. 1979. *Theory of International Politics.* Waveland Press.

Whitehouse. 2022. *National Security Strategy* (October 12). https://www.whitehouse. gov/wp-content/uploads/2022/10/Biden-Harris-Administrations-National-Security-

Strategy-10.2022.pdf

_____. 2023. "Leaders' Joint Statement in Commemoration of the 70th Anniversary of the Alliance between the United States of America and the Republic of Korea" (April 26). https://www.whitehouse.gov/briefing-room/statements-releases/2023/04/26/leaders-joint-statement-in-commemoration-of-the-70th-anniversary-of-the-alliance-between-the-united-states-of-america-and-the-republic-of-korea/

Wilner, Alex and Andreas Wenger. 2021. *Deterrence by Denial: Theory and Practice*. New York: Cambria Press.

Wohlstetter, Albert. 1959. "The Delicate Balance of Terror." *Foreign Affairs* 37(2): 211-234.

Wu, Riqiang. 2022. "Assessing China-U.S. Inadvertent Nuclear Escalation." *International Security* 46 (3): 128-162.

제4장   미래 정보전과 우주위성

송태은(국립외교원)

I. 서론

항공과 우주는 현재 나날이 심화되고 있는 미국과 중국의 패권경쟁과 진영 간 갈등 속에서 국가 간 지정학적 군사안보 갈등의 핵심 공간으로 작동하고 있다. 2023년 1월 중국의 스파이풍선이 소위 '근우주(near space)'로 불리는 미 영공에 진입하자 미국이 2023년 2월 스텔스 전투기를 동원하여 이를 격추시킨 사건, 2022년 12월 북한의 무인기가 우리 영공에 진입했다 북한으로 돌아간 사건, 그리고 러시아-우크라이나 전쟁에서 스페이스X가 스타링크(Starlink) 단말기를 통해 우크라이나에 위성 인터넷 서비스를 제공하여 우크라이나의 항전이 지속될 수 있게 한 사례가 바로 그러한 사례들이다. 현재도 지속되고 있는 러시아-우크라이나 전쟁에서 압도적 전력을 보유하고도 우크라이나의 전략목표를 타격하기 위해 필요한 제공권과 통신 장악에 실패하며 고전하는 러시아의 상황은 현대전에서 항공과 우주의 중요성을 실제 전장 상황을 통해 증명해 보이고 있다.

항공과 우주는 지상과 해상에서의 군사활동을 지원하는 공간일 뿐만 아니라 사이버 공간과 연결되어 군사활동이 직접적으로 이루어지는 공간이므로 오늘날 육상, 해상, 공중 및 사이버와 우주는 전방위적으로 연결된 하나의 전장을 형성하고 있다. 더군다나 초연결 시대 현대 군의 지휘·통제·통신·컴퓨터·정보(Command, Control, Communication, Computer & Intelligence, C4I)와 감시·정찰 및 정밀타격 등 통합적인 합동 군사작전은 사이버 공간이나 우주공간을 통한 무선 네트워크를 사용할 수 없다면 불가능하다. 게다가 오늘날의 초연결 작전 환경은 전방위로 연결되어 있는 정보통신 기기, 사물인터넷(IoT), 대규모 데이터를 실시간으로 저장하는 센서 및 장거리에서 사람과 사물의 형태와 움직임을 정밀하게 탐지하고 인식할 수 있는 인공지능(AI) 기술을 탑재한 지능형 감시기술에 의해 급속도로 고도화되고 있다.

이러한 초연결 전장의 작전 환경은 곧 항공, 사이버 및 우주와 관련된 비군사적 활동과 군사적 활동의 경계가 불분명해지는 것을 의미한다. 그 결과, 평시 항공과 우주에서 이루어지는 군사활동과 비군사 활동의 구분이 어려워지면서 다양한 형태의 '하이브리드 위협(hybrid threats)'을 이용하여 군사적 긴장을 고조시키는 상황이 빈번하게 등장할 수 있다. 특히 민간의 항공과 우주에서의 다양한 상업적 활동은 국내법과 국제규범의 통제를 얼마든지 피해 나갈 수 있기 때문에 국가가 통제할 수 없거나 혹은 국가를 배후로 한 비국가 행위자들에 의한 다양한 문제가 나타날 가능성이 커진다.

항공과 우주의 군사전략적 가치는 첨단 정보커뮤니케이션 기술 (ICT)의 발전과 함께 정보전(information warfare)의 위상을 한층 증대시키고 있다. 항공과 우주에서 표적의 변화를 탐지하고 수집할 수 있는 통신기술과 빅데이터와 인공지능을 이용한 영상분석 기술이 나날이 증대하고 있으므로 그렇게 얻어진 정보의 중요성도 과거와 비교할 수 없이 커졌기 때문이다. 러시아-우크라이나 전쟁에서 적나라하게 드러났듯이 스타링크와 연결되어 러시아군의 공격을 추적하는 실시간 상황인식 소프트웨어인 DELTA 시스템은 러시아에 대한 우크라이나의 정보 우위를 지원하며 우크라이나의 지휘통제 역량이 효과적으로 발휘되게 해 주었다. 즉 우크라이나는 러시아에 대해 정보전의 우위를 통해 우크라이나의 조기 패전을 목표로 단기전을 기획한 러시아의 전술을 무력화시킬 수 있었다.

이러한 맥락에서 이 글은 오늘날 첨단 통신기술과 인공지능의 발전으로 더욱 영향력이 커지고 있는 정보전과 우주공간의 군사안보적 관계를 살펴본다. 이러한 논의를 위해 먼저 II절은 우주공간과 정보전이 어떤 관계를 갖는지, 우주자산이 사이버 및 지상 자산과 어떤 관계를 가지면서 국가의 군사활동을 지원하는지 살펴보고, 국가안보에 있어서 미래 우주공간의 위상과 역할을 논한다. III절은 현대 주요 기술 강국의 정찰과 정보 수집에서 가장 중요한 기능을 하고 있는 우주위성이 오늘날 어떻게 운영되고 있는지 주요 추세와 특징을 살펴본다. IV절은 미중 패권경쟁 속에서 최근 미국이 합동군사작전과 반(反)접근/지역거부전략(anti-access/area denial, A2/AD) 대응의 차원에서 우주를 어떻게 인식하고 어떤 우주정책을 추구하고 있는지 살펴본다. 마지막으로 V절 결론은 한국의 우주역량 증진을 위한 우주협력 방안을 논하는 것으로 이 글을 마무리한다.

II. 우주와 정보전의 관계

1. 정보전의 개념

'정보전'에 대한 정의는 국가마다 다르고 미국, 러시아, 중국의 경우 적국 대중에 대한 여론전이나 정치전을 정보전에 포함시킨다(Theohary 2018; Babbage 2019). 군사활동으로서의 '정보작전(information operations, IO)'은 '적과 잠재적 적의 주요 정보를 수집하여 정보의 우위를 확보하고 적의 의사결정을 방해하여 잘못된 의사결정을 내리게 만들거나 의사결정 자체를 좌절시키는 한편 아군의 정보와 의사결정은 보호하는 정보활동'이다(U.S. Department of Defense 2014). 정보

작전의 공격 대상은 작전수행 공간의 지휘, 통제, 통신, 컴퓨터 및 정
보, 즉 C4I 체계이다.

전쟁에서 정보작전은 다른 군사수단과 비교할 때 자원 투입 대
비 효과는 큰 '낮은 진입비용'의 이점을 갖는다. 오늘날과 같은 디지
털 시대 정보작전 수행을 위해서는 정보커뮤니케이션 채널인 디지
털 플랫폼과 같은 네트워크와 그러한 플랫폼이 작동하게 하는 인프
라에 대한 접근이 확보되어야 한다(Molander, Riddile and Wilson
1996, xiii-xiv). 정보작전은 '컴퓨터 네트워크에 대한 공격과 방어,
착취(exploitation)', '전자전(electronic warfare, EW)', '심리작전
(psychological operations, PSYOP)'을 모두 포함하는 상당히 포괄적
인 개념이다(Theohary 2018). 정보작전은 적에 대한 정보를 수집하거
나 적의 잘못된 판단과 의사결정을 유도하는 등 정보의 우위를 추구하
며 적의 의사결정을 방해하는 정보활동인 반면, 심리작전은 적의 사기
나 전투 및 저항 의지는 꺾고 아군 및 동맹의 결의와 사기는 강화시키
는 등 전시 여론환경을 자국에게 유리하게 만드는 것을 목표로 한다
(U.S. Department of Defense 2014).

정보작전과 심리작전은 서로 완전히 구별되는 군사활동으로 보
기 어렵다. 전쟁과 관련된 정보를 수집하고 분석하며 메시지를 확산
시키는 활동이 서로 긴밀하게 연결되어 있고 얻고자 하는 효과도 상
호 연결되어 있기 때문이다. 미 국방부의 경우 심리작전과 정보작전
두 개념 간 유사성과 작전의 중복으로 인해 두 개념을 명시적으로 서
로 다른 개념으로 보기보다 심리작전을 정보작전의 하위개념으로 간
주한다(Congressional Research Service 2021). 미 국방부는 2010년
'Joint Publication 3-13.2'에서 PSYOP을 더 포괄적인 평시와 전시
를 모두 포괄하는 정보활동을 반영하는 '군사정보지원작전(Military

Information Support Operations, MISO)'으로 규정한 바 있다. MISO 는 특수부대(Special Operations Forces, SOF)의 주요 활동이나 정 보작전은 특수부대만이 수행하는 것이 아니다(Joint Chiefs of Staff 2014).

2. 정보작전과 위성정보

현대 전쟁의 정보작전 수행에서 위성정보의 중요성은 최근의 러시아-우크라이나 전쟁이 극명하게 증명해주었다. 우크라이나군은 A2724 부대가 2021년 구축하고 2022년 10월 우크라이나 국방부가 한층 더 발전시킨 클라우드 기반의 실시간 상황인식 시스템인 DELTA 시스템을 통해 전장에 대한 정확한 정보를 사용할 수 있었고(Danylov 2022), 육·해·공 및 사이버와 우주 전력을 통합적으로 운용하는 데에 성공했다. 개전 초기부터 미국을 비롯한 서방의 정부와 엠디에이스페이스(MDA Space), 맥사테크놀로지(Maxar Technologies), 카펠라스페이스(Capella Space)와 같은 서방의 민간 우주기술 기업이 우크라이나에 제공한 위성정보와 우크라이나의 항공정찰 시스템인 아에로로즈비트카(Aerorozvidka)는 러시아군의 탱크, 지휘 차량 및 전자 장비를 탑재한 차량 등을 찾아내는 데에 결정적으로 기여했다. 오늘날 정보작전의 대부분이 사이버 공간에서 이루어지기 때문에 현대전에서 우주와 사이버 공간은 군의 정보작전을 더욱 파괴력 있게 만들어주는 전력승수(force multiplier)의 역할을 한다.

우크라이나는 위성정보를 통해 키이우(Kyiv)로 이동하는 러시아의 긴 전차 행렬의 움직임을 파악하고 정밀하게 드론 공격을 수행하여 전쟁 초반부터 러시아의 신속한 전세 장악을 차단했다. 우크라이나는

도로에 설치된 CCTV, 자국 군과 서방이 제공하는 인공지능 기반의 정보·감시·정찰(ISR) 자산을 통해 러시아군의 이동 경로와 위치를 실시간으로 수집, 파악하고 러시아군의 작전을 사전에 예측할 수 있었다. 스타링크에 연결된 우크라이나의 인공지능 기술을 탑재한 드론이 러시아군을 정찰하며 야간에 공격을 수행하며 이번 전쟁에서 게임체인저 역할을 했던 것은 우주와 통신기술 및 인공지능 기술이 결합된 정보전의 우위가 곧 전장에서의 우세를 달성하는 데에 얼마나 지대한 영향을 끼치는지 보여줬다.

　우주위성에 의해 포착된 전장 정보는 전시 심리작전에도 유용한 무기이다. 맥사테크놀로지와 플래닛랩(Planet Labs)이 우크라이나에 제공한 정보는 키이우 외각에 2022년 7월 18일부터 21일 동안 방치된 민간인의 시신으로 보이는 15개에서 20개의 물체가 곧 러시아의 민간인 학살, 즉 전쟁범죄의 증거로 추정되며 우크라이나와 러시아 간 진실 공방의 대상이 되었다(Schwirtz et al. 2022). 흑해에 해군전력이 부재했던 우크라이나가 2022년 4월 14일 러시아의 군함 모스크바함을 미사일로 격추할 수 있었던 것도 스타링크와 연결된 위성이 제공하는 정보가 결정적인 역할을 했고, 모스크바함의 침몰은 러시아에 심리적 타격을 주는 효과도 가져왔다.

3. 전략자산으로서의 우주위성

오늘날과 같은 초연결 시대 정보전의 공격 대상인 C4I는 사이버 공간과 우주공간의 무선 네트워크로 연결되기 때문에 앞으로 정보전의 주요 전장은 우주가 될 것이다. 전통적으로 항공수단을 이용해왔던 감시정찰은 이제 우주 영역의 임무로 전환되고 있다. 특히 인공지능 기술이 적용된 우주위성의 감시정찰 능력이 획기적으로 증대함에 따라 그렇게 수집된 대규모 데이터의 분석은 국가 간 정보 우위를 결정짓게 된다. 이렇게 우주위성을 포함한 우주기술이 정보전에서 차지하는 위상으로 인해 우주자산과 통신하는 지상 스테이션에 대한 적의 공격이 증대할 수 있다. 즉 지상 스테이션에 대한 사이버 공격을 통해 우주자산에 대한 접근성을 파괴시킬 경우 우주자산의 자동적인 정보 수집은 모두 이용 가치를 소실하게 되므로 지상 네트워크에 대한 공격은 우주자산을 무력화시키는 활동을 의미한다. 이는 우주전력과 사이버 전력, 그리고 우주전력과 지상전력이 서로를 상호 지원하는 관계임을 말해준다(Hadley 2023a).

지상 스테이션에 대한 사이버 공격을 통해서 우주자산을 무력화하는 것은 전자전 수단을 포함하여 우주반격 전력, 즉 반위성(anti-satellite, ASAT) 전력을 개발하는 것보다 훨씬 저렴하고 신속하며 그러한 공격의 추적이 어려운 은밀한 공격 방식이므로 더욱 효과적이다(Rajagopalan 2019). 군 위성이 아닌 민간이 운용하는 위성의 경우 보안 관련 비용을 절감하는 방식으로 제작되었거나 혹은 사이버 공격 가능성에 대한 무지로 인해 외부로부터의 사이버 공격에 더 취약할 수밖에 없다. 반면 해커들은 오픈소스(open source) 기술이나 소프트웨어를 통해 민간 위성에 대한 사이버 공격을 쉽게 취할 수 있다. 드론이나 자율주행차와 연결된 위성 인터넷 서비스가 사이버 공격을 받게 될 가능성을 염두에 두면 사이버 공간과 우주의 안보는 거의 하나의 문제와 다름없다(Peeters 2022; Camp and Peeters 2022).

반면 이번 러시아-우크라이나 전쟁에서 러시아가 우크라이나의 통신 및 인터넷 인프라에 대한 대규모의 물리적 타격과 사이버 공격을 수행함으로써 지상의 통신 및 인터넷 인프라에 대한 물리적 타격을 피할 수 있는 전략자산으로서의 우주위성의 가치가 부각되었다. 즉 정보 수집을 위한 지상자산 설치와 운용의 필요가 점점 줄어들고 있는 것이다. 특히 민간이 운용하는 우주자산은 비용과 규모 차원에서 국가가 필요로 하는 정보를 효율적으로 제공할 수 있고 국가의 정보역량을 보완하는 역할을 한다. 민간의 우주공간으로의 진입이 점차 확대되는 움직임은 국가의 국가 우주자산에 대한 의존도를 감소시키는 장점이 있다. 반면, 잠재적 적의 우주위성을 이용한 ISR 활동이 국가의 정보활동과 자국의 안보를 위협할 수 있는 가능성도 커지고 있다.

우주자산의 중요성이 부상하고 있지만 여전히 기존의 해저 광케이블의 중요성이 감소하는 것은 아니다. 전 세계 통신 네트워크를 연결하는 핵심 인프라인 해저 광케이블은 대양을 횡단하는 인터넷 트래픽의 대부분을 안정적으로 전송하는 반면, 인공위성을 통한 데이터 전송은 기후, 대규모 트래픽 등의 조건에 따라 데이터의 흐름이 방해받을 수 있기 때문이다(Bueger, Liebetrau and Franken 2022).

III. 최근 우주 감시정찰 활동의 특징

1. 우주위성의 소형화와 네트워크화

우주기술 개발에 소요되는 천문학적인 비용으로 인해 최근 많은 국가들은 우주위성의 소형화와 다수의 소형위성의 네트워크화를 통해 우주자산을 빠르게 구축하려는 경쟁을 벌이고 있다. 20세기 국가가 주도적으로 개발하기 시작한 대형위성은 기동력이 높고 수명이 길지만 개발을 위한 예산과 시간이 큰 반면 최근 전기, 광학기술의 발전으로 다수의 경량화된 소형위성체를 개발하는 방식이 우주위성 개발의 새로운 패러다임으로 부상하고 있는 것이다. 대형위성과 비교할 때 소형위성은 저비용이 소요되고 단시간 개발이 가능하며 기술 개발의 장벽이 낮은 장점이 있다. 반면, 소형위성은 탑재체의 무게와 전력이 제한되므로 대형위성보다 수명이 짧고 고장 가능성은 높다(최준희 2021). 큐브위성(Cubesat), 나노위성, 피코위성(picosatellite), 펨토위성(femtosatellite)은 모두 초소형위성 군집체계로서 수십 기의 위성이 동일 지역을 촬영하고 실시간으로 감시정찰을 수행한다.

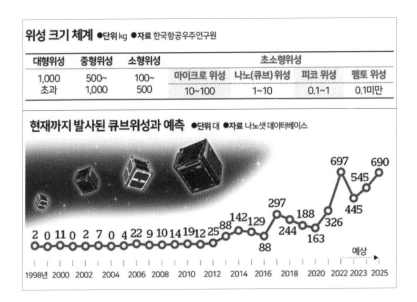

위성 크기 체계 ●단위 kg ●자료 한국항공우주연구원

대형위성	중형위성	소형위성	초소형위성			
			마이크로 위성	나노(큐브) 위성	피코 위성	펨토 위성
1,000 초과	500~ 1,000	100~ 500	10~100	1~10	0.1~1	0.1미만

현재까지 발사된 큐브위성과 예측 ●단위 대 ●자료 나노샛 데이터베이스

기존의 대형위성 시스템은 위성이 오작동을 일으키는 경우를 포함하여 상당히 다양한 위험에 취약하고 오작동 위성을 대체하는 데에 소요되는 시간이 매우 길다. 즉 개발 비용의 측면뿐 아니라 국가안보에 매우 중요한 시스템의 효율적인 운용 자체에 다양한 불편함이 따른다. 따라서 미국과 같은 우주기술 선도 국가를 포함하여 많은 선진국

들이 소형위성의 네트워크화의 이점을 추구하고 선호하고 있다. 최근
에는 인공지능 기술이 적용된 다수의 소형위성 감시정찰 체계, 즉 군
집형 소형위성 운용을 통해 표적의 변화를 빠르게 포착, 감시하고 조
기 경보를 수행할 수 있는 정찰 개념도 등장하고 있다. 이렇게 초소형
혹은 소형의 다양한 위성군을 설계하고 운영하려는 주요국들의 개발
추세에 발맞추어 한국도 2023년 2월 방위사업청이 지원하고 KAIST
가 연구를 주관하는 '이종 위성군 우주 감시정찰 기술 특화연구센터
(Heterogeneous Satellite constellation based ISR Research Center,
HSRC)'를 개소했다(박현진 2023).

미국항공우주국(NASA)의 SST(Small Spacecraft Technology)
프로그램과 미 국방부의 국방고등연구계획국(Defense Advanced
Research Projects Agency, DARPA)의 블랙잭(BlackJack)도 군집형
소형위성 네트워크 구축을 위한 프로젝트이다. NASA는 2026년까지
1000개 이상의 100~400kg의 소형 군집위성을 저궤도에 띄우는 계획
을 추진하고 있다. 이러한 위성 시스템을 통해 NASA는 지구상의 어
떤 지점에서도 적의 초음속 무기를 탐지, 추적하고, 적의 공격을 교
란하며, PNT 정보를 제공하고자 한다. 즉 NASA는 이러한 군집형 소
형위성 네트워크를 통해 회복력 있고, 지속적인 커버리지(persistent
coverage)를 갖춘 초연결의 고속 네트워크를 미군에 제공하는 것을 목
표로 하고 있다. NASA는 이러한 시스템이 설계 주기가 짧고 빈번한
기술 업그레이드의 탑재에 드는 비용이 저렴하여 상품화가 가능하므
로 군사적 유용성도 높은 것으로 보고 있다(Forbes, "Blackjack").

2. 인공지능 기술의 우주위성 적용

우주위성에서 촬영하는 영상은 항공이나 드론을 통해 촬영하는 이미지와 비슷한 수준의 해상도를 가지면서 더 많은 정보를 담는다. 예컨대 저궤도 위성의 경우 한 픽셀(pixel)에 0.3m의 구분이 가능하고 한번에 100km² 면적을 촬영할 수 있다(김동원 2021). 최근 인공지능은 우주로부터 지구로 오는 신호를 분석하는 데에도 활용되고 있다. 캐나다 토론토대 수학과와 미국 SETI 연구소는 전파망원경을 통해 우주의 820개 행성을 480시간 이상 관측하여 수집한 빅데이터를 인공지능을 통해 1억 1,500만 개의 데이터를 분석하고 1차로 약 300만 개의 주요 신호를 식별했으며, 2차 분석을 통해 2만 515개의 주요 신호를 걸러냈다. 이 연구팀은 이러한 추려진 신호를 다시 분석하여 그동안 발견하지 못했던 8개의 주목할 만한 신호를 구별해내는 데에 성공했다(김지원 2023).

최근 IBM의 인공지능, 오픈소스, 하이브리드 클라우드 기술과 IBM의 자회사 레드햇(Red Hat)의 기술이 탑재된 인공위성이 우주로 발사되었고, IBM은 2022년 5월 25일 스페이스X의 '팰컨9(FALCON9)' 인공위성에 IBM의 지구 관측 및 궤도 엣지 컴퓨팅(edge computing) 장비를 탑재하기도 했다(박현진 2022). 2023년 2월에 NASA는 IBM과의 협업을 통해 지구관측 위성인 마샬우주비행선에 IBM의 인공지능 파운데이션 모델 기술인 '지형공간 정보 파운데이션 모델'을 탑재했다. 이 인공지능 기술은 지구 궤도 위성에서 수집한 토지, 자연재해, 주기적 작물 수확량, 야생동물 서식지, 토지이용 변화에 대해 페타바이트 규모의 데이터를 기록하고 분석한다(김찬호 2023).

인공지능 기술을 우주위성에 적용시켜 얻을 수 있는 유익은 위성의 '자율운행' 능력이다. NASA의 블랙잭 프로젝트도 위성들 간에 분배되어 있는 의사결정 처리 능력, 즉 자율적 궤도 이동 능력을 갖춘 소프트웨어를 위성에 탑재하고자 한다(Forbes, "Blackjack"). 각국이 우주위성의 자율운행을 추구하는 이유는 급증하고 있는 위성 발사와 우주쓰레기로 궤도 내 물체가 증가하여 위성 간 충돌 가능성이 커질 위험이 있기 때문에 이를 관리하기 위함이다. 더불어 우주궤도 내에 위치한 다양한 위성과 사물을 추적하고 모니터링하는 우주교통관리(space traffic management)와 우주상황인식(space situational awareness) 작업을 인공지능 기술이 대신할 수 있을 경우 현재 부족한 우주기술과 인프라 문제를 해결할 수 있다.

최근 NASA가 시작한 '스탈링(Starling)' 미션은 NASA의 최초 '군집위성(swarm satellite)' 프로젝트로서 인공지능 기술의 자율성을 구현하며 지구상의 여러 장소에서 데이터를 수집할 수 있다. 예컨대 NASA가 2028년까지 완성시키려는 태양풍을 연구하려는 목적의 9개의 위성으로 구성된 '헬리오스웜(HelioSwarm)'은 하나의 허브 위성과 8개의 소형위성이 서로 협업하는 형태이다. 이러한 협업을 통해 태양풍의 다차원 이미지를 동시다발적으로 수집할 수 있다. 다만 이러한 작업이 가능하기 위해서는 위성 간 통신, 네비게이션과 자율기술이 충분히 뒷받침되어야 하므로 NASA는 6개월의 시험 기간 동안 6개의 큐브위성이 서로 역동적인 커뮤니케이션 네트워크를 유지할 수 있는지 실험한다고 밝혔다. 위성 하나가 문제를 일으켰을 때 여전히 네트워크가 안정적으로 유지되며 목표로 하는 결과물을 만들 수 있는지가 관건인 것이다. 자율적 운행을 위해 헬리오스웜 위성군집은 GPS 없이 오로지 위성에 장착된 카메라를 통해 각 위성의 운행 궤도를 측정하고 위치를 정할 수 있는 시스템을 갖추려는 것이다(Werner 2022).

3. 근우주에서의 감시정찰 활동 부상

최근 미국 영공에 진입한 중국의 정찰풍선 사건으로 인해 근우주에서의 국가의 감시정찰 활동에 미국이 주목하고 있고, '근우주' 감시정찰의 군사안보적 의미에 대한 검토가 다양하게 이루어지고 있다. 근우주는 지구의 대기권 중 지표면에서 고도 12~50km의 성층권과 50~80km의 중간권을 합쳐 부르는 용어이다. 근우주는 전투기와 폭격기 등 군용기와 민간 항공기가 운항하는 고도보다 높고 극초음속미사일과 대륙간탄도미사일(ICBM)이 통과하는 공간이다. 정찰풍선은 위성보다 지상에 더 근접한 거리에서 통신이나 전자신호 정보를 수집하고 촬영할 수 있으며 장시간 한 곳에 머물거나 방향 조종이 쉽다. 섬유로 제작되는 저렴한 정찰풍선은 레이더에 의한 탐지와 식별이 쉽지 않고 탐지된다고 해도 레이더에는 작은 크기의 물체로 인식되는데다가 민간용 기상풍선과 구별되지 않는다. 중국의 정찰풍선은 직접적인 무력 사용과 관계가 없지만 국제법의 적용을 받지 않고 우주위성을 통해 포착할 수 없는 근우주에서의 다양한 통신을 레이더에 포착되지 않으면서 수집할 수 있다(Sanger 2023).

중국의 정찰풍선을 개발한 EMAST는 자사 홈페이지에 2028년까지 지구적인 '공중 네트워크(airborne network)' 구축을 최종 목표로 제시한 바 있고, 이러한 네트워크를 스페이스X가 저궤도에 위성 4천여 개를 띄워 네트워크를 구축하는 위성 인터넷 서비스 스타링크와 비슷하다고 언급했다(Buckley 2023). 이번에 대서양 상공에서 미국의 F-22형 스텔스 전투기에 의해 격추된 중국의 정찰풍선은 미국뿐 아니라 북미, 남미, 유럽, 동아시아 등 40개국을 정찰하고 있었으며 정보수집 센서에 전력을 공급할 수 있는 대형 태양광 패널을 장착하고 있다.

미 국무부는 중국 인민해방군의 '전략지원부대(战略支援部队, Strategic Support Force)'가 정찰풍선을 운용하고 있다고 밝혔다. 우주와 사이버 분야를 담당하고 있는 중국의 전략지원부대는 2015년 12월 31일부 중국군 지휘체계 개혁에 따라 기존에 각 군에 흩어져 있던 전자전, 사이버전, 우주전 부대를 통합하여 창설된 부대로서 미사일을 관할하는 로켓군과 위성 발사 기지를 관리한다.

중국은 2023년 초의 중국 정찰풍선 외에도 2015년 성층권에 군사 활동이 가능한 3개의 프로펠러를 갖춘 부피가 1만 8천m³에 이르는 비행체 '위안멍(圓夢)'호를 띄운 적이 있었다. 이 비행선은 헬륨 부력으로 상공에 올려지고 성층권에 진입한 이후에는 태양에너지에 의해 동력을 제공받는다(강나루 2015). 이 밖에도 최근 2022년 11월 미 인공위성 민간업체 BlackSky가 관측한 바에 따르면, 중국 신장(新疆) 위구르 자치구 쿠얼러(庫爾勒)시 외곽 사막의 군 기지 활주로에서 약 31m 길이의 비행선이 포착되었다. 미 오클라호마항공연구소 제러미 제이콥스(Jamey Jacobs) 박사는 이 비행체를 '하늘의 잠수함'에 비유하면서 이 비행체가 대기권에 일정 시간 한곳에 정지할 수 있는 항법 능력을 가졌다고 언급했다(Murphy and Marquardt 2023).

미국은 위성정보를 통해 일찍이 중국이 근우주에서 행한 정찰풍선 및 비행체 활동을 인지해오고 있었다. 칼 슈스터(Carl Schuster) 전 미국 태평양사령부 합동정보센터 작전국장은 NPR과의 인터뷰에서 중국이 정찰풍선을 통해 이 공간의 대기 흐름 정보를 수집하는 것은 탄도미사일과 극초음속미사일 유도 소프트웨어를 만들기 위해서 반드시 필요한 데이터라고 언급했다(Feng 2023). 결과적으로 이번 중국의 정찰풍선 사건을 계기로 근우주는 항공과 우주 외 각국이 주목해야 할 전략적 공간으로 새롭게 부상하게 되었다.

IV. 미국의 우주자산에 대한 시각과 우주정책

1. 우주자산에 대한 미국의 시각

미국은 2022년의 '국가안보전략서(National Defense Strategy)'에서 사이버와 우주 영역(domain)이 미 합동군(Joint Force) 전체를 지원하기 때문에 두 영역의 회복력 구축에 중점을 둘 것을 천명했다. 전략서는 중국과 러시아의 반위성 무기가 미국의 범지구위치결정시스템(GPS)과 우주자산을 노리고 있고 이러한 우주무기가 미국에 대한 무력적 위협뿐 아니라 회색지대전술에도 사용되고 있고, 일반 시민의 일상과 공급망(supply chain)까지 공격 대상으로 삼고 있다고 언급했다. 이번 전략서는 적성국의 미국 우주자산에 대한 공격 유인 자체를 빨리 제거하기 위해 미국은 우주에 '다양하고, 복원력 있으며, 중첩적인 위성 시스템(diverse, resilient, and redundant satellite constellations)'을 구축할 것이라고 밝혔다(U.S. Department of Defense 2022, 6-8). 이는 미국이 미사일 방어와 미사일 추적 위성의 중첩적 네트워크(a multi-layer network of missile-defense and missile-tracking satellites)를 구축하기 위해 상업적 우주네트워크를 이용하여 군사적 용도의 우주네트워크를 보완하려는 것이다(Erwin 2022c).

최근 2023년 4월 미 공군이 발간한 '글로벌미래보고서(Global Futures Report)'는 미중 경쟁과 우주자산의 관계에 대한 미국의 전략적 시각이 보다 구체적으로 드러나 있다. 이 보고서는 미래 2040년에 대한 4개의 서로 다른 시나리오—지속성장(continued growth) 상황, 제한적(constrained) 상황, 전환적(transformational) 상황, 파멸(collapse) 상황—에서 미 합동군의 기능이 어떻게 달라질 것인지 제시했다. '지속성장'은 현재의 미중 경쟁이 지속되며 취약한 공급망이 유지되는 상황으로서 미중 양측이 더 많은 대리전(proxy wars)을 통해 양국이 개발한 초첨단 무기들의 성능을 실험하게 될 것으로 예측되고 있다. 이 시나리오는 센서, 장거리 타격 능력, 킬웹(kill webs)의 발전으로 지구상에서 도피처(sanctuaries)에 대한 개념이 제한되고 미국이 군자산과 부대를 분산시킬 것이라고 예측하고 있다. 반면 미중 경쟁이 교착 상태에 놓인 '제한적 상황'에서는 중국의 A2/AD 시스템이 미군의 첨단 무기를 사용한 작전 수행을 어렵게 만들고 중국의 정보전과 회색지대전략 및 사이버전이 미국을 취약하게 만들 것으로 예측되고 있다(Hadley 2023b).

반면 첨단 기술의 발전이 급진적으로 발전하는 '전환적' 상황이 전개되는 경우 군사강국들은 자율무기(autonomous weapons), 지향성 에너지(directed energy) 무기, 양자컴퓨팅(quantum computing), 각종 센서 등을 통해 우주에서부터 거의 순간적으로 공격 대상을 타격하는 능력을 갖추게 되고 사이버 무기의 공격 속도가 너무 빨라 지구상에서 안전한 구역은 아예 제거될 것으로 예측되고 있다(Hadley 2023b). 이와 같은 미래 시나리오에서는 지구의 저궤도에 위치한 지향성 에너지 무기로 인해 핵과 같은 대량살상무기 사용을 위한 우주로부터의 타격(space-based strike)을 금지하는 국가 간 조약은 사실상 유명무실해진다. 미 공군은 이 시나리오에서 미국이 우주와 사이버 공간에서의 우세를 유지할 수 있는 이유가 동맹과 파트너 국가들로부터의 지속적인 지원임을 강조했다. 즉 우주작전(space operations)의 효과적인 전개는 우주자산의 통신, 위치·네비게이션·타이밍(positioning, navigation and timing, PNT)을 안전하게 운용할 수 있는 수많은 위성과 플랫폼을 필요로 하는데, 미국과 동맹 및 파트너국의 우주기지

사용에서의 긴밀한 협력이 없이는 우주작전이 불가능하다는 것이다 (Headquarters U.S. Air Force 2023, 16-17). 따라서 이 보고서는 우주공간이 갖는 이러한 위협으로 인해 우주 강국들은 막강한 속도, 정확성, 활동 범위 능력을 구비한 '차세대 반위성 무기(next generation anti-satellite weapons, ASAT)'의 개발 경쟁을 펼칠 것으로 내다봤다 (Headquarters U.S. Air Force 2023, 24).

마지막으로 미중 모두 첨단 무기를 보유하고, 무력충돌을 경험하지 않는데도 불구하고 묘사되고 있는 '파멸적' 시나리오는 기후변화가 우주위성을 통제하는 군사기지와 지상스테이션을 파괴시키고 저궤도 위성의 충돌로 인한 우주쓰레기 구름이 우주에 대한 접근성을 제한시킬 것으로 내다봤다. 이 시나리오에서 미국은 NATO로부터 벗어나 고립주의를 추구하고 약소국과 비국가 행위자들도 첨단 기술을 사용하여 원래의 국력을 초월하는 영향을 발휘할 수 있게 된다. 또한 인공지능의 오염된 머신러닝(machine learning)에 의한 정보 왜곡과 사회 교란이 극단적으로 심각해져 정보의 내용을 전혀 신뢰할 수 없는 상황이 발생하고, 결과적으로 정보전이 대단히 중요해지는 상황이 그려지고 있다(Headquarters U.S. Air Force 2023, 27-31).

2. 데이터 중심의 네트워크 복원력을 지원하는 우주기술

인공위성 통신시스템의 주된 사용자인 미군은 현대의 작전환경이 고도로 경쟁적이고 복잡하기 때문에 미군의 다영역작전(multi-domain operations)에서의 우세달성 여부는 우주기술 능력과 직결된다고 보고 있다. 즉 미 국방부는 미군의 합동전영역지휘통제(Joint All Domain Command and Control, JADC2)는 미 전군의 통일된 네트워크를 필요로 하고, 이러한 네트워크의 핵심은 우주이기 때문에 우주공간을 통해 전군이 상호 통신할 수 있는 다양한 채널을 보유해야 한다고 보고 있다. 지휘통제 네트워크를 통해 모든 센서, 발사체, 데이터들이 연결되는 미군의 'Project Convergence 21'은 현재 'Project Convergence 22'로 업그레이드되고 있고 미군은 '네트워크 중심 환경(network-centric environment)'을 넘어 '데이터 중심 환경(data-centric environment)'을 도모하고 있으며, 우주가 이러한 변화에서 중요한 위상을 차지하고 있다(Walker 2022).

미군이 추구하는 이러한 데이터 중심 환경은 곧 복원력이 한층 강화된 다층적 사이버 안보 환경을 의미한다. 요컨대, 데이터를 신속하게 이동시키고 데이터에 접근할 수 있는 신뢰할 수 있는 다수의 채널을 갖추는 것이 곧 '네트워크 복원력(network resiliency)'이라는 것이다. 미군은 그러한 네트워크 복원력 강화를 위해 보안이 보장된 민간위성과 군의 위성을 통합하여 운용하는 방안을 추구하고 있다. 미군은 C5ISR 센터(Command, Control, Communication, Computers, Cyber, Intelligence, Surveillance and Reconnaissance Center)를 통해 이러한 네트워크 환경을 지원하고 있고 산업계와도 공조하고 있다(Walker 2022).

더불어, 미군 내에서 현재 그동안의 전통적인 영공(airspace)과 우주(space)에 포함되지 않아 영역에 대한 정의가 이루어지고 있지 않은 지상으로부터 고도 18km~50km 거리에 있는 성층권에 대한 중국의 도전을 감안, 성층권을 합동작전이 이루어질 수 있는 합동작전 영역에 포함시켜야 한다는 주장도 제기되고 있다. 성층권은 미 공군이나 육군의 관할 영역이 아니기 때문에 미 공군은 비공식적으로 고도 20km~99km 거리의 공간을 근우주로 다루고 있으나 이 공간의 고도

범위가 과도하게 크다는 지적이 제기되고 있는 것이다. 또한 이 공간에 대한 전력 개발은 우주와 달리 민간 기업보다 정부가 주도하는 것이 적절하다는 주장도 제기되고 있다(Staats 2023).

3. 우주기술의 A2/AD 대응

적의 A2/AD 영역을 침입하거나 약화시키는 군사활동은 높은 비용과 '지속되는 갈등(a prolonged conflict)'을 의미한다. 항공 및 우주의 ISR 자산은 전 영역에서의 주요 시스템을 융합시켜 조기경보 시스템과 상황인식 능력을 모두 증강시키고, 그러한 능력은 적의 A2/AD 영역을 분열시키는 데에 유용하다. 공격자가 분열작전을 신속하게 수행할 수 없게 되면 전투는 소모전으로 전환되어 더 많은 비용이 동원되고, 결과적으로 공격자의 입장에서 정치적으로 불리한 협상의 위치에 놓이는 상황이 유발된다(Vershinin 2020).

그동안 미국은 우주위성을 통해 통신, 항해, 미사일 발사 등에 대한 정보 및 조기경보 시스템을 운용해왔는데, 근래 미국은 이러한 우주기술을 사이버전과 정보전과 같은 비전통적 군사작전에 사용하기 위한 다양한 방법을 모색하고 있다. 최근 미 육군 우주미사일방어사령부(Space and Missile Defense Command, SMDC)는 우주, 사이버, 특수작전(Special Operations) 세 축을 통합한 'triad' 작전개념을 검토 중이다. 반테러작전, 정보전, 영향공작(influence operations)과 같이 미 특수부대의 작전 전개에서 감시정찰 위성과 사이버 기술은 핵심적인 역할을 차지하게 된다. 예컨대 그동안 우주기술과 사이버 기술의 사용은 기존의 GPS와 통신위성(satellite communications, SATCOM)을 사용하는 수동적인 활동을 지원했다면, 앞으로 미국이 추구하는 바는 이러한 기술을 보다 적극적으로 적의 위치를 파악하고 적의 작전을 교란 하면서 적에 대해 정보의 우위를 갖는 데에 사용하려는 것이다(Erwin 2022b).

우주기술을 사용하여 적의 네트워크와 위성을 불능 상태로 만드 는 공격수단은 비전통적이면서 비살상(non-lethal) 군사수단으로서 적 성국이 사이버 공간을 통해 유포시키는 허위조작정보 공격이나 사이 버 공격 등 다양한 형태의 비대칭 위협에 대한 대응 방법이 될 수 있고, 전통적인 하드파워 수단을 통한 대응을 보완할 수 있다. 특히 사이버 공간에서 빈번하게 사용되는, 초국경적 비대칭 위협에 대해 물리적 반 격이 어렵기 때문에 우주기술과 사이버 기술을 사용한 대응이 효과적 일 수 있다. 지구적 수준에서 타국에 영향을 끼칠 수 있는 우주 시스템 을 이용할 경우 사이버전 능력은 적의 행동과 인식(perceptions)을 교 란하는 데에도 유용하다. 즉 이러한 우주기술의 새로운 가능성은 앞으 로 우주기술이 지상에서 이루어지는 작전들과 긴밀하게 연결될 수 있 음을 의미한다(Erwin 2022b).

현재 중국의 군사교리는 사이버, 우주, 정보작전, 심리전, 전자전 을 합동군사작전으로 통합시키고 있고, 미 육군 특수작전사령부도 우 주, 사이버 및 특수작전을 통합한 합동훈련을 수행할 필요성을 강조하 고 있다. 이러한 접근법은 우주기술을 가장 많이 사용한 미 육군의 우 주기반 역량에 대한 그동안의 시각과는 상당히 차별되는 것이다. 이 러한 변화는 그만큼 지상 전투에 영향을 끼치는 우주의 역할을 미국 이 획기적으로 변화시킬 수 있음을 예고한다. 이러한 접근법은 그동안 육군이 대대, 전차, 전투기 등의 규모로 군의 전투력을 측정하던 접근 법에서 벗어나 적이 전개하는 A2/AD에 대응하려는 개념이다(Erwin 2022b).

이러한 미군의 새로운 접근법에서 특수작전은 접근이 차단된 전장에 침투하여 적을 식별하고 위치를 찾아내어 전통적 수단이 적에 타격을 가할 수 있도록 지원할 수 있다. 우주기술은 접근이 거부된 지역(denied areas)에 위치한 공격대상에 대한 식별과 정찰을 통해 이러한 특수작전을 지원할 수 있는 것이다. 전통적으로 항공수단을 통해 수행했던 감시정찰 기능은 이제 우주영역의 임무로 전화되고 있는 것으로 볼 수 있다. 공격 대상이 위치한 곳에 항공자산이 부재할 경우 우주기술의 이러한 감시정찰이 유용한 것이다(Erwin 2022b).

우주공간에서의 A2/AD 대응을 위해 미국은 최근 기밀통신 위성 네트워크 개발을 위한 다양한 프로젝트를 민간 기업과 시작했다. 2022년 5월 미 우주군(Space Force)은 '기밀통신 위성 네트워크(classified communications satellites)' 개발을 확대하기 위해 향후 5년 동안 80억 달러의 자금 지원을 정부에 요청했다. 이 자금은 두 개의 서로 다른 용도의 정지궤도 위성과 관련된다. 기밀통신 위성에는 핵 군대를 국가 지휘 당국과 연결하기 위한 '전략적 통신용'과 '군사전술 통신용'이 있고, 특히 '진화한 전략위성 통신(Evolved Strategic Satcom, ESS) 프로그램'에는 50억 달러 이상이 투입될 계획이다. ESS는 미군 사령부와 미국 전역에 흩어져 있는 전략 폭격기, 탄도 잠수함 및 대륙간탄도미사일과 통신하는 위성으로서 사이버 공간과 극지대도 관할한다. ESS 위성 및 지상 시스템은 핵 지휘 통제 및 통신을 위한 것으로 우주공간에서 국가의 지휘가 가능하도록 돕는다. ESS 프로젝트를 통해 보잉(Boeing), 록히드 마틴(Lockheed Martin), 노스롭 그루먼(Northrop Grumman Corporation)이 제안한 3개의 위성 탑재체 및 지상 시스템 개념 개발이 지속될 것으로 알려져 있다(Erwin 2022a).

미 우주군은 우주군의 통신위성에 사용할 전파방해 방지 탑재

체 개발을 위해 별도의 자금 약 25억 달러를 5년간 투자하여 '방어
전술위성(Protected Tactical Satcom, PTS)'과 '방어전술산업 서비스
(Protected Tactical Enterprise Service, PTES)' 지상 시스템 개발 프로
젝트를 추진하고 있다. 재머(jammer)의 위치, 실시간 무력화, 주파수
호핑 기술을 제공하고 적대적인 재밍에 대응하는 PTS는 고도의 재밍
(jamming) 공격에도 통신이 방해받지 않도록 하는 위성이다. 미 우주
군은 2020년 보잉과 노스롭그루만이 이러한 PTS 탑재체를 개발하도
록 했고 보잉은 PTES의 주 계약자이다. 보잉은 2024년 현재 개발하고
있는 PTS를 출시할 계획이다(Erwin 2023).

V. 결론

항공, 사이버 공간과 우주는 한·미동맹의 다양한 군사안보 협력에서도
핵심적인 작전공간으로 급부상하고 있다. 북한의 연이은 미사일 도발
에 대해 한미가 대응하여 전개한 다양한 합동군사훈련 중에서도 미국
이 전략자산과 정찰자산을 한반도에서 빈번하게 전개한 것은 그러한
공조의 일환이다. 북한이 2023년 2월 18일 대륙간탄도미사일 화성-15
형을 발사하기 하루 전 2월 17일 미 공군의 고고도 무인정찰기(UAV)
인 '글로벌호크(Global Hawk)'가 한반도 상공을 정찰했다. 또한 북한
의 미사일 발사와 핵실험 징후를 감시하며 전자정보와 통신정보를 수
집하고 발신지를 추적할 수 있는 미 공군의 전자정찰기 '리벳조인트
(RC-135V Rivet Joint)'도 한반도 상공을 비행했다. 2월 18일 미국은 북
한의 화성-15 발사에 대응하여 즉각적으로 B-1B 랜서 폭격기와 F-16
전투기를 한국방공식별구역(KADIZ)에 투입했고 한국 공군의 F-35와

함께 연합공중훈련을 실시했다. 대함·대잠 공격 능력을 갖추고 미사일 발사와 핵실험을 포착할 수 있는 미 해군 소속 '에리스(EP-3E Aries II)' 정찰기와 주한미군 소속의 신호정찰(Signals Intelligence-SIGINT)을 수행하는 '가드레일(RC-12 Guardrail)'도 같은 날 한반도 상공을 정찰했다(박동정 2023). 주한미우주군(USSF)은 미국 우주군, 인태 우주군구성군사령부(태평양해병대, 태평양함대, 태평양육군, 태평양공군, 인태우주군)를 C4I체계로 연결해 북한의 ICBM 등 핵·미사일 정보를 실시간 공유할 계획이다. 최근 북한이 강행했으나 열악한 기술 수준으로 실패한 군사정찰위성 발사 실험은 한미의 우주협력에 대한 북한의 불안감을 여실히 드러내주고 있다.

반면 중국의 A2/AD에 대한 대응 외에도 중국의 정찰풍선 사건을 경험하면서 미국이 성층권과 같은 근우주에 대한 감시정찰 및 전력 투사 능력을 최근 서두르고 있는 것처럼 한국에 대한 군사적 위협은 더 불명확하고 더 복잡하며 혹은 더욱 조악한 형태로 다가올 수 있다. 2022년 12월 우리 영공에 북한의 조악한 드론이 진입했다 돌아간 사건은 소형의 비행체에 대한 우리의 공중 정찰능력과 대응태세의 취약성을 드러낸 사건이 그러한 실례가 될 수 있다. 2023년 1월 국방부는 대드론 능력 확보를 위해 접경지역 전방에서의 감시체계와 탐지역량 및 전자전 수행이 가능한 합동드론사령부를 창설할 것을 천명했다(고재원 2023). 이러한 기술적 역량 구비를 위한 노력에 더하여 우리의 전방위적 감시정찰 능력은 근우주와 같은 명확하게 관할 영역이 마련되어 있지 않은 불분명한 공간도 신속하게 다룰 수 있는 종합적인 대응 체계를 마련할 수 있어야 한다.

우주위성을 비롯한 한국의 우주기술 역량이 심각하게 열악한 상황은 외부의 위협에 대한 정보역량과 신속한 대응 모두를 심각하게 약화시키고 있기 때문에 우주기술 발전을 위한 국가적 차원과 민간 차원 모두에서의 총력적인 우주정책을 요구한다. 그러나 많은 비용과 시간 이 소요되는 우주기술 개발을 위한 노력 외에도 동맹과 파트너 국가들 과의 긴밀한 정보 및 기술협력을 통해 우리의 열세를 상쇄시킬 수 있어 야 한다. 우주기술 초강국인 미국도 최근 국방부가 발표한 우주정책에 서 동맹 및 파트너 국가들과의 우주협력을 강조하며 2023년 5월 호주, 캐나다, 프랑스, 독일, 뉴질랜드, 영국이 참여하는 '우주연합작전 이니 셔티브(Combined Space Operations Initiative)'를 발표한 바 있다. 우 주에서의 자유를 지키고 우주자산의 사용을 최적화하며 공동의 미션 을 추진하고 분쟁을 방지하기 위한 이러한 미국이 주도하는 국제협력 (Lopez 2023)에 우리도 참여할 수 있는 방안을 마련할 수 있어야 한다.

이와 더불어 최근 미국이 쿼드(Quadrilateral Security Dialogue, QUAD) 차원에서 혹은 유럽이 나토와 유럽연합(EU) 차원에서 인도태 평양 지역의 다양한 유사입장국들과 해양 영역과 관련된 정보협력 프 로젝트와 협의체를 급진전시키고 있는 상황을 감안, 우리의 미국 및 파 트너 국가들과의 우주협력도 인태지역에서 진행되는 정보공유 협력과 연계하는 전략을 추구할 수 있어야 한다.

참고문헌

강나루. 2015. "中 '근우주 비행선' 성층권에 띄우는 데 첫 성공." KBS News, 10월 14일 https://news.kbs.co.kr/news/view.do?ncd=3164233 (검색일: 2023.3.6.).

고재원. 2023. "북한 드론에 '화들짝'…전문가들 "한반도 전역 들여다볼 수 있어"." 『동아사이언스』, 1월 13일. http://m.dongascience.com/news.php?idx=57983 (검색일: 2023.2.15.).

김동원. 2021. "[인터뷰] 인공위성과 AI가 만나면? 할 수 있는 일 무궁무진하죠." 『AI 타임스』, 9월 7일. https://www.aitimes.com/news/articleView.html?idxno=140533 (검색일: 2023.2.1.).

김지원. 2023. "외계 생명체는 인간보다 먼저 AI 만날 것…우주탐사에 동참하는 AI." 『한경·IT과학』, 2월 10일. https://www.hankyung.com/it/article/202302095877i (검색일: 2023.3.3.).

김찬호. 2023. "IBM, 나사 우주비행선에 인공지능 기술 공급." 『테크월드』, 2월 2일. https://www.epnc.co.kr/news/articleView.html?idxno=231329 (검색일: 2023.2.4.).

박동정. 2023. "미군 전략폭격기 B-1B, 한·일 전투기와 연합 훈련…미 정찰 자산 한반도 상공서 포착." Voice of America, 2월 21일. https://www.voakorea.com/a/6971396.html (검색일: 2023.5.1.).

박현진. 2022. "인공위성에 하이브리드 클라우드 및 인공지능 기술 탑재… IBM, 우주를 공략한다." 『인공지능신문』, 5월 30일. https://www.aitimes.kr/news/articleView.html?idxno=25159 (검색일: 2022.6.1.).

박현진. 2023. "우주 감시정찰 능력 강화 기반 마련 본격화…KAIST, '이종 위성군 우주 감시정찰 기술 특화연구센터' 개소." 『인공지능신문』, 2월 2일. https://www.aitimes.kr/news/articleView.html?idxno=27282 (검색일: 2023.4.5.).

최준희. 2021. "소형위성군, 우주기반 감시정찰의 새로운 패러다임." 『국방과학기술정보』 104. https://dtims.krit.re.kr/vps/vpsFileView.do?attcIden=BKC000220210806112518909&attcOrdr=2&tabsGubn=VPS_DSP_STMG (검색일: 2022.7.2.).

Babbage, Ross. 2019. *Winning Without Fighting: Chinese and Russian Political Warfare Campaigns and How the West Can Prevail.* Vol.1. Washington, D.C.: Center for Strategic and Budgetary Assessments. https://csbaonline.org/uploads/documents/Winning_Without_Fighting_Final.pdf (검색일: 2022.6.25.).

Buckley, Chris. 2023. "China's Top Airship Scientist Promoted Program to Watch the World From Above." *New York Times*, February 13. https://www.nytimes.com/2023/02/13/world/asia/china-spy-balloon.html (검색일: 2023.3.6.).

Bueger, Christian, Tobias Liebetrau, and Jonas Franken. 2022. "Security threats to undersea communications cables and infrastructure – consequences for the

EU." *European Parliament.* https://www.europarl.europa.eu/Reg Data/etudes/
IDAN/2022/702557/EXPO_IDA(2022)702557_EN.pdf (검색일: 2022.7.2.).

Camp, Charlotte Van and Walter Peeters. 2022. "A World without Satellite Data as a
Result of a Global Cyber-Attack." *Space Policy* 59.

Congressional Research Service. 2021. "Defense Primer: Information Operations."
In Focus, December 1. https://sgp.fas.org/crs/natsec/IF10771.pdf (검색일:
2022.1.24.).

Danylov, Oleg. 2022. "The unique Ukrainian situational awareness system Delta was
presented at the annual NATO event." *Mezha*, October 28. https://mezha.media/
en/2022/10/28/the-unique-ukrainian-situational-awareness-system-delta-was-
presented-at-the-annual-nato-event (검색일: 2022.12.23.).

Erwin, Sandra. 2022a. "U.S. to ramp up spending on classified communications
satellites." *Space News*, May 1. https://spacenews.com/u-s-to-ramp-up-spending-
on-classified-communications-satellites (검색일: 2023.2.1.).

_____. 2022b. "Army looking at new ways to use space technology for unconventional
warfare." *Space News*, August 11. https://spacenews.com/army-looking-at-new-
ways-to-use-space-technology-for-unconventional-warfare (검색일: 2022.12.22.).

_____. 2022c. "U.S. national defense strategy calls for 'resilient, redundant' space
networks." *Space News*, October 27. https://spacenews.com/u-s-national-defense-
strategy-calls-for-resilient-redundant-space-networks (검색일: 2022.12.31.).

_____. 2023. "Northrop Grumman developing military communications satellite for
2025 launch." *Space News*, April 9. https://spacenews.com/northrop-grumman-
developing-military-communications-satellite-for-2025-launch (검색일: 2023.4.11.).

Feng, Emily. 2023. "The Chinese balloon saga could be part of a new space race closer
to Earth." *NPR*, March 3. https://www.npr.org/2023/03/03/1159414026/china-
balloon-near-space-scientific-research-weapons (검색일: 2023.3.31.).

Forbes, Stephen. "Blackjack" DARPA. https://www.darpa.mil/program/blackjack
(검색일: 2023.4.5.).

Hadley, Greg. 2023a. "'Backdoor' to Attack Satellites: CSO Sees Cyber Risks in Space
Force Ground Systems." *Air & Space Forces Magazine*, January 31. https://www.
airandspaceforces.com/backdoor-to-attack-satellites-cso-highlights-ground-
networks (검색일: 2023.2.4.).

_____. 2023b. "Air Force Futures Lays Out Four Scenarios for 2040 in New Report." *Air
& Space Forces Magazine*, April 13. https://www.airandspaceforces.com/air-force-
futures-four-scenarios-2040 (검색일: 2023.4.14.).

Headquarters U.S. Air Force. 2023. "Air Force Global Futures Report." Washington
D.C.(March). https://www.af.mil/Portals/1/documents/2023SAF/
Air_Force_Global_Futures_Report.pdf (검색일: 2023.4.1.).

Joint Chiefs of Staff. 2014. "Military Information Support Operations." *Joint Publication*

3-13.2. https://www.bits.de/NRANEU/others/jp-doctrine/JP3-13.2C1(11).pdf (검색일: 2021.2.1.).

Lopez, C. Todd. 2023. "Control, Cooperation, Classification Remain Focuses of DOD's Space Policy." *DoD News*, May 3. U.S. Department of Defense. https://www. defense.gov/News/News-Stories/Article/Article/3383551/control-cooperation-classification-remain-focuses-of-dods-space-policy (검색일: 2023.5.18.)

Molander, Roger C., Andrew Riddile and Peter A. Wilson. 1996. "Strategic Information Warfare: A New Face of War." RAND. https://www.rand.org/pubs/monograph_reports/MR661.html (검색일: 2020.12.31.).

Murphy, Paul P. and Alex Marquardt. 2023. "Exclusive: Never-before-seen Chinese military blimp caught on satellite images of remote desert base." *CNN*, May 1. https://edition.cnn.com/2023/05/01/politics/chinese-military-blimp-satellite-secret-desert-base/index.html (검색일: 2023.5.2.).

Peeters, Walter. 2022. "Cyberattacks on Satellites: An Underestimated Political Threat." London School of Economics and Political Science. https://www.lse.ac.uk/ideas/projects/space-policy/publications/Cyberattacks-on-Satellites (검색일: 2023.3.1.).

Rajagopalan, Rajeswari Pillai. 2019. "Electronic and Cyber Warfare in Outer Space." UNIDIR. https://www.unidir.org/files/publications/pdfs/electronic-and-cyber-warfare-in-outer-space-en-784.pdf. (검색일: 2023.3.1.).

Sanger, David E. 2023. "Balloon Incident Reveals More Than Spying as Competition With China Intensifies." *New York Times*, Feb. 5. https://www.nytimes.com/2023/02/05/us/politics/balloon-china-spying-united-states.html (검색일: 2023.3.6.).

Schwirtz, Michael, Christiaan Triebert, Kamila Hrabchuk and Stanislav Kozliuk. 2022. "Ukraine Builds a Case That Killing of P.O.W.s Was a Russian War Crime." *New York Times*, August 3. https://www.nytimes.com/2022/08/03/world/europe/russia-ukraine-prisoners-killed.html (검색일: 2022.12.30.).

Staats, Benjamin. 2023. "Mind the Gap: Space Resiliency Advantages of High-Altitude Capabilities." *Joint Force Quarterly* 109. National Defense University Press. https://ndupress.ndu.edu/Media/News/News-Article-View/Article/3379976/mind-the-gap-space-resiliency-advantages-of-high-altitude-capabilities (검색일: 2023.6.18.).

Theohary, Catherine A. 2018. "Information Warfare: Issues for Congress." R45142, Congressional Research Service. https://crsreports.congress.gov/product/details?prodcode=R45142 (검색일: 2022.3.1.).

U.S. Department of Defense. 2014. "Information Operations." https://www.jcs.mil/Portals/36/Documents/Doctrine/pubs/jp3_13.pdf (검색일: 2022.3.8.).

_____. 2022. *U.S. National Defense Strategy.*

Vershinin, Alex. 2020. "The Challenge of Dis-Integrating A2/AD Zone: How Emerging Technologies Are Shifting the Balance Back to the Defense." *Joint Force Quarterly* 97. National Defense University Press. https://ndupress.ndu.edu/Media/News/

News-Article-View/Article/2106488/the-challenge-of-dis-integrating-a2ad-zone-how-emerging-technologies-are-shifti (검색일: 2023.6.18.).

Walker, Amy. 2022. "Space provides key to Joint All Domain Command and Control." US Army. https://www.army.mil/article/257523/space_provides_key_to_joint_all_d omain_command_and_control (검색일: 2022.8.3.).

Werner, Debra. 2022. "Through Starling, NASA will test complex swarm operations." *SpaceNews*, June 21. https://spacenews.com/through-starling-nasa-will-test-complex-swarm-operations (검색일: 2023.1.5.).

제2부   미래전과 군의 대응

제5장　다영역 작전의 등장과 미래 전장의 변화

성기은(육군사관학교)

I. 머리말

다영역 작전(Multi-Dimensional Operation, MDO)의 개념에 대한 논의가 심화되면서 한국의 육군도 다영역 작전에 대해 큰 관심을 기울이고 있다. 2010년대 중반 미국 육군을 중심으로 시작된 다영역 작전의 개념은 기존의 작전 지침과는 구별되는 몇 가지 중요한 변화를 제시하고 있다. 이에 따라 한국 육군도 미국의 육군과 합동참모본부가 추구하는 작전 지침에 대한 이해를 높이기 위한 노력을 해왔으며, 다영역 작전을 현실에서 구체화하기 위한 다양한 노력을 해왔다.

이 장에서는 다영역 작전이라는 작전 지침이 등장하게 된 배경과 미국의 육군이 추구하는 다영역 작전에 대하여 개괄하고, 성공적인 다영역 작전의 수행을 위해 한국 육군이 추구해야 하는 방향에 대하여 제시한다.

다영역 작전의 개념이 등장하게 된 배경은 첨단과학기술의 발전과 전쟁 수행 방식의 변화라고 요약해 볼 수 있다. 4차 산업혁명의 핵심 기술들은 산업 분야의 생산성을 높였을 뿐만 아니라 군사 분야에서도 혁신적인 변화의 기회를 제공하고 있다. 여기서 발생하는 문제는 회색지대 전쟁, 4세대 전쟁 및 하이브리드 전쟁과 같은 새로운 형태의 전쟁 수행 방식이 나타나고 있다는 것이다. 과학기술의 발전과 전쟁 수행 방식의 다변화로 인해 새로운 작전 운용 방식이 필요하게 된 것이다. 결정적으로 미국 육군을 중심으로 다영역 작전의 개념이 발전하게 된 직접적인 계기는 중국 군사전략의 진화라고 볼 수 있다. 중국이 남중국해를 포함한 동아시아 지역에서 추구하는 군사전략에 대항하기 위해 미국은 다영역 작전의 개념을 발전시켰다고 볼 수 있다.

다영역 작전의 아이디어는 기존의 '공지전투' 및 '공해전투'와 몇 가지 차이점을 보인다. 단순히 병종 간의 합동성을 강화한다는 개념보다는 작전 영역의 시공간적 확대로 인하여 각 병종의 작전 영역이 확대되고 중첩되는 현상이 발생하는 점에 주목했다. 기존의 물리적 작전 영역에 사이버와 우주라는 공간적 범위를 확대했을 뿐만 아니라, 근접지역에 집중되어 있던 작전 지침의 범위를 우군과 적군의 깊은 종심지역으로 확대했다. 또한, 전쟁이 개시된 이후에 집중되어 있던 작전 지침의 시간적 범위가 전쟁 이전과 승리 이후로까지 확대되었다. 이러한 작전 영역의 시공간적 확대로 인해 요구되는 과제는 각 군의 전력 강화와 합동성 강화를 통한 상승효과의 극대화이다.

확대된 시공간에서의 성공적인 다영역 작전 수행을 위해 육군이 각 영역에서 어떠한 준비를 해야 하는지 정리하고, 합동 다영역 작전 및 연합 다영역 작전에 기여하기 위해 육군이 추구해야 할 노력을 제시했다. 먼저 우주와 사이버 영역에서 육군이 준비해야 할 것은, 위성을 활용한 통신 중계 및 감시/정찰 능력을 강화하는 것이다. 위성의 운용과 우주 통제 및 전력 투사는 공군의 기능으로 전환하는 것이 바람직할 것이다. 사이버 영역은 성공적인 연합 다영역 작전 수행을 위한 중요 작전 영역이다. 동맹국 군대와의 정보 교환 방식을 간소화하기 위해 네트워크의 상호 운용성을 강화해야 한다. 전통적으로 공중과 해양은 공군과 해군의 영역이지만, 다영역 작전의 아이디어가 제시하는 작전 지침에 따르면 육군도 공중과 해양에서의 기능을 수행해야 한다. 공중과 해양에서의 작전 수행을 위해 육군은 장거리 미사일의 전력화가 필요하며 미사일 방어체계의 고도화도 함께 이루어져야 한다. 무엇보다 다영역에서의 작전 수행을 위해 군단 및 사단 단위의 작전수행능력을 강화할 수 있는 준비가 되어야 할 것이다. 지상 영역에서는 해군과 공군의 역할에 대해서 제시했다. 해군과 공군 역시 다영역 작전을 수행하기 위해서는 지상 영역에서의 기능을 강화해야 할 것이다. 원거리 정밀 타격 능력의 강화를 통해 지상 영역에서의 공군과 해군의 역할을 극대화할 수 있을 것이다.

합동 다영역 작전과 연합 다영역 작전 역시 육군에게는 매우 중요한 과제이다. 다영역 작전의 작전 지침에서도 합동성의 강화는 중요한 과제이다. 육·해·공군의 작전이 중첩되는 영역이 확대됨에 따라 합동군 지휘관은 합리적이고 신속한 결심을 해야 한다. 또한, 영역의 중첩 현상으로 인해 집단행동의 부정적 결과가 초래될 수 있다. 다영역 작전에서 합동성이 가장 필요한 영역을 우주의 영역으로 제시했다. 각 병종 모두에게 중요하기 때문에, 모두가 관심이 있지만, 전통적 작전 영역에 집중할 경우 아무도 해당 영역의 작전을 주도하려고 하지 않을 것이다. 앞서 제시한 바와 같이 영역의 전반적 통제와 위성의 운용은 공군이 추진하고 위성을 활용한 통신의 중계와 감시 및 정찰의 기능은 육군이 담당하는 것이 바람직할 것으로 예상한다. 또한, 성공적인 연합 다영역 작전을 위해 육군이 노력해야 하는 분야로서 사이버 영역에서의 상호운용성 강화를 제시했다. 최근 미국과 NATO의 대규모 연합연습에서 핵심적 과제로 제시된 것이 네트워크의 상호운용성 평가이다. 미국을 중심으로 설계된 연합 다영역 작전 수행에 있어 미국과 동맹국들 간의 정보 공유 및 접근이 중요한 화두로 떠올랐다. 한국 육군 역시 미군과의 연합 다영역 작전을 위해 지휘통제 및 통신 체계와 네트워크 방호의 분야에서 미국과의 상호운용성을 강화해야 할 것이다.

II. 육군이 바라본 다영역 작전의 등장과 개념

1. 다영역 작전의 등장

과거 군사작전은 지상, 해상, 공중 등 각각의 전투 영역에서 발생하는 전투행위에 각 군이 집중했지만, 첨단기술 발전에 의한 전쟁 수행의 방식이 변화하면서 전투행위가 발생하는 물리적 공간과 군사적 공간의 통합이 중요한 화두로 등장했다. 다영역 작전은 전투행위가 발생하는 육상, 해상, 공중, 우주, 사이버 영역을 하나의 전투지역으로 통합하고, 결정적인 전투에서 승리를 목표로 하는 새로운 형태의 군사작전이다.

다영역 작전의 개념이 등장하게 된 배경은 상호 연계된 두 가지로 요약해 볼 수 있다. 첫 번째 원인은 과학기술의 발전이다(백자성·윤지원 2022; 김성학·이경혜 2022; Townsend 2018). 4차 산업혁명은 인공지능, 빅데이터, 사물인터넷(IoT), 로봇 공학, 3D 프린팅 등 다양한 기술이 융합되어 새로운 가치의 창출과 혁신적인 변화를 이끌어내고 있다. 이 중에서도 특히 인공지능과 빅데이터 기술은 4차 산업혁명의 핵심 기술로 인정받고 있다. 인공지능 기술은 기계 학습, 자연어 처리, 컴퓨터 비전 등 다양한 분야에서 발전해왔으며, 이를 이용하여 생산성을 향상시키고 효율적인 의사결정을 지원하는 등의 군사적 영역을 포함한 다양한 산업 분야에서 활용이 가능하다. 빅데이터 기술은 대량의 데이터를 수집, 분석하여 새로운 정보를 발굴하고, 이를 기반으로 서비스 및 제품의 개선과 창조적인 발전을 이끌어낼 수 있다.

두 번째 원인은 전쟁의 성격이 변모했다는 것이다. 냉전의 종식 이후 새롭게 등장한 4세대 전쟁, 하이브리드 전쟁 및 회색지대 전쟁의 개념은 기존에 정립된 전쟁의 특성이 변화했음을 보여주고 있다. 4세대 전쟁은 일반적으로 현대 전쟁의 새로운 패러다임을 나타내는 개념이다(Van Creveld and Van Creveld 1999; Lind 2004). 4세대 전쟁에서는 심리전과 인지전, 사이버전, 미디어 전쟁, 비대칭전 등 다양한 전술과 전략이 복합적으로 작동하는 것으로 알려져 있다. 이전 세대의 전쟁에서는 대규모 전투와 직접적인 대결이 중요했지만, 4세대 전쟁에서는 전략적인 이동과 체계적인 군사작전, 그리고 민사작전과 같은 비전투 작전들이 더욱 중요한 역할을 한다. 이에 따라 민간인 보호를 포함한 민사작전 등에 대한 연구도 활발히 이루어지고 있다. 하이브리드 전쟁은 무력 충돌과 함께 다양한 비전투적 요소가 융합된 새로운 전쟁의 형태를 묘사하기 위해 사용되는 개념이다(Hoffman 2014; 박일송·나종남 2015). 하이브리드 전쟁에서는 정치, 경제, 사회, 정보 및 사이버 영향력을 발휘하여 상대방의 민감한 부분을 공격하는 다양한 형태의 비전투 작전이 활발하게 사용된다고 본다. 특히, 최근 러시아의 전쟁 수행 방식을 기반으로 하이브리드 전쟁에 대한 분석이 활발히 진행되고 있다(Morgan 2017; 김경순 2018; 박희성·박동휘 2022). 회색지대 전쟁은 전통적인 국가 간 대립에서는 저강도 충돌이나 분쟁이 일상화되지만, 군사적 대응이나 군사작전이 불가능한 분쟁 상황에서 비군사적 수단을 주로 활용하는 최근 전투 환경에서의 분쟁 형태를 의미한다(Mazzar 2015). 이전 전쟁들과 달리, 회색지대 전쟁에서는 목표에 대한 공격이 직접적으로 이루어지지 않으며, 정보, 기술, 인프라, 민간인 등을 공격하는 형태로 전개된다. 회색지대 전쟁의 개념 역시 러시아의 전쟁 수행 방식을 모델로 하여 발전하고 있다(Leibert 2015; Sokolov-Mitrich 2018). 회색지대 전쟁을 평화 상태와 전통적인 국가 간 무력 충돌의 중간지대로 정의하고, 비전투적인 요소와 전통적인 무력 충돌이 융합되어 사용되며, 이를 통해 상대방의 민감한 부분을 공격하고 영향력을 발휘하는 것을 특징으로 제시한다.

다영역 작전 개념의 등장 배경으로 제시한 두 가지 원인이 상호 연계되어 있다는 점에 주목할 필요가 있다. 국가와 국가 이외의 교전자들이 인터넷을 기반으로 발전시킨 빅데이터와 AI를 활용하여 전통적 형태의 군사적 공격뿐만 아니라 비전투원에 대한 인지적, 심리적 공격을 동시에 수행하고 있다는 것이다. 이에 따라 기존의 전쟁 개념에서 중요시해 왔던 육·해·공의 물리적 공간을 넘어서는 새로운 전투의 공간이 등장했고 이 공간에서의 전투행위가 전쟁 승리를 위해 꼭 필요하다는 인식이 생겨났다.

최근 미국은 다영역 작전의 개념을 정립하고 발전시키고 있다. 앞서 제시했던 등장 배경과 함께 미국이 다영역 작전의 개념에 큰 관심을 보인 직접적인 원인은 중국의 군사력 성장과 군사전략이라고 할 수 있다. 1995년 발생한 제3차 대만해협 위기 이후 중국은 반-접근, 반-거부(A2/AD, Anti-Access/Area Denial) 전략을 보다 집중적으로 발전시켰으며, 현재는 미국과의 대결과 남중국해 지역 안보 위협에 대한 대응책으로 A2/AD 전략을 계속 발전시키고 있다. 중국은 2000년대 초반부터 급속한 군사력의 증강과 함께 새로운 군사전략인 A2/AD 전략을 제시했다(Mastro 2015; Yoshihara and Holmes 2011; Li and Li 2017; Watts 2018; 지효근 2019). 중국의 A2/AD 전략은 미국과 같은 강력한 군사력과 첨단기술력을 가진 강대국과의 전쟁에서 상대방의 자국 영역에 대한 진입을 막고 자신의 안보를 보장하기 위해 개발된 전략이다. 중국은 미국에 대항하기 위해 기존의 전통적 군사작전에 기반한 군사전략에서 벗어나, 현대전의 전투 방식인 전자전, 정보전, 공중전 등에 집중하게 되었다. 이 전략은 지리적 이점을 활용하여 중국 해안의 전략적 지점을 점령하고, 미국 해군과 공군의 작전 개입을 방지하는 것을 목적으로 한다. 중국은 미국의 대규모 군사력 진입을 방해하기 위해 지상, 해상, 공중에서 다양한 병종 및 무기체계 간의 통합작전을 설계하고, 전자전 및 사이버 공격 등 다양한 수단의 동시적 활용을 강조했다. 이를 위해 중국은 해상 위성통신, 기계화 유도탄, 대체 석탄 기술, 전자전 기술 등을 포함하는 다양한 무기체계와 기술력을 발전시켜 왔다.

중국의 A2/AD 전략에 대한 대응책으로 미국은 육·해·공군과 해병대 및 우주군을 포함한 병종 간의 통합성을 강조함과 동시에 다영역 작전 개념의 중요성을 제시했다. 다영역 작전은 지상, 해상, 공중, 사이버 및 전자전 영역 등 모든 전투 영역에서 다양한 능력과 시스템을 통합하여 민간 및 군사적 요소를 포함한 적의 모든 수단과 방식에 대응할 수 있는 종합 전투력을 갖추는 것을 목표로 하고 있다. 다영역 작전의 핵심적인 개념은 실시간 정보 수집, 정보 분석 및 공유이며, 이를 기반으로 신속하고 정확한 의사결정을 내리는 것이다. 이를 위해 미군은 다양한 센서, 통신 및 정보 처리 기술을 활용하고, 인공지능, 빅데이터, 사물인터넷(IoT) 등의 첨단기술을 도입하고 있다.

다영역 작전은 기존의 특정 작전 영역에서의 대치가 아닌 육·해·공·사이버 및 우주 등 다양한 작전 영역에서 동시에 이루어지는 작전을 의미한다(U.S. Department of Defense 2018; U.S. Army Combined Arms Center 2021; Rand Corporation 2021). 이에 따라 미국 국방부는 다영역 작전에 대한 연구를 진행하고 있으며, 이를 통해 미군의 대응 능력을 강화하고 있다. 이러한 연구는 다양한 분야에서 이루어지고 있으며, 이론적인 측면부터 실제 적용 가능성에 이르기까지 다양한 주제를 다루고 있다. 미국 국방부는 2018년에 다영역 작전 실행 계획을 발표하고, 이를 기반으로 다양한 연구와 개발이 이루어지고 있다. 또한,

랜드 연구소에서는 다영역 작전에 대한 연구를 수행하고 있으며, 이를 통해 다영역 작전 개념의 이해와 실제 적용 가능성에 대한 분석을 제공하고 있다.

다영역 작전의 주요 구성 요소는 모든 전투 영역의 통합과 첨단기술을 활용하며 상황을 인식하고 결정을 내리는 능력을 향상하여 영역 간 작전을 동기화해서 전쟁에서의 승리를 달성하는 것이다. 다영역 작전은 한 전투 영역에서의 작전이 다른 전투 영역에도 영향을 미칠 수 있다는 점을 제시하고, 현대 전쟁에서는 다양한 전투 영역에서의 동시 작전 수행과 협조를 강조하고 있다.

2. 미국 육군이 바라보는 '영역'의 의미

미국에서 다영역 작전의 개념을 주도적으로 발전시키고 연구하는 병종은 육군이다. 퍼킨스(David G. Perkins) 장군이 2014년 미국 육군 교육사령부의 사령관으로 취임하면서부터 미국 육군의 다영역 작전에 대한 관심이 고조되었고, 미국 육군 교육사령부는 다영역 작전의 개념을 주도적으로 발전시켰다(Perkins 2017; U.S. Army 2018; Townsend 2018). 미국 육군이 다영역 작전에 대한 개념을 강조하기 시작할 때 제기되었던 가장 큰 비판은 '새 병에 든 오래된 와인'이라는 비유였다. 미국 육군은 이미 1980년대부터 '공지전투(air-land battle)'의 개념을 기반으로 지상과 공중 영역에서의 동시 통합전투의 개념을 설계했으며, '공해전투(air-sea battle)'의 개념을 기반으로 육군과 공군·해군·해병대와의 협동성을 강조했다. 그러나, 공지전투 및 공해전투의 개념으로는 러시아가 수행 중인 하이브리드 전쟁 및 회색지대 전쟁과 중국의 A2/AD 전략에 대응하기에는 한계가 있음을 발견했다(장재규 2021; 정

민섭·남궁승필·박상혁 2021). 기존의 공지전투와 공해전투는 육군의
군단과 사단급 작전을 위한 전술적 수준의 전투 지침이었기 때문에, 사
이버 및 우주 영역에 대한 고려가 없었으며, 인지전과 심리전을 포괄하
는 전투 지침으로는 한계가 있었다. 이와 같은 한계를 극복하고 러시아
와 중국에 대항하기 위해 미국 육군은 다영역 작전에 기반한 전투 지
침을 주도적으로 발전시켰다.

　미국 육군은 다영역 작전의 성공적 수행을 위해 '준비태세, 부대구
성, 융합'이라는 세 가지의 중요 테마를 제시했다(U.S. Army 2018). 준
비태세의 핵심은 전략적 수준의 기동이 가능하도록 사전에 준비하고
해·공군의 작전과 연계된 중요 전략목표를 달성할 수 있도록 훈련하
는 것이다. 또한, 해외 주둔 미군과 동맹군과의 합동성을 강화하며 사
이버 및 우주 영역에서 활동하는 군 외의 민간 집단과의 협력을 준비
하는 것이다. 이를 위해 부대의 구성 역시 다양한 방법으로 보강해야
한다고 본다. 모든 영역에서 독립적인 기동이 가능하도록 부대가 개편
되어야 하며, 해상 및 공중, 사이버 및 우주 영역이 교차하는 영역에서
도 육군은 화력을 투사할 수 있어야 한다. 기동과 화력 분야에서의 다
영역화뿐만 아니라 감시 및 정찰, 방호 분야에서도 모든 영역에서의 군
사적 기능이 유지되도록 부대의 편성을 전환해야 한다고 주장한다. 마
지막 테마로 제시한 융합은 모든 영역에서 해·공군 및 해병대와 우주
군의 모든 기능을 효과적으로 융합해야 함을 의미한다. 모든 영역에서
의 모든 기능의 융합을 통해 합동성을 강화할 수 있으며, 전쟁 상황에
서 다양한 대안의 제시가 가능하다고 본다.

　다영역 작전의 개념을 현실로 구체화하기 위해서 미국 육군은 작
전의 지역을 구분하고 구체적인 작전의 수행 방법을 제시하고 있다. 미
국 육군이 제시하고 있는 다영역 작전 개념에서의 '영역'의 확대를 공

간적 및 시간적 범위에서 분석해 보면 다음과 같다. 첫 번째, 공간적 차원에서 전략적 수준의 영역으로 작전의 범위를 확대했다는 것이다. 미국 육군이 제시했던 기존의 작전 개념 지침은 주로 전술적 수준의 영역에 집중하여 적군과 아군이 교차하는 근접지역에 초점을 맞추었다. 그러나 다영역 작전을 소개하는 미국 육군의 문서에서는 적군과 아군 지역의 종심까지 공간적 범위를 확대하여 전략적 수준의 고려를 병행하고 있다. 적군의 종심지역에서는 군사적 차원의 화력과 기동의 운용이 제한적이지만, 정치 및 전략적 수단을 활용하여 적의 활동을 감소시키는 지역이다. 아군의 종심지역에서는 군사력을 보강하여 근접 및 적군의 지역으로 전력을 투사하기 위한 준비를 하는 공간으로 인식하고 있다. 적군과 아군의 종심지역으로까지 작전의 영역을 확장하는 것은 다영역 작전 개념의 큰 특징이라고 할 수 있다. 기존의 공지전투 및 공해전투의 개념은 근접지역에서 만나게 되는 적군의 전투력을 소멸하기 위해 고안된 전투 지침이지만, 다영역 작전의 개념에서는 전략적 수준의 목표 달성을 위한 작전의 공간적 범위와 확대된 공간에서의 비군사적 수단의 활용까지 제시하고 있다.

두 번째, 시간적 차원에서 작전의 영역이 확대되었다. 공간적 차원의 영역 확대와 같은 맥락에서 기존의 미국 육군이 작전의 지침에서 초점을 맞추었던 시간은 적과의 근접전투가 발생하는 시간이었다. 그러나 다영역 작전에서 제시하고 있는 시간의 범위는 적과의 근접전투가 발생하는 전쟁 이전의 시간뿐만 아니라 근접전투가 종료된 전쟁 이후의 시간까지 포괄하고 있다. 전쟁 이전 억제와 여건 조성을 위한 군사적 활동을 모색할 뿐만 아니라, 전쟁 승리 이후의 안정화 및 통치지원 작전까지를 다영역 작전의 시간적 범위로 제시하고 있다. 전쟁 이전에는 외교적, 경제적 차원의 교착상태를 해결하기 위해 다영역에서 군사적 활동을 추진해야 하며, 전쟁 승리 이후에는 비대칭전 및 테러에 대비한 군사적 활동을 활성화해야 한다고 본다.

미국 육군이 제시하는 다영역 작전 개념에서 '영역'은 시공간적 부분과 군사적 부분의 통합이라고 볼 수 있다. 단순히 미국의 육군이 작전을 수행하는 지역이 지상에서 해상 및 공중, 우주 및 사이버 영역으로 확대되었다는 성급한 결론보다는 확대된 시공간의 영역과 군사적 영역이 교차하는 지점에서 미국 육군이 추구해야 하는 군사적 활동이 구체화되었다는 시사점을 찾을 수 있다. 과학기술의 발전과 적대적 국가의 새로운 전쟁 수행 방식이 미국 육군의 활동 범위를 시공간적으로 확대하도록 했으며, 미국 육군은 각 영역에서 육·해·공군 및 해병대의 통합된 노력을 주도하게 되었다.

III. 다영역 작전에서의 육군의 역할

1. 우주 및 사이버 영역에서의 육군의 역할

한국 육군에게 다영역 작전의 개념이 주는 가장 큰 과제 중 하나는 우주와 사이버 영역에서 육군이 어떠한 역할을 해야 하는가에 대한 해답을 찾는 것이다. 미국 육군 역시 지상 영역을 전통적인 군사작전의 가장 중요한 영역으로 인식해 왔지만, 최근 우주와 사이버 영역에서의 육군의 역할에 대한 연구를 진행하고 있다(Bakke 2020; Winkler 2021). 미국 육군의 우주와 사이버 역량은 다영역 작전을 수행하기 위해 필수적인 요소 중 하나라고 인식하고 있다. 미국 육군은 다영역 작전 개념을 통해 우주와 사이버 영역에서의 역할을 점차 확대해 가고 있으며,

관련 분야의 역량을 강화하고 있다.

　미국 육군은 이미 1997년 우주 및 미사일 방어 전략 사령부 (United States Army Space and Missile Defense Command/Army Forces Strategic Command, USASMDC/ARSTRAT)를 청설하여 우주 영역에서의 다양한 기능을 강화했다. 우주 영역에서 미국 육군은 위성과 무인 우주 탐사선 등을 활용한 정보 수집과 탐색 등 다양한 임무를 수행한다(Bakken 2009; Sweeney 2012). 미국 육군의 ARSTRAT는 본토의 미사일 방어 및 해외 주둔 육군 미사일 부대의 통합관리를 주요 기능으로 한다. 이를 위해 독자적인 위성의 운용 및 대기권 진입체 추적 관리, 미사일 방어 및 사격 실험 등 다양한 임무를 수행한다. 이 외에도 미국 우주군과의 협력을 통해 정보 수집과 위성통신, 우주 영역에서의 전투 지원을 하기도 한다. 미국 육군은 독자적으로 운용하는 6대의 우주 위성을 보유하고 있는 것으로 나타났다(차도완 외 2021). 이미지 센서를 장착한 중위도 궤도 위성을 통해 미국 육군에게 지리정보를 제공하며 감시 및 정찰 임무를 수행한다.

　미국 육군은 사이버 영역에서 정보보호, 공격 및 대응 역량을 강화하고 있다(Capton 2015). 미국 육군은 이미 1984년 육군 정보체계 사령부(Army Information System Command, ISC)를 창설하여, 통신과 컴퓨터 체계의 보호 기능을 강화했다. 그러나 사령부의 해체와 기능의 분산 및 전략사령부 예하의 배속 등의 다양한 부침이 있었지만, 2010년 미국 육군은 사이버 사령부(Army Cyber Command)를 창설하여 다양한 임무를 수행하고 있다. 미국 육군의 사이버 사령부는 사이버 위협의 대응 능력을 향상하기 위해 공격적인 사이버 전략을 수립하고, 사이버 전투 역량 향상을 위해 다양한 교육과 훈련을 실시한다. 이러한 사이버 역량은 적의 정보통신 시스템을 파괴하거나 제한하는 데에 매우 중요한 역할을 한다.

한국 육군도 우주와 사이버 영역에서의 기능과 역할을 강화하고 있다. 2022년 육군본부 예하에 우주 및 과학기술 정책을 추진하기 위한 부서를 신설했다. 이 부서의 주요 기능은 육군의 우주 및 과학기술 분야의 전략과 정책을 수립하는 것이며, 육군의 우주전력 소요를 파악하고 육군 우주 작전의 기본 개념 및 교리를 발전시키는 것이다. 최근 육군 우주 정책의 주요 과제는 '걸음마 단계에 있는 육군의 우주 전력에 대하여 무엇을 어떻게 강화할 것인가'에 초점이 맞추어져 있다. 육군 내에 우주 전력과 관련된 조직과 규정을 발전시켜 나가고 있으며, 민간 분야와의 협력을 통해 저궤도에서 작동하는 소형 위성 도입을 통해 정찰 및 감시, 통신 중계 등의 기능을 우선적으로 강화해야 할 것이다.

2. 공중과 해상에서의 육군의 역할

육군의 시각에서 전통적인 작전의 영역은 지상이다. 현실적으로 대부분의 전력이 기능을 발휘해온 영역이 지상이었으며, 지상 작전에서의 성공을 위해 군사력을 건설해 왔다. 그러나 반드시 육군이 지상에서 운용하는 무기체계만을 보유하고 지상에서의 작전만 수행한다고 보기는 어렵다. 미국 육군의 경우 군수 지원 및 상륙 지원을 위한 다양한 형태의 함정을 보유하고 있으며, 지상에서의 전투를 지원하기 위한 다수의 회전익 항공기 및 수송 지원을 위한 고정익 항공기를 보유하고 있다(Smith 2018; Craynon 2019). 한국의 육군도 지상을 벗어난 공중에서 작전을 수행할 수 있는 전력을 보유하고 있으며, 실제로 작전을 수행하고 있다. 한국 육군이 보유하고 있는 회전익 항공기 전력은 북한군의 동일한 전력을 압도하고 있으며 수송, 감시 및 정찰, 타격의 등의 폭넓은 임무를 수행하고 있다.

다영역 작전의 개념이 도입되면서 대두되는 큰 이슈 중 하나는 각 군의 활동 영역이 중첩되는 범위가 점차 넓어지고 있다는 것이다(최현호 2021; 백자성·윤지원 2022). 공지전투와 공해전투와 같은 전투 지침이 만들어진 1980년대부터 육·해·공군의 협조된 노력을 강조하는 합동성의 강화는 전쟁의 승리를 위한 중요한 화두였다. 그러나 이전의 전투 지침과 다영역 작전이 제시하는 전투 지침의 가장 큰 차이 중 하나는 각 군의 합동성을 강화하는 것에 더하여 각 군의 활동 영역을 확대해야 한다는 것이다. 예를 들면, 다영역 작전의 개념이 도입된 이후 미국의 육군과 해병대는 미사일 전력의 강화를 통해 지대함 타격 임무를 수행하도록 조정되었으며, 해군과 공군이 보유하고 있는 플랫폼을 적극적으로 활용하도록 조정되었다.

다영역 작전의 개념을 기반으로 공중과 해상에서 육군이 수행할 역할에 대한 논의는 앞서 제시했던 우주와 사이버 영역과는 조금 다른 맥락에서 접근할 필요가 있다. 우주와 사이버 영역의 경우 전통적으로 작전을 주도하는 타 병종이 존재해왔다고 보기는 어렵지만, 공중과 해상의 경우는 군사적 활동을 주도해온 기존의 병종이 존재하기 때문이다. 공중과 해상 영역에서 육군의 역할이 강조됨에 따라 지휘통제 체계를 변화시켜야 한다거나, 부대 구조의 모듈화 및 합동성 강화를 위한 작전술 개발 등의 필요성에 대한 논의가 진행되고 있다(허광한 2019; 백자성·윤지원 2022). 단순히 합동성의 강화를 통해 각 병종이 보유하고 있는 무기체계와 전력의 연계성을 강화하겠다는 아이디어로는 다영역 작전에서 구현하고자 하는 전투 수행이 불가능하다고 할 수 있다.

다영역 작전의 개념이 추구하는 공중과 해상에서의 육군의 역할을 충족하기 위해서는 미국 육군이 추진하고 있는 육군의 변화에 주목할 필요가 있다(주정률 2020; 정민섭·남궁승필·박상혁 2021). 다영역 작전에 기반한 전투에 미국 육군이 기여하기 위해 미국 육군은 크게 두 가지 노력을 기울이고 있다고 판단할 수 있다. 우선 미국 육군은 성능이 우수한 무기체계의 도입을 서두르고 있다. 무기체계 도입의 큰 주제는 사거리가 긴 장거리 미사일의 획득, 미사일 방어체계의 강화, 탐지 및 타격, 수송 능력을 갖춘 무인기 및 항공기의 개발이다. 공군 및 해군 작전과의 중첩되는 영역이 확대됨에 따라 육군은 더 멀리 탐지하고 타격할 수 있는 무기체계를 도입하고 있으며, 적의 원거리 공격을 방어하기 위한 미사일 방어체계를 강화하고 있다고 볼 수 있다. 또한, 미국 육군은 부대의 구조를 변화시키고 있다. 독립적인 기동과 방호가 가능한 여단급 부대를 육성하도록 하고 있다. 러시아의 경우 대대급 전투단의 강화를 추진하고 있지만, 미국은 여단급 독립부대의 기동과 방어, 전자전 및 우주전, 사이버전과 미사일전 기능을 강화하는 방향으로 부대의 구조를 변화시키고 있다.

다영역 작전의 개념에 기반한 작전 지침의 수행을 위해서 육군은 해상과 공중의 해군 및 공군 작전과 교차되는 영역에서 다양한 기능을 수행해야 할 것으로 예상된다. 앞서 제시한 바와 같이 단순히 해군 및 공군과의 협조를 강화하는 합동작전으로는 다영역역작전의 아이디어를 현실로 구체화하는 데 한계가 있다. 따라서 한국 육군은 미국 육군의 사례와 같이 공중과 해상에 대한 감시 및 정찰 능력을 강화하며, 타격할 수 있는 무기체계를 도입해야 하며, 사단 및 군단급 부대의 독립적인 작전 수행 능력을 강화하는 방향으로 부대 구조를 개편해야 할 것이다.

3. 지상에서의 해군과 공군의 역할

전통적으로 지상의 영역은 육군이 주도하는 작전의 영역으로 분류해 볼 수 있다. 그러나 다영역 작전의 개념이 강조되면서 지상 영역에서 발생하는 육군의 작전과 해군 및 공군의 작전이 교차하는 범위가 더 넓어질 것이다. 예를 들어, 기존의 상륙작전의 상황에서는 육·해·공군이 화력을 투사하고 기동을 통제할 수 있는 시공간적 범위를 엄격하게 구분했다. 그러나 다영역 작전의 개념을 도입하는 경우 다양한 군종의 작전이 중첩되는 시공간적 범위가 확대될 것으로 예상할 수 있다. 이를 위해 육군은 해군 및 공군 작전과 중첩되는 시공간에서 협조할 수 있는 능력을 향상시켜야 한다.

해군과 공군도 작전의 영역이 확대될 것이며, 지상에서 육군의 작전과 중첩되는 영역에서의 기능을 강화해야 할 것이다. 현재 해군이 지상 영역에서 수행하는 작전의 형태는 해안 경비, 상륙, 화력 지원으로 제시해 볼 수 있다. 다영역 작전 개념의 발전으로 인해 해안 경비 작전에서 지상 지역에 대한 경비의 영역이 넓어질 것이며, 상륙작전을 위한 기동의 영역이 지상으로까지 확대될 것이다. 또한 육군의 지상작전을 위한 화력 지원의 범위도 엄청나게 증가할 것으로 예상된다. 작전 영역의 확대에 따라 필요한 무기체계의 도입과 해군 작전 개념이 발전되어야 할 것이다.

공군의 지상 영역에서 수행하는 작전의 형태는 공중 지원, 정찰 및 전자전 작전 등이 있다. 지상에서 수행되는 작전을 지원하는 근접항공 지원(Closd Air Support, CAS)은 대표적인 공군의 지상에서의 기능이다. 6.25 전쟁 당시에도 유엔군의 항공력이 지상작전의 성공에 큰 기여를 한 것이 사실이다(김인승 2020). 지상작전에서의 공군 기능이 강화될 경우 지상군은 기동의 자유가 확보되며, 적군의 심리적 위축과 물리적 피해를 강요할 수 있다. 공군 역시 지상 영역에 대한 기능을 강화해야 할 것으로 예상된다. 공중 지원을 위한 대량 수송이 가능한 항공기가 도입되어야 하며, 정밀 타격 능력이 향상된 미사일 체계의 도입이 필요할 것이다. 또한, 정찰의 범위가 종심지역뿐만 아니라 근접지역 방향으로도 확대될 것이기 때문에 정밀 정찰의 임무를 수행할 수 있는 무인기가 필요하다. 지상 영역에 대한 전자전은 공군이 주도적으로 수행하는 중요한 작전이 될 것이다. 지상 영역의 전자전에 대한 육군의 준비도 필요하겠지만, 적의 전자장치를 파괴하고 통신장비를 교란하는 형태의 작전은 공군이 가지고 있는 자산을 통해서 원활히 수행될 것이다.

IV. 합동 및 연합 다영역 작전에서의 육군의 역할

1. 합동 다영역 작전에서의 육군의 역할

다영역 작전의 아이디어가 기존의 공지전투와 공해전투에서 발견되는 단순한 합동성 강화 이상의 작전 지침에 관하여 제시하고 있지만, 다영역 작전의 개념에서 육·해·공군 간의 합동성은 여전히 중요한 문제이다. 각 군의 전력 강화를 통해 각 군이 통제해왔던 작전 영역의 확장과 작전 영역 간의 중첩이 발생할 것으로 예상되며, 중첩 영역에서의 합동성은 매우 중요한 과제가 될 것이다(Kaltman and Schimitt 2017; Johnson 2017). 다영역 작전에서는 단일 군종이나 단일 군의 작전보다 다양한 능력과 경험을 보유한 여러 군종이 합동작전을 수행함으로써 강력한 효과를 발휘할 수 있다. 미국 역시 이러한 점을 강조하면서 군 사전략 수립에 중요한 요소로서 다영역 작전에서의 합동성을 강조하고 있다.

다영역 작전을 기반으로 한 전투 수행의 과정에서 합동성의 강화가 중요한 이유는 두 가지로 요약해 볼 수 있다. 첫째, 각 군의 작전이 중첩되는 상황에서 합동군의 지휘관은 최적의 수단을 활용하여 원하는 목표를 달성해야 한다(지상훈·박준희 2020). 특정한 목표를 타격하기 위한 자산을 모든 군종이 보유하고 있다면, 합동군의 지휘관은 가장 적합한 자산에 타격 목표를 할당하여 타격하도록 해야 한다. 감시와 정찰, 결심과 타격의 순환 구조 속에서 각 군의 작전이 중첩되는 영역은 확대된다. 이렇게 확대된 중첩 영역에서 각 군은 서로 긴밀히 협조하고 합동군의 지휘관이 신속하고 합리적인 판단을 할 수 있도록 상호 연계된 체계를 공유해야 한다. 둘째, 각 군종 간의 주도적 기능이 불명확한 영역에서 집단행동의 딜레마가 발생하지 않도록 하기 위해서는 합동성의 강화가 반드시 요구된다. 각 군의 전력 강화로 인하여 중첩 영역이 확대되는 현상을 긍정적으로 바라볼 때, 앞서 제시했던 작전 목표의 달성을 위한 다양한 수단을 제시할 수 있지만, 부정적으로 바라볼 경우, 작전을 주도하거나 자원의 투입을 회피하는 영역이 발생할 수 있다. 대표적인 예로, 사이버 영역을 제시할 수 있다. 육·해·공군 모두 사이버 영역에서의 전투 결과가 물리적 공간인 지상, 해상, 공중의 작전에 영향을 줄 수 있다는 점을 잘 알고 있으며, 사이버 영역에서 발생하는 작전의 중요성을 강조한다. 그러나 각 군이 모두 사이버 영역에 대한 작전 능력을 보유하고 있다면, 각 군종은 전통적 영역에서의 작전에 더 많은 자원과 노력을 투입하고 사이버 영역에 대한 자원의 투입을 회피할 수도 있다. 결과적으로 사이버 영역에서 작전을 주도하는 군종은 존재하지 않게 되며, 집단행동의 부정적인 결과가 발생하게 된다. 결과적으로 다영역 작전으로 인해 각 군종 간의 작전이 중첩되는 영역이 확대됨에 따라 합동성의 강화가 더 필요하게 되었다고 할 수 있다.

다영역 작전을 수행하는 과정에서 요구되는 합동성의 강화 측면에서, 육군이 가장 크게 관심을 가져야 하는 부분은 우주 영역이라고 할 수 있다. 앞서 제시했던 합동성이 필요한 두 가지 원인에 모두 부합하는 영역이 우주 영역이기 때문이다. 육·해·공군 모두 우주 영역의 중요성을 알고 있으며, 각 군은 우주와 연계된 전력을 강화하는 노력을 기울이고 있다. 그러나, 각 군의 영역이 중첩될 경우 해당 영역에 대한 작전 주도권을 회피할 수 있다. 우주 영역은 각 군이 공통적으로 정찰과 통신을 위한 위성이 필요하기 때문에 특별히 더 합동성이 요구된다(손한별·이진기 2022; 유종규·최창국 2022). 육군은 우주 영역에서의 합동성 강화를 위해 위성 정찰, 위성 통신, 위성 항법 분야에 노력을 집중하고, 우주 통제 및 위성 운용, 우주로의 전투력 투사와 같은 분야는 공군 및 해군이 노력을 집중하는 것이 바람직할 것이다.

2. 연합 다영역 작전에서의 육군의 역할

미국은 다영역 작전의 아이디어를 설계하고 작전 수행의 구체적인 대안을 제시하는 역할을 했다. 다영역 작전을 주도하는 미국의 입장에서도 피할 수 없는 현실 중 하나는 동맹국 및 우방국과의 연합작전이다. 중국과의 경쟁 무대가 되는 동아시아 지역의 한국과 일본, 러시아와의 경쟁 무대가 되는 유럽 지역의 NATO 회원국들의 협조가 없는 상황에서 미국은 현실적으로 성공적인 다영역 작전을 수행할 수 없다. 결과적으로 미국 국방부는 다영역 작전의 아이디어에 기반한 작전 지침에서도 동맹국 및 우방국과의 협력을 강조하고 있으며, 미국 육군 역시 본토 주둔군과 원정군, 동맹국 육군과의 협력을 강조하고 있다(U.S. Army TRADOC 2018; U.S. Joint Chiefs of Staff 2018). 미국은 동맹국 및 우방국과의 연합작전에서 다영역 작전의 아이디어에 기반한 전투 수행의 효율성을 높이기 위해서 크게 두 가지의 노력을 기울이고 있다 (주정률 2020). 첫 번째는 해외 주둔 미군의 조정이다. 특히, 동아시아 지역에 주둔하고 있는 미군의 배치와 무기체계를 다영역 작전의 개념에 부합하도록 조정하는 작업 중에 있다. 중국의 A2/AD 전략에 대응하기 위해 동아시아 지역에 주둔하고 있는 미군의 무기체계와 부대 구조를 조정하고 있다. 두 번째는 동맹국과의 연합훈련을 강화하고 있다. 연합훈련을 통해 미국과 동맹국이 확인하고자 하는 중요 주제는 다영역 연합작전을 위한 상호운용성이 갖추어져 있는가이다. 2020년 미국은 NATO 회원국과의 연합훈련을 확대했으며, 이를 통해 정보의 공유 및 접근의 간소화와 연관성이 있는 상호운용성을 시험했다. 동아시아 지역에서는 일본과의 연합연습 강화를 통해 다영역 작전의 아이디어를 구현하기 위한 협력 심화를 추진하고 있다. 우주 영역의 작전과 미사일 방어 분야에서의 협력뿐만 아니라, 인공지능 분야의 기술적 협력을 강화하고 있다.

한반도 지역에서 전쟁이 발생했을 때, 한국군과 미국군의 연합작전은 피할 수 없다. 미국군이 추구하는 작전의 지침을 올바로 이해하고, 상호운용성 강화를 통한 성공적인 다영역 작전을 추진해야 할 것이다. 한국군과 미국군의 성공적인 연합 다영역 작전의 수행을 위해서 가장 필요한 과제는 사이버 영역에서의 상호운용성 증대이다. 최근 미국과 NATO의 연합연습에서 상호운용성 평가의 화두로 제시된 분야는 정보의 공유와 접근의 간소화이다. 다양한 전장 정보를 실시간에 공유하고 수집된 정보의 접근을 간소화하기 위해서는 네트워크의 상호운용과 보안의 문제를 해결해야만 한다. 미국이 유럽의 동맹국들과의 연합연습에서 강조했던 부분을 통해 유추할 수 있는 사실은 성공적인 연합 다영역 작전을 위해서는 사이버 분야에서의 상호운용성이 강화되어야 한다는 것이다. 한국 육군도 동맹국인 미국과의 성공적인 연합 다영역 작전을 위해 가장 먼저 초점을 맞추어야 하는 분야는 사이버 영역에서의 상호운용성 강화이다.

V. 맺음말

4장에서는 다영역 작전 개념이 등장하게 된 배경과 원인, 작전의 개념에 대하여 살펴보았다. 미국의 육군 교육사령부를 중심으로 발전한 다영역역작전의 개념에서 미국의 육군이 어떠한 역할을 하는지 살펴보고, 한국 육군에 주는 함의를 도출했다.

다영역 작전의 개념이 한국군의 작전에도 도입될 경우 한국 지상군이 역할을 수행해야 하는 영역은 해상, 공중, 사이버, 우주로 확대될 것이며, 각 영역에서 타 병종과의 긴밀한 협조를 통해 성공적인 작전을 수행할 수 있는 준비가 필요하다.

한국군이 다영역 작전의 목적을 얼마나 성공적으로 달성할 할 수 있을 것인가를 예측하게 해주는 바로미터는 '전략사령부'의 창설과 역할이다. 북한의 핵 및 미사일 위협이 도고화되는 과정에서 다양한 전략자산을 통합적으로 운용하고 통제하는 기구의 필요성이 증대되었다. 각 병종에 분산된 다양한 전략 자산을 통합된 지휘체계를 통하여 효율적으로 운용하기 위한 목적으로 새로운 작전사령부의 창설을 시도하고 있다. 2024년을 목표로 창설이 예정되어 있는 전략사령부는 육·해·공군의 전략 자산을 통합적으로 운용하는 작전사령부의 형태를 갖출 것으로 예상된다. 또한, 사이버 작전사령부와 우주 작전 부대 및 전자전 부대에 대한 지휘도 할 것으로 예상된다. 전략사령부는 다영역 작전에서 강조하는 다양한 영역에서 기능을 발휘할 수 있는 전략자산을 통합적으로 운용하고 통제하는 작전사령부이다. 전략사령부의 창설과 관련하여 쟁점이 되고 있는 주제는 임무와 기능의 설정, 지휘 관계의 설정 및 한국과 미국의 협력 방안 등이다(정경운 2022).

전략사령부의 창설은 합동 다영역 작전의 효율성을 최대화하기 위한 가장 합리적인 방안이라고 할 수 있다. 북한의 대량살상무기 위협에 대응하기 위해서는 성공적인 합동 다영역역작전을 수행할 수 있는 기반을 마련하여야 할 것이다. 새롭게 창설되는 전략사령부는 다영역 작전의 개념을 한반도 전구에 어떻게 적용할 것인가를 고민하고, 각 군이 보유하고 있는 전략자산을 가장 효과적으로 운용할 수 있는 지휘체계에 대하여 고민해야 할 것이다. 다영역 작전은 군사전략 수립에 있어서 새로운 도전과 과제를 제기하고 있다. 전략사령부는 이러한 변화에 대응하기 위해 역할과 과제를 새롭게 설정하고, 이를 수행하기 위한 다양한 개선 방안을 모색해야 한다.

참고문헌

김경순. 2018. "러시아의 하이브리드전: 우크라이나사태를 중심으로." 『한국군사』 4: 63-96.

김성학·이경혜. 2022. "다영역 작전 최근 발전 추세와 우리 군에 주는 함의." 『국방논단』 1897.

김인승. 2020. "6.25 전쟁 초기 유엔 항공력의 지상작전 지원과 그 성과: 공중우세가 창출한 지상의 전장 변화를 중심으로." 『동북아연구』 35(1): 5-42.

박일송·나종남. 2015. "하이브리드 전쟁(Hybrid War): 새로운 전쟁 양상?" 『한국군사학논집』 71(3): 1-32.

박희성·박동휘. 2022. "러시아-조지아전쟁에서 러시아가 수행한 정치적 하이브리드전 분석: IIFFMCG 보고서를 중심으로." 『한국군사학논총』 24: 43-64.

백자성·윤지원. 2022. "4차 산업혁명 시대 한국군의 군사혁신에 관한 고찰: 전투영역에 대한 새로운 접근을 중심으로." 『전략연구』 29(2): 331-361.

손한별·이진기. 2022. "한국군의 군사우주전략: 우주영역인식을 넘어 분산전으로." 『전략연구』 29(3): 7-41.

유종규·최창국. 2022. "우주력의 지상작전 활용 방향에 대한 연구." 『한국군사학논집』 78(3): 123-146.

장재규. 2021. "한국 육군의 다영역 작전 적용 방안 연구: 공지전투와 비교." 『한국군사학논집』 77(3): 27-57.

정경운. 2022. "한국형 전략사령부 창설 방안의 모색." 『국가전략』 28(1): 5-31.

정민섭·남궁승필·박상혁. 2021. "美 육군의 다영역 작전에 관한 연구: 한국 육군 적용방안 중심으로." 『차세대융합기술학회논문지』 5(3): 469-475.

주정율. 2020. "미 육군의 다영역 작전(Multi-Domain Operations)에 관한 연구: 작전수행과정과 군사적 능력, 동맹과의 협력을 중심으로." 『국방정책연구』 36(1): 9-41.

지상훈·박준희. 2020. "다영역 작전(MDO)에 대한 고찰과 한반도 작전전구(KTO)에서의 적용 방향." 『군사논단』 102: 123-154.

지효근. 2019. "군사혁신의 성공요인에 대한 연구: 미군의 공지전투와 다영역 작전 사례를 중심으로." 『국가안보와 전략』 19(4): 151-183.

차도완·조병운·이귀현·이경택·이돈구·이준왕·김일진·김휘호. 2021. "민간 우주기술을 접목한 육군의 우주력 발전방안에 관한 연구." 『한국항공우주학회 학술발표회 초록집』. 638-639.

최현호. 2021. "미 국방부의 다영역 작전 도입으로 벌어지는 것들: 우리도 가진 것을 어떻게 활용할지 고민하는 것이 필요." 『국방과 기술』 511: 46-53.

허광환. 2019. "미국의 다영역 작전(Multi-Domain Operations)에 대한 비판과 수용." 『군사연구』 147: 125-153.

Bakke, J. E. 2020. "Army Space and Cyber: The Expanding Role of the Army in Multi-Domain Operations." *Journal of Strategic Security* 13(1): 1-18.

Bakken, R. J. 2009. "U.S. Army Space and Missile Defense Command: Leading the Way in Space and Missile Defense." *Journal of the United States Artillery* 32(1): 18-21.

Caton, J. L. 2015. *Army support of military cyberspace operations: Joint contexts and global escalation Implications.* US Army War College Press.

Craynon, C. R. 2019. "Special Forces Underwater Operations School: Ensuring the Unseen." *Special Warfare* 32(1): 8-11.

Hoffman, F. G. 2014. "Hybrid warfare and challenges." In *Strategic Studies* (pp. 329-337). Routledge.

Johnson, M. 2017. "Joint Concept for Integrated Campaigning: Reshaping the Joint Force for the Information Age." *Joint Force Quarterly* 86: 10-18.

Kaltman, M. and J. F. Schmitt. 2017. *Multi-Domain Battle: A Concept for the Evolution of Joint Operations for the Urban Century.* Army University Press.

Karber, P. A. 2015. *The "Ukrainian Spring": Ukraine's Internal Struggle and the Role of the United States.* Potomac Books.

Leclair, J. C. 2019. "Cyberspace Operations in the US Army." *Small Wars Journal* 15(2): 9-15.

Li, N. and D. Li. 2017. "China's "Anti-Access/Area Denial" Strategy in the South China Sea: A Realist Interpretation." *Journal of Contemporary China* 26(105): 232-248.

Liebert, U. 2015. "The grey zone: Civilian agency in a volatile world." *International Affairs* 91(3): 503-505.

Lind, W. S. 2004. "Understanding fourth generation war." *Military review* 84(5): 12-16.

Mastro, O. E. 2015. "The limits of sea power: China's "anti-access" challenge." *International Security* 40(4): 74-112.

Mazarr, M. J. 2015. *Mastering the gray zone: understanding a changing era of conflict.* US Army War College Carlisle.

Morgan, P. 2017. "Russian 'Hybrid Warfare': Resurgence and Politicisation." *Journal of Strategic Studies* 40(5): 740-765.

Perkins, D. G. 2017. "Multi-Domain Battle: The Advent of Twenty-First Century War." *Military Review* 97(6): 8-13.

Rand Corporation. 2021. Multi-Domain Operations.

Smith, J. D. 2018. "The Role of Army Aviation in Modern Warfare." *Military Review* 98(2): 10-18.

Sokolov-Mitrich, D. 2018. "The Grey Zone: Nonlinear Conflicts and their Consequences for the Regional and Global Security." *Russian Journal of Political Studies* 5(2): 109-123.

Sweeney, J. J. 2012. "Realigning the Army's Space and Missile Defense." *Parameters* 42(4): 97-109.

Townsend, S. J. 2018. "Accelerating Multi-Domain Operations." *Military Review* 98(5): 4-7.

U.S. Army. 2018. Pamphlet 525-3-1 The U.S. Army in Multi-Domain Operations 2028.

U.S. Army Combined Arms Center. 2021. Multi-Domain Operations.

U.S. Army Training and Doctrine Command(TRADOC. 2018. The U.S. Army in Multi-Domain Operations 2028.

U.S. Department of Defense. 2018. Summary of the 2018 National Defense Strategy of the United States of America.

U.S. Joint Chiefs of Staff. 2018. *Joint Publication 3-0: Joint Operations.* Washington, D.C.: Joint Chiefs of Staff.

Van Creveld, M. and M. L. Van Creveld 1999. *The rise and decline of the state.* Cambridge university press.

Watts, E. 2018. "China's Anti-Access/Area Denial Strategy and its Ramifications for the United States." *Georgetown Journal of International Affairs* 19(1): 17-24.

Winkler, M. J. 2021. "The Role of the US Army in the Space and Cyber Domains." *Journal of Military and Strategic Studies* 23(2): 1-16.

Yoshihara, T. and J. R. Holmes. (Eds.) 2011. *Red star over the Pacific: China's rise and the challenge to US maritime strategy.* Naval Institute Press.

제6장   미래 해양 우주력과 다영역 작전

임경한(해군사관학교)

I. 머리말

전쟁의 양상은 끊임없이 진화하고 있다. 특히 기존 무기체계의 획기적인 발전과 현대화, 그리고 새로운 무기체계의 개발은 전쟁의 수행 방식에 대한 근본적인 변화를 이끌었다. 또한 전쟁 양상은 시기별 전장에서의 전략 및 전술의 변화를 통해서도 지속적으로 달라진 모습을 보인다. 중세 시기 기병의 등장과 근대 시기 소총으로 무장한 보병의 능력 강화, 1·2차 세계대전을 경험하면서 항공기, 항공모함, 탱크 등 육·해·공에 걸쳐 입체적인 화력을 집결할 수 있는 기동전력의 발전이 그 주요 예다. 한편 냉전 시기 핵무기의 개발로 인해 더 이상 전쟁을 하지 않고도 국가안보를 보장할 수 있게 되었는데, 이는 또 다른 측면에서 전쟁 수행 방식의 진화로 볼 수 있을 것이다.

즉, 전쟁 양상의 진화는 무기체계의 발달과 그 맥을 같이한다. 역사적 경험을 통해 분명히 확인할 수 있는 사실은 새로운 전쟁 기술을 도입한 국가가 효과적인 전략에 기반하여 과거의 전투 방식을 획기적으로 뒤집을 수 있다는 것이다. 여기에서 가장 치명적인 문제는 만약 첫 번째 전쟁에서 기술적 우위를 선점하지 못하면 그것을 바로잡을 수 있는 다음 기회(Second Chance)를 가지는 것조차 어려운 상황에 직면할 수 있다는 점이다. 최근 들어 특히 군사과학기술 분야에서 게임체인저(Game Changer)급 첨단무기를 확보하는 것이 주요 국가들의 핵심적인 안보 과제로 부상하고 있다는 사실이 이를 방증한다.

이러한 상황 인식을 반영하듯 주요 선진 국가들은 첨단 군사과학기술을 기반으로 하는 무기체계 개발에 매진하고 있다. 초기 연구에서부터 무기체계 개발의 핵심이 되는 소재·부품·장비 등에 관한 공급망(Supply Chain) 확보에 이르기까지 동맹 간 연대를 강화하려는 움직임을 보인다. 특히 미국은 최근 우주 공간을 활용한 무기체계 개발에 적극적으로 나서고 있는데, 전통적인 육·해·공군이 아닌 우주군이라는 새로운 형태의 군 조직을 창설하여 우주 전장에 특화된 무기체계 개발 및 운용에 주력하는 모습이다. 거기에 더해 우주와 관련한 민간의 첨단 과학기술에 군사적 용도의 무기체계 기술을 결합하는 방식으로 무기체계 현대화에 가속을 더하고 있다.

한편 21세기 현대전에서는 새로운 전장 환경에 기민하게 적응하는 노력이 반드시 요구된다. 특히 현대전의 핵심적인 양상이라고 할 수 있는 정보화 전쟁은 이전과는 다른 차원에서 선제적으로 접근할 필요성이 있다. 그 이유는 전쟁 양상과 무기체계 개발 속도가 이전과 비교해 상상하지 못하는 수준으로 급격히 빨라지고 있기 때문이다. 앞으로 전개될 정보화 전쟁은 빅데이터로 무장한 인공지능(Artificial Intelligence, 이하 AI)에 기반을 둔 첨단 무기체계로 수행하는 형태가 될 것이며, 유인체계와 무인체계가 통합적으로 결합하는 방식이 될 것이다. AI 기반의 유·무인 복합전투체계(Manned Unmanned Team, MUM-T)라는 새로운 무기체계가 전장을 지배하는 핵심 요소로 자리할 가능성이 농후하다.

정보화 전쟁이 가져올 미래전(Future War) 양상에서 특히 중요한 점은 전쟁을 수행하는 주체 간 연결 또는 연계가 가속화할 것이며, 기존 공중·지상·해상에 더해 우주·사이버 등 복수의 새로운 영역을 동시에 고려해야 한다는 것이다. 이른바 다영역에서 효과적으로 군사작전을 수행할 수 있는 무기체계 개발과 운용 능력을 갖추는 작업이 필요하다는 의미다. 따라서 시각적으로 보이지 않는 수중에서부터 우주, 사이버에 이르기까지 모든 영역에서 작전하는 전력 간 통합적이면서도, 동시에 복합적인 전쟁 양상에 관한 논의와 대비가 시급한 과제라고

하겠다.

이러한 상황 인식을 바탕으로 이 글에서는 해양 분야에 특화하여 미래 전쟁 수행에 대한 준비 차원에서 새로운 전장 영역에 대해 고찰해본다. 구체적으로는 수중을 포함한 해양에서부터 우주 영역에 이르기까지 미래 전쟁에서 해양 우주력과 함께 군사적 측면에서 다영역 작전(Multi Domain Operations, MDO)에 관한 내용을 다룬다. 특히 해양 기반의 우주력은 전통적 개념의 전장 영역에 더해 사이버, 전자기스펙트럼 영역과 연계한 작전 수행 능력을 보장할 수 있는 근간이 될 것이다. 즉, 새로운 전장 영역으로서 우주력을 갖추는 노력의 필요성과 함께 해양 우주력과 연계한 다영역 작전의 발전 방향에 대해 살펴보는 것이 이 글의 궁극적인 목적이다. 그 과정에서 주로 동맹이자 동 분야에서 가장 선진화된 체계를 구축하고 있는 미 해군의 움직임을 살펴보면서 관련한 함의를 도출할 것이다.

글의 전개는 다음과 같다. 다음 절에서 미래 전쟁 양상을 예측하기 위한 기본적인 작업으로 현재 발생하는 다양한 안보문제를 살펴보면서 전 세계 및 인도·태평양 지역의 안보 상황을 진단하고 전망한다. 글의 특성을 고려하여 해양안보 상황에 집중하기로 한다. 3절에서는 이러한 안보환경 진단에 따라 미래 전쟁 수행을 위한 해군작전의 방향성을 전망할 것이다. 여기에서는 한미 양국이 추진하는 국가안보전략 및 해양전략에 대해 살펴봄으로써 그 전망의 근거를 제공할 것이다. 4절에서는 해양 기반 미래 우주력과 다영역 작전에 관한 한미 해군의 무기체계 개발 및 운용을 포함한 전략·전술적 움직임을 확인할 것이다. 이 글의 핵심 내용이 될 것으로 본다. 마지막 절에서는 이러한 논의의 결과로 확인한 내용을 바탕으로 거시적 관점에서 한국이 준비할 수 있는 대응책에 대한 정책적 함의를 도출한다.

II. 인도·태평양 안보 상황 진단 및 전망

2022년 2월 러시아의 침공으로 시작된 우크라이나에서의 전쟁(이하 러-우 전쟁)이 1년을 훌쩍 넘기고 있다. 러-우 전쟁이 보여주는 21세기 새로운 전쟁의 양상과 국제사회 안보질서의 변화는 다양한 측면에서 함의를 가져다준다. 러-우 전쟁은 냉전 종식 이후에도 핵무기를 보유한 채로 군사 분야에서 미국과 함께 세계적인 강대국 반열에 있는 러시아가 주도했다는 점에서 냉전의 재현이라는 비극적인 전망에 대한 우려를 자아내고 있다. 또한 호전적인 국가와 인접한 국가의 불안한 안보 상황은 평시에도 군사 역량을 강화할 필요성을 직접적으로 설명해준다. 휴전 상태에서 역내 강대국 경쟁의 심화와 북한의 지속적 도발로 안보가 불안한 한국에서 러-우 전쟁이 종결되지 않았음에도 이에 대한 상당한 관심과 연구를 집중하는 이유이기도 하다.

러-우 전쟁과 관련하여 모색해볼 수 있는 함의는 크게 세 가지 측면에서 살펴볼 수 있을 것이다(Lim and Kim 2022). 첫째, 전쟁 당사국뿐 아니라 수많은 국제 행위자들이 관여하면서, 전쟁의 영향이 전 지구적으로 확대되었다. 전쟁 과정에서 글로벌 경제가 타격을 받고 에너지 안보가 중요해지면서 거의 모든 국가들에게 영향을 미치게 되었기 때문이다. 둘째, 지금까지 학습해왔던 전쟁의 양상이 사회적 기술과 접목하면서 새로운 전쟁의 형태를 만들어냈다. 21세기에 수만 명의 사상자가 발생하는 정규전 자체가 이례적일 뿐 아니라 저궤도 위성, 다목적 드론, 소셜네트워크서비스(SNS) 등 새로운 기술과 전술이 대거 활용되면서 전쟁의 양상을 변화시키고 있다. 셋째, 국제정치 전문가들은 이 전쟁을 두고 정치 및 외교·안보의 블록화가 촉진되는 신냉전의 시작으로 인식한다. 실제로 러-우 전쟁 이후 미국은 나토(NATO) 및 인도·

태평양 동맹국들과의 연대를 강화하고 있으며, 중국은 러시아 및 북한과의 긴밀한 협력을 노골적으로 표출하고 있다.

그렇다면 앞으로 미국과 중국은 어디에서 경쟁적인 모습을 나타낼 것인가? 이에 대한 예측과 전망을 통해 향후 미중의 전략과 작전적 변화를 추론해보자. 2022년 8월 펠로시 전 미 하원의장이 대만을 방문할 당시 중국은 약 10일에 걸쳐 대만해협 봉쇄를 단행했다. 해당 해협의 공중 구역도 포함하기 때문에 실질적으로는 대만의 모든 항구와 비행장을 포함한 경제활동의 마비를 가져왔다. 이와 같은 중국의 호전적인 움직임은 2023년 4월 차이잉원 대만 총통이 미국을 방문하여 매카시 미 하원의장을 만난 시기에 유사하게 재현되었다. 기간과 강도는 다소 약해졌지만, 대만해협 인근에 대한 봉쇄를 공개적으로 실행했다. 문제는 위와 같은 봉쇄 당시에 미 해군이 항공모함을 포함한 해군력을 현장 인근으로 전개하면서 미중 해군 간 위기 상황이 조성되었다는 점이다. 앞으로 우려되는 점은 위기가 일상으로 굳어지는 현상을 통해 역내 안보환경의 불안정성이 높아질 수 있다는 것이다.

미국 내 전문가들이 이러한 국제질서 안보 상황을 예측하고 전망한 최근 보도를 보면 크게 놀라운 일이 아닐 수도 있다. 중국의 대만 침공 전망에 관해 미국의 주요 직위자들이 공개한 몇 가지 사례를 살펴보면 다음과 같다. 먼저, 2022년 10월 번스 미 중앙정보국(CIA) 국장은 CBS 방송국과의 인터뷰를 통해 "시진핑 중국 주석이 2027년 이전에 대만을 침공할 것을 군에 지시했다"고 밝혔다(김동현 2022b). 인터뷰에서 언급된 2027년은 시진핑 주석의 3연속 임기가 끝나는 시기이며, 중국 인민해방군 창설 100주년이 되는 해라는 점에서 나름대로 의미를 부여하는 목소리가 크다. 시진핑 주석이 장기집권을 위한 대내·외적 변수로 대만 침공을 선택할 수 있다는 우려가 나오는 이유다.

2023년 1월 미니헌 미 공군 공중기동사령부 사령관은 장병들에게 보낸 편지에서 "틀리기를 바라지만, 2024년에 실시될 대만 선거 결과가 발화점이 되어 이듬해인 2025년에 미중 간 전쟁이 일어날 것 같은 직감"이라고 썼다(Lamothe 2023).[1] 비록 미중 간 잠재적인 충돌 상황에 대비한 준비태세를 강화하는 데 방점이 찍힌 메모였지만, 현역 4성 장군의 무게가 실린 전망이라는 점에서 언론을 비롯한 전 세계의 이목이 집중되기도 했다. 특히 미니헌 장군이 2019년부터 2년 동안 인도·태평양 사령부의 부사령관을 지내는 동안 중국에 대한 정보가 많았을 것으로 평가되기 때문에, 중국의 군사적 행동에 대한 그의 전망이 결코 가볍게 들리지 않는다(김상진 2023).

중국의 대만 침공 시기 주장은 학자나 주요 직위자들 간 다양하게 나타나고 있지만, 미 인도·태평양 사령관이었던 데이비드슨 제독 또한 2027년에 중국이 대만을 침공할 수 있다는 것을 예측했다는 점에서 중국의 군사력 움직임이 곧 불안한 미래 안보 상황을 초래할 것이라는 전망이 다소 우세한 상황이다. 여기에서 중요한 점은 미국이 바라보는 우크라이나의 지정학적 가치와는 비교가 되질 않을 만큼 대만이 가지는 안보·경제·외교적인 위상이 미국에게는 물론이며 국제적으로도 상당하다는 점이다. 미국이 중국을 경쟁국으로 상대하고 있는 상황에서 중국과 대만 간 갈등이 불러올 파장은 분명히 모든 이슈를 덮어버릴 힘을 가지고 있을 것으로 전망된다.

한편 2023년 1월 미국 국제전략문제연구소(Center for Strategic & International Studies, CSIS)가 발표한 중국의 대만 침공 워게임에 관한 보고서에는 기본, 낙관, 비관적 가정 등 세 가지로 구분한 조건에서 중

---

1   원문은 다음과 같다. "I hope I am wrong," "My gut tells me we will fight in 2025."

국이 대만을 침공하는 전쟁 시나리오를 설정하여 24번의 시뮬레이션을 통해 그 결과를 예측하고 정리한 내용이 담겼다. 다음 전쟁의 첫 전투(The First Battle of the Next War)라는 제목의 보고서를 통해 중국군이 2026년 대만 점령을 위한 상륙작전을 감행하는 상황을 가정한 워게임 시뮬레이션 결과에 따르면, 중국군은 막강한 화력으로 선제공격 실시 후 해군력을 동원하여 대만으로 들고나는 해상교통로를 봉쇄하는 것으로 예측된다.

중요하게 살펴볼 대목은 워게임을 통해 항공자산을 무력화시키는 것이 선제적인 과제로 도출되었다는 것이다. 중국이 대만을 침공하는 과정에서 일본 오키나와에 있는 미 공군기지를 선제적으로 공격하는 것이 전쟁의 성공적인 결과를 도출하기 위한 핵심이라는 의미다. 이는 미 공군력의 전장 진입을 원천적으로 차단하면서 상륙전을 수행하는 것이 가장 효과적인 전쟁 수행 방식임을 보여준다(Cancian et al. 2023). 또한 중국이 미국의 항공자산을 선제적으로 제압할 경우, 미국으로서는 고전을 면치 못할 것이라는 결과가 드러났다. 현대전에서 상대국의 항공자산을 무력화하는 것의 중요성을 잘 보여주는 대목이다. 이는 가까운 미래에도 큰 변화 없이 중요한 전쟁 수행 방식으로 자리잡을 가능성이 높다. 그만큼 항공자산의 위력이 전쟁의 승패를 결정짓는 핵심 전력이라는 뜻이기도 하다.

미중 간 전략적 경쟁의 파급 효과는 곧바로 인도·태평양 역내 국가들의 움직임에서 관찰되고 있다. 최근 인도·태평양 주요 국가들의 국방예산 지출이 지속적으로 상승하고 있으며, 타 지역 대비 그 기울기가 상대적으로 매우 가파른 특성을 보인다. 〈그림 6.1〉은 중국을 포함한 인도·태평양 역내 주요 국가들의 국방예산 사용 추이를 그래프로 정리한 내용이다. 21세기 들어 국내총생산(GDP) 기준으로 인도·태평

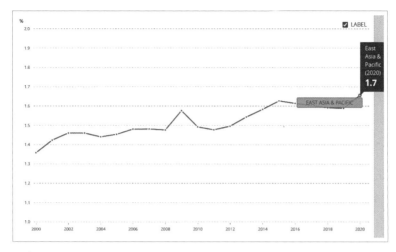

그림 6.1 인도·태평양 국가들의 국방예산 지출 현황
출처: SIPRI.

양 주요 국가들의 국방예산 비율이 점점 더 높아지고 있으며, 2020년 기준으로 GDP 대비 평균 1.7%의 국방예산을 사용한 것으로 알 수 있다.[2] 좀 더 자세하게 들여다보면, 2020년 기준으로 중국이 1.7%, 일본이 1.0%, 한국이 2.8%, 호주가 2.1% 수준이지만, 최근 들어 중국, 일본, 한국, 호주 등 상위 순위에 올라 있는 국가들이 앞다투어 국방예산을 증가한다는 발표를 하고 있다.[3] 현실주의의 관점으로 볼 때 이러한 경

---

2   세계은행(World Bank)에서는 지역별 국방예산 사용 현황을 GDP 기준으로 정리하고 있다. 앞서 설명한 것처럼 인도양 지역에 해당되는 인도와 주변 몇 개 국가들의 자료가 빠져 있지만, 동아시아와 태평양으로 구분한 자료를 확인하면 해당 지역의 국방예산 증가율을 이해하는 데 참고가 될 것이다. World Bank. "Military expenditure(% of GDP)-East Asia & Pacific."

3   스톡홀름국제평화연구소(SIPRI) 자료를 통해 2021년 기준으로 인도·태평양 주요 국가들의 국방예산 순위를 알 수 있는데, 중국이 1위로 약 293조 달러, 2위는 인도가 76조 달러, 3위는 일본이 54조 달러를 사용했으며, 그 뒤로 한국이 50조 달러, 호주가 32조 달러 수준의 국방예산을 지출하고 있는 현황을 확인할 수 있다(Béraud-Sudreau et al.

향성은 곧 잠재적인 안보 경쟁의 도화선이 될 가능성이 높은 현실이다.

특히 최근 4자 간 안보협력체계인 쿼드(QUAD) 국가들 중 미국을 중심으로 일본과 호주 등이 해양안보를 위한 준비에 활발한 움직임을 보여주고 있다. 일본은 대만에서 동남쪽으로 약 240km 이격된 이시가 키섬에 미사일 부대 배치 및 운용을 시작했다(김소연 2023). 이는 일본이 중국과 센카쿠열도(중국명 댜오위다오) 분쟁에 대비하는 목적 외에도 대만해협 문제에 대한 관여 의지를 표명한 것으로도 볼 수 있는 대목이다. 한편 호주는 미국 및 영국과 맺은 오커스(AUKUS) 협력을 통해 2030년 초부터 미국의 핵추진 잠수함 3척을 우선적으로 구매하고, 필요 시 2척을 추가로 도입하는 계획을 공개했다(The White House 2023). 거기에 더해 2040년경부터는 SSN-AUKUS급의 새로운 핵추진 잠수함 건조를 직접 추진하는 계획을 밝혔다. 이러한 움직임을 통해서 유추해볼 때 미국은 동맹국과 함께 수중 전략자산에서부터 미사일 운용에까지 포괄적인 협력을 시도함으로써 미국식 통합 억제(Integrated Deterrence) 전략을 차근차근 실행해나가는 것으로 보인다.

III. 미래 전쟁과 해군작전의 미래

미래의 전쟁 양상을 정확히 예측하는 것은 어려운데, 그 이유는 전쟁의 과정이 마찰에 기인한 불확실한 모습의 연속이기 때문이다. 그러나 각기 다른 전장에서 전쟁을 수행하는 주체들이 상호 연결되고, 통합되며

2022). 특히 일본은 국가안보전략 발표를 통해 2027년까지 방위비를 GDP의 2% 수준까지 도달한다는 목표를 제시했는데, 이는 2023년 기준 일본이 지출하는 방위비의 2배가 되는 수준이다.

자율화되는 것은 비교적 분명하게 예측할 수 있는 미래 전쟁의 모습일 것이다. 특히 해양에서의 전장 범위가 수상과 수중에 머물렀던 과거에 비해 미래의 전장은 우주와 사이버 영역까지 포함하는 등 그 범위가 점점 더 확대되고 있으며, 전례 없는 복합적인 양상을 나타낼 가능성이 매우 농후하다. 이러한 양상의 변화는 앞으로의 전쟁이 특정한 군에 의해 수행되는 형태에서 벗어나, 다영역에서 활동하는 군종의 상호 의존적인 연계가 무엇보다 중요하다는 의미이기도 하다.

　미 국방부에서는 통합적인 작전을 수행하는 데 있어 육·해·공 합동전력이 각각의 역할을 발휘하도록 함으로써 전장에서 상대적 우위를 점하기 위한 통합적인 지휘통제 능력을 구축하고자 한다. 각 군별 4차 산업혁명 시대 도래에 따른 첨단 과학기술군 육성을 통해 궁극적으로 전쟁에서 통합 전력의 운용 능력을 발휘하겠다는 계획이다.[4] 특히 합동전영역지휘통제(Joint All-Domain Command and Control, JADC2) 개념을 구상하여 육·해·공 전력뿐만 아니라 우주군까지 포함하는 네트워크 운용을 통해 전장에서 통합적인 의사결정을 이끌어내고, 효과적으로 전쟁을 수행하기 위해 일사불란한 지휘통제를 수행하려는 체계를 마련하고 있다(윤웅직·심승배 2022, 2). 이러한 미국의 움직임은 비단 미국의 전력에만 국한하지 않고 주요 동맹국들의 전력과도 유기적인 연결을 시도함으로써 통합 억제의 범위를 점점 더 구체화하는 것으로 보인다.

　또한 미국은 AI에 기반한 첨단 군사과학기술을 적용하는 자율성

4　첨단 군사과학기술 기반의 무기체계 개발이 중요하다는 인식은 미군에게도 마찬가지로 적용된다. 최근 미군은 첨단기술을 활용한 무기체계 연구에 매진하고 있는데, 4차 산업혁명의 기반 기술을 이용하는 핵심 사업으로는 미 방위고등연구계획국의 Mosaic Warfare, 육군의 Project Convergence, 해군의 Project Overmatch, 공군의 Advanced Battle Management System 등이 있다(Hoehn 2022).

무기체계를 전격적으로 도입하고자 한다. 숙달된 전투원의 능력조차 미치지 못하는 수준의 정밀한 운용이 가능한 무인체계 또는 유·무인 복합체계를 통해 전장에 대한 감시·정찰뿐만 아니라 초기 방어 및 공격 작전을 수행할 수 있는 작전 개념을 준비하고 있다. 특히 미 해군이 추진하는 유령함대(Ghost Fleet) 운용 전략이 이를 잘 보여주고 있는데, 임무 수행을 위해 수적으로 부족한 유인함정 위주의 전력을 무인함정 개발 및 운용을 통해 보충하겠다는 계획이다.[5] 2022년 7월에 발표된 미 해군전력계획에 따르면 미 해군은 유인 구축함과 비교해 경제적인 전력으로 평가되는 수상 및 수중에서 작전할 수 있는 무인체계를 150척 수준으로 확보할 것을 계획하고 있다.[6]

한편 중국 또한 미국이 추진하는 영역 간 통합 작전에 대응하기 위해 육상, 해상, 공중, 우주, 사이버 공간 등 모든 영역에서 전투역량을 개발하고 그에 걸맞은 운용 능력을 강화하고 있다. 특히 우주 전장과 무인체계 운용에 관해서는 자체적인 기술력을 통해 빠른 속도로 대비하고 있다. 중국은 우주전 수행 능력 강화를 위해 우주전력 도입에 사활을 걸고 있다. 해군이 우주전력 위주의 정보 수집 자산을 구축하고, 대위성요격 미사일을 포함한 물리적 파괴에 더해 로봇위성, 충돌위성 등을 활용하여 우주공간에서 비파괴적 대우주작전을 준비하고 있다. 또한 사이버·전자전 등과 통합한 우주작전을 수행할 수 있도

---

5 이에 대해서는 다음 절에서 해양작전 개념 발전에 대한 설명과 함께 자세하게 살펴볼 것이다.

6 미 해군이 개발 및 획득하고자 하는 중대형 무인함정은 크기 및 운용 플랫폼에 따라 3가지로 분류할 수 있는데, 중형 무인수상체계(Medium Unmanned Surface Vehicles, MUSVs), 대형 무인수상체계(Large Unmanned Surface Vehicles, LUSVs), 초대형 무인잠수체계(Extra-Large Unmanned Undersea Vehicles, XLUUVs)로 정리할 수 있다(Orouke 2022, 1). 'Vehicle'로 표기되어 '체계'로 번역했지만, 본문에서는 독자들의 이해를 돕기 위해 '함' 또는 '정'으로 표기하기로 한다.

록 준비한다는 점이 주목할 만하다. 미국의 전문가들에 따르면 중국
은 주기적으로 미국의 위성에 대한 재밍(Jamming) 등 신호 교란을 수
행하고 있으며, 이러한 활동을 통해 수집한 정보로 미국 위성에 대한
사이버 공격 및 직접적인 파괴 능력까지 보유하려는 것으로 전망된다
(Seedhouse 2023).

해양에 국한하여 미래 전쟁 양상의 가장 큰 변화를 예측해볼 때,
앞으로 해양력과 우주력의 통합적인 운용 능력이 전쟁 승리를 보장하
는 핵심적인 열쇠가 될 가능성이 농후하다. 갈등 국면에 접어든 두 개
의 국가 중 공격 및 방어를 수행하는 데 있어 적보다 먼 거리에서 먼저
적의 움직임을 파악하는 쪽이 실제 전쟁 수행에 있어 상대적이면서 절
대적인 우위를 점할 수 있기 때문이다. 특히 우주 분야는 사이버 분야
와 연계되어 지금까지 경험하지 못한 완전히 새롭고 중요한 전장 영역
으로 발돋움할 수도 있다(안광수 2021).

그런데 이러한 주장이 공중우세의 역할이 끝났다는 것을 의미하
지 않는다. 전쟁이 본격적으로 시작되는 단계에서는 막강한 공중자산
을 가지고 초기 상대 진영의 주요 지휘통제 시설이나 대규모 병력 주
둔지를 공격하는 것이 가장 효과적일 것이라는 사실은 여전히 유효
하다. 전쟁이 장기화하는 국면에 진입할 경우, 전장의 종심 깊은 곳에
서 작전을 효과적으로 수행하기 위해 지상군을 운용하는 것이 필요하
다. 전쟁의 국면이 핵전쟁으로 전개되지 않는 제한전 상황에서는 결
국 전장의 핵심이 되는 종심을 획득하는 국가의 군사적·정치적인 승
리로 귀결될 가능성이 높기 때문이다. 따라서 우주력 증강은 항공력과
지상력 등 다른 영역과 교차효과를 창출할 수 있는 방향으로 발전되어
야 할 것이며, 특히 해양 영역은 실제로 우주와 가장 많은 면을 공유한
다는 점에서 상호 보완적인 균형을 이루면서 전력 증강이 이뤄져야 할

것이다.

　미 국방부는 주요 작전 영역에서 최강의 역량을 발휘하기 위해 치명성, 지속가능성, 회복 탄력성, 생존성, 민첩성, 대응력 등 다섯 가지 분야의 미래전력 건설 방향을 제시하고 있다(지상훈·박준희 2020, 131). 또한 미군은 우주 영역에서 정보 우위를 확보함으로써 탄력적 네트워크를 활용하여 분산된 전력의 생존성을 보장하고자 한다. 특히 우주력을 활용하여 적의 움직임을 조기에 탐지하고 위협 요인을 추적하는 데 있어 실시간 정보 전파 및 대응 체계를 구축하려는 노력을 기울이고 있다. 미군은 2023년 회계 기준으로 우주군 증강 사업에 총 276억 달러를 편성했는데, 적의 미사일을 조기에 탐지하는 사업의 일환으로 저·중고도에서 적의 대륙간탄도미사일(ICBM) 발사 징후를 식별하기 위한 목적으로 적외선 정지궤도 위성(Overhead Persistent Infrared, OPIR) 도입 및 개발에 47억 달러를 편성하였고, 총 47대까지 운용하는 계획을 밝혔다(U.S. DOD 2022).

표 6.1 다영역 작전의 핵심과제

구분	핵심과제 내용
①	최초 지역 불안정을 조성하는 적대세력을 격퇴하고 위기 고조를 억제하며, 만약 무력분쟁 단계로 전환 시 어떻게 신속한 전환을 보장하기 위해 경쟁(compete)할 것인가?
②	전략적·작전적 기동을 보장하기 위해 지원지역 종심에 걸쳐 어떻게 적의 A2/AD 시스템을 돌파(penetrate)할 것인가?
③	작전적·전술적 기동을 보장하기 위해 종심지역에서 어떻게 적의 A2/AD 시스템을 와해(disintegrate)할 것인가?
④	와해된 적 시스템을 활용하여 적 격퇴를 위해 근접 및 종심 기동지역에서 어떻게 전과를 확대(exploit)할 것인가?
⑤	달성된 성과를 공고히 하고, 장기적 억제를 위한 조건을 형성하며 새로운 안보환경에 적응하기 위해 어떻게 재경쟁(re-compete)할 것인가?

출처: 지상훈·박준희(2020, 131).

미래 해양에서의 전쟁에 대비한 계획을 가장 잘 보여주는 사례는 미 해군의 움직임이다. 미 해군이 준비하는 작전의 형태가 다영역 작전 또는 전영역 작전 중심으로 변화하고 있다. 현재 미군을 중심으로 한 다영역 작전 개념을 통해 한국적 함의를 도출할 수 있을 것이다. 미군이 추진하는 다영역 작전의 핵심은 크게 세 가지로 구분이 가능하다. ① 4차 산업혁명 시대에 맞춰 발달한 통신 체계를 활용하여 육·해·공군 전력을 통합적으로 운용하는 것, ② 발생 가능한 전쟁 시나리오 예측에 따라 해·공군의 작전개념에 더해 육군의 역할을 한층 강화하는 전략, ③ 다영역 작전을 성공적으로 수행하기 위한 가장 핵심적인 사안으로 첨단 군사과학기술에 기반한 원격의 원거리 정밀타격 체계를 갖추는 것이다.

미 해군은 해양 기반의 극초음속 무기, 원거리 무인체계, 우주 감시자산 등 현대화된 전력을 바탕으로 해양에서 미래전을 준비하고 있다. 그중 가장 핵심은 해군 전력을 유인함정 위주에서 유인함정에 더해 무인함정을 대폭 증강하여 운용하는 방식으로 변화를 꾀한다는 점이다. 미 해군은 2021년 1월 해군전력계획(NAVPLAN 2021)을 발표했다. 해군전력 건설에 관한 구체적인 내용은 빠져 있었지만, 통합 전영역 해군력 구축, Overmatch 프로그램 강화, 무인체계 운용 숙달 등 기본적인 전력 수준 향상 지침들이 강조되었다(U.S. Navy 2021). 중국의 해군력 증강에 대응하기 위한 미 해군의 전력 개발 및 확보, 그리고 운용 계획에 대한 변화의 필요성이 잘 드러나 있다.

과거 사례로 유추해보면 미 해군은 최소 2-4년 간격으로 함정 건조 계획을 발표했지만, 2021년 버전 발표 후 1년 만에 업데이트 버전의 새로운 해군전력계획이 2022년에 공개되었다. 2022년 7월 미 해군이 중국과의 장기간에 걸친 경쟁을 강조하는 2022년 국가방위전략과 해상에서의 우위를 실행하기 위한 미 해군성 장관의 전략과 비전을 포함한 2022 해군전력계획(NAVPLAN 2002)을 발표한 것이다. 문서에서 강조한 핵심적인 내용은 유·무인으로 구분하여 총 523척의 함정을 2045년까지 확보 및 보유하는 것이다. 우선순위가 가장 높은 Columbia급 탄도미사일 핵잠수함 12척을 포함하여 78척의 잠수함과 항공모함 12척 등 유인함정 373척과 수상 및 수중 무인함정 150척을 확보하는 것이 최종 목표라는 것을 분명하게 명시했다. 2022년 기준 298척의 함정에서 유인함정 75척을 증강시키고, 나머지 150척을 무인함정으로 구성하여 523척의 함정을 보유하려는 계획이 2022년에 최종적으로 업데이트된 내용이다(한국해양전략연구소 2023, 47-48).

이러한 미 해군의 움직임은 해양에서 수행하는 해군작전의 특성을 잘 반영하고 있다. 해군은 타군에 비해 상대적으로 플랫폼에 많이 의존하고 있으며, 군사과학기술 중심의 군사혁신 체계에 따른 전쟁의 양상 변화에 특히 민감한 특성을 보인다. 또한 다른 플랫폼 대비 상대적으로 전력 확보에 시간이 오래 소요된다는 특성이 있다. 따라서 미래전에 대비한 효과적인 해군작전 수행을 위해서는 선제적인 준비가 반드시 필요하다. 미래 전쟁은 정보화 전쟁 이후의 전쟁을 말하는데, 정보화 전쟁을 기존 체계로 간주하고 이에 결합할 요소로 무인체계, 인공지능, 빅데이터, 그리고 해군의 예측 가능한 다양한 첨단무기를 기술적 요소로 인식하여 이 요소들이 변화시킬 미래 전쟁의 양상을 예측할 필요가 있다는 의미다.

기본적으로 해군작전은 지휘플랫폼 임무를 수행하는 함정이 단독으로 자함(Own Ship)을 보호하고, 나아가 항공전력 및 수중전력을 통합적으로 지휘함으로써 전장 영역에서 전력에 대한 다층적인 보호를 수행하는 개념이다. 미래의 해군전은 전영역 간 연결·연계의 가속화;

합동·연합·협동 전력 및 여러 요소 간 목표지향적으로 동시 통합하여
우주·사이버·공중·지상 영역에 대한 해양작전의 영향성이 증가하는
양상으로 변화할 것이다. 〈그림 6.2〉에서 설명된 미래 해군작전 수행
개념 예측처럼 우주·사이버·공중에서부터 수중에서 작전하는 전력에
이르기까지 효과적인 통합지휘통제 체계를 갖추는 것이 상호 연결성
향상을 위한 기본적인 준비라고 하겠다. 따라서 미래 해군작전 수행을
위해서는 우주력에 기반한 감시·정찰 자산에서부터 수중의 잠수함 전
력, 그리고 해양에서 작전하는 유·무인 복합전투체계를 중심으로 지능
기반, 초연결, 상호운용성, 안정성 등을 갖출 수 있는 방향으로 작전 개
념이 정립되어야 할 것이다.

그림 6.2 미래 한국 해군작전 수행 개념
출처: 해군미래혁신단(2021).

IV. 해양 우주력과 다영역 작전

바야흐로 우주 전장 시대가 도래했다. 우주 전장 시대의 국방 우주력 수준은 국방부 또는 합참 차원에서 육·해·공 등 합동전력과 통합적인 작전을 수행할 수 있어야 할 것이다(배학영 외 2022, 37-38). 2022년 발생한 러-우 전쟁을 경험하면서 현대전에서 위성을 통한 적국의 군사력 배치 및 이동 등에 관한 감시·정찰 능력의 중요성을 확인했다. 미국 등 서방의 위성정보를 활용한 우크라이나는 저가의 드론을 활용하여 고가의 러시아 무기에 효과적으로 대응할 수 있었다. 전시가 아닌 평시에도 우주자산의 가치는 그 중요성이 커지고 있다. 최근 미중 간 치열한 군사안보 경쟁은 상대국 해군 함정의 이동에 대한 감시·정찰을 포함하여 해양을 배경으로 하는 우주작전의 역할이 매우 중요하다는 사실을 재확인시켜주고 있다. 한편 한국에게는 북한의 탄도미사일 위협에 효과적으로 대응하기 위한 최선의 방안임을 의미하는 것이기도 하다.

위성정보를 활용한 일반적인 해군작전은 자료 수집과 탐지, 식별 및 조치로 이어진다. 따라서 잠재적 적국 대비 위성정보 수집 자산의 우위를 점유하는 것이 매우 중요하다. 또한 스타링크(Star Link) 등 저궤도 상업 위성을 포함하여 우주의 자산을 활용한 통신 중계 방식은 모든 전장 영역에 있는 전력 간 끊임없는 연결성을 보장한다. 특히 육상 기지국이 없는 해양에서 통신 능력을 보장하는 우주자산을 가지는 것은 앞으로 해군작전에서 운용될 다양한 무인전력의 활용성을 담보할 것이다. 우주자산을 활용한 해군의 유·무인 복합전투체계 운용은 시대적 방향성에 부합하기 때문에 미 해군을 비롯하여 한국 해군 또한 관련한 전략과 작전 개념을 도입하고 있다. 이렇듯 해양 기반의 우주전력을 확보하는 것은 곧 해군작전 수행 능력을 결정짓기 때문에 관련한 전력을 갖추는 것은 필수적인 선결 과제가 될 것이다.

앞서 인도·태평양을 중심으로 미국의 해양 접근을 거부하기 위한 중국 인민해방군의 전력 증강 움직임을 설명했다. 이에 미 해군은 중국의 반접근/지역거부(Anti Access/Area Denial, A2/AD)에 대비한 해군력 운용과 관련하여 다양한 작전 개념을 도입하고 있다. 특히 미 해군은 최근 들어 다양한 전력을 활용한 분산해양작전(Distributed Maritime Operations, DMO)에 대한 내용을 강조하면서 도전국 위협에 대비한 실제적인 해군력 운용 방안을 제시했다. 분산해양작전은 항공모함 전단 중심으로 집중된 첨단전력의 화력을 전력의 능력에 따라 소규모로 구분하여 전장 내 넓은 해역으로 분산시키는 개념이다.

2016년 미 해군은 수상함 전력 전략(Surface Force Strategy)을 발표하면서 분산된 치명성(Distributed Lethality)에 대한 작전 개념을 설명했는데, 큰 골자는 효율적인 네트워크 하에서 전력을 분산시킴으로써 아군 전력의 치명성을 상쇄하면서도 우수한 전투체계를 갖춘 전력을 집중하여 공세적인 치명성을 달성한다는 개념이다.[7] 항공모함과 같은 대형 지휘통제함을 플랫폼으로 활용하면서 다수의 무인체계를 통합적으로 관리 및 운용하고자 하는 것이다. 미 해군은 중국 본토 기준으로 먼 해양에서는 유인함정 위주로 포진하고, 중국에 인접한 해역 내에는 무인함정을 넓게 분사하여 배치함으로써 중국의 정찰 및 감시에 혼란을 가중하는 방안을 마련하는 중이다.

앞 절에서 설명한 바와 같이 미 해군은 유·무인함정 척수를 늘리

---

7   분산된 치명성은 중국의 A2/AD에 대응하는 방안을 고심하던 미 해군 수상함 장교들이 2015년부터 고안하기 시작한 개념인데, 이것이 미 국방성과 해군본부의 호응을 얻게 되었고, 2018년 12월 리처드슨 해군참모총장이 전술적 차원의 분산된 치명성을 작전적 차원의 분산해양작전으로 승격시키면서 공식적인 미 해군전략에 포함되게 되었다(U.S. Naval Surface Force Pacific Fleet 2016; US Navy Chief on Naval Operations 2016).

그림 6.3 미 해군 유령함대 작전 개념
출처: 김민석(2020).

고, 공중·수상·수중에서 동시에 접근함으로써 중국 해군에게 미 해군력 기동에 대한 예측을 어렵게 하고자 한다. 이를 통해 중국 해군의 자체적인 방어는 물론이며 미 해군 함정에 대한 공격을 포함한 대응 능력을 무력화시키고자 한다. 〈그림 6.3〉에서 설명하는 바와 같이 결국핵심은 고가의 유인플랫폼에 대한 손상을 방지하면서 무인플랫폼을 활용한 효율적인 작전을 수행하는 것이 미 해군의 작전 개념이다. 특히공중·수상·수중에서 무인기 위주로 진입 및 탐지, 공격을 수행하기 위해서는 고기능을 가진 다수의 무인체계 확보가 반드시 필요하다. 이렇듯 미 해군은 효과적인 유·무인함정 운용을 위해 하이브리드(Hybrid)형 해군력 확보를 적극적으로 추진하고 있다. 이를 위해 최근 미 해군은 작전 영역에서의 감시 및 정찰 능력 확대를 위해 무인체계 운용을 기존 해군 제5함대에서 제4함대까지 확대할 것을 발표했다(Harper 2023). 이는 유인체계 중심의 해군작전 개념에서 유·무인 복합체계로 전환하는 것을 빠르게 실행에 옮기는 주요 예라고 볼 수 있다.

미 국가방위전략을 실현하기 위해 미 해군이 해양뿐만 아니라 공중, 사이버, 우주, 전자전 등 제반 전장 영역에서 경쟁국 대비 우위를 달성하겠다는 전략적 계획은 미 육군의 다영역 작전과 분산해양작전이 통합되거나 한쪽으로 수렴될 수도 있다는 점에서 미 국방부가 추진하려는 통합억제의 큰 틀에서 살펴봐야 할 것이다.[8] 또한 분산해양작전을 효과적으로 수행하기 위해서는 광범위한 해역을 감시 및 정찰하고, 공격·방어 등 전반적인 해상작전에 대한 지원이 가능한 우주력을 확보해야 한다. 이를 반영하듯 미국, 중국, 러시아 등 우주력 분야의 선진국들은 국가안보 및 군사적 목적으로 우주개발을 본격화하고 있으며, 신개념의 우주무기를 개발하여 사이버와 전자기스펙트럼 능력을 포함한 우주통제 및 우주전력투사 능력 강화에 매진하고 있다. 특히 미국은 미래 무인체계와 스타링크 등의 소형 위성이 연동되는 방식으로 해군 함정을 운용하는 개념을 준비 중이다(Wall and Ayrton 2021). 일본 또한 2022년 항공자위대 예하에 우주작전군을 창설하는 등 우주감시 및 우주발사 능력을 강화하고 이와 관련한 조직을 정비하고 있다.

주변국의 우주력 개발 현황을 고려하여, 한국 합동참모본부(합참)에서도 우주·사이버·전자기스펙트럼 영역의 작전수행능력에 관한 종합 발전계획을 수립하는 중이다. 2023년 1월 합참은 북한의 핵·미사일에 효과적으로 대응하기 위해 핵·WMD대응본부를 창설했다(허고운 2023). 또한 2024년을 목표로 전략사령부를 창설할 것으로 알려진다. 이를 통해 우주자산을 활용한 초정밀·고위력 타격 능력과 우주·사

---

8   이와 관련한 연구 성과 중에서 주목할 만한 내용으로 김태형은 인도·태평양 전략이 중국(러시아)의 부상에 총체적으로 대응하기 위해 미 정부 전체의 긴밀한 노력으로 추진되고 각 군도 중국의 A2/AD, 회색지대 도발 능력 향상 등에 포괄적인 대응을 위해 새로운 작전 개념을 개발, 정립시켜 나가고 있기에 다영역 작전과 분산해양작전도 점차 통합, 수렴되는 방향으로 귀결될 것으로 예측했다(김태형 2020, 109).

이버·전자기 등 전 영역에서 군사작전의 효과성을 높이고자 한다. 이러한 움직임은 중·장기적인 관점에서 우리 군이 우주자산을 확보하고 운영하기 위한 선제적인 준비라고 할 수 있다.

한편 한국 해군은 해양에서의 작전 수행에 관한 기본 개념으로 다영역 통합 해양작전을 준비 중이다. 해군 단독으로 우주·사이버·전자기스펙트럼 영역의 모든 능력을 확보하거나 운용하는 것은 현실적으로 어렵다.[9] 이에 한국 해군은 육·해·공 합동작전을 지원하려는 목적으로 해양작전을 주도하기 위한 우주력 운용 방안을 수립하고자 한다. 복수 영역에서 협력을 통해 합동작전 수행 능력을 향상시키는 개념이다. 이를 위해 우주영역인식, 우주정보지원, 우주전력투사, 우주통제 등 우주작전의 효과성을 높여 궁극적으로는 합동작전을 위한 지휘통제 지원 역량을 강화하는 것이다. 또한 우주·사이버·전자기스펙트럼 간 영역 중 최소 두 개 이상의 교차 영역에서 작전의 시너지를 창출하기 위한 구체적인 운용 방안을 고심하고 있는 것으로 알려진다.

특히 우주영역인식(Space Domain Awareness)은 해양영역인식(Maritime Domain Awareness)과 함께 살펴볼 필요가 있다. 해양영역인식은 해양의 영역에서 안보, 경제, 안전, 환경 등에 영향을 미칠 수 있는 모든 분야에 대한 효과적인 인식으로 정의된다(The White House 2013, 1-3). 아직까지 국내에서는 우주영역인식에 대한 정의가 명확히 합의되지 않았지만, 전통적으로 해양의 연장선에서 우주를 바라보고 있다는 점에서 우주공간은 적대국의 위성이나 대륙간 탄도탄 등을 조기에 탐지할 수 있는 공간이자, 국제적인 차원에서 우주 안보 강화를 위한 공조 체계를 구축할 수 있는 영역으로 볼 수도 있을 것이다

---

9   전자기스펙트럼 영역은 전자기 지원, 전자기 공격, 전자기 보호 등 영역으로 구분할 수 있다.

(Thomas 2019). 우주영역인식 확장을 위한 다양한 논의가 이어질 때 해양 기반 우주작전의 효과성을 확대시킬 수 있는 무기체계와 작전적 아이디어가 정립될 것이다. 한국 해군이 해양에서 작전을 수행하기 위해서는 한반도를 넘어서는 우주와 해양의 영역에 대한 인식을 명확히 할 필요성이 있다는 의미다. 또한 인도·태평양 전략서에서 명기한 해양영역인식 체계 구축을 위한 국제 논의에도 참여함으로써 실시간 해양 감시와 정보 공유 협력을 촉진할 수 있어야 한다(대한민국정부 2022, 22-23).

　해군작전 측면에서 우주영역인식에 대한 접근이 중요한 이유는 무엇보다도 해양에서의 감시·정찰 능력을 확보할 수 있기 때문이다. 일반적으로 해양에서는 지구의 곡면 때문에 함정에서 적의 미사일을 조기에 탐지하는 데 제한이 발생한다. 가까운 미래에는 현재 개발 중인 능동전자위상배열(Active Electronically Scanned Array, 이하 AESA) 레이더 개발을 통해 일정 수준까지는 보완이 가능할 것으로 보인다. 향후 한국형 전투기인 KF-21의 핵심 레이더로 AESA 레이더가 활용된다면 넓은 범위의 전장 영역에 대해 동시에 다수의 접촉물을 추적함으로써 최대 1,000개의 표적에 대한 정보를 수집할 것으로 기대된다(정희영 2023). 이는 기본적으로 공중에서 감시 정찰과 함께 적의 공격에 대한 대응력이 향상되는 것을 의미한다. 여기에 더해 해군에서 운용할 것으로 예상되는 능동위상배열레이더 방식의 SPY 레이더를 동시에 운용한다면 목표물에 대한 보다 효과적인 탐지 및 추적이 가능할 것이다.[10] 이후에는 독자적인 위성 감시 시스템을 해양에서 작전하는 전력과 연

10　해군에서 운용할 것으로 기대되는 SPY-6 레이더는 미국의 Alreigh Burke Flight III급 이지스함에 장착될 것으로 보이며, SPY-7 레이더는 함정 성능 개량과 병행 시 2030년대 초반에 확보가 가능할 것으로 전망된다(배학영 외 2022, 201).

동하여 적국의 미사일을 탐지·추적하는 단계에서부터 요격에 이르기까지의 전 과정을 제어할 수 있어야 할 것이다.

또한 한국 해군은 4차 산업혁명 발달에 따른 통신 체계와 정밀 감시 및 유도 능력이 보장된 최첨단 무인체계를 활용하는 방안을 준비 중이다. 해군이 운용하는 무인체계는 무인수상정(UAV), 무인잠수정(UUV), 무인항공기(UAV), 그리고 무인전력 지휘통제 체계를 포함한다. 따라서 미래에는 이들 체계를 효과적으로 통합하고 작전을 수행할 수 있는 통신 체계를 포함한 통합지휘체계 발전이 반드시 수반되어야 한다. 특히 해양에서는 전력을 효과적으로 운용하기 위한 목적으로 분산해양작전의 효과성을 높이기 위해 대형 지휘통제함을 플랫폼으로 활용하면서 다수의 무인체계를 통합적으로 관리 및 운용하는 방안이 핵심 개념으로 준비되어야 한다. 한국 해군 또한 미 해군과 유사한 개념으로 무인함정을 넓게 분사하여 배치함으로써 적으로부터 정찰 및 감시에 혼란을 가중하는 방안을 고려할 수 있어야 한다는 의미다.

이를 위해 한국 해군도 무인함정 척수를 늘리고, 공중·수상·수중에서 동시에 접근함으로써 적에게 아군 해군력 기동에 대한 예측을 어렵게 하여 방어는 물론이며 아 함정에 대한 공격을 포함한 대응 능력을 무력화시키는 것이다. 평시에는 항만 경계 및 방호를 위한 무인체계 운용에서부터 레이저·전자기파 등 신개념 무기를 탑재하여 직접 전투를 수행할 수 있는 무인체계까지 확보함으로써 전력의 질적·양적 역량을 향상시켜야 한다. 2022년 한국 해군은 '네이비 시 고스트(Navy Sea GHOST)' 개념을 도입하여 수중·수상·항공 작전이 가능한 무인체계를 도입하는 계획을 구상하고 이를 적극적으로 추진하고 있다.[11]

---

11   2022년 11월 11일 해군창설기념일에 발표한 개념으로 '유인체계와 기술 기반 무인체계 가 조화된 해양의 수호자'라는 뜻으로 해양 유·무인 복합전투체계를 상징한다.

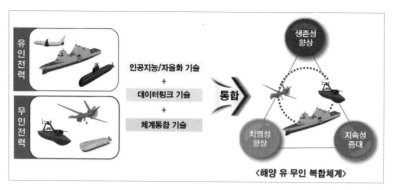

그림 6.4 한국 해군 Navy Sea GHOST 작전 개념
출처: 김동현(2022a).

해양에서 유·무인 복합전투체계를 구축 및 활용하고자 하는데, 해양 유·무인 복합전투체계는 해양영역에서 AI, 초연결, 초지능을 기반으로 유인전력과 무인전력을 효과적으로 통합 운용하여 작전임무 수행 능력을 제고하려는 구상이다.

네이비 시 고스트는 단계별 발전 개념에 따라 ①단계는 2023년까지 원격통제형 무인체계를 도입하여 유인전력의 조종 하 전투지원 임무를 수행하는 것이다. ②단계는 2027년까지 반자율형 유·무인 체계를 도입하여 유인전력의 통제 하 반자율적인 형태로 작전에 투입하는 것이다. ③단계는 무인체계 개발 및 도입을 지속하여 2028년 이후에는 완전 자율형 유·무인 복합체계를 구축함으로써 적 탐지 및 지휘통제, 타격 등의 체계를 통합해 전장 상황을 실시간으로 공유하여 작전의 속도 및 효율성을 제고하는 것이다(김동현 2022a). 유·무인 복합체계를 활용한 해군작전의 유형은 대함작전, 대잠작전, 상륙작전, 기뢰작전, 특수작전, 탐색 및 구조작전, 기지 및 항만방호작전 등 해군기본교리에서 제시한 제반 해군작전에 적용이 가능할 것으로 기대된다.

현재 세 개로 편성된 한국 해군 함대사령부를 장기적 관점에서 두 개로 줄이고, 해양무인전략사령부를 창설하는 것으로 알려진다. 이를 위해 단기적으로 해양무인체계발전전대를 운영하고, 중기적으로는 무인수상정대대·항공기대대를 운영할 것이다. 아울러 기동전단을 확대해 기동함대사령부로 편성할 예정인데, AI 기반 해양 유·무인 복합체계도 구축하여 첨단 입체전력을 확보한다는 계획의 일환이다(김동현 2022a). 정찰용 무인수상정·잠수정, 함정 탑재 무인항공기 등 총 16종의 무인전력 확보를 추진하고 함대지탄도유도탄, 장거리함대공유도탄(SM-6급 등), 전투용 무인잠수정 등 생존성이 보장된 해상 기반 기동형 3축 체계도 구축할 계획으로 알려진다.

V. 맺음말

2023년 2월 미군이 중국의 정찰 풍선을 격추한 사건은 정찰 및 감시에 관한 각 국가들의 노력을 보여주는 동시에 군사안보적 측면에서 그 위험성과 대응의 필요성을 잘 보여준 사례다. 문제는 풍선과 드론처럼 육안이나 레이더에 보이는 수준의 감시·정찰 자산에 대응하는 것은 비교적 쉽지만, 우주자산을 활용한 감시·정찰 활동에 효과적으로 대응하는 것이 녹록하지 않다는 점이다. 중궤도 이상 우주 영역에서 활동하면서 광범위하면서도 주기적인 감시·정찰을 수행하는 적국의 우주자산은 앞으로 평시에는 군사력 운용이 노출되고, 전시에는 그 위험을 온전히 감수해야 한다는 의미다. 따라서 그 위험을 사전에 확인하고, 적절한 대응 방안을 마련하는 것은 국가안보전략 수립의 중요한 고려사항이 되었다.

2022년 10월 미국은 국가안보전략서(NSS)를 발표했고, 연이어

국가안보전략서의 주요 기조를 반영한 국방전략서(NDS)와 핵태세 검토보고서(NPR), 미사일방어검토보고서(BMDR)를 동시에 발표했다. 미국의 국가안보전략서에서 주목할 내용은 중국 및 러시아 등 위협세력의 도전에 대해 미국이 동맹 및 파트너들과 함께 공동 대응 방안을 적극 마련하겠다는 것이다. 이에 미 오스틴 국방장관은 통합억제의 개념 아래 동맹 및 파트너들과 군사·비군사적인 수단을 사용하여 중국을 견제하려는 의지를 명확하게, 그리고 반복적으로 밝히고 있다(Garamone 2021).

통합억제란 동맹 및 파트너들과 함께 모든 전장 영역의 합동군과 협조하고, 모든 국력의 요소를 일치화하여 분쟁을 방지하려는 미 국방전략의 기본 방향이 되는 전략적 개념이다. 통합적 차원의 억제력을 구사하기 위해 미군 단독의 군사력 활용보다는 동맹 및 파트너들과 함께 재래식 무기와 핵무기를 포함한 제반 군사력 요소들을 통합함으로써 평화로운 국제질서를 수호하겠다는 것이다. 한편 미국은 국방수권법에서 초음속무기, 인공지능 등 파괴적 기술(Disruptive Technologies)에 기반하여 함정, 항공기, 전투차량 등의 전력 현대화를 통해 전략적 준비태세를 완비하여 도전국의 위협에 대응하려는 계획을 밝혔다.

이러한 계획에 따라 미 국방부와 합동참모본부는 합동전영역지휘통제 개념을 구상하고, 2024년 10월 1일까지 인도·태평양사령부 예하에 합동군사령부를 창설하고자 한다. 특히 육군·해군(해병대)·공군·우주군의 센서를 연결하여 단일 네트워크로 통합함으로써 모든 전장공간에서 지휘통제를 위한 일사불란한 의사결정 체계의 확립을 도모하고 있다. 우주·사이버 등 새로운 전장 영역에서 대응 능력을 강화하기 위해 GPSIII 후속모델, 대우주시스템, 군사위성통신체계, 우주로켓 발사 프로그램 등의 개발에 41억 달러의 예산을 반영한 것과 공군의 사이버 대응 시스템 구축을 위해 6천만 달러의 예산을 반영한 것이 주목할 만한 움직임이다(Hoehn 2022, 2-3).

한국의 유일한 동맹인 미국의 이러한 움직임은 장차 우리의 국가안보전략 수립과 군사력 강화 방향에 대해 몇 가지 과제를 던진다. 우선적으로 새로운 전장 영역에서 우주의 활용성에 대한 고민이 시급하다는 것이다. 보이지 않는 원거리에서 효과적으로 적을 무력화시키고, 적의 공격 시도를 억제하기 위해서는 우주 공간에서 상대를 감시하고 요격할 수 있는 체계를 갖추는 것이 필수가 되었다. 한국 정부는 2022년 11월 28일 미래우주경제로드맵을 발표하면서 6대 핵심적인 정책 방향 및 지원방안을 마련할 계획을 밝혔다. 그중에서 우주안보전략체계 정립, 우주안보기술 개발을 위한 민군 협업체계 강화, 그리고 한미동맹을 한미 우주동맹으로 발전시킨다는 대목이 주목할 만하다. 효과적인 해양작전을 수행하기 위해서는 독자적인 위성체계를 갖추는 것이 반드시 필요하지만, 그 과정에서 미국과의 협업을 통해 필요한 절차를 학습해나가는 준비가 선행되어야 할 것이다.

다음으로 전장 영역의 다변화 움직임은 곧 미래 다영역 작전 수행에 관한 시급성을 의미한다는 측면에서 선제적인 대응의 필요성을 부각시킨다. 기존의 전장 영역에 더해 새로운 전장 영역에서 군사작전을 효과적으로 수행하기 위한 합동군의 유기적인 결합과 운용이 뒤따라야 할 것이다. 특히 해양 유·무인 복합전투체계는 위에서 의미하는 다영역에서 유인체계와 무인체계를 효과적으로 통합 운용하여 작전수행 능력을 극대화하려는 방안이다. 가장 중요한 것은 AI 기술에 기반을 두고 데이터링크 기술을 통해 연결하고, 자율화하는 것이 핵심이다. 하나의 통제체계로 다수의 무인체계를 동시에 통제할 수 있는 시스템을 갖추는 것이 필요하다. 궁극적으로는 육·해·공과 우주·사이버 공간을 아우르는 모든 전장 영역에서 유기적인 통합 운용 시스템을 갖출 수 있도록 관련 무기체계를 개발하고 운용 개념을 정립해나가야 할 것이다.

마지막으로 미래 전장에서 핵심적인 역할을 할 수 있는 최첨단 무기체계의 개발과 준비가 긴요하게 요구된다는 것이다. 최근 들어 군사 과학기술 분야에서 게임체인저급 첨단무기를 확보하는 것이 주요 국가들의 핵심적인 안보 과제로 부상하고 있다. 한국 국방부가 추진하는 국방혁신 4.0에 기반한 첨단기술 강군 건설과 맥락을 같이한다. 이에 AI 기반 무인체계 등 신기술에 걸맞은 새로운 개념의 군사전략을 수립해야 할 것이다. 해군력 구성을 유인함정 위주에서 유인함정에 더해 무인함정을 대폭 증강시키는 방향으로 변화를 모색하고 있다. 이는 미래지향적 해양전략 추진을 위해 유·무인 해군전력을 활용한 분산해양작전을 완성하는 의미가 있다. 집중된 화력을 광범위하게 배분하는 것이다. 이러한 변화를 통해 해양 전장에서 수상 및 수중, 그리고 공중 전력의 기동력을 확보하고, 통합지휘통제 아래 네트워크화된 전력에 의해 목표물에 대한 집중적인 화력 운용을 가능하게 해야 할 것이다.

앞으로 해군은 대형 함정의 생존력을 높이기 위해 전력을 분산하여 배치하는 방안을 고려해야 하며, 이와 동시에 분산된 전력에서 화력을 집중할 수 있는 능력을 강구해야 한다. 이를 위해서는 이격 배치된 전력 간 센서를 통한 연결이 가장 중요하며 특히 지휘통제소와의 데이터 송·수신이 원활한 통신 체계를 확보하는 것이 매우 중요한 과제가 되었다. 한국 정부는 2023년 국방비에서 장거리함대공유도탄(SM-6급) 사업비용 및 광개토-III Batch-II 예산 투입을 각각 증액하면서 공중 위협에 대비한 전력 증강을 지속하고 있다. 여기에 더해 한국형 3축 체계(ROK 3K Defense)인 킬 체인(Kill-Chain), 한국형미사일방어체계

(KAMD), 대량응징보복체계(KMPR) 등에 대한 집중 투자를 이어가고 있다. 한반도를 위협하는 적의 공격 방향을 보다 원거리에서 감시 및 탐지하고, 대응하기 위한 해양 기반의 우주력 발전 체계를 갖추는 것은 시대적 소명이다. 이에 해군이 수행하는 다영역 작전에 우주력을 효과적으로 활용하기 위한 면밀한 준비가 뒤따라야 할 것이다.

참고문헌

김동현. 2022a. "해군, "미래전 대비 '해양 유무인 복합체계' 개발 박차"." 『한국경제』, 9월 29일.

_____. 2022b. "CIA국장 "시진핑, 군에 2027년까지 대만 침공 준비 지시"." 『연합뉴스』, 10월 6일.

김민석. 2020. "2025년 미국 '유령함대'와 중국 항모전단이 맞선다." 『중앙일보』, 1월 31일.

김상진. 2023. ""中 2025년 대만 침공, 헤드샷 훈련하라" 美 4성장군 메모 발각." 『중앙일보』, 1월 29일.

김소연. 2023. "일본, 대만 코앞에 미사일부대 배치." 『한겨레』, 3월 15일.

김태형. 2022. "미국의 인도-태평양 전략과 미군의 군사전략 변화." 『국방연구』 63(1): 89-116.

대한민국정부. 2022. 『자유, 평화, 번영의 인도-태평양 전략』. 서울: 대한민국정부.

배학영 외. 2022. 『우주 전장 시대 해양 우주력』. 서울: 박영사.

안광수. 2021. "미래 전장양상의 변화와 무기체계." 『월간 KIMA』 36.

윤웅직·심승배. 2022. "미군의 합동전영역지휘통제(JADC2) 전략의 주요 내용과 시사점." 『국방논단』 1881.

정희영. 2023. "1,000개 표적 동시에 훑는다···육해공 누비는 '국가의 눈'." 『매일경제』, 2월 6일.

지상훈·박준희. 2020. "다영역 작전(MDO)에 대한 고찰과 한반도 작전전구(KTO)에서의 적용 방향." 『군사논단』 102.

한국해양전략연구소. 2023. 『2023 인도-태평양 해양안보 정세와 전망』. 서울: 한국해양전략연구소.

해군미래혁신단. 2021. 『해군비전2045 미래해양전 개념』. 계룡: 해군본부.

허고운. 2023. "'전략사 모체' 합참 핵·WMD 대응본부..."북핵에 조직적·공세적 대응"." 『뉴스1』, 1월 3일.

Béraud-Sudreau, Lucie, Xiao Liang, Siemon T. Wezeman and Ming Sun. 2022. "Arms-Production Capabilities in the Indo-Pacific Region." https://www.sipri.org/sites/default/files/2022-10/1022_indopacific_arms_production.pdf (검색일: 2023.1.18.).

Cancian, Mark F. et al. 2023. "The First Battle of the Next War: Wargaming a Chinese Invasion of Taiwan." Center for Strategic & International Studies, January. https://www.csis.org/analysis/first-battle-next-war-wargaming-chinese-invasion-taiwan (검색일: 2023.2.9.).

Garamone, Jim. 2021. "Austin Discusses Need for Indo-Pacific Partnerships in the Future." *DoD News*, July 27.

Harper, Jon. 2023. "Navy to expand unmanned systems campaign to 4th Fleet this summer." *Defensescoop*, April 4.

Hoehn, John R. 2022. "Joint All-Domain Command and Control: Background and Issues for Congress." *CRS Report*, January 21.

Lamothe, Dan. 2023. "U.S. general warns troops that war with China is possible in two years." *The Washington Post*, January 27.

Lim, Kyunghan and Jaeho Kim. 2022. "Impacts of Russia-Ukraine War on East Asian Regional Order." *International Journal of Korean Unification Studies* 31(2): 31-59.

Orouke, Ronald. 2022. "Navy Large Unmanned Surface and Undersea Vehicles: Background and Issues for Congress." *CRS Report*, September 23.

Seedhouse, Erik. 2023. "The growing Chinese space threat." *Space News*, February 21.

The White House. 2013. *National Maritime Domain Awareness Plan for The National Strategy for Maritime Security*. Washington, D.C.: The White House.

_____. 2023. "Joint Leaders Statement on AUKUS." March 13. https://www.whitehouse.gov/briefing-room/statements-releases/2023/03/13/joint-leaders-statement-on-aukus-2/ (검색일: 2023.4.7.).

Thomas, Guy. 2019. "Collaborative Space-based Maritime Situational Awareness (CSMSA) - Pathway to Global Maritime Cooperation for Security, Safety, Environmental Protection, and Resource Conservation." https://www.cmre.nato.int/msaw-2019-home/msaw2019-papers/1383-msaw2019-thomas-collaborativespacebasedmaritimesituationalawarenesscsmsa/file (검색일: 2023.4.11.).

U.S. DOD. 2022. "The Department of Defense Releases the President's Fiscal Year 2023 Defense Budget." March 28. https://www.defense.gov/News/Releases/Release/Article/2980014/the-department-of-defense-releases-the-presidents-fiscal-year-2023-defense-budg/ (검색일: 2023.1.5.).

U.S. Naval Surface Force Pacific Fleet. 2016. *Surface Force Strategy: Return to Sea Control*. San Diego: U.S. Naval Surface Force Pacific Fleet.

U.S. Navy. 2021. *Chief of Naval Operations Navigation Plan 2021*. Washington D.C.: U.S. Navy.

US Navy Chief on Naval Operations. 2016. *A Design for Maintaining Maritime Superiority*. Version 1.0.

Wall, Brandon and Nicholas Ayrton. 2021. "Drones and Starlink: Combining Satellite Constellations with Unmanned Navy Ships." https://cimsec.org/drones-and-starlink-combining-satellite-constellations-with-unmanned-navy-ships/ (검색일: 2023.2.9.).

World Bank. "Military expenditure(% of GDP)-East Asia & Pacific." https://data.worldbank.org/indicator/MS.MIL.XPND.GD.ZS?end=2020&locations=Z4&start=2000&view=chart (검색일: 2023.1.16.).

제7장　　　미래전 전망과 공중-우주
　　　　　교차영역에서 한국 공군의 발전 방향

엄정식(공군사관학교)

I. 서론

오늘날 세계는 빠른 기술 속도, 엄청난 규모의 정보 흐름, 전 세계적으로 공유되는 문제, 분산된 네트워크 권력 구조, 상호 연결성으로 끊임없이 재구성되고 있다. 최근 미공군 미래학자들은 미래 안보환경을 혼란, 불확실, 복잡성, 모호함이라는 틀로 규정하기도 했다(Headquarters U.S. Air Force 2023). 섣불리 미래를 예측하기보다는 미래의 불분명함을 수용하고 올바른 방향성만 점검하자는 의도였다. 이러한 상황은 우리나라 항공우주 안보에서도 위협과 취약성을 가중시킨다. 특히 우주까지 확장된 전장 영역으로 인해 공군의 미래전 구상은 더욱 복잡해졌으며, 공군의 다재다능한 대응을 요구하는 현실이다. 이러한 현실에서 한국 공군의 미래전 구상은 어떻게 평가할 수 있는가? 미래전의 위협과 취약성에 대한 공군의 대응 방향은 무엇을 고려해야 하는가?

미래전 전망은 첨단과학기술이 무기체계 발전과 전쟁 수행 변화에 미치는 영향을 강조한다. 특히 최근 몇 년 동안 인공지능, 정보통신기술 등 4차 산업혁명이 가져올 전쟁 양상의 변화가 주목받고 있다. 실제로 전쟁의 역사에서 기술혁신은 군사력 발전과 전투 공간의 확장에 기여했으며, 국가 사이에 세력균형을 바꿔왔다. 그렇지만, 기술혁신은 전장에서 우위를 가져다줄 수는 있어도, 전쟁의 승리를 보장하진 않는다. 전쟁은 살아있는 상대 사이의 끊임없는 경쟁이므로 어느 쪽이 기술혁신을 미래전 대비에 효과적이고 효율적으로 활용할 것이며, 변화하는 전장에서 경쟁우위를 누리도록 기술혁신을 지속할 수 있는지가 중요하다.[1] 따라서 기술혁신 자체만 비교해서는 누가 전쟁에서 승리할 수

---

1   경쟁우위는 상대방보다 제한적이지만 영향력을 행사할 수 있는 우위를 의미한다. 소련의 붕괴 이후 미국이 압도적 국력으로 절대우위를 추구했다면 오늘날과 미래에는 어떤

있는지 알기 어렵다.

우크라이나 전쟁이 미래전에 주는 함의도 이를 뒷받침한다(Singer 2023). 우크라이나 전쟁이 장기화되었던 배경은 미래전 전망에도 교훈을 주고 있다. 전쟁의 중심은 전쟁 의지에 있다는 본질은 미래전에서도 유효할 것이다. 개전 초기 러시아의 선제타격에도 불구하고 서방 정부와 기업의 도움으로 우크라이나의 정보력은 유지되고 있으며 특히 항공우주기반 지휘통제가 기능을 발휘하고 있다. 우크라이나 전쟁이 이러한 양상으로 전개된 데에는 러시아나 우크라이나 중 어느 쪽도 공중우세를 확보하지 못한 데에도 원인이 있다(김홍석 2023, 86-87). 예상을 깨고 러시아를 포함한 어느 쪽도 항공력으로 상대방을 압도하지 못하고 있으며 감시정찰 및 공중 타격에도 제한을 겪고 있다. 특히 우크라이나군은 러시아의 강한 전력에 맞대응하기보다 분산된 전투력으로 효과적인 전쟁을 지속하고 있어 미래전에서도 지휘통제의 중요성을 확인시켜주었다.

현재 우리나라 국방 차원의 군사력 운용 개념인 통합·능동 방위 개념에는 미래전에 필수적인 전장영역별 능력과 교차영역 시너지(cross-domain synergy)를 통합하는 개념이 포함된다. 교차영역 시너지는 첨단군사과학기술의 위협, 지구상 작전 여건의 제약, 우주 및 사이버 공간 등 새로운 전장으로 부각된 위협에 대응하기 위한 개념이다. 미군이 정의한 교차영역 시너지는 지상, 해양, 공중, 우주, 사이버 공간 등에서 활동하는 주체가 서로 다른 작전영역에 그 능력을 강화하는 것을 넘어 다른 영역의 취약성을 상쇄하고 효과를 증진시킬 수 있도록 하는 보완작용이다. 하지만 교차영역 시너지의 개념을 우리나라

국가도 절대우위를 추구하기 어렵다. 영역에 따라 절대우위와 경쟁우위의 조화가 중요하다.

전장에 적용한 연구는 드물다. 특히 우주 영역이 교차영역에서 갖는 중요성을 고려하여 이 글은 미래전 전망을 평가하고 공중-우주 교차영역에서 한국 공군의 대응 방향을 제시한다.

II. 미래전 전망과 공군의 미래전 수행 개념

1. 미래전 전망과 국방 차원의 인식

오늘날 전망하는 미래전의 특징적 양상은 다음과 같다. 첫째, 전장 영역의 확장이다. 전장 영역은 지상, 해상, 공중을 기반으로 우주와 사이버·전자기 영역으로 확장되고 있으며 미래에는 전쟁을 수행하는 사람의 인지 영역까지 포함될 전망이다. 전장 영역의 확장은 미래전이 물리적 영역과 비물리적 영역(인지심리, 사이버 공간 등)의 중첩이 될 것이며 개별 영역에서 독립적으로 이루어지는 전쟁보다는 전영역(All Domain)에서 동시 병행적으로 전개되는 양상을 의미한다.[2]

둘째, 유무인 복합이다. 전장 영역의 확장은 무기체계와 병력의 분산을 초래한다. 제한된 군사력을 확장된 전장 영역에 배치하고 운용하려면 무기체계와 병력을 복합적으로 활용할 필요가 있다. 과학기술도 이러한 요구를 충족하는 방향으로 발전하고 있다. 무인체계는 기술 수

---

2   전영역 작전이 전면전을 의미하진 않는다. 경쟁 또는 무력 분쟁의 단계에서 전면전으로 확산되는 것을 효과적으로 막고, 정치적 협상으로 분쟁을 해결하고자 한다. 이를 위해 미국은 자국의 이익이 걸려 있는 분쟁지역에는 평시부터 적극적인 군사개입을 추구한다. 한반도 미래전도 한미연합작전의 구상 속에서 위기 단계나 국지도발, 또는 국지전 단계에서 정치적 협상으로 종결을 시도하는 제한전이 될 가능성이 높다(김남철 외 2022, 46).

준과 작전 임무에 따라 인간 전투원을 대체하거나 보완하도록 개발되고 있다. 유무인 복합체계는 전투원의 복합을 보여주는 미래전의 대표적인 양상이다.

셋째, 전쟁 시점의 혼재이다. 과거에는 기습공격의 성공이 전쟁의 초기 승패를 좌우했으나, 현재와 미래에는 직접적인 무력 충돌 이전에 적의 군사적 활동을 파악할 수 있고, 사이버 및 심리적 교란으로 평시 분란을 야기할 수 있으며, 드론을 활용한 제한적 기습을 수행하는 등 전시와 평시, 정규전과 비정규전이 혼재된 하이브리드 전쟁 양상이 예상된다.

넷째, 전선의 중첩이다. 미래전은 전선을 중심으로 순차적이나 선형적으로 이루어지지 않을 전망이다. 전투 영역의 확장과 전력의 분산으로 전선 자체가 상대방의 전면에 고착되어 있지 않을뿐더러 갈등과 무력충돌이 명확히 구분되지 않고 전쟁 시점이 혼재되면서 전선은 군사력이 직접 부딪치는 공간이 아니라 보이지 않는 곳으로부터 원거리 타격이 이루어지고 우주·사이버 공격을 포함한 후방 분란이 동시에 발생한다. 따라서 전쟁 양상도 전후방 구분 없는 동시 병행으로 전개된다.[3]

미래전 양상은 미래 한반도에서도 나타날 것으로 보인다. 북한의

3 국방비전 2050에서 전망한 미래전 양상은 전영역 전쟁, 유무인복합 전쟁, 하이브리드 전쟁, 비선형 전쟁이다. 전영역 전쟁은 미래전이 수직, 수평적으로 확장된 전장 영역에서 상호 교차 가능한 합동전력을 적 중심에 통합 운용하는 전투 수행 양상으로 본다. 유무인복합 전쟁은 AI와 빅데이터 등 초지능, 클라우드와 사물인터넷 등 초연결 기반의 로봇 기술 발전에 따라 인간과 무인 전투체계 간 협업으로 전투 임무를 수행할 것으로 본다. 하이브리드 전쟁은 전·평시 및 전투원과 비전투원 구분이 모호하며 재래전과 비정규전, 사이버전 등 다양한 전쟁 양상이 혼재된 하이브리드 전쟁이 더욱 고도화될 것으로 전망한다. 비선형 전쟁은 무기체계의 사거리, 명중률과 파괴적 증대, 지휘통제 능력의 발전으로 일정한 전선 없이 전후방에서 동시에 전투가 전개될 것으로 본다(국방부 2021).

그림 7.1 전장 영역의 확장
출처: 국방과학연구소 홈페이지, "미래전 양상".

미래 위협은 평시 갈등 조장과 국지적 무력도발이 예상되며, 주변국의
미래 위협은 우발적 무력충돌 및 경제적, 지정학적 리스크에 의한 충
돌, 회색지대 경쟁 및 충돌이 전망된다. 만약 북한 및 주변국과 전면전
이 발생할 경우에는 한미연합방위체제를 구성하는 미국의 첨단무기체
계가 동원되고 중국과의 지역적 충돌 가능성도 높다. 이처럼 한반도의
미래전 양상도 미중 군사 경쟁의 가속화에 따른 영향을 피하기 어렵다.

이러한 위협인식과 미래 국방환경 변화는 국방부가 추진하는 「국
방혁신 4.0」의 출발점이다.[4] 국방부가 전망하는 미래 국방환경의 도전
은 동북아 지역에서 불안정성이 증대되는 가운데 전쟁 양상 변화와 기
술 패권이 심화되고, 북한 핵·미사일 위협이 현실화된 상황에서 인구

---

4   국방혁신에서 4.0의 의미는 4차 산업혁명 첨단과학기술을 기반으로 하며, 국방개혁의 4
    번째 계획을 뜻한다. 앞선 3번의 계획은 80년대 장기국방태세 발전방향, 90년대 5개년
    국방발전계획, 2000년대 국방개혁이었다(국방부 보도자료 2023, 4).

절벽에 따른 병역자원도 더욱 부족해질 것이라는 점이다. 이러한 도전을 국방부는 4차 산업혁명 과학기술의 발전을 기회로 삼아 대응하고자 한다. 〈그림 7.2〉에서 군사전략·작전개념의 선도적 발전과 첨단전력 확보 측면을 살펴보면 미래 국방환경 변화에 대응한 군사전략을 발전시키고 유무인 복합전투체계, 우주사이버 작전 수행 능력을 강화하는 데 중점을 두고 있다. 즉, 북한 핵·미사일 위협에 대한 대응 능력을 획기적으로 강화함으로써 대북 억제를 달성하고, 첨단과학기술 기반 경쟁우위의 작전 수행 능력을 구비하고자 한다.

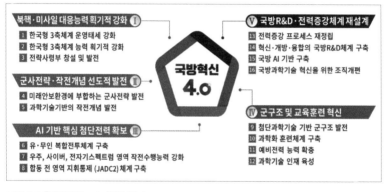

그림 7.2 「국방혁신 4.0」 중점 분야

출처: 국방부, 「국방혁신4.0 기본계획」(2023).

2. 공군의 미래전 수행 개념

「국방혁신 4.0」이 미래 국방환경 변화에 대한 대비라면 미래 항공우주 위협은 공군에서 대비하고 있다. 공군은 한국군의 미래 전쟁 수행 개념인 '합동전영역작전'을 달성하고자 미래전 수행 개념에 대한 연구를 통해 지상, 해양, 공중 영역과 우주 영역을 연결하는 교차영역 개념을

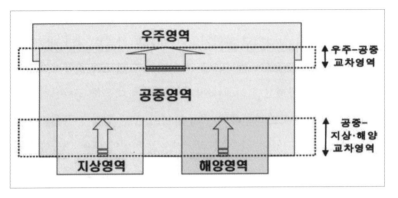

그림 7.3 기존 전장 영역과 교차영역
출처: 이형재(2023, 217).

제시했다.

　교전 시에는 교차영역에서 우세를 차지하는 측이 유리하므로 지상, 해양, 우주 영역과 연결된 공중 영역의 역할이 중요하다. 교차영역 내 전력 운용은 지리적 관점이 아닌 기능적 관점에서 이루어지며, 표적은 물리적 위치가 아닌 효과를 기준으로 식별되므로 공중 영역과 유사한 특성을 갖는다.[5] 지상과 해양 전력은 축차적인 기동으로 중심에 접근해야 하지만, 공중 전력은 모든 측면에서 동시·병렬적인 접근을 통해 전략적·작전적·전술적 중심을 타격할 수 있다.

　특히 북한에 대한 억제전략을 수행하는 데 공중-우주 교차영역은 중요하다. 공중-우주 교차영역은 다영역 작전에서 제기되는 복잡한 위협에 대해 유연하고 적응 가능한 대응을 제공할 수 있다. 교차영역의

5　미 공군은 1950년대 지리적 관점에서 공중 위에 존재하는 우주 영역을 통합한 Aerospace(항공우주) 개념을 사용하기 시작했다(McDougall 1985, Ch. 6). 대한민국 공군에서도 이를 차용해왔다. 하지만, 물리적 특성이 완전히 다른 공중과 우주 개념은 지리적으로 통합되기보다는 기능적으로 통합되는 것이 적합하며 대한민국 공군에서 사용하는 항공우주 개념은 이를 반영한다.

능력은 공중이나 우주와 같은 단일 영역에서 취약점을 이용하려는 북한에 대해 효과적인 억제력을 제공할 수 있다. 북한에 대한 제공권이나 지상 및 해상 작전을 수행하기 위한 공중우세는 우주 영역으로부터 지원되는 전장인식, 통신, 항법 등을 통해 보장될 수 있다. 또한 공중 영역의 취약성이 발생하더라도 더 높은 고도인 우주 영역으로부터 보완할 수 있다.

이처럼 교차영역에서 공중 전력은 타군과의 상호의존적 운용으로 지상과 해상 그리고 우주에서 나타날 수 있는 취약성을 빠르게 상쇄하고 복원함으로써 우위를 확보하는 데 유리하다. 이러한 교차영역 작전은 2010년대 초 미군에서 발전시킨 공해전투(Air-Sea Battle) 개념의 바탕이 되었다.[6]

따라서 미래에는 전방위 위협에 맞서 분쟁을 억제하고 유연한 대응책으로 공중-우주 교차영역을 지배할 수 있는 전략이 필요하다. 공중-우주 교차영역에서 우세를 유지하려면 공간 지배 능력을 확보해야 하는데 이는 '전영역 연결', '전영역 접근', '전영역 접근거부' 능력으로 구체화된다. '전영역 연결'을 위해서는 항공우주력의 지휘통제체계를 활용해야 한다. 지휘통제 우세와 지휘결심 우세를 보장하여 모든 영역을 연결할 수 있다. '전영역 접근'을 위해서는 항공우주력의 속도와 거리 특성을 활용하여 전장 영역에 접근하고 정밀 교전으로 공간을 지배해야 한다. '전영역 접근거부'는 항공우주력의 미사일·우주 방어 능력을 활용하여 교전을 거부하고 공간 지배 능력을 유지해야 달성할 수

---

6   공해전투 개념은 부상하는 중국의 A2/AD 전략에 대응하고자 미 해군과 공군의 긴밀한 협력을 바탕으로 수립된 작전개념이다. 여기서 핵심은 중국의 항공기나 탄도미사일 공격으로부터 항공기지를 비롯해 주요 군사력이 최소의 피해를 입도록 보호하고, 이후 해상과 공중, 우주와 사이버 공간을 장악하여, 중국을 가능한 원거리에서 봉쇄하는 것이다 (Van Tol 2010; Hutchens et al. 2017, 139).

있다.

첫째, '전영역 연결'을 위해서는 항공우주력의 중앙집권적 지휘 능력을 발전시켜 지휘결심 우세를 보장해야 한다. '전영역 연결'은 공 중 영역에서 수행하던 지상, 해상 영역뿐 아니라 우주 체계를 통해 공 중 전력을 연결하여 적보다 빠른 지휘결심을 보장할 수 있다. 이를 위 해 자동화 체계와 AI 기술을 통해 작전 제대가 최소한의 명령만으로도 적응성과 생존성을 유지하고 지휘부의 의도대로 임무를 수행하도록 한다.

둘째, '전영역 접근'을 위해서는 항공우주력의 속도와 거리 특성을 활용하여 전장 영역에 접근하고 정밀 교전으로 공간을 지배해야 한다. '전영역 접근'은 무인 전력으로 킬웹(Kill Web)을 구성하고 5/6세대 유 인전투기로 직접 통제하여 치명성과 생존성을 극대화할 수 있다.[7] 이를 위해 유·무인 복합운용에 필요한 도구와 프로그램 개발이 요구되며, 데이터 통신 표준화와 AI 기술을 활용한 데이터 축적으로 임무별 필요 전력을 선정하고 자동화하며 무인 전력에 대한 지휘통제 범위 설정이 필요하다.

셋째, '전영역 접근거부'를 위해서는 항공우주력의 미사일·우주 방어능력을 활용하여 교전을 거부하고 공간 지배 능력을 유지해야 한 다. '전영역 접근거부'는 아군 영역에 접근하는 적군 전력의 위협 수준 을 식별하고 대응 우선순위를 제시하며, 위협별 대응 전력을 선정할 수 있다. 이를 위해 적 능력 및 위협 정보, 아측 전력의 능력과 대응 방책

---

7 킬웹(Kill Web)은 아군 전력이 그물망처럼 연계됨으로써 한 노드가 파괴되어도 다른 노 드가 전장인식, 의사결정, 정밀타격을 수행할 수 있는 다층적이고 통합된 시스템이다. 킬 웹은 위협에 대한 보다 동적이고 적응 가능한 대응을 제공하기 위해 설계되었으며, 현장 에서 신속한 의사 결정과 행동을 가능하게 한다.

에 관한 데이터를 구축하기 위한 AI 기술 활용과 위협별 대응 전력을 자동으로 식별하여 제시해줄 수 있는 알고리즘 개발이 요구된다.

　이처럼 공군의 미래전 수행 개념은 유무인 복합체계, 탄도미사일 방어 등 공중-우주 교차영역을 활용한 전력 증가에 따라 지휘통제가 중요하다. 공중-우주 영역 내에서 연결된 모든 전력은 AI 기술의 발전과 함께 모듈화·분산화될 것이며 임무 목표를 달성하기 위해 최적의 조합과 방법으로 타격하는 분권적 임무 수행이 요구된다.[8] 덧붙여 전영역 작전을 수행하는 지휘통제체계는 물리적, 비물리적 공격뿐 아니라 생존성과 복원력을 갖추는 것도 중요하다(Ryan 2022).

III. 미래 항공우주 위협과 취약성

1. 미래 항공우주 위협

1) 주변국의 잠재적 위협
주변국의 잠재적 위협은 핵심이익이 걸린 지역이나 이슈에 대해 우발적 충돌이나 무력을 사용한 강압으로 제기될 수 있다. 이들은 강대국 사이의 전면전을 피하면서도 전쟁의 목적을 달성하기 위해서 핵심이익을 최단 시간 달성한 이후 교착상태를 조성하는 정치적, 군사적 A2/AD 전략을 추구한다. 중국, 러시아 등 주변국은 외교적, 경제적 조치, 비정규전, 정보전, 지역 내 사회적 문제, 소수민족 분쟁, 인종과 민족 갈등 확대, 핵무기 사용 위협과 재래식 전력의 전개를 통해 한미 관계를 정

8　AI 적용을 통한 공군 지휘통제체계 발전에 대해서는 이형재(2023, 제5장)을 참고.

치적으로 분열하려고 할 것이다. 이처럼 한국과 미국 내부에 조성한 불안은 정치적 입장을 분리시키고 전략적 모호성을 증대시켜 양국의 인식, 결심, 반응, 속도를 감소시킬 수 있다. 무력분쟁에서도 A2/AD 체계를 통해 한미동맹을 시간, 공간, 기능적으로 분리시키고자 할 것이다.

미래전이 공중우세를 확보하고 지속하기 어려운 것처럼 우주우세를 추구하기는 더욱 어렵다. 중국, 러시아와 같은 우주 강대국도 미국을 상대로 우주 영역의 우세를 목표로 하기보다 상대방의 약점을 공격하는 비대칭 전략이 효과적이고 경제적이기 때문이다. 중국이 보는 미국의 군사적 약점은 두 가지이다. 하나는 미군이 중국과 교전할 때의 지리적·정치적 여건이고, 다른 하나는 미군이 고도의 복잡성과 첨단 시스템에 의존해 군사행동을 한다는 점이다. 따라서 중국은 미군 전력을 전장에 적시적으로 배치하지 못하게 방해하는 데 초점을 맞추고 있다. 중국은 순항미사일과 탄도미사일 등을 운용하여 서태평양 지역 미군 기지를 타격하거나, 미사일의 사정 범위 내에 배치된 항공모함 전단을 타격하거나, 또는 대위성 미사일을 이용하여 미군 우주시스템을 타격함으로써, 미군의 군수지원 및 C4ISR 시스템을 차단·지연시켜 군사적 A2/AD 효과를 달성하려고 한다.

중국과 러시아는 스텔스와 정밀 유도무기와 같은 미군의 첨단군사기술을 모방해왔으며 미국을 상대로 시스템파괴 전쟁 개념을 발전시키고 있다(Deptula and Penny 2019). 중국의 시스템파괴 전쟁은 상대방이 구축한 킬체인의 핵심 연결점을 공격하여 적의 능력을 와해시키는 것이다. 이는 상대방에게 맹점, 고립, 침묵(blind, isolate, silence)을 강요하여 군사력 효과를 무효화하거나 파괴하고 작전을 마비시킨다. 따라서 중국의 우선 표적은 ISR 체계, 네트워크, 데이터링크, 지휘통제 플랫폼이다(Engstrom 2018).

이를 통해 중국은 글로벌 우세를 추구하기보다는 역내 지역을 기반으로 국지적인 군사력의 집중 배치, 센서와 정밀무기 네트워크의 구축으로 최대 수백 킬로 밖에 위치한 미군과 동맹군을 위협한다. 즉, 역내 분쟁에서는 미군의 시스템을 파괴하거나 마비시켜 상대적 우세를 추구한다. 특히 중국의 우주전략은 상대방의 취약성을 공략하는 데 초점을 둔다. 이를 위해 중국인민해방군이 전략지원부대를 창설하고 사이버, 우주, 전자기스펙트럼 능력을 통합하여 시너지를 추구하고 있다(Costello and McReynolds 2018).

2) 북한의 미래 우주위협

북한의 미래 위협으로는 우주개발에 주목해야 한다. 북한은 〈표 7.1〉과 같이 작년에만 3차례 우주발사체를 시험 발사했으며, 올해 5월 31일에는 만리경 1호(군사정찰위성)를 우주발사체(천리마 1형)에 탑재하여 발사했으나 2단 분리 후 궤도에 오르지 못하고 실패했다(박수윤 2023). 북한의 위성발사는 2016년 2월 발사한 인공위성(광명성 4호) 이후 6년 만이다. 이처럼 북한이 공개적으로 군사정찰위성을 발사한 이유는 2016년 이후 지속된 위성체와 지상국 성과에 대한 자신감과 자국의 우주발사체를 제재하고 있는 국제사회에 대한 대응으로 보인다.

그동안 한국의 언론과 정부 관계자들은 북한의 우주개발을 유엔의 강력한 제재를 받고 있으며 탄도미사일 개발의 명분일 뿐이라고 평가해왔다(이종호 2022, 9; 김홍철 2023, 2). 북한 우주개발에 대한 기존 연구들도 동북아 우주군사전략과 군비경쟁이라는 관점에서 북한의 우주 군사화 실태를 살펴보거나(조성렬 2016, 405-410), 북한 위성발사 논란을 유엔 안보리 결의안에 위배되는 장거리 미사일 발사라는 비판(정영진 2017), 혹은 북한의 우주개발계획을 군사적 목표와 관련된 미

표 7.1 북한의 위성 관련 우주개발 현황

발사체 (북한 명칭)	발사 일자	탑재 위성	발사 장소	궤도 진입 성공 여부	비고
대포동 1호 (백두산)	1998. 8. 31	광명성 1호 (무게 30kg)	무수단리 (동해위성발사장)	실패	3단분리 실패
대포동 2호 (백두산)	2006. 7. 5	미식별	무수단리 (동해위성발사장)	실패	공중폭발
은하 2호	2009. 4. 5.	광명성 2호 (무게 100kg)	무수단리 (동해위성발사장)	실패	3단분리 실패
은하 3호	2012. 4. 13	광명성 3호 (무게 100kg)	동창리 (서해위성발사장)	실패	공중폭발
은하 3호	2012. 12. 12.	광명성 3호 (2호기) (무게 100kg)	동창리 (서해위성발사장)	성공	비정상 운영
광명성	2016. 2. 7.	광명성 4호 (무게 200kg)	동창리 (서해위성발사장)	성공	부분운영
미상	2022. 2. 27.	정찰위성 관련	순안	-	
미상	2022. 3. 5.	정찰위성 관련	순안	-	
미상	2022. 12. 18.	정찰위성 시험품	동창리 (서해위성발사장)	-	
천리마 1형	2023. 5. 31.	만리경 1호 (무게 300kg)	동창리 (서해위성발사장)	실패	2단비행 실패

출처: 국방부(2023); 통일부 북한정보포털 내용을 저자가 정리.

사일 개발이라는 평가(최은석 2013; 2017), 탄도미사일의 장사정화와
정밀성 향상을 위한 우주개발로 평가하고 있다(송근호 2021, 106). 대
체로 경제 상황이 어려운 북한이 천문학적 비용이 드는 우주개발에 나
서는 것은 합리적이지 않다는 평가이다. 특히 2022년에 집중된 미사일
발사 속에서 2차례 우주개발 시험은 핵무장국이라는 국제사회에 대한
시그널, 재래식 전력의 열세를 상쇄하려는 남한에 대한 시그널, 경제난
에 따른 내부 불만을 잠재우려는 대내적 시그널로 분석되기도 한다(양

욱 2022, 1). 2022년 국방백서에도 북한이 공표한 정찰위성 개발을 발사체 개발의 명분으로 평가하고 있다(국방부 2023, 341).

　　그러나 북한은 탄도미사일뿐만 아니라 다양한 우주위협을 현실화하고 있다. 미국 국방정보국에 따르면 북한은 GPS 항법위성 및 통신위성에 대한 재밍 등 비운동성(non-kinetic) 우주 능력을 보유하고 있다(Defense Intelligence Agency 2022, 31-32).[8] 국제전략문제연구소(Center for Strategic and International Studies)도 북한이 활발한 사이버 공격으로 정치적, 경제적 메시지를 전달해왔으며 GPS와 다른 방해를 통해 성공적인 전자전 능력을 갖추었다고 본다. 비록 북한은 불법적인 수단이지만, 발전된 기술을 획득하고 우주전력 운영의 경험을 축적하면서 우주시스템과 지상국에 대한 위협을 추구하고 있다(Bingen et al. 2023, 29).

2. 미래 항공우주 취약성

주변국과 북한의 위협을 고려할 때, 미래전은 두 가지 취약성에 대비해야 한다. 첫째, 동시 병행적으로 전개되는 전쟁에서 얼마나 신속하게 전장인식을 수행하고 의사결심을 할 것이며, 우주공간까지 확장된 전장 영역에서 분산된 무기체계와 병력을 어떻게 통합적으로 지휘통제할 것인가? 이 문제는 미래전으로 전망되는 적의 위협을 분석함으로써 전장인식과 지휘통제의 방법을 모색하는 것으로 통합성이 핵심이다.

9　　제임스 디킨슨(James Dickinson) 미 우주사령부 사령관(대장)은 최근 미 하원 군사위원회에 출석해 북한은 GPS와 위성통신 신호를 교란할 수 있는 기술을 개발 중이라고 밝혔다. 북한의 이러한 기술 개발은 "분쟁 중 (적의) 우주 기반 항법과 통신망을 교란하기 위한 목적으로 보인다"라고 발언했다(박시수 2023b).

둘째, 무인체계의 활용으로 병력 손실을 최소화하면서 우주·사이버·전자기 무기 등 비살상 공격을 포함한 전쟁 양상에서 어떻게 전력을 투사하고 복원력을 갖추어 지속할 것인가? 이 문제는 미래전 수행에서 아군의 전력투사와 작전 수행 능력을 지속할 방법을 모색하는 것으로 복원력이 핵심이다.

1) 전장인식과 지휘통제의 통합성

오늘날 현대전 양상은 기계획 임무보다 긴급표적 처리가 증대하는 추세이다. 대량살상무기의 보복 억제력을 강화하기 위해 이동형이나 은폐형 무기체계가 발전하고 있기 때문이다. 미군이 이라크전에서 수행한 타격 임무 중 79%를 긴급표적 처리로 수행했다. 그런데 긴급표적 처리와 같이 상황 대응 능력이 필수적인 경우 지휘통제체계는 더욱 중요하다. 미래전은 사이버·우주 등 전장 영역 확대로 더 넓고 영역에 대한 상황인식과 빠르고 정확한 지휘통제 절차와 수단이 필요하기 때문에 취약성도 커질 수 있다.

특히 한국 공군의 중앙집권적 통제 구조는 한반도 내에서 실시간 상황인식이 가능한 상황이라도 육해공 다수의 전력이 동시 병행적으로 운용될 때 취약성을 보일 수 있다. 적이 소수의 핵심 노드를 공격할 경우 기능을 상실하거나 저하로 인해 전력 통제가 어렵기 때문이다. 중앙집권적 통제가 갖는 한계는 대규모 항공력만으로 전쟁이 종식된 코소보 전쟁에서부터 제기되었다. 1998~1999년 코소보 전쟁은 NATO가 주도하여 14개국이 제공한 항공전력으로 구성된 연합공군사령부가 이끌었는데, 의사결정 지연으로 중앙집권적 통제의 문제가 있었다. 당시 NATO는 걸프전 때보다 발전된 지휘통제체계를 갖추고 있었으나, 참전국들이 전장인식과 의사결심 등 지휘통제에 모두 관여하면서 걸프전보다 표적 공격에 더 많은 시간이 소요되었다.

이처럼 공중-우주 교차영역은 전장인식(감시정찰정보)과 지휘통제가 이루어지는 가장 광범위한 영역이다. 미래전은 전장이 우주·사이버와 전자기스펙트럼까지 확대됨에 따라 새로운 영역을 통한 연결성이 높아지며, 여기에 비례하여 취약성도 증대하게 된다.

이러한 취약성은 미국도 상대방과 다영역에서 경쟁하는 상황에서 주목한 문제이다. 다양한 센서와 정보전을 통해 수집된 데이터가 효율적으로 통합되지 않고 지휘통제체계로 원활하게 전달되지 않았기 때문이다(Pirolo 2020, 105). 또한 각 군의 작전계획자들이 타 군의 작전영역에 대하여 불충분한 지식을 갖고 있으며, 대부분의 부대가 다영역이 아닌 자군 단독 영역 중심의 사고에 매여 있었다. 즉 다영역 작전이 통합보다는 각 군의 충돌을 회피하는 수준에서 소극적인 역할을 하고 있다고 분석했다(Priebe et al. 2020). 이로 인해 미군도 현재 다영역 작전을 합동전영역 작전으로 발전시키고 있다.

미래전에서 전투력은 센서, 의사결심, 타격 능력의 통합된 복합체계로 인식하고 조합한다(Jameson 2022). 전영역 지휘통제체계는 지상, 해상, 공중, 그리고 사이버·우주 영역에서 개별 전력을 실시간 통합할 수 있어야 한다. 이처럼 전영역 지휘통제체계에서 우주는 핵심적인 역할을 하는 필수적인 영역이다(Ryan 2022, 16-20). 구체적으로 우주로부터 시작한 전영역에 각 군이 보유하고 있는 모든 센서와 지휘소 및 화력 체계를 연결하고 인공지능을 비롯한 컴퓨터를 통해 실시간대로 전장 데이터를 공유한다. 이를 통하여 각 군의 고유 영역과 무관하게 전투를 위한 최적의 전력 운용을 달성할 것을 기대할 수 있다. 이런 점에서 미국도 공군이 주도하는 합동전영역지휘통제체계(Joint All Domain Command and Control, JADC2)를 개발하고 있다.[10] JADC2는 우버(Uber)에 비유된다. 표적이 정해지면 컴퓨터가 타격에 가장 적합한 전력을 찾아 공격 방법을 선택하기 때문이다(USNI NEWs 2021).

전영역 지휘통제의 취약성은 각 군의 이해와 기술적 문제도 있지만, 우주 영역이 특정 국가가 점유할 수 없는 공유재라는 점에도 있다. 미래 우주 영역을 전략적으로 활용하기 위해서는 동맹국 혹은 우호국과 우주안보를 위한 협력이 중요하다. 이처럼 우주위협에 대응하는 국가 간 연합우주력은 각국의 우주전력을 단순히 기술적으로 결합시키는 것으로 달성되지 않는다. 연합우주력은 협력 국가 간 기술 협력, 정보공유, 동일한 플랫폼을 사용한 지휘통제와 연합작전 등 통합된 우주능력뿐 아니라 국제사회의 규범 수립에도 공동으로 참여할 필요가 있다.

2) 전력 운용의 복원력

미래전에서 군사력은 광범위한 감시정찰 능력, 의사결정에서 인간과 기계의 상호작용, 원거리 정밀타격을 중심으로 발전하고 있다. 이로 인해 대량살상무기 사용의 유용성이 제한될 수 있으며, 유사한 능력을 갖춘 상대와 전투에서 전투원과 무기체계의 심각한 손실을 대비해야 한다. 즉 공격력보다 복원력이 중요할 수 있다.

또한 미래전에는 상대방에 대한 우세가 얼마나 지속될 것인지 확신하기 어렵다. 일시적으로 상대방에게 우세하더라도 상대방의 물리적 능력은 빠른 시간에 복원되거나 적응할 수 있다. 따라서 전쟁에서 물리적으로 결정적 우위를 점할 수 없다면 군사력의 목표는 적대국 의지가 되어야 하며 전쟁의 정신적, 인지적 차원을 강화해야 한다. 이처

---

10 JADO의 개발은 미 공군에 의해서 주도되었으며, 첫 노력은 다영역 작전의 지휘통제체계를 개선하는 것이었다. 미 공군은 문제에 대한 해결책으로 JADC2(Joint All-Domain Command and Control)를 도입하였다.

럼 미래전은 군사력 운용에 대한 결정보다 정보심리전을 동반한 하이브리드전,[11] 개인과 주민,[12] 국가 기간시설에 대한 사이버 공격, 테러리즘, 용병과 대리군 사용, 대량살상무기 사용 위협 등 상대방의 의지를 약화시키는 데 초점을 둔다.

미래전에서 상대방의 의지를 공격하는 전략은 동맹관계에도 취약성이 될 수 있다. 한반도나 주변 지역 미래전은 한미동맹을 비롯한 연합군사력으로 대응하고 있는데, 중국과 러시아의 위협은 미국과 연합군사력을 결성할 수 있는 동맹·우방국들과 경쟁이나 무력분쟁이 발생할 경우 교착상태를 만들기 위한 정치적 분열과 군사적 지연·마비를 추구한다. 동맹·우방국 사이의 내부 불안을 조성하여 정치적 입장을 분열시키고 미국에 대한 전략적 모호성을 증대시켜 동맹·우방국의 인식, 결심, 반응, 속도를 감소시킬 수 있다. 이러한 취약성은 한반도나 주변 지역에서 실제 무력분쟁이 발생할 경우 전영역 작전 수행을 제한할 수 있다. 군사적으로도 한미동맹의 의지를 약화시키려는 전략은 군사적 충돌을 압도하는 전력 증강이라기보다는 역내 지역에서 미군의 신속하고 효과적인 증원 배치와 운용을 제한하려는 미사일, 사이버, 우주전력에 초점을 둘 수 있다(Hutchens et al. 2017, 135).

이처럼 전쟁 의지와 상대방에 대한 우세를 지속하기 위해서는 복원력 강화가 중요하며 공중-우주 교차영역에서는 미래 우주전력 발전

11 하이브리드전은 군사적, 비군사적 수단을 혼합해서 사용함으로써 압도적인 군사력의 사용 필요성을 축소시켰다. 이는 전면적 공격을 통해 상대방을 패배시키기보다 정치적 목적을 수행하기 위해 비전통적, 비대칭적, 간접적 군사행동에 치중하는 것이다. 그를 위해 여론조작을 비롯해 심리전, 정보전, 사이버전 등의 각종 전략·전술을 동원해 혼란과 불안정을 초래하고 대리전을 수행하며, 분쟁 최종 국면에 들어서 군사행동을 펼쳤다.

12 미래전은 완전히 새로운 방식으로 개인들을 표적으로 할 수 있다. 개인의 쇼핑 습관, 위치, 심지어 DNA 프로필에 대한 개별 데이터를 수집할 수 있고, 맞춤형 허위 정보활동과 생물학적 공격과 암살도 가능하다(Schmidt 2023).

이 중요하다(Hadley 2023). 우주전력은 분산된 아키텍처로 구성함으로써 적의 표적화가 복잡하도록 강요하는 동시에 아군의 전력이 지속될 수 있어야 한다. 우주전력의 복원력은 우주공간에만 한정되지 않는다. 예를 들어 우주 발사시설은 대부분 해안에 있고 고정되어 있어 공격에 취약하다. 해상이나 공중발사능력은 복원력 강화를 위한 인프라이다. 또한 적의 공격이나 자체 손실 이후 신속하게 위성을 발사하여 기능을 재구성할 수 있는 '전술적 대응 공간'이 필요하다.

우주전력의 재구성은 복원력을 강화하는 방안이며 모듈형 기술개발로 달성할 수 있다. 현재 우주공간에 있는 우주전력은 우주의 극한 환경, 연료와 배터리 용량 등으로 임무 수명에 제한을 받는다. 하지만 모듈형 기술은 우주전력에 파손된 부분이나 상실된 기능만 교체하여 임무 수명을 연장할 수 있다. 모듈형 장비와 부품은 궤도 상 기지(우주 정거장 등)나 보급위성에서 빠른 시간 내에 교체할 수 있으며, 지상 긴급발사 체계를 통해 지상에서 교체를 추진할 수도 있다.

모듈형 기술은 항공력의 복원력에도 활용될 수 있다. 무인항공기에 적용될 모듈형 기술은 단일 무인기를 다양한 항공작전에 투입할 수 있도록 해준다. 특정 임무를 수행 중인 무인항공기가 파괴되거나 손실될 경우에도 다른 무인항공기에 필요한 모듈을 변경함으로써 중단된 임무를 지속적으로 대체할 수 있다. 유무인 복합체계에서는 동일한 무인항공기 플랫품을 개발하더라도 다른 모듈형 장비를 탑재함으로써 다양한 작전에 활용할 수 있다(Erwin 2023).

IV. 공중-우주 교차영역에서 한국 공군의 발전 방향

1. 공중-우주 교차영역의 전략적 중요성

미래전에서 작전의 속도와 템포가 가장 빠른 공중-우주 교차영역은 시간과 공간 측면에서 제한적인 기회를 활용할 수밖에 없다. 즉 누가 기회의 창을 살릴 것인가라는 경쟁이다. 미래전은 평시 경쟁과 갈등이 언제 전시 무력분쟁으로 격화될지 불명확한 하이브리드 전쟁 양상이 우선되고, 전쟁 중에도 장기적 또는 압도적 우세 달성은 제한되고 일시적, 순간적 우세 달성만 가능할 전망이다. 따라서 한반도의 미래전 전략은 북한 위협에 대한 억지에 초점을 둬야 한다.

만약 억지가 실패했을 경우 전략 목표는 섬멸과 점령이 아니라 최단 시간, 최소 희생으로 전쟁에서 승리이다. 항공력은 적의 전략목표를 타격하는 결정적 힘으로 활용해야 한다. 우크라이나 전쟁이 장기 소모전으로 이어진 배경으로 러시아가 공중우세를 확보하지 못한 문제가 지적된다. 미국 미첼항공우주연구소(Mitchell Institute for Aerospace Studies)는 러시아가 항공력의 결정적 타격에 활용하고 합동작전을 지원하는 독립적 역할을 부여하는 대신 주로 지상군을 지원하는 역할에 치중했기 때문이라고 분석한다(Gordon 2023).[13]

하지만 미래전에는 항공력만으로 공중우세를 확보하기 더욱 어려울 전망이다.[14] 미래전에서 공대공 위협은 더욱 멀고 정확한 무기체계

---

13 항공력은 전략적 효과를 거두기 위해 활용해야 한다. 전략적 효과(Strategic Effect)란 적 전략적 중심을 공격하여 국가안보 이익을 위협하는 적 의지와 능력을 저하시킴으로써 창출된다. 적에게 영향을 미칠 경우 국가안보목표 달성에 가장 직접적으로 기여할 수 있는 적 체계와 관련된 효과를 의미한다(U.S. Air Force 2019, 9).

14 현재 항공력에 대한 위협은 공대공, 지대공, 전자기 위협이 대부분을 차지한다. 현대 항

로 확장될 것이며, 공대지 위협은 지상 방공망 강화와 이동형 방공무기로 강화될 것이다. 전자기 위협도 지상에서 투사되지 않고 항공우주 영역에서 확대될 것이다. 미래전에서 공중-우주 교차영역은 누가 우세를 확보하고 지속하는가의 경쟁이 될 것이며, 우크라이나 전쟁이 보여주듯이 어느 쪽도 우세를 쉽게 확보하지 못할 수 있다.

공군은 미래전 대응을 위해 공중과 우주 영역에서 작전 수행 능력을 구비하고 합동작전을 지원할 수 있는 체계를 갖추어야 한다. 공군의 미래 항공우주전략은 통합성과 복원력을 갖춘 항공 및 우주전력 구축과 운영이 핵심이다.[15] 공중-우주 교차영역의 통합성은 다음과 같은 특성에 기반한다. 첫째, 공중과 우주는 공간적으로 연결되어 있으며, 물리적 성격은 다르지만 높은 위치(고도)에서 전장인식과 지휘통제를 수행할 수 있다. 둘째, 속도와 템포에서도 공중과 우주는 의사결심 속도를 신속하게 만들며 지휘통제 우세를 추구할 수 있다. 셋째, 거리(범위)에서도 공중과 우주는 지리적 장애를 받지 않고 넓은 범위에서 다양한 임무를 동시에 수행할 수 있다. 공중과 우주의 특성은 공군이 항공우주전략과 항공우주력 건설을 주도하는 배경이다.

공군은 미래전 수행 개념을 실현하기 위해 항공력뿐 아니라 우주력 발전에 노력해야 하며, 항공우주전략 내에 기존 항공작전과 우주작전을 통합할 수 있어야 한다. 항공우주력은 항공력과 우주력의 통합운영 능력을 통해 작전 수행 능력과 효과를 배가할 수 있으며 억지력도

공력은 적의 항공기나 지상기지를 공격하여 공대공 위협을 제거하고, 적의 방공망과 레이더 기지, 지대공 미사일을 파괴하거나 마비시켜 지대공 위협을 제거한다. 또한 전자전 전력을 투입하여 GPS 재밍과 같은 적의 전자기 위협을 역교란하거나 마비시켜 전자기 위협을 제거한다.

15　통합성은 전력의 단일화나 각 군의 고유한 역량 통합이 아니며, 각 군의 책임전장 역할을 유지하면서 교차영역에서 하나같이 공유하는 체계이다.

강화할 수 있기 때문이다. 항공력은 원거리 정밀타격, 대량폭격, 이동 표적 확인, 신속한 대응능력이 강점이며 우주력은 광범위한 범위에 대한 감시정찰, 방해 없는 정보 공유와 통신이 강점이다. 단계적으로는 우주력 발전으로 전장인식 능력을 우선 발전시키고 감시정찰작전 및 정보작전에 활용해야 한다.

항공력과 우주력의 통합은 '교차영역 연결, 접근, 접근거부'를 달성하는 데 필수적이다.[16] 항공우주력의 통합은 작전의 효과성과 효율성을 높이기 때문이다. 효과성은 관심표적에 대해 항공자산과 우주자산을 동시에 운용함으로써 지형차폐나 단일체계가 갖는 제한사항을 다른 체계가 보완하는 효과이다. 효율성은 감시정찰 구역이나 표적을 항공자산과 우주자산으로 분할함으로써 정보 수집에 필요한 전체 소요시간을 축소하는 효과이다. 이처럼 정보능력 발전에 따라 군사적 대응이 신속하게 이루어질수록 상대방의 기습공격이나 핵WMD 효과도 제한될 수 있다(Gottemoeller 2022).

예를 들어 신호정보 자산은 지상, 공중, 우주 자산으로 분류할 수 있다. 지상 수집 자산은 주변 지형지물에 막혀 있지 않은 개방된 위치에 수집 안테나를 세우는 방식을 사용한다. 양질의 신호정보를 수집하기 위해서는 지리적으로 차폐가 없거나 적어야 한다. 지상 수집자산의 장점은 24시간 기상조건에 관계없이 상시 정보수집이 가능하다는 점이다. 다만, 아무리 좋은 지대에 안테나를 설치했더라도 필연적으로 지형지물의 방해를 받을 수밖에 없고 지구곡률이 존재하여 원거리 정보수집에 한계가 있다.

이러한 단점은 항공정찰과 우주자산으로 보완할 수 있다. 백두 정

---

16 최근 사우디아라비아는 공군을 중심으로 공중-우주 기반 조기경보, 감시, 정보 네트워크 구축을 추진하고 있다(박시수 2023a).

찰기는 대표적인 신호정보 수집자산인데 한국에서 백두산까지 정보 수집이 가능할 정도로 광범위한 수집 능력을 보유하고 있다. 지상 정보 수집 자산과 달리 지형지물의 차폐 영향을 받지 않기 때문에 원거리 수집이 가능하다. 다만, 항공정찰의 임무 시간에 제한을 받는다. 이를 보완할 수 있는 것이 우주정찰위성이다. 우주정찰위성은 기상 조건의 영향 없이 일정한 정보 수집 활동이 가능하다. 다만, 우주 정보자산은 한반도 저궤도를 빠른 속도로 통과하기 때문에 한 지점의 정보 수집이 10분 내외로 제한된다. 또한 특정 지점을 일일 2~3회 정도밖에 통과하지 않아서 체공시간이 긴 무인정찰기를 효과적으로 활용할 필요가 있다. 위성만으로 부족한 부분은 무인정찰기로 보완할 수 있다. 무인정찰기는 비행임무시간이 길고 태양열 등을 활용해 자체 전력공급이 가능하다. 고고도 무인정찰기 글로벌호크(RQ-4B)는 비행시간이 30시간 이상이다. 나아가 성층권 비행선이나 고고도 장기체공형 무인기 등을 개발 중이다.

한국에 가장 위협이 되는 북한의 탄도미사일 방어에도 공중-우주 교차영역 개발이 효과를 높일 수 있다. 하지만 현재 북한 탄도미사일 방어는 천궁-II, 사드, 패트리어트로 종말단계에 집중되어 있다. 요격 가능성을 높이기 위해서는 다층 방어체계가 필수적인데 종심이 짧은 한반도에서는 중간단계 방어보다 상승단계 요격 능력을 개발할 필요가 있다.[17] 상승단계 탄도미사일의 부스팅 시간은 60~300여 초로 기존 방어체계로는 제한되지만, 우주 영역에서 조기경보위성 탐지(지상기반

---

17 탄도미사일의 비행단계는 발사부터 엔진 연소가 완료되는 부스팅단계, 부스팅단계를 포함해 탄두가 분리되는 정점고도까지 상승단계(ascent phase), 우주공간을 비행하여 대기권 재진입까지 중간단계(midcourse phase), 대기권에 재진입하고 타격까지 종말단계(terminal phase)로 구분한다.

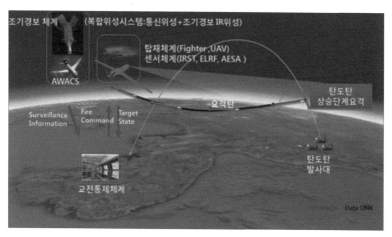

그림 7.4 상승단계 탄도미사일 방어 개념
출처: 국방과학연구소 홈페이지.

조기경보레이더도 중첩)와 공중 영역에서 무인기 중첩 탐지 및 즉시 요격이 통합된다면 높은 방어효율을 기대할 수 있다(정대윤 외 2023, 12).

상승단계 탄도미사일 요격은 장점이 많다. 탄도미사일은 상승단계에서 강력한 추력이 필요하고 추진체와 결합된 상태라 크기가 커서 탐지가 쉽다. 상승 중에는 기동이 제한되며 기만체와 탄두가 분리되기 전이라 구분 없이 모두 파괴할 수 있고 잔해는 적진에 추락할 가능성도 높다. 상승단계 탄도미사일 요격에 무인기를 활용하면 지상보다 발사 원점에 가까이서 요격할 수 있고 지상미사일이 상승하는 시간도 줄일 수 있다. 이에 따라 탄도미사일 탐지와 요격이 쉽고 유인기로 근접하는 것보다 위험을 낮출 수 있다.[18] 유인기보다 무인기는 상시 감시가

---

18 현재 탄도미사일 요격체계는 요격명령 수신부터 요격미사일 발사까지 13~20초 정도 소요되는 것으로 알려져 있다. 안전을 위해 발사 원점에서 먼 지상에서 요격미사일이 발사될 경우 요격까지 비행시간과 거리가 멀고 요격미사일도 고도 상승과 항력을 극복해야 한다.

244 제2부 미래전과 군의 대응

가능하여 상황 발생 시 즉시 대응도 가능하다.[19] 이러한 장점들은 현재
개발 중인 중고도 무인기를 향후 성능 개량하여 무장 능력을 갖추도록
만들고, 유인전투기에서 시도하려는 요격미사일을 활용하면 될 것이
다(허린·하재훈 2020, 45-52). 미국 CSIS도 북한이 한반도에서 탄도미
사일을 사용할 경우 좁은 발사 경로와 집중적인 방어체계를 통해 상승
단계 요격이 가능할 것으로 분석하였다(Williams 2022).

2. 한미동맹의 연합 항공우주력 강화

미래전에서 통합성과 복원력 강화를 위한 공군의 전략은 미국과의 연
합 항공우주력 강화이다. 1년을 넘어선 우크라이나 전쟁은 국제체제가
다극화되는 상황에서 동맹의 중요성을 다시 한번 보여주었다.[20] 미국도
더욱 중국과 균형에 집중할 것이며 인도태평양 지역에서 동맹관계를
강화할 것이다.

연합 항공우주력 차원에서 한국 공군은 미 공군이 추진하는
ACE(Agile Combat Employment) 전략 및 바큇살(Hub-and-Spoke)
전략을 한반도와 주변 지역에서 연계해야 한다. 두 가지 전략은 인도태
평양 지역에서 팽창하는 중국과 러시아 공군력, 북한의 탄도미사일 위
협에 대응하기 위해 기민하고 유연한 전력투사와 복원력에 초점을 두

---

19 미국은 북한의 ICBM을 상승단계에서 방어하기 위해 MQ-9 무인기에 요격미사일 2발을
　　장착하고 북한 동해에서 순회 비행하는 방안을 분석하였다(Lacinski 2017).
20 스테판 월트는 우크라이나 전쟁에서 보여준 미국과 NATO의 동맹이 힘의 균형보다 위
　　협의 균형을 따른다는 것을 지적한다. 비록 러시아는 전쟁에서 보여준 형편없는 군사력
　　에도 불구하고 여전히 상당한 핵무기와 잠재적 군사력을 가지고 있다. 향후 유럽 국가
　　들의 나토 가입이 증가하는 등 러시아에 대해 갖는 위협인식이 결속을 증가시킬 것이다
　　(Walt 2023).

고 있다(한국군사문제연구원 2021). ACE 전략과 바큇살 전략은 상호 연계된 것으로 ACE 전략은 적 위협 범위 내에서 생존성은 높이면서 전투력 창출을 보장하기 위한 선제적 기동 개념으로 다수의 공군 기지에 항공 전력을 기민하게 분산 배치하는 것이다(U.S. Air Force 2022; Donovan 2022). 바큇살 전략은 ACE 전략을 바탕으로 한반도 및 주변지역에서 핵심 비행장과 외곽 비행장에 항공력을 빠른 시간 안에 분산 운영하는 것이다.

구체적으로 ACE 전략은 항공기의 신속한 배치뿐 아니라 한미 양국의 대공방어 및 미사일방어체계를 연동하여 다층방어체계를 강화하는 것도 포함된다. 바큇살 전략은 KF-21이 대구에서 이륙했다면 같은 기지로 복귀하는 것이 아니라 대구가 허브 기지의 역할을 하고 청주, 사천, 광주 등 빗살처럼 다른 기지가 이착륙과 상호군수지원(보급, 무장, 정비 등)을 제공하는 전략이다. 인도태평양 지역으로 확대해보면 미국이나 다른 동맹국 기지로 분산 운영할 수도 있다. 미 공군은 이미 ACE 전략을 괌, 사이판이 있는 마리아나 제도와 같은 열도선에서 일상적으로 수행하고 있으며 한국, 일본 등 인도태평양 동맹국 공군으로 확대하기를 바란다(Mahshie 2022).

ACE 전략과 바큇살 전략은 중국, 러시아, 북한 등이 핵심 비행장뿐 아니라 외곽 비행장들도 겨냥하도록 유도해 적의 표적처리를 복잡하게 만들고 화력을 분산시킴으로써 아군의 생존성과 복원력을 높일 수 있다. 예를 들어 정비가 필요한 항공기가 허브 기지로 복귀할 경우 스포크(분산 기지)에 대기하는 항공기가 이를 신속히 대체할 수 있다. 이처럼 분산된 기지에서 이착륙하거나 제한된 지원만으로 항공기를 운영하려면 한미 연합공군력이 필요한 기술과 장비를 갖추어야 하고 숙련된 훈련이 이루어져야 한다. 게다가 중앙집권적 지휘통제로는 사이버·우주·전자기로 확장된 전장 영역을 지휘통제하는 데 필요한 속도를 창출하기 어렵다. 따라서 미 공군은 ACE 전략과 바큇살 전략을 통해 신속하게 전투력을 생성하고, 예측 불가능한 작전을 수행하여 치명적인 전투력을 투사하고자 한다. 이를 위해서는 유사시 주요 작전기지뿐만 아니라, 동맹국의 원정기지와 공항에 전력을 신속히 투사하여 전투를 수행할 수 있는 능력을 갖추어야 한다. 무엇보다 분산된 항공력 사이에 정보를 실시간으로 공유하고 작전을 신속하게 수행하기 위해서는 분산형 통제가 필요하다.

주변국과 북한의 미래 위협을 고려할 때 한국군 지휘부도 적의 공격으로 지상기반 네트워크가 마비되거나 기능을 발휘할 수 없을 경우 전쟁 수행 능력에 중대한 타격을 입게 된다. 공군도 중심 네트워크에 대한 위협을 우려한다. 이처럼 A2/AD 환경, 저강도 분쟁 상황에서는 중심 네트워크의 기능 상실이나 마비에 대응해야 한다. 따라서 중앙집권적 지휘통제에 대한 의존을 줄이고 보다 많은 권한 위임을 통해 임무를 수행할 수 있어야 한다. 하위 제대에 권한이 위임되는 조건은 작전 시행 전에 계획/설정되어야 하며, 특정 조건에 따른 권한 위임은 치열한 전투가 진행 중이거나, 능력이 저하된 상황에서도 지휘통제를 가능토록 한다. 분산형 통제를 위해서는 지휘관 의도를 정확히 전파하고, 예하 부대는 추가 지침 없이도 지휘관 의도에 맞게 행동할 수 있는 권한이 있어야 한다. 즉 분산형 지휘통제는 효과적인 통제를 위해 지리적으로 이격된 장소 또는 예하 제대에 기획/협력 활동에 대한 권한을 위임하는 것이다. 따라서 공군도 적의 A2/AD 능력이 아군의 지휘통제를 불가능하게 만드는 상황에 대응하여 분산형 통제 개념을 발전시켜야 한다(Reilly 2016).

연합우주력 차원에서 한국 공군은 미국의 우주력 파트너십을 활용하여 한국 우주력 강화를 적극 모색해야 한다. 미국은 우주 영역인식에 대한 양자 협정을 통해 110여 개 우주 상업 파트너와 31개 동맹국(한국 포함, 2022년 봄 기준) 간 정보를 공유하고 있다. 나아가 미 우주군은 국방우주 프로그램에 비밀 수준을 낮추어 과도한 보안이 정보 공유를 가로막는 문제를 해소하고자 노력 중이다. 최근 NATO도 동맹 간 우주기반 정보 수집을 확대할 계획(Alliance Persistent Surveillance from Space, APSS)이다(Machi 2023).[21] NATO 회원국들이 운영하는 다양한 우주기반 센서와 상업 정보, 이미지를 더 빨리 수신하고 전송함으로써 항법, 통신, 미사일 경보 능력을 향상시킬 수 있다. 자체 우주기반 센서와 시스템이 제한될 경우는 데이터 분석에 참여하거나 정보를 구입할 수도 있다. 이처럼 한미 연합우주력을 강화하는 데 있어서 정보 공유, 민간 우주기업을 포함한 정보 공유와 복원력 증대는 중요한 요소이다.

V. 결론

미래전이 전장 영역의 확장, 유무인 복합, 전쟁 시점의 혼재, 전선의 중첩으로 나타날 것으로 전망되는 상황에서 공중-우주 교차영역의 전략적 중요성은 더욱 커질 수밖에 없다. 「국방혁신 4.0」과 공군의 미래전 수행 개념이 이를 반영하고 있지만, 위협과 취약성 측면에서 제약이 있는 것도 사실이다. 이 글은 한반도에서 예상되는 미래전 전망을 바탕으

---

21 현재 참여 의사를 표명한 국가들은 벨기에, 불가리아, 캐나다, 핀란드, 그리스, 헝가리, 이탈리아, 룩셈부르크, 네덜란드, 노르웨이, 폴란드, 루마니아, 스페인, 스웨덴, 튀르키예, 영국, 그리고 미국 등이다.

로 공군의 대응 방향을 분석하고 공중-우주 교차영역에서 발전 방향을 제시한다.

국가안보는 위협과 취약성 분석을 통해 안과 밖의 대비를 추구할 수 있다(김열수 2022, 5-10). 먼저 위협의 측면에서 미래 국가안보를 위해서는 첨단 항공력만으로 공중우세를 확보/지속하기 어렵다는 인식, 북한의 우주개발이 탄도미사일 개발의 명분일 뿐이라는 인식부터 바꿔야 한다. 취약성의 측면에서 미래 국가안보를 위해서는 우주 영역까지 확장된 전장을 인식하고 지휘통제하기 위한 통합성, 공중우세가 제한되는 상황에서 전력투사와 작전 수행을 지속하기 위한 복원성을 강화해야 한다.

이 글은 미래전에 대비한 한국 공군의 대응 방향으로 공중-우주 교차영역의 전략적 활용을 제시한다. 미래전에서 공군은 공중우세를 확보하고 지속하기 위해 필수적으로 공중-우주 교차영역을 활용해야 한다. 이를 통해 항공 작전의 효과성과 효율성이 증대될 수 있으며, '교차영역 연결, 접근, 접근거부'를 달성할 수 있다. 우주 전력은 공중과의 교차영역에서 임무 성공률을 증대시키는 효과성, 공중 전력의 소모율을 감소시키는 효율성을 발휘할 수 있다. 이러한 우주력을 단기간에 공군이 달성하긴 어렵다. 따라서 한미연합 항공우주력 강화를 통해 능력과 경험을 축적해야 한다. 미 공군의 ACE 전략에 적극적으로 참여하고, 한반도 전구에 분산된 전력을 통제할 수 있도록 공중-우주 교차영역을 활용한 지휘통제에 한국 공군이 주도적 역할을 담당해야 한다. 이를 위해 한국 공군은 미국의 우주력 파트너십을 활용하여 한국 우주력 강화를 적극 모색해야 한다.

참고문헌

국방부. 2021. 『국방비전 2050』. 서울: 국방부.
_____. 2023. 『2022 국방백서』. 서울: 국방부.
국방부 보도자료. 2023. 『윤석열 정부의 「국방혁신4.0 기본계획」 발표』. 서울: 국방부.
김남철 외. 2022. 『미래전과 동북아 군사전략』. 서울: 북코리아.
김열수. 2022. 『국가안보론: 위협과 취약성의 딜레마』. 서울: 법문사.
김홍석. 2023. "러시아-우크라이나 전쟁: 공중우세의 재고찰." 『국방정책연구』 39(1): 75-114.
김홍철. 2023. "북한의 대규모 군사도발 원인분석과 우리의 대응 및 억제력 향상방안."
     『국방논단』 1927.
노훈·독고순. 2012. "크로스-도메인 시너지의 의미와 시사점." KIDA Defense Weekly 1412.
박수윤. "북, 동창리서 우주발사체 발사…군 "폭발·추락 등 실패 가능성"." 『연합뉴스』, 5월
     31일.
박시수. 2023a. "사우디 공군, 우주-하늘기반 감시, 첩보 시스템 구축에 20억 달러 투자."
     SPACERADAR, 2월 8일. http://www.spaceradar.co.kr/news/articleView.html?idxno
     =842 (검색일: 2023.2.9.).
_____. 2023b. "주한 미 우주군 지휘관, 북한 미사일 탐지가 핵심임무." 『산경투데이』, 3월
     15일.
송근호. 2021. "북한의 우주개발 위협 현황 분석과 한국군의 대응 방안에 대한 제언 연구."
     『국방정책연구』 37(1): 105-137.
양욱. 2022. "북한의 잇단 미사일 발사에 담긴 메시지: 북한 미사일 기술발전과 정치군사적
     시그널링." 『이슈브리프 2022-08』. 아산정책연구원.
이종호. 2022. 『남북한 첨단과학기술 비하인드 팩트체크』. 서울: 모두출판협동조합.
이형재. 2023. "미 공군 지휘통제교리 변화요인 분석." 국방대학교 박사학위 논문.
정대윤·신용산·유건환. 2023. "항공기반 상승단계 탄도미사일 방어 기술." 『국방과학기술플
     러스』 259.
정영진. 2017. "국제우주법상 북한 광명성 발사의 적법성." 『국제법학회논총』 62(1): 131-145.
정춘일. 2018. "영역교차시너지 최대화를 위한 한국군의 전력체계 혁신 방안." 『한국군사』 4.
조성렬. 2017. 『전략공간의 국제정치』. 서울: 서강대학교 출판부.
최은석. 2013. "북한 우주개발계획 분석: 법제도적 시각을 중심으로." 『군사논단』 73: 215-233.
_____. 2017. "북한의 「우주개발법」 제정과 전략로켓." 『군사논단』 90: 103-128.
한국군사문제연구원. 2021. "미 태평양 공군의 대중국 견제 전략 개념." KIMA Newsletter
     1025.
허린·하재훈. 2020. "상승단계 탄도탄요격체계 개발동향." 『국방과학기술플러스』 248.

Adamsky, Dmitry. 2015. *Cross-Domain Coersion: The Current Russian Art of Strategy*.
     IFRI Security Studies Center.

Bingen, Kari A., Kaitlyn Johnson, Makena Young, and John Raymond. 2023. *Space Threat Assessment 2023*. CSIS.

Costello, John and Joe McReynolds. 2018. "China's Strategic Support Force: A Force for a New Era." *China Strategic Perspectives 13*. Washington, D.C.: National Defense University Press.

Defense Intelligence Agency. 2022. "Challenges to Security in Space 2022." https://www.dia.mil/Portals/110/Documents/News/Military_Power_Publications/Challenges_Security_Space_2022.pdf

Deptula, David A. and Heather Penny. 2019. "Mosaic Warfare." *Air Force Magazine*, November 1.

Donovan, Matthew. 2022. "Making Agile Combat Employment Real." *Air and Space Forces Magazine*, January 27.

Engstrom, Jeffrey. 2018. *Systems Confrontation and System Destruction Warfare: How the Chinese People's Liberation Army Seeks to Wage Modern Warfare*. Santa Monica, CA: RAND.

Erwin, Sandra. 2023. "Pentagon working with Congress on unclassified space strategy." *SpaceNews*, February 15. https://spacenews.com/pentagon-working-with-congress-on-unclassified-space-strategy/ (검색일: 2023.2.20.).

Gordon, Chris. 2023. "Russian Air Force 'Has Lot of Capability Left' One Year On From Ukraine Invasion." Feb. 15. https://www.airandspaceforces.com/russian-air-force-lot-of-capability-left-ukraine-invasion/ (검색일: 2023.2.16.).

Gottemoeller, Rose. 2022. "The Case Against a New Arms Race: Nuclear Weapons Are Not the Future." *Foreign Affairs*, August 9.

Hadley, Greg. 2023. "Keys to Space Resilience: It's More Than Orbits, Says DOD's Plumb." *Air and Space Forces Magazine*, February 15.

Headquarters U.S. Air Force. 2023. *Air Force Global Futures Report, Joint Functions in 2040*.

Hutchens, Michael E. et al. 2017. "Joint Concept for Access and Maneuver in the Global Commons: A New Joint Operational Concept." *Joint Forces Quarterly* 84(1): 134-139.

Jameson, Steve. 2022. "Multi-domain Operations Require System-of-Systems Approach to Engineering and Integration." *Federal News Network*, November 23. https://federalnewsnetwork.com/commentary/2021/11/multi-domain-operations-require-system-of-systems-approach-to-engineering-and-integration/ (검색일: 2022.12.1.).

Lacinski, Samuel S. 2017. "An Assessment of the Technical and Policy Challenges of Airborne Boost-Phase Intercept." *MIT Master thesis*.

Machi, Vivienne. 2023. "NATO initiative to bolster alliance's space-based data collection." *DefenseNews*. https://www.defensenews.com/global/europe/2023/02/13/new-nato-initiative-to-bolster-alliances-space-based-data-collection/

(검색일: 2023.2.15.)

Mahshie, Abraham. 2022. "ACE is Now Normal Ops in Pacific but Utility in Conflict Requires More Partners." *Air Force Magazine*, June 17. https://www. airandspaceforces.com/ace-now-normal-ops-pacific-utility-in-conflict-requires-more-partners/ (검색일: 2022.12.5.).

Mallory, King. 2018. *New Challengee in Cross-Domain Deterrence*. RAND.

McDougall, Walter A. 1985. *The Heavens and The Earth : A Political History of The Space Age*. New York: Basic Books.

Pirolo, Brandley M. 2020. "Information Warfare and Joint All-Domain Operations: A Primer for Integrating and Prioritizing Data Requirements." *Air & Space Power Journal*. (Winter).

Priebe, Miranda. et al. 2020. "Multiple Dilemmas for the Joint Force: Joint All-Domain Command and Control." Santa Monica, CA: RAND.

Reilly, Jeffrey M. 2016. *Multidomain Operations: A Subtle but Significant Transitions in Military Thought*. Air Force Research Institute Maxwell AFB.

Ryan, Tim. 2022. "The Indispensable Domain: The Critical Role of Space in JADC2." *Mitchell Institute Policy Paper* 39.

Schmidt, Eric. 2023. "Innovation Power: Why Technology Will Define the Future of Geopolitics." *Foreign Affairs*, March/April.

Singer, Peter W. 2023. *What Are The Lessons from Ukraine For The Future Of War? DefenseOne*, February 22. https://www.defenseone.com/ideas/2023/02/what-ukraine-has-changed-about-war/383216/ (검색일: 2023.3.1.).

U.S. Air Force. 2019. *AFDP 3-70 Strategic Attack*. Alabama: Curtis E. Le May Center for Doctrine.

_____. 2022. "Agile Combat Employment." *Air Force Doctrine Note 1-21*, August 23.

USNI NEWs. 2021. "Report to Congress on Joint All-Domain Command and Control." August 17. https://news.usni.org/2022/01/25/report-to-congress-on-joint-all-domain-command-and-control-4 (검색일: 2023.1.15.).

Van Tol, Jan. 2010. *AirSea Battle: A Point-of Departure Operational Concept. Center for Strategy and Budgetary Assessments*.

Walt, Stephen M. 2023. "Friends in Need: What the War in Ukraine Has Revealed About Alliances." *Foreign Affairs*, February 13.https://www.foreignaffairs.com/ukraine/friends-in-need-war-in-ukraine-alliances-stephen-walt (검색일: 2023.2.14.).

Williams, Ian and Masa Dahlgren. 2022. "Boost-Phase Missile Defense-Interrogating the Assumptions." *A report of the CSIS Missile Defense Project*.

제3부   미래전과 항공우주산업의 대응

제8장   우주의 군사화-상업화 시대 미중 우주 경쟁

이승주(중앙대학교)

* 이 논문은 2020년 대한민국 교육부와 한국연구재단의 지원을 받아 수행된 연구임 (NRF-
2020S1A3A2A01095177).

I. 서론: 기술, 산업, 전략 경쟁의 상호작용

2010년대 중반 이후 우주산업의 세계질서에 지각 변동이 일어나고 있다. 이는 우주산업의 기술 및 산업적 차원의 변화와 미중 전략 경쟁이라는 지정학 및 지경학적 변화가 상호작용한 결과이다. 우선, 기술 및 산업적 측면에서 우주산업에서 오랜 기간 정착되었던 생태계가 변화의 과정에 돌입하였다. 정부 또는 공공부문을 중심으로 우주산업에 진입을 시도하던 기존의 전략과 달리, 2010년대 이후 민간기업, 특히 신생 우주 기업들이 우주산업 생태계의 핵으로 부상하고 있다. 냉전기 미국과 소련은 우주를 군사 경쟁뿐 아니라 국가 위신의 문제로 인식하고 대규모 자원을 아낌없이 투입하였다. 그러나 21세기 우주산업의 개발 비용 상승 때문에 기존의 성공 방정식을 더 이상 지속하기 어려워졌다. 미국의 사례에서 잘 드러나듯이, 혁신적 기술을 장착한 신생 우주 기업들이 개발 비용의 절감을 주도하면서 정부와의 파트너십을 형성하였고, 그 결과 새로운 우주 생태계가 형성되고 있다.

미중 전략 경쟁 또한 우주산업의 변화를 촉진하는 구조적 요인 가운데 하나이다. 중국의 시진핑 정부는 우주산업을 '중국몽'의 새로운 분야로 설정하고, 국가 전략 차원에서 집중적으로 육성하고 있다. 그 결과 2015년 이후 중국의 '우주 굴기'가 가시화되고 있다. 중국 우주산업의 비약적인 발전은 전략 경쟁의 상대인 미국에게는 커다란 위협이다. 실제로 미국 내에서는 중국 우주산업이 급격한 성장을 거듭한 결과, 결국 미국을 추월할 뿐 아니라, 군사적 위협을 가하는 결과가 초래될 것이라는 우려가 제기되고 있다(Harrison et al. 2022; Kluger 2022).

우주는 군사적 차원에서 새로운 전장으로 부상하고 있을 뿐 아니라(Dolman 2022), 장기전으로 전개될 전략 경쟁에서 미래 경쟁력의 핵심이기 때문이다. 특히, 우주는 미국이 오랜 기간 패권적 지위를 구축한 분야로서 중국의 추격이 미국이 주도하는 우주 세계질서의 변화를 초래할 수 있다는 점에서 더욱 경계의 대상이 되고 있다.[1] 미국과 중국의, 우주산업의 경쟁력을 바탕으로, 세계질서의 주도권을 장악하기 위한 경쟁이 치열해질수록 향후 우주산업의 불확실성은 더욱 커질 전망이다.

　기술 및 산업 차원의 변화와 미중 전략 경쟁은 개별적으로도 우주산업의 세계질서에 커다란 변화를 일으키기에 충분하지만, 상호작용하면서 변화의 소용돌이를 더욱 커지게 하고 있다. 그 결과, 우주의 상업화와 군사화가 동시에 전개되기에 이르렀다. 이는 전략 경쟁을 펼치는 미국과 중국은 물론, 우주산업에서 입지를 강화하려는 국가들에게 기회이자 도전이다. 미국은 빠르게 추격하는 중국을 따돌리고, 현재의 지위를 유지하기 위해 국내적으로는 기술혁신과 비용 절감을 위한 상업화를 촉진하는 전략을 추구한다. 중국은 군민융합에 기반한 독자적인 전략에 기반하여 미국을 추격하고, 일대일로와 같은 대외전략을 활용하여 우주에서 미국의 지배적 위치에 도전하고 있다. 한편, 한국, 일본, 인도, 호주 등 신흥 우주국들은 격변 속에서 국제 우주 생태계에 진입 또는 부가가치가 높은 분야로 상향 이동을 추구한다.

　이 글은 다음과 같이 구성된다. 2절에서는 우주산업에서 대두되고 있는 새로운 추세를 검토한다. 우주의 상업화와 군사화 현황과 원인을 간략하게 고찰하고, 기술 및 산업 차원의 변화 양상과 우주 생태계의 재편을 검토한다. 3절에서는 우주의 상업화가 미중 전략 경쟁에 미

1　미국은 중국 우주산업의 성장이 초래할 군사적, 경제적 위협에 대해서는 2010년대 초부터 경계해왔다("Hearing: China's Emergent Military Aerospace and Commercial Aviation Capabilities" 2010).

치는 영향을 검토한다. 특히, 이 절에서는 우주의 상업화에 대한 미국과 중국의 차별적인 접근을 검토함으로써, 미중 전략 경쟁에 미치는 영향을 고찰한다. 4절에서는 우주 분야에서 본격적으로 전개되는 미국과 중국의 경쟁 양상을 고찰한다. 마지막 결론에서는 미중 우주 경쟁이 초래하는 변화와 그로 인한 이론적·현실적 시사점을 논의한다.

II. 우주산업의 새로운 추세

1. 우주의 상업화와 군사화

우주산업은 상업화와 군사화가 동시에 진행되는 특징을 보인다. 우주산업은 전통적으로 정부가 주도하여 육성하는 대표적인 산업이었으나, 최근에는 상업화 추세가 대두되면서 우주산업의 패러다임이 근본적으로 변화하고 있다. 우주산업과 관련된 직간접적 수요가 증가하고, 기술혁신이 제조 비용의 하락으로 이어졌기 때문에 우주산업의 상업화가 가능하였다. 우주산업이 창출하는 우주 경제의 규모는 2021년 4690억 달러에 달하는 것으로 추산되며, 2022년 상반기 발사된 위성의 수가 1천 개를 넘을 정도로 우주산업이 급팽창하고 있다(Space Foundation Editorial Team 2022).

　우주의 상업화와 군사화가 동시에 진행되는 것은 스핀오프(spin-off)와 스핀온(spin-on) 의 경계가 약화된 것과 밀접한 관련이 있다. 과거 미국이 우주산업에서 경쟁국보다 우월한 경쟁력을 확보할 수 있었던 데는 스핀오프에 기반한 정부와 기업 사이의 선순환 구조를 구축할 수 있었기 때문이다. NASA 및 DARPA 등 공공 조직이 소련과의 우주

경쟁에서 승리하기 위해 막대한 공공 자금을 투입하고, 필요에 따라 민간과 협업하는 체제를 구축할 수 있었다. 이 과정에서 개발된 기술은 미국이 군사 부문에서 소련과의 경쟁에서 우위를 확보할 수 있는 중요한 수단이 되었음은 두말할 나위 없다. 한편, 잘 알려져 있듯이 군사적 목적으로 개발된 기술이 민간용으로 전환되어 미국의 산업 경쟁력을 제고하는 데 활용되기도 하였다. 인터넷, 통신, 반도체 등이 대표적인 사례이며, 우주 기술도 이러한 유형에 해당한다. 즉, 미국 우주산업은 공공과 민간의 협력 시스템을 통해 기술혁신을 촉진함으로써 소련과의 군사 경쟁에서 우위를 확보하는 한편, 이 가운데 일부 기술이 민간으로 이전되면서 산업 경쟁력의 향상, 더 나아가 새로운 제품과 서비스의 제공을 통한 산업구조의 변화를 선도할 수 있었다.

우주의 상업화와 군사화가 동시 전개되는 변화가 빠르게 일어나고 있는 것은 스핀오프에 소요되는 기간이 대폭 단축된 것과 관련이 있다. 스핀오프의 기간이 단축됨으로써 군사용 기술과 상업용 기술 사이의 경계가 사실상 무의미해진 것이다. 그 결과 기술의 전용이 실시간으로 끊임없이 이루어지는 변화가 발생한 것이다. 소형 위성, 마이크로 위성의 생산은 이러한 추세를 더욱 가속화하였다. 상업용으로 개발되었다 하더라도, 우크라이나-러시아 전쟁에서 나타나듯이, 즉시 군사적 목적의 정찰을 하는 데 기술적 제약이 사실상 사라진 것이다.

2. 기술 격차의 축소

우주산업의 변화가 빠르게 이루어짐에 따라 기회와 불확실성이 동시에 대두되고 있다. 우주산업 분야에서 상업용 수요가 가파르게 증가함에 따라, 기업들에게는 새로운 시장 창출의 기회가 열리고, 이용자들에게는 새로운 서비스에 대한 접근성이 획기적으로 증가하는 변화가 동시에 일어나고 있다. 이러한 가운데 산업적 측면에서 볼 때, 우주산업에서 진행되고 있는 변화는 대체로 아래와 같이 요약할 수 있다. 우선, 우주 기술의 급속한 확산이다. 과거 미국과 소련 등 일부 강대국 또는 소수의 유럽 국가들의 전유물처럼 여겨졌던 우주 기술이 빠르게 확산되면서 신흥 우주 강국이 등장함은 물론, 다수의 개발도상국들이 우주산업에 진출하고 있다. 특히, 소형 위성 및 마이크로 위성 기술의 확산은 우주산업 진출의 기회를 획기적으로 증대시켰다(Chizea 2002). 대형 위성의 경우, 개발에만 수십억 달러가 투입되어야 할 뿐 아니라, 실제 운용 단계에 이르기까지 십 년 이상이 소요될 수 있기 때문에, 우주산업에 진출하려는 개도국 입장에서는 진입 장벽이 매우 높은 분야였다. 반면, 소형 위성은 기존에 개발된 부품과 소프트웨어를 활용함으로써 개발 비용을 대폭 낮출 수 있을 뿐 아니라, 개발 기간도 2년까지 대폭 단축할 수 있다는 점에서 우주산업 육성을 원하는 개도국들에게 매우 매력적인 대안이 된다(이상현 외 2017).[2]

우주의 상업화는 이미 대세로 자리 잡고 있다. 다만 주목할 것은 정부가 우주산업의 형성기를 주도했던 것과 달리, 우주산업의 상업화는 정부 바깥에서 먼저 진행되었다는 점이다. 과거 미국의 우주산업은 NASA와 록히드마틴(Lockheed Martin)과 보잉(Boeing)과 같은 전통적인 우주 항공 기업이 우주 기술의 혁신을 주도하였다. 그러나 이 과정에서 우주 기술의 개발 비용이 빠르게 증가하는 문제를 겪게 되었다. 1985년에서 1988년 불과 3년 사이에 우주선의 발사 비용이 85% 증가한 것이 대표적인 사례이다. 이처럼 기하급수적으로 증가하는 비

---

2   소형 위성은 상업용으로 개발되는 경향을 띠었는데, 최근에는 소형 위성의 군사적 활용에 대한 관심이 점차 증가하는 추세에 있다(이상현 외 2017).

용 부담을 감당하기 어렵게 된 미국 정부가 새로운 대안으로 모색하게 된 것이 우주의 상업화이다. 또한 스페이스 엑스(Space X), 블루 오리진(Blue Origin), 버진 갤럭틱(Virgin Galectic) 등 신생 우주 업체들이 기술혁신을 주도하면서 우주의 상업화가 촉진되는 현상이 대두되었다. 기술적 측면에서 볼 때, 우주 기술의 융합도 새로운 추세로 대두되고 있다. 개별 분야로 나누어 발전해오던 우주 기술—센서 데이터, 자동화, AI, 배송 네트워크 등—이 융합되는 현상이 가속화되고 있는 것이다. 이러한 추세적 변화는 개별 기술뿐 아니라, 시스템 통합의 중요성을 더욱 부각시키고 있다.

　미국과 중국을 필두로 다수의 국가들이 우주 상업화에 뛰어들자 우주산업의 지각 변동이 발생하고 있다. 2020년 5월 스페이스 엑스가 인간을 우주로 보낸 최초의 민간기업으로 등장하면서 우주의 상업화 경쟁이 본격화되었다. 이는 우주를 향한 고객에 특화된 제품과 서비스, 즉'우주를 위한 우주(space for space)'를 촉발하였다는 점에서 커다란 의미를 갖는다(Weinzierl and Sarang 2022). 더 나아가 광대역 인터넷, TV와 라디오 등 전 세계 항법 시스템과 통신 시스템의 우주 기술에 대한 의존도가 증가하였을 뿐 아니라, 에너지와 수자원 공급, 금융 인프라로 그 파급 효과가 증대되고 있다.

3. 우주 생태계

냉전 시대와 달리, 우주산업의 경쟁력을 유지하는 데 핵심은 생태계의 형성과 유지이다. 우주산업 생태계의 형성은 사전에 치밀하게 설계된 전략에 의해 가능해진다. 우주산업 생태계는 상호 긴밀하게 연계된 조직들이 복합적으로 어우러질 때 비로소 외부 환경 변화에 적응하면

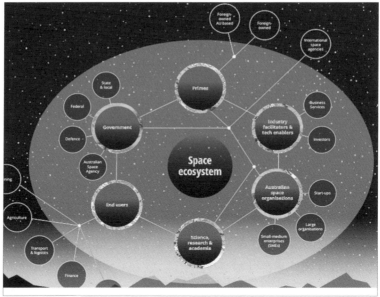

그림 8.1 우주산업 생태계
출처: Deloitte(2021).

서 진화할 수 있다. 우주산업은 정부, 우주 관련 정부 조직, 시스템 통합 업체, 기술 역량을 갖춘 기업, 과학기술계, 최종 이용자 등을 중심으로 1차 층위의 생태계가 구성된다. 각각의 주요 행위자들 아래의 2차 층위에도 다양한 행위자들이 1차 층위의 행위자와 긴밀한 연계를 갖게 된다(그림 8.1 참조). 예를 들어, 정부는 우주청, 국방부, 지방정부 등과의 조정을 추구하며, 민간의 최종 이용자들과도 연계를 추구한다. 다만, 주목할 것은 민간 우주 기업이 새로운 행위자로 부상하는 수준을 넘어, 주류화되는 추세가 점차 강화되고 있다는 점이다. 이러한 추세를 고려할 때, 민간 우주 기업과 정부 또는 공공부문 사이의 관계를 재설정하는 것이 우주산업 생태계 진화의 관건이 된다.

III. 우주산업의 상업화의 미중 전략 경쟁

미중 전략 경쟁이 치열하게 전개되면서 우주로 그 영역이 확장되고 있다. 미중 우주 경쟁은 기반 기술, 제조 역량, 서비스 도입, 투자 규모, 투자 방식, 정부–기업 관계 등 다양한 측면에서 상호 경쟁의 양상을 띠고 있다. 우주산업에 투자하는 투자자의 수를 기준으로 할 때, 100개 이상의 투자자를 보유한 국가는 미국과 중국이 '유이'하다(그림 8.2 참조). 일부 유럽, 호주, 일본, 인도의 투자자 수도 증가하고 있으나, 미국 및 중국과는 상당한 격차가 있다. 그 외 대다수 신흥 우주국들은 민간 투자자를 유치하는 데 어려움을 겪는 것으로 나타난다.

자본 조달 방식 면에서 볼 때, 우주의 상업화를 위해서는 특히 우주 스타트업에 투자가 필수적인데, 미국은 이 측면에서 경쟁국에 비해 상당한 이점을 갖고 있다. 미국에서 우주의 상업화가 본격적으로 시작될 수 있었던 것은 2015년 이후 우주 스타트업에 대한 자금 투입이 다양한 방식으로 이루어진 것과 밀접한 관련이 있다. 민간의 자금 조달

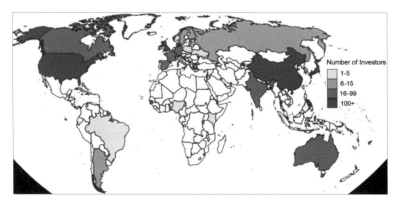

그림 8.2 우주산업 투자자 수 비교
출처: BryceTech(2022).

방식은 크게 벤처캐피털, 사모 펀드, 시드머니 또는 양여자금, 차입, 기업 공개, 기업 인수 등이 있다. 이 가운데 미국의 스타트업은 벤처캐피털이 절반 이상의 비중을 차지하고 있다. 스타트업의 성공적인 성장은 이후 기업 인수가 이루어지는 단계로 이전하면서 우주산업의 통합이 발생한다. 최근 미국에서는 인수합병 건수가 연간 20개 이상으로 추산된다.

민간 자금의 투입은 우주의 상업화를 촉진한 핵심 요인 가운데 하나이다. 2021년 기준 미국의 우주산업에 투입된 민간 자금의 규모는 150억 달러에 달한다. 이는 소형 위성 개발 및 제작 기술혁신과 맞물려 우주 제조업체의 위성, 특히 저궤도 위성의 생산 역량을 대폭 증대하는 데 기여하였다. 스타링크의 경우 일일 생산 대수가 6~7대에 이르는 것으로 알려졌다. 이러한 생산 속도가 지속될 경우, 2024년까지 제조되는 위성의 수가 약 1만 2천 대에 이를 것으로 추산된다.

중국도 이러한 추세에 빠르게 반응하고 있다. 2015년은 중국 우주산업 상업화의 기점이다. 이 시점 이후 민간 우주 기업의 수가 빠르게 증가하고, 우주 기업들이 자금을 조달하는 규모가 커지고, 경로 역시 다양해지고 있다. 2019년 기준 우주산업에 투입된 민간 자금 규모가 50억 위안을 초과하고, 조달 건수 역시 최초로 40건을 상회하였다. 우주산업의 상업화가 빠르게 진행되고 있다는 방증이다. 코로나19가 발생·확산된 2020년에도 우주산업에 투입된 자금의 규모가 더욱 증가하여 100억 위안에 도달하였다.

2. 우주산업 상업화의 문제

한편, 우주의 상업화가 급속하게 진행되는 데 따른 리스크 또한 증가하고 있다. 우주 공간의 혼잡도가 증가함에 따라, 위험 또한 증가하고 있다. 1957년 스푸트니크 1호 발사 이후 최근까지 약 60여 년 동안 발사된 위성의 수는 1만 1천 기에 달한다. 현재 지구 궤도 상에는 약 50만 개의 우주 파편이 있는 것으로 추산된다. 향후 발사 예정인 위성의 수는 이미 발사된 위성 수의 7배를 상회할 것으로 예상된다는 점을 고려할 때, 우주 혼잡도의 증가와 그에 따른 위험의 증가는 불가피하다.

이를 종합할 때, 우주의 상업화에는 명과 암이 동시에 존재한다(그림 8.3 참조). 우주의 상업화는 우주 탐사에서 더 나아가 우주 관광, 차세대 우주 통신 등의 직접적인 효과는 물론, 제조업, 자원 탐사, 식량, 지속가능한 발전, AI, 에너지 전환 등 간접적으로 미치는 영향의 범위가 광범위하다(WEF 2022). 반면, 우주의 상업화는 우주를 국가 간 갈등의 장으로 전환시킬 뿐 아니라, 우주의 지속가능성에도 상당한 위협을 가하고 있다(Broom 2022).

더욱 주목할 점은 우주의 상업화 효과가 순수한 상업 영역에 국한되지 않는다는 점이다. 우크라이나-러시아 전쟁의 사례에서 잘 나타났듯이, 러시아 군대에 대한 GPS 영상이 위성을 통해 수집·분석되고 있다(Rasmussen 2022). 특히, "스페이스 엑스의 스타링크(Starlink)

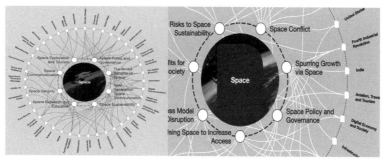

그림 8.3 우주 상업화의 득과 실
출처: WEF(2022); Broom(2022).

네트워크가 전장의 통신 네트워크를 구축하는 데 지대한 기여를 했다"는 미카일로 페도로프(Mykhailo Fedorov) 우크라이나 디지털 전환부(Ministry of Digital Transformation) 장관의 언급에서 나타나듯이, 상업용 위성에서 제공된 데이터가 전쟁에 긴요하게 활용되고 있다(Varitas 2023).

IV. 미중 전략 경쟁

1. 중국 우주산업의 성장

현재 운용되고 있는 위성을 기준으로 할 경우, 미중 우주 경쟁이 본격화되었다고 보기는 어려운 것이 사실이다. 현재 운용 중인 위성의 수에서 미국은 중국에 대하여 압도적이라고 할 수 있을 정도의 우위를 유지하고 있다. 2020년 3월 기준, 현재 운용 중인 전체 위성 2,666기 가운데 미국이 거의 절반에 가까운 49.8%인 1,327기를 보유하고 있다. 363기를 운용하여 13.6%의 점유율을 차지하고 있는 중국과 비교할 때, 여전히 커다란 격차를 유지하고 있는 것이다(그림 8.4 참조). 그러나 중국의 추격 속도가 놀랍다. 2010년에서 2019년 중국이 발사한 위성의 수는 207기로 이전 40여 년 동안 중국이 쏘아 올린 위성 수의 무려 4배에 달한다. 특히, 중국은 2018년에만 38기의 위성을 발사하여 21세기 가장 많은 위성을 발사한 국가가 되었고, 중국이 발사한 전체 위성의 약 20%가 2018년~2019년에 집중적으로 발사되었다(ChinaPower 2020). 중국이 추격의 속도를 높이고 있는 만큼, 미중 우주 경쟁이 현실화될 것이라는 전망이 점차 확대되고 있다(Patel 2021).

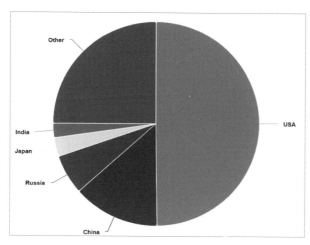

그림 8.4 현재 운용 중인 위성의 국가별 점유율
출처: ChinaPower(2020).

중국의 추격은 질적인 측면에서도 주목의 대상이 되기에 충분하다. 중국의 로켓 발사 성공률은 95.3%로, 미국과 러시아의 성공률에 근사한 수준에 도달하였다. 더욱이 중국이 운용 중인 위성 가운데 상당수는 베이더우 위성 항법 시스템(北斗卫星导航系统)의 운용을 위한 것이다. 글로벌 항법 위성 시스템(Global Navigation Satellite System, GNSS)은 미국의 GPS, 유럽의 갈릴레오(Galileo), 러시아의 글로나스(Globass) 등 전통적인 우주 강대국의 독점적 무대였다. 베이더우 시스템이 강대국의 전유물이었던 항법 시스템 서비스를 개시함으로써 명실상부한 우주 강국으로서 위상을 확보하게 된 것이다.

중국이 2020년 3세대 베이더우 위성 발사에 성공함으로써 항법 시스템을 완결하였을 뿐 아니라, 수적으로도 미국의 GPS를 앞서게 되었다(ChinaPower 2020). 2021년 기준 베이더우 서비스를 사용하는 국가는 120개국으로, 전 세계 위성항법시스템 시장에서 베이더우가 차지하는 점유율은 15% 수준이다. 중국은 2025년까지 이를 25%로 끌어

올리려는 목표를 설정하였다(박시수 2021). 주목할 점은 중국이 독자
적 기술혁신과 제조 능력을 토대로 이러한 성과를 달성하였다는 점이
다. 중국 우주산업의 이러한 특징은 전통 우주 선진국으로부터 기술 이
전을 통해 우주산업에 진출을 시도하는 신흥 우주국들과 대조적이다.

　중국 우주산업이 비약적인 성장을 거듭할 수 있었던 것은 중국 정
부가 주도적으로 우주 산업의 생태계를 재편한 결과이다. 중국은 전통
적으로 국영기업과 군 중심으로 우주산업의 발전을 위한 기술생태계
를 형성하였다. 현재도 우주 첨단기술의 대부분은 국영기업 또는 국영
기업에 파생된 기업들이 보유하고 있는 것이 현실이다. 그러나 국영기
업 중심의 성장 전략은 점차 한계를 드러내게 되었다. 국영기업의 비효
율성과 공공부문의 완만한 의사결정이 빠르게 상업화하는 우주산업의
새로운 패러다임에 적응하는 데 근원적인 결함이 있기 때문이었다.

　중국 우주산업은 우주 강국을 지향하는 시진핑 정부의 정책 의지
와 그에 따른 대대적인 지원, 민간기업의 우주산업 진출로 촉발된 우주
산업 생태계의 혁신 등 다양한 요인이 복합적으로 작용한 결과 추격의
발판을 마련하였다. 우선, 정책 의지 면에서 시진핑 정부는 과거 정부
와 비교할 수 없을 정도의 높은 정책적 우선순위를 우주산업에 부여하
였다. 시진핑 정부가 우주 강국을 넘어 2049년 우주 선도국의 지위를
도달하겠다는 야망을 담은 '우주몽'을 제시한 이래, 중국 우주산업의
정책적 우선순위가 명확하게 설정되었다. 시진핑 정부가 우주산업을
새로운 인프라라는 의미를 담은 '신기건'으로 지정하여, 핵심적인 지원
의 대상으로 설정하였다. 시진핑 정부의 이러한 정책 방향은 통신, 항
법, 원격 탐지 등 우주산업 전 분야를 포괄하는 우주 인프라를 건설하
는 것을 주내용으로 한 14차 5개년 규획을 통해 더욱 구체화되었다.

　우주의 상업화라는 세계적 추세에 편승하기로 결정한 시진핑 정

부의 결정 또한 중국 우주산업 발전의 분수령이 되었다. 여전히 핵심적인 역할을 수행하는 우주 분야 국영기업의 혁신 역량을 제고하고, 기업가 정신에 기반한 기술혁신을 촉진하는 방안의 일환으로 국영기업을 민간기업으로 분사하는 한편, 스타트업이 우주산업에 진출할 수 있는 생태계를 구성하는 것이 변화의 핵심이었다. 물론, 국영기업에서 분사한 우주 기업들의 성격에 대해서는 여전히 논란이 있는 것은 사실이다. 그러나 중국이 소수의 국영기업 중심으로 우주산업을 육성해왔던 전통적인 생태계에 일정한 변화를 시도했다는 것 자체에 일정한 의미를 부여할 수 있다.

이처럼 논란이 있기는 하지만, 중국 우주산업의 상업화는 중국 정부의 우주산업 생태계를 변화시키려는 전략적 의도에서 비롯되었다. 그 결과 우주산업에 진출하는 민간기업의 수가 비약적으로 증가하였다. 2018년 말 기준, 상업용 위성과 로켓을 제조하는 기업과 우주 분야의 상업용 서비스를 제공하는 기업들을 포함하여 모두 항공우주 분야 기업의 수가 141개까지 증가하였다. 특히, 중국 정부의 우주산업 생태계 재편의 핵심인 민간기업의 수가 78개까지 증가하여, 수적으로 절반 이상의 비중을 차지하게 되었다(Jones 2019). 이를 부문별로 보면, 제조 부분에서 위성 제조 기업 29개, 로켓 발사 기업 21개가 활동 중이다. 서비스 부문에서는 원격 탐사 기업 8개, 통신 서비스 관련 기업 17개가 서비스를 제공하고 있다. 우주산업의 하류(downstream) 부문인 지상 기지국 부문에도 33개의 기업이 진출하였다(Foust 2020). 중국에서 우주산업에 참여하는 기업의 수가 대폭 증가하였을 뿐 아니라, 국영기업과 민간기업 사이에 경쟁과 협력의 구도가 형성된 것이다.

중국 우주산업의 상업화는 두 차례에 걸쳐서 진행되었다(Curio 2020). 구체적으로 우주산업에 뛰어드는 중소기업의 수가 큰 폭으로 증가한 2000년대 중반이 중국 우주산업의 1차 상업화 기간이다. 이 기간 중에는 아이스페이스, 랜드스페이스(LandSpace), 원스페이스 (OneSpace)과 같은 시스템 통합 기업이 우주산업에 진출함으로써 중국 우주산업이 민간기업 중심으로 재편될 수 있는 산업적 토대가 마련되었다. 또한 위성 제조, 로켓 제조, 로켓 발사 등 우주산업 가운데 하드웨어의 제조 부문에 진출하는 민간기업의 수도 증가하는 양상이 나타났다.

2014년에 시작된 2차 상업화 시기는 기존의 중소기업에 더하여, 국영기업과 정부 연구소에서 분사한 민간기업이 대거 우주산업에 진출한 것이 특징적이다. 2차 상업화 기간 중 현재와 같은 모습의 중국 우주산업 생태계가 형성되었다는 점에서 2014년 이후의 변화에 주목할 필요가 있다. 2012년 11월 등장한 시진핑 정부는 취임과 동시에 '부국과 강군'을 표방하였다. 2015년 12월 시진핑 정부가 로켓군과 전략지원부대를 창설할 것을 공식화하는 한편, 2050년까지 최고의 우주 강국으로 부상하겠다는 방침을 설정하였다(홍건식 2023). 한편, 우주산업은 경제 및 산업적 차원에서도 중요한 전략적 육성의 대상이 되었다. 시진핑 정부는 외자 유치를 통한 산업화에 치중했던 기존의 산업화 전략을 수정하여 주요 핵심 산업의 토착 능력을 향상시키는 데 주력하였다. 〈중국제조 2025〉는 시진핑 정부의 이러한 구상을 담은 선언적 목표라고 할 수 있다.

시진핑 정부가 첨단산업의 토착 역량을 향상시키기 위해서는 정부의 전반적인 조정 능력을 강화하는 가운데 민간기업의 활력을 최대한 활용하는 두 가지 접근을 필요로 하였다. 시진핑 정부가 추구하는 '자주창신'을 위해서는 기존의 분산된 정책결정 구조를 개선하여 중앙정부의 정책 조정 역량을 강화하는 한편, 민간기업의 역할을 활성화시키는 전략적 변화가 발생하였다(Cheung 2022). 중국 정부는 2022년 발간된 〈2021 우주백서〉에서 혁신 기반 발전, 조정과 효율성의 증진, 평화적 이용, 협력과 공유를 우주산업 발전을 위한 기본 원칙으로 제시하고 있다(The State Council Information Office 2022).

중국 우주산업의 성장도 시진핑 정부의 첨단기술 및 산업화 전략과 궤를 같이한다. 중국 정부의 우주산업정책에 대한 장악력이 커짐으로써 우주산업의 거버넌스가 개선되고, 우주산업에 진출하는 민간기업의 수적 증가가 우주산업 생태계의 변화와 동시에 발생한 것이다. 특히, 이 시기에는 소형 발사체 등 하부 시스템(subsystem) 기술에 특화한 기업들이 증가한 데서 나타나듯이, 기술, 제조, 서비스 우주산업의 주요 부문별로 민간기업들이 대폭 증가하였다. 1차와 2차는 약 10년의 간격을 두고 진행되었는데, 1차 시기가 중국 우주산업 생태계와 변화의 촉매제 역할을 하였다면, 2차 시기는 중국 우주산업 생태계가 현재와 같은 모습으로 완성되는 변화가 발생하였다.

산업적 측면에서 볼 때, 중국 우주산업은 2차 상업화가 추진된

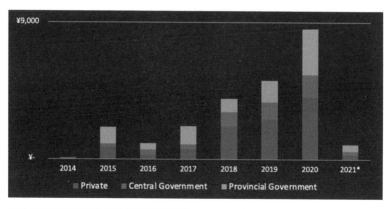

그림 8.5 중국 우주산업 투자 자금 구성 변화(2014~2021)
출처: Euro Consult(2021).

2014년 이후 급팽창하였다. 중국의 우주 예산은 2014년 40억 달러, 2017년 84억 달러로 급증하였다(Li 2022). 특히 주목할 것은 2014년 이후 우주산업에 유입되는 민간 자금의 규모가 빠른 속도로 증가하였다는 점이다. 수적으로도 100개 이상의 기업이 신설되었을 뿐 아니라, 이 기업들이 자체적으로 동원한 자금의 규모도 65억 달러에 달한다. 물론 우주산업에 투입된 민간 자금의 규모가 국영기업의 연간 예산 350억 달러에 비하면 상대적으로 소규모이지만, 중국 우주산업의 상업화를 촉진하는 데 커다란 역할을 하였다(Euro Consult 2021). 특히, 2차 상업화가 시작된 2014년 거의 전무하였던 민간 자금이 이후 증가세가 빠르다는 점에 주목할 필요가 있다(그림 8.5 참조). 그 결과 중국 우주산업은 코로나19로 인해 세계 경제가 위축된 가운데 신속하게 성장세를 회복하였을 만큼, 성장 동력이 탄탄하다. 특히, 발사체 기업의 성장은 놀라운 수준이다. 중국에는 현재 15개 이상의 발사체 전문 기업이 있으며, 이 가운데 절반 이상이 2014년 이후 자금이 투입되었다. 지구 관측과 위성 제조는 전체 자금의 약 20%를 차지한다(Euro Consult 2021).

두 차례에 걸친 변화로 인해 만들어진 중국 우주산업 생태계는 다음의 특징을 갖는다(이승주 2021). 국영기업은 시스템 통합을 주도함으로써 중국 우주산업 생태계의 최상단에 위치해, 우주산업에서 차지하는 위상 자체에 커다란 변화가 발생한 것은 아니었다. 국영기업들이 시스템 통합 기업으로서 기술혁신의 방향을 설정하고, 정부 정책과의 연동성을 높이는 역할을 담당하는 것이다. 이에 더하여 분사한 기업들이 국영기업과 함께 우주산업 생태계의 상층부를 형성한다. 이들이 비효율과 관료주의적 행정이라는 문제점에도 불구하고, 우주산업 생태계의 상부를 담당하는 이유는 오랜 기간 동안 중국 정부의 지원을 통해 축적된 독자적인 기술혁신 역량을 보유하고 있기 때문이다.

1차 상업화 기간에 우주산업에 진출한 중소기업은 중국 우주산업 생태계에서 두 번째 층위를 구성한다. 우주 중소기업들은 2000년대 중반부터 시작된 1차 상업화 시기에 본격적으로 우주산업에 진출하였다. 특히, 1차 상업화 기간 중 우주산업에 진출한 기업의 수가 상당하기 때문에, 치열한 경쟁을 통해 기술 및 제조 역량을 갖춘 기업들 중심으로 재편의 과정을 거치기도 하였다(Foust 2020). 예를 들어, 소형 위성 시장은 중국에서 이미 포화 상태에 이르러 중국 기업 간 인수합병이 활발하게 일어나고 있다.[3] 이러한 인수합병의 과정은 우주 중소기업들이 혁신 역량을 강화할 수 있는 계기로 작용하였다. 그 결과 2차 상업화 시기가 시작될 때까지 살아남은 중소기업들은 약 10여 년의 기술 습득과 제도 역량을 축적할 수 있었던 것이다. 중소기업들은 이러한 역량을 바탕으로 생태계의 두 번째 층위에서 상위의 시스템 통합 기업과 혁신적 기술 또는 사업 모델을 가진 스타트업을 잇는 역할을 한다.

2차 성장기에는 우주 스타트업이 대거 진출함으로써 중국 우주산업 생태계의 자율성이 획기적으로 증가하였다. 우주 스타트업의 수가 전체의 54%를 차지할 정도로 많을 뿐 아니라, 가격 경쟁력의 향상을 주도하고 있다. 즉, 우주 스타트업들은 원천 기술의 획득에 초점을 맞추었던 국영기업들과는 달리, 벤처캐피털 등으로부터 자금을 동원하고 제조 비용 절감을 실현함으로써 빠른 속도로 상업 부문에 진출하는 전략을 추구한다. 즉, 리스크가 큰 원천 기술을 확보하는 역할은 정부의 지원을 받는 국영기업들이 담당하고, 스타트업들은 중국 우주산업

---

3   기업 간 인수합병은 우주산업의 상업화 과정에서 발생하는 필수적인 과정이기도 하다. 상업화가 먼저 시작된 북미의 경우, 2021년 우주산업에서 발생한 인수합병의 규모가 214억 달러에 달한다(Ward and Ansari 2022).

에서 상대적으로 취약 분야인 상업 부문을 활성화하는 역할을 담당함으로써 중국 우주산업 생태계의 완결성을 높이고 있다. 이들은 미국 등 해외의 선도적인 민간기업을 벤치마킹하여, 생산과 공정의 효율성을 높임으로써 중국 우주산업의 상업화에 필수적인 역할을 하고 있다(Liu et al. 2019).

중국 우주산업 생태계는 2차 상업화 시기를 거치면서 더욱 완성형으로 변모하는 과정에 있다. 2010년대 중반까지 국영기업이 1차 상업화 시기에 진출한 중소기업, 국영기업에서 분사한 민간기업들과 협력하는 생태계를 구성하였다면, 2차 상업화 시기 이후 혁신적 변화를 추구하는 스타트업들이 본격 진출함으로써 우주산업의 생태계가 양적으로 확대되었을 뿐 아니라, 질적으로 한 단계 더 업그레이드하는 변화가 이루어졌다.

중국 우주산업의 상업화가 비교적 신속하게 이루어질 수 있었던 것은 우주산업에 투입되는 민간 자금의 규모가 증가하고 통로가 다양화된 것과 밀접한 관련이 있다. 미국의 경우, 우주산업에 투자되는 민간 자금 가운데 벤처캐피털의 규모가 빠르게 증가하고 있다. 2021년 기준, 우주산업 민간 투자 규모가 약 3천억 달러를 상회하였는데, 이 가운데 절반 이상이 벤처캐피털을 통해 자금이 조달된다(BryceTech 2022). 중국 우주산업에 유입되는 자금의 규모가 증가한 것뿐 아니라, 자금 동원 방식 또한 다양화함으로써 우주산업 상업화의 속도를 높일 수 있었다(Curio 2020).

이러한 변화는 2차 상업화 시기에서 본격화되었다. 우주 기업의 민영화가 진행되는 가운데, 벤처캐피털을 중심으로 한 민간 자금이 투입되는 새로운 자금 동원의 경로가 추가된 것이다(Curio 2020). 2차 상업화 시기 설립된 민간 스타트업들이 20억 달러 이상의 투자를 유치하

여 국영기업과 차별화된 기술혁신과 사업화 모델을 추구할 수 있는 재
정적 토대를 확보하였다. 새로운 자본 조달의 경로는 국영기업 중심의
단순화된 우주산업 생태계를 국영기업, 중소기업, 스타트업 등 다양한
행위자로 구성되는 생태계가 형성되는 데 촉매제 역할을 하였다. 우주
기업들이 일방적으로 정부의 자금 지원이라는 의존성에서 탈피하여,
대안적 자금 경로를 확보함으로써 기술혁신에 대한 공격적 접근이 가
능해진 것이다.

벤처캐피털을 포함한 새로운 유형의 자금 투입은 중국 우주산업
생태계에 변화의 바람을 불어넣었다. 특히, 국영기업이 주도하던 기술
혁신의 한계를 극복하고, 기술의 상업화에 더 높은 우선순위를 부여하
는 변화가 발생하였다. 국영기업들은 다수의 원천 기술을 보유하고 있
음에도 불구하고, 이를 상업화하는 데 한계를 드러냈다. 흡사 소련이
우주산업에서 기술적으로 미국에 한발 앞서 출발했음에도 미국에 추격
당한 것과 유사한 상황이 전개되었다. 국영기업들은 정부의 막대한 지
원을 바탕으로 원천기술을 개발하는 데는 상당한 성과를 거두었음에
도 불구하고, 정부 지원에 대한 의존성이라는 구조적 한계를 극복하는
데 어려움을 겪었다. 정부 지원의 양면성이 나타난 것이다. 국영기업들
이 구조적 한계를 극복하지 못했던 것을 단 하나의 원인으로 꼽기는 어
렵다. 그러나 의사결정 면에서 관료주의적 타성, 특히 분산된 의사결정
구조의 한계를 벗어나지 못한 데다, 상업화와 유리된 기술혁신 방식이
유지되는 등 다양한 문제들이 누적된 결과로 보는 것이 타당하다.

시진핑 정부는 우주 강국을 달성하겠다는 목표를 선포하였음에
도 전통적으로 기술혁신의 원천이었던 국영기업이 오히려 장애 요인
이 될 수 있다는 결론에 도달하였다. 특히, 미국이 스페이스 엑스 등 민
간기업들이 우주산업의 상업화를 주도하는 가운데, 혁신적 기술의 개

발에 잇달아 성공한 것은 중국에 커다란 자극제가 되었다. 국영기업이 주도하는 폐쇄적 생태계를 유지할 경우, 상업화를 선도하는 미국과의 우주 경쟁에서 도태될 수밖에 없을 것이라는 우려가 증대된 것이다 (Foust 2020).

중국 정부가 전통적인 국영기업 중심의 우주 생태계에 변화를 시도한 것은 이러한 배경이 있다. 시진핑 정부의 우주 전략에는 민간기업의 진출을 촉진함으로써 기술혁신에 대한 새로운 접근을 가능하게 하는 한편, 민간 우주 기업의 창의적 사업 모델 발굴을 통한 우주산업의 상업화를 촉진하겠다는 의도가 반영된 것이라고 할 수 있다(Kramer 2020). 시진핑 정부는 민간 우주 기업의 증가가 경쟁의 도입에 따른 효율성의 증진과 우주산업 생태계의 건강성을 고양하는 효과로 이어질 것으로 기대하였다. 이를 발판으로 민간 우주 기업들이 국영기업과 협력적 관계를 구축함으로써 중국 우주산업 생태계의 저변을 확대하는 효과 또한 기대되었다. 우주산업 생태계의 전환이 국내적으로는 국영기업 중심 체제의 산적한 문제를 해결하는 한편, 대외적으로는 미국과의 경쟁을 위한 수단으로 등장하였다.

민간 우주기업의 진출은 중국 우주산업의 효율성을 향상시키는데 핵심적 역할을 하고 있다. 민간기업의 증가로 인해, 중국 우주산업 생태계의 건강성을 유지하는 효과가 발생한 것이다. 더 나아가 중국 정부는 국영기업과 민간기업들의 상호보완적 관계를 형성함으로써 우주산업의 경쟁력을 획기적으로 제고하겠다는 전략을 추구하는 것이다. 중국에서 우주산업의 상업화가 추진된 배경이다.

2. 미중 전략 경쟁과 우주

중국은 다른 경쟁국들과 달리, 우주산업의 특정 분야에 국한된 경쟁력을 보유하고 있는 것이 아니라는 점에서 미국에게는 중대한 도전 세력이다. 우선, 베이더우 항법 시스템을 활용하는 데 따른 경제적 효과는 두말할 나위 없다. 베이더우 항법 시스템은 통신, 교통, 항공, 물류, 농임업 등에 활용되어 막대한 부가가치를 창출할 수 있다. 중국 위성항법 위치인식협회(GNSS&LBS Association of China, GLAC)에 따르면, 베이더우 항법 시스템의 위치 서비스 산업에서 발생하는 가치가 4,000억 위안을 초과하는 것으로 추산되었다(유효정 2020). 뿐만 아니라, 전통적인 산업에서 혁신적 변화를 초래하는 부가 효과도 상당하다. 농업의 경우, 베이더우 서비스를 활용한 자율 주행 농기계가 5천 대 이상 보급된 것으로 알려졌다("中 위성항법 '베이더우'로 구축한 산업망, 어디에 활용되나" 2021/12/25).

중국 우주산업의 기술 추격 또한 미국이 우려하는 지점이다. 중국 정부는 혁신 기반의 발전, 조정과 효율성, 협업 등 다양한 방식을 유기적으로 결합함으로써 우주산업을 미래 선도 산업으로 육성하려고 한다. 다만, 중국이 상대적으로 더 경쟁력을 갖춘 분야가 있는데, 중국의 우주산업은 상업 분야 가운데 Electro-optical(EO) persistence, 비디오, Hyperspectral imaging across 20 or more bands 분야가 이에 해당한다. 또한 중국 정부는 미국의 기술 및 산업 발전에 대응하기 위해 저궤도 위성 시스템의 구축을 우선 역점 분야로 설정하고 있다.

미국이 특히 우려하는 것은 중국의 우주산업이 군민융합을 통해 비약적으로 성장하고 있다는 점이다(Feldscher 2022). 이러한 현상은 중국 정치체제의 특성을 반영하는 것이기도 하지만, 우주산업도 예외는 아니어서 민간과 군의 구분이 사실상 무의미하다는 것이다. 더 나아가 중국은 이미 존재하는 군과 민이 구획을 하나로 통합함으로써 더 응집력과 일관성 있는 혁신 시스템을 구축하려고 한다(Cheung 2022).

우주산업에서 군민융합의 대표적인 결과물이 베이더우 위성 항법 시스템이다. 상업적 측면에서 볼 때, 중국이 베이더우 시스템을 운용함으로써 얻을 수 있는 경제적 효과는 2,400~3,200억 위안으로 추산된다. 그러나 베이더우 시스템의 효과는 이에 국한되지 않는다(Li 2022). 우선, 가시적인 위성 항법 시스템을 운용하는 과정에서 수집한 정보를 축적, 분석한 기술과 노하우는 군사적 전용이 용이하다. 항법 시스템은 해상 함대 및 잠수함과 같은 전통무기 체계를 운용하는 데는 물론, 최근 급속도로 보급되고 있는 무인 드론 시스템을 운용하는 데도 활용될 수 있다. 이러한 무기의 활용도를 높이기 위해서는 위성 항법 시스템을 활용한 정확도의 향상이 급선무이기 때문이다. 실제로 베이더우 항법 시스템을 도입하기 전까지 중국은 GPS 서비스를 활용하였다. 미중 전략 경쟁이 군사 부문으로까지 확대될 경우, GPS에 대한 의존은 중국에게 결정적인 핸디캡이 될 수 있다. 미 국방부가 중국 우주산업에 대한 대응이 시급하다고 경고한 것은 이러한 배경이다(Feldscher 2022). 중국은 일찍이 2007년 반위성(anti-satellite) 요격 능력을 선보였고, 이외에 다양한 방식으로 미국 위성 시스템을 무력화시킬 능력을 축적해 나가고 있기 때문에, 이에 대한 대응이 필요하다는 것이다(Harrison et al. 2022).

중국이 베이더우 시스템의 정확도를 높이기 위해 많은 노력을 기울이는데 군사적 함의가 적지 않다. 실제로 베이더우 시스템은 정지궤도, 중궤도, 경시지구동기궤도에 모두 45개의 위성을 운용함으로써 GPS에 필적한 수준의 정확도에 도달한 것으로 평가된다. 또한 중국은 국내는 물론 해외에도 지상 기지국을 지속적으로 설치하여 베이더우 위성이 발신하는 시그널을 상시 모니터링하는 등 정확도를 높이기 위한 노력을 병행하고 있다. 중국은 심지어 미국과 일본, 캐나다, 호주 등에도 지상 기지국을 설치한 것으로 알려졌다(윤고은 2022).

그 결과 베이더우 항법 서비스를 제공받는 국가의 수가 빠르게 증가하였다. 베이더우 항법 시스템을 제공받는 국가의 수가 2019년 미국의 GPS 서비스를 제공받는 국가의 수를 넘어선 데 이어(그림 8.6 참조), 120여 개국에 서비스를 제공하고 있다. 이는 중국이 이미 세계 대다수 국가들의 정보를 수집할 능력을 보유하였다는 의미이기도 하다. 중국 국무원은 이미 2016년 베이더우 항법 시스템의 보급을 위해 일대일로를 활용할 것임을 공식적으로 천명한 바 있다(The State Council Information Office 2016). 더 나아가 베이더우 시스템은 중국이 육상, 해상, 우주를 통합적으로 연결한 정보통신 인프라를 구축하는 효과를 낳는다(Siddiqui 2019).

한편, 미중 전략 경쟁이 가속화되는 가운데, 중국은 러시아와 우

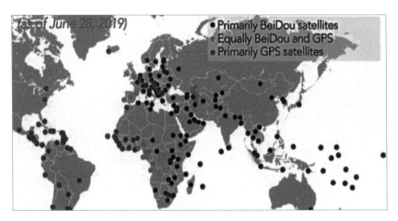

그림 8.6 GPS와 베이더우 서비스 지역 (2019년 6월 기준)
출처: Kida and Hashimoto(2019).

주 협력을 강화하고 있다. 중국과 러시아는 위성 항법 시스템을 효과
적으로 운용하기 위해 상대국에 지상 기지국을 건설하기로 합의하
였다(Hardie 2022). 이를 통해, 중국과 러시아는 항법 시스템의 효율
성을 제고하는 한편, 미국 GPS의 대안으로서 베이더우와 글로나스
(GLONASS)의 위상을 제고하는 등 지정학적 변화를 시도하고 있다.
이러한 면에서 미중 우주 경쟁이 본격화되었다고 할 수 있다. 더 나아
가 중국과 러시아는 지상 기지국을 확대하기 위해 다수의 국가들과 협
정을 체결하고 있다. 2022년 기준 중국과 러시아는 83개국에서 303개
의 협정을 체결하였는데, 이 가운데 중국은 71개국에서 147개의 협정
을 체결하였다. 미중 우주 경쟁이 다차원적으로 전개되고 있음을 보여
주는 사례이다. 우주산업이 전통적으로 미국이 독보적인 우위를 확보
하고 있는 분야인데, 이 분야에서 중국의 도전이 거세다는 것은 좁게는
우주산업에서 미국의 지위에 도전하고, 보다 넓게는 우주 기반 미국의
군사적 능력에 대한 도전이라는 의미도 갖는다.

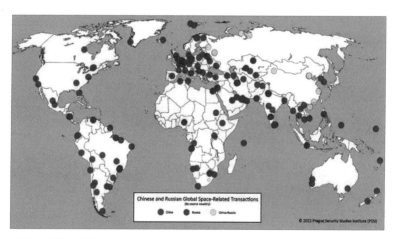

그림 8.7 중국과 러시아의 우주 관련 협정 체결 현황
출처: Garrentson(2022, 25).

V. 결론

이상으로 우주산업에서 전개되는 구조적 변화를 검토하였다. 우주는 현재와 미래 산업 경쟁력의 선제적 확보를 위한 경쟁의 핵으로 부상하였을 뿐 아니라, 전략 경쟁의 공간으로 변화하고 있다. 우주가 전략 경쟁의 장으로 변화한 데는 우주산업의 혁신을 선도하는 미국과 민군 융합이라는 독자적 패러다임에 기반하여 우주산업에 추격을 시도하는 중국 사이에 근본적인 이해관계의 충돌이 불가피하였기 때문이다. 미국은 민간 우주 기업의 혁신 역량을 바탕으로 우주 생태계를 발 빠르게 변화시키고, 이를 바탕으로 우주 세계질서를 선도하려고 한다. 중국은 이에 대응하여 국내적으로는 독자적인 생태계를 구성하고, 대외적으로는 우주산업의 영향력을 높이기 위해 일대일로를 전략적으로 활용하고 있다. 더 나아가 중국은 우주 교통 통제를 강화하고, 파편 모니터링을 향상시키기 위한 국제협력을 추구한다("China to strengthen space governance over next five years - white paper" 2022/1/28).

우주 교통의 혼잡도 증가와 파편 처리 문제 등 우주 국제질서의 수립을 위한 협력은 그 현실적 중요성에도 불구하고, 정책적 우선순위에서 밀리는 현상이 나타나고 있다. 미중 경쟁의 피해는 고스란히 신흥 우주국에게 돌아온다. 향후 과제는 우주를 경쟁에서 '경쟁과 협력'이 공존하는 공간으로 탈바꿈시키는 것이다. 경쟁은 혁신의 동력으로 활용하고, 협력은 우주를 지속가능한 공간으로 만들기 위해 필요한 공공재를 생산하는 토대로 활용할 필요가 있다.

참고문헌

박시수. 2021. "중국판 GPS 베이더우가 전세계 사용자 확대에 나서는 이유." 『동아사이언스』,
　　12월 17일. http://m.dongascience.com/news.php?idx=51135
신성호. 2020. "21세기 미국과 중국의 우주 개발: 지구를 넘어 우주 패권 경쟁으로."
　　『국제지역연구』 29(20): 66-90.
유효정. 2020. "中 베이더우 위성 산업가치 70조원 넘을 것." 9월 1일. https://zdnet.co.kr/
　　view/?no=20200901074602
윤고은. 2022. "中 위성항법시스템 베이더우, 美 중부에도 기지국 설치." 연합뉴스, 11월 11일.
이상현 외. 2017. "소형위성의 개발현황 및 군사적 활용 방안." 『한국항행학회논문지』 21(3):
　　213-219.
이승주. 2021. "중국 '우주굴기'의 정치경제: 우주산업정책과 일대일로의 연계를 중심으로."
　　『사회과학연구』 28(1): 107-129.
홍건식. 2023. 『미국의 대중국 우주 개발 전략 인식과 대응』. INSS 연구보고서 2022-23.
"中 위성항법 '베이더우'로 구축한 산업망, 어디에 활용되나." 2021. 신화망한국어판. 12월
　　25일.

"China to strengthen space governance over next five years – white paper." 2022.
　　Reuters. January 28.
"Hearing: China's Emergent Military Aerospace and Commercial Aviation Capabilities."
　　2010. May 20. https://www.uscc.gov/hearings/hearing-chinas-emergent-military-
　　aerospace-and-commercial-aviation-capabilities
Acevedo, Romina and Roberto Becerra. "Small Satellites as a Chance for Developing
　　Countries." Frans G. von der Dunk, ed. *Small Satellites: Regulatory Challenges
　　and Chances*. Studies in Space Law, Vol. 2. Brill: 105-125.
Broom, Douglas. 2022. As private satellites increase in number, what are the risks
　　of the commercialization of space? January 12. https://www.weforum.org/
　　agenda/2022/01/what-are-risks-commercial-exploitation-space/
BryceTech. 2022. *Start-Up Space: Update on Investment in Commercial Space Ventures*.
Cheung, Tai Ming. 2022. *Innovate to Dominate: The Rise of the Chinese Techno-Security
　　State*. Cornell University Press.
ChinaPower. 2020. *How is China Advancing its Space Launch Capabilities?* https://
　　chinapower.csis.org/china-space-launch/
Chizea, Francis. 2002. "Small Satellites in Developing Countries — An Integral Part
　　of National Development." Michael J. Rycroft and Norma Crosby, eds. *Smaller
　　Satellites: Bigger Business? Concepts, Applications and Markets for Micro/
　　Nanosatellites in a New Information World*. Springer: 299-306.

Curcio, Blaine. 2020. "China's Space Industry in the Time of COVID-19." *Satellite Markets & Research* 6(1). http://satellitemarkets.com/china-space-covid19

Deloitte. 2021. *Building the Space Nation: By chance or by design?*

Dolman, Everett C. 2022. "Space is a Warfighting Domain." *Æther: A Journal of Strategy & Airpower* 1(1): 82-90.

Euro Consult. 2021. "Chinese Space Sector Continues World-Leading Post-Covid Rebound: Euroconsult Quarterly Report." May 11. https://www.euroconsult-ec. com/press-release/chinese-space-sector-continues-world-leading-post-covid-rebound-euroconsult-quarterly-report/

Feldscher, Jacqueline. 2022. "China Could Overtake US in Space Without 'Urgent Action,' Warns New Pentagon Report." August 24. https://www.defenseone. com/technology/2022/08/china-could-overtake-us-space-without-urgent-action-report/376261/

Foust, Jeff. 2020. "Assessing China's commercial space industry." *Space Review* 1(27). https://www.thespacereview.com/article/3872/1

Garrentson, Peter, ed. 2022. *State of the Space Industrial Base 2022: Winning the New Space Race for Sustainability, Prosperity, and the Planet.*

Hardie, John. 2022. "China, Russia Deepen Partnership on Satellite Navigation." *Policy Brief*, October 20.

Harrison, Todd. et al. 2022. *Space Threat Assessment 2022.* CSIS.

Jones, Andrew. 2019. "China creates commercial space alliance, expands launch complex." *Space News*, December 20. https://spacenews.com/china-creates-commercial-space-alliance-expands-launch-complex/

Kida, Kazuhiro and Shinichi Hashimoto. 2019. "China's version of GPS now has more satellites than US original." *Nikkei Asian Review*, August 19. https://asia.nikkei. com/Business/China-tech/China-s-version-of-GPS-now-has-more-satellites-than-US-original#

Kluger, Jeffrey. 2022. "China Will Ultimately Overtake the U.S. in Outer Space, a New Study Warns." https://time.com/6208992/china-us-space/

Kramer, Miriam. 2020. "China's commercial space industry charges ahead." *Axios* 6(3). https://www.axios.com/china-space-industry-24b69201-2843-4526-bbf1-4da59017bdc1.html

Li, Cheng. 2022. "China's Growing Prominence in the Aviation Market and the "Space Club"." *China Focus*, Aug 5. https://www.chinausfocus.com/2022-CPC-congress/chinas-growing-prominence-in-the-aviation-market-and-the-space-club

Liu, Irina. et al. 2019. "Evaluation of China's Commercial Space Sector." *Institute for Defense Analyses.*

Nouwens, Meia. 2020. "China's defence-industry rankings: down but by no means out." *IISS*, August 17. https://www.iiss.org/blogs/analysis/2020/08/china-defence-industry-rankings

Patel, Neel. V. 2021. "China's surging private space industry is out to challenge the US." https://www.technologyreview.com/2021/01/21/1016513/china-private-commercial-space-industry-dominance/

Pollpeter, Kevin. 2011. "Upward and Onward: Technological Innovation and Organizational Change in China's Space Industry." *The Journal of Strategic Studies* 34(3): 405-423.

Rasmussen, Anders Fogh. 2022. "Ukraine shows how space is now central to warfare." *Financial Times*, November 21. https://www.ft.com/content/9abc0a33-9aec-4159-921e-44ef5c70aca4

Space Foundation Editorial Team. 2022. *Space Foundation Releases the Space Report: 2022 Q2 Showing Growth of Glbal Space Economy.* https://www.spacefoundation.org/2022/07/27/the-space-report-2022-q2/

The State Council Information Office of the People's Republic of China. 2016. "Full Text: China's BeiDou Navigation Satellite System." June 17. http://www.scio.gov.cn/zfbps/ndhf/34120/Document/1480623/1480623.htm

_____. 2022. "China's Space Program: A 2021 Perspective." January 28. https://english.www.gov.cn/archive/whitepaper/202201/28/content_WS61f35b3dc6d09c94e48a467a.html

Veritas, Vincet. 2023. "Space for Ukraine: Starlink and the People's Satellite In Action." *Groundstation*, March 24. https://www.groundstation.space/space-for-ukraine-how-satellites-give-ukraine-an-advantage-and-what-they-see-in-inaccessible-places/

Ward, James and Izaa Ansari. 2022. "We have liftoff: Space-related M&A hits near record levels." *Ion Analytics*, February 1. https://community.ionanalytics.com/we-have-liftoff-space-related-ma-hits-near-record-levels

Weinzierl, Matthew and Mehak Sarang. 2022. "The Commercial Space Age Is Here." *Harvard Business Review*, February 12. https://hbr.org/2021/02/the-commercial-space-age-is-here

World Economic Forum. 2022. "Explore and monitor how Spacew is affecting economies, industries, and global issues." https://intelligence.weforum.org/topics/a1Gb0000000pTDUEA2?tab=publications

제9장   세계 주요국의 우주군사전략:
러시아와 인도

윤민우(가천대학교)

I. 머리말

오늘날 우리는 인간의 역사에서 전쟁의 양식이 다시 한 번 혁명적으로 변화하고 있는 순간을 목격하고 있는지도 모른다. 클라우제비츠는 전쟁의 양식은 변화할 수 있으며, 끊임없는 변화 과정에 있다고 주장했다. 20세기 항공전(air war)의 등장은 기존에 땅과 바다에서만 치러지던 평면전쟁을 입체적 공간전쟁으로 혁명적으로 바꾸어 놓았다. 그리고 다시 21세기 들어 기존의 땅과 바다와 하늘에 이어 사이버 및 인지공간과 함께 우주공간이 새로 전쟁의 영역으로 추가됨으로써 미래전의 모습과 양상을 크게 바꾸어 놓을 것으로 전망되고 있다.

2022년 2월에 시작되어 지금도 계속되고 있는 러시아-우크라이나 전쟁은 이와 같은 미래전의 특성과 전투와 전쟁의 승패에 결정적인 영향을 미칠 수 있는 우주 영역(space domain)의 중요성을 암시하고 있다. 이번 전쟁에서 선보인 스타링크 위성시스템과 GIS 아르타 기술들과 같은 우주군사자산은 전투와 전쟁의 승패에 결정적으로 영향을 미칠 수 있는 우주군사력의 중요성을 보여주었다(윤민우·김은영 2023, 96). 예를 들면, 테슬라가 제공한 스타링크는 러시아의 사이버 공격에 피해를 입은 우크라이나의 지휘통제시스템을 빠르게 복구시켰다. 또한 차량 공유앱 우버와 같은 위성기반 GIS 아르타 시스템을 활용한 우크라이나군은 공격 개시 시간을 기존 20분에서 12분으로 단축시킴으로써 러시아군 1,500명을 전멸시킬 수 있었다(윤민우·김은영 2023, 248).

이와 같은 미래전쟁에서의 우주군사전력의 중요성을 인식하고 세계 주요 군사강국들은 우주군사력을 증강시키기 위한 경쟁에 뛰어들고 있다. 일부에서는 우주공간의 군사화에 반대하면서 우주공간은 인

류 전체를 위한 평화적 공간이므로 군사체계와 군사무기로부터 보호
되어야 하며 국제 공동의 규범과 협약에 의해 관리되어야 한다고 주장
한다(Thomas 2019, 439-440). 하지만 미래 다영역 하이브리드 전쟁 환
경에서 우주공간의 군사전략적 중요성이 커지고 있는 추이를 감안하
면 또한 미국-서방과 중국-러시아의 패권 충돌이 더욱 격렬해질 것으
로 추정하면 우주공간의 군사화는 피할 수 없을 것으로 보인다. 미국
과 러시아는 전통적인 우주강국으로 20세기 중반부터 우주군사전력을
발전시켜 왔다. 특히 미국은 오늘날 우주공간을 전쟁의 4번째 영역으
로 인식하고 우주공간에서 미국의 제한 없는 군사적 우위(dominance)
를 확보하고 우주로부터, 우주에 대한, 그리고 우주를 통한 정밀타격
군사력(precision force)을 구축하려고 한다. 이와 같은 미국의 전략
적 비전은 "미국 비전 2020(U.S. Vision 2020)"과 "미국우주사령부
비전 2020의 수행을 위한 장기계획(Long Range Plan Implementing
USSPACECOM Vision for 2020)"에 담겨 있다(Thomas 2019, 442-
443). 러시아 역시 미국에 대비되는 전통적인 우주강국으로 미국의 우
주군사전략에 대응하고 미래전쟁에 대비하는 차원에서 우주군사전
력을 강화하고 있다. 러시아는 2014년 군사독트린에서 우주공간에서
의 군사력 강화에 대한 비전과 전략을 제시하고 2015년 8월에 이에 대
한 구체적 실행 방안으로 기존의 우주군과 공군을 통합한 항공우주군
(Vozduzhno-kosmicheskie sily, VKS)을 창설하였다(Military Doctrine
of the Russian Federation 2014). 한편 이와 같은 전통적 우주강국 이
외에도 21세기 들어 우주의 군사적 중요성과 우주력(space power)이
국력에 미치는 영향이 커지자, 새로운 국가 행위자들 역시 신흥 우주
강국으로 등장하여 자신들의 우주자산과 우주군사력을 증대시키고 있
다. 러시아를 추월하여 새로운 미국의 우주공간 지배에 대한 패권 도전

세력으로 떠오른 중국이 가장 대표적인 신흥 우주강국이며, 인도, 일본, 한국, 이스라엘 등도 신흥 우주군사강국으로 지목된다(Sarti 2017, 71-72).

대체로 이와 같은 우주의 군사력 강화를 위해 경쟁하는 국가들은 각국의 전략적 비전, 경제력, 과학기술력, 그리고 군사력 일반에 걸친 국가역량을 총괄적으로 볼 때 세 개의 그룹으로 나뉠 수 있다. 첫 번째 그룹(First Tier)에 속하는 국가는 미국과 중국이다. 이들 국가는 기타 다른 국가들과 차별되는 우주군사력의 뚜렷한 우위를 갖고 있다. 한편 두 번째 그룹(Second Tier)에 속하는 국가들은 러시아와 인도 등이 지목될 수 있다. 이 국가들은 미국과 중국 등에는 미치지 못하지만 상당한 정도의 우주 경쟁력과 군사적 비전과 전략목표를 갖고 있는 것으로 평가된다. 그리고 일본, 이스라엘, 영국, 프랑스, 독일, 한국 등이 세 번째 그룹(Third Tier)으로 우주개발과 우주군사력 강화에 대한 의지와 역량을 갖고 있는 국가들로 지목될 수 있다. 하지만 이와 같은 세 번째 그룹에 속하는 국가들은 우주개발과 우주군사력 건설을 위한 국가적 역량과 현재 우주개발 현황 등의 측면에서 첫 번째 그룹의 국가들은 물론이고 두 번째 그룹의 국가들에 비해서도 상당한 격차를 보여주고 있다(Sarti 2017, 72).

이 글의 목적은 두 번째 그룹에 속한 러시아와 인도의 우주군사 비전과 전략, 그리고 역량을 발전시키기 위해 벤치마킹할 우주군사강국들의 우주군사전략을 살펴보는 것이다. 미국과 중국 같은 첫 번째 그룹의 국가들은 한국의 주어진 국가역량의 한계와 현 우주개발 현황 등을 감안할 때 현실적으로 참조하고 시사점을 도출하기에 적절하지 않은 사례들로 판단된다. 따라서 이 글은 한국보다 앞선 우주군사강국이면서 한국이 현실적으로 우주발전전략의 방향과 모델로 벤치마킹하기에 적절한 국가들의 우주군사전략의 사례들을 살펴본다. 이와 같은 연구 목적을 위해 이 글은 러시아와 인도의 사례를 살펴보고 한국에 대한 시사점을 도출한다.

우주군사전략과 관련하여 러시아와 인도는 흥미로운 비교 사례에 해당한다. 러시아와 인도는 세 번째 그룹에 속하는 다른 국가들과 비교할 때 우주군사역량에서 상대적으로 앞서 있다. 하지만 미국과 중국 같은 첫 번째 그룹의 우주군사강대국에는 미치지 못한다. 러시아와 인도의 이와 같은 위치적 유사성에도 불구하고 두 국가는 흥미로운 차이점을 가진다. 우선, 러시아는 전통적인 우주군사강국으로 미국과 중국 등에 버금가는 우주군사비전과 전략, 그리고 군사적 역량을 갖추고 있다. 이 때문에 러시아를 미국, 중국과 함께 첫 번째 그룹으로 분류할 수 있을지도 모른다. 하지만 러시아의 미래는 부정적이다. 이는 러시아의 경제력과 국력의 한계, 그리고 사회경제적, 구조적 낙후성 등으로 인해 미래로 갈수록 러시아의 우주군사역량이 힘의 한계로 쇠퇴할 것이라는 전망 때문이다. 이 때문에 러시아가 더 이상 미국과 중국에 버금가는 우주군사강국의 지위를 계속 유지할 것으로 보기는 어렵다. 반면 인도는 러시아와는 정반대의 궤적을 그릴 것으로 예상된다. 현재 인도의 우주군사역량은 기술적 역량과 인프라, 비전과 전략 등의 한계로 미국과 중국, 그리고 러시아에 버금가는 우주군사강국으로 보기는 어렵다. 하지만 인도의 지속적인 경제성장과 과학기술역량의 증대, 그리고 우주군사에 대한 비전과 관심, 전략 등을 감안할 때 인도가 미래에는 러시아를 제치고 우주군사강국으로 발돋움할 수 있을 것이라는 전망이 가능하다. 이와 같은 두 국가의 상반되는 궤적은 미국과 중국에 미치지는 못하지만 상당한 우주군사역량을 갖춘 준강대국(Second Tier Superpower)의 우주군사전략을 살펴보고 한국에 대한 현실적인 시사점을 도출하는 데 좋은 연구 사례가 될 것으로 판단된다.

II. 국방전략에서의 우주항공 부문의 함의

전쟁에서 고지대(high ground)는 결정적인 전략적 이점을 제공한
다. 이는 무게중심(center of gravity)이라고도 표현된다. 이 때문에 전
통적으로 전쟁 목표는 고지, 언덕 등과 같은 주변 지역보다 상대적으
로 고지대에 위치한 전략적 요충지를 장악하는 데 초점이 맞추어졌
다. 하늘 공간이 전쟁 영역으로 들어오면서 이 고지대는 하늘 공간으
로 확장되었다. 이로 인해 지상전과 해전은 제공권의 장악과 긴밀히
연계되었다. 오늘날 우주공간의 전략적 중요성은 이와 같은 전쟁에서
의 고지대 장악의 전략적 중요성의 연장선상에 있다. 우주공간의 지배
(domination)는 미래전에서 전쟁 승리의 결정적인 무게중심이 된다.
이는 우주공간의 지배가 지상과 바다, 그리고 하늘의 적에 대한 결정
적인 ISR(Intelligence, Surveillance, Reconnaissance)의 우세를 가져
다주고, 동시에 아측에 대해서는 확실하고 신뢰성 있는 C4(Command,
Control, Communication, Computer) 역량을 보장해주기 때문이다.
　　군사 부문에서 우주우세권(space domination)은 아측과 동맹국의
우주공간에 대한 자유로운 접근과 적측의 우주공간에 대한 접근 거부
를 동시에 의미한다. 이러한 우주우세권 개념은 전통적인 해양통제권
의 개념과 유사하다. 전통적으로 해양전략은 해양통제와 해양거부로
이루어진다. 해양통제는 해양강대국의 전략접근이다. 해양통제는 머핸
의 제해권 개념에 대한 비판으로부터 제기되었다. 제해권은 한 국가가
자국의 경제 또는 국가안보를 유지하는 데 필요한 만큼의 해양사용을

확보하고 또한 적국에 대해서는 그러한 해양사용을 거부하는 것으로
정의된다. 머핸은 제해권은 배타적인 것이기 때문에 여러 국가들이 공
유할 수 있는 것이 아니며, 역사적으로 한 시대에 한 국가에게만 가능
했다고 주장했다. 해양통제는 이에 대한 비판에서 도출된 개념이다. 비
판적 시각에 따르면, 제해권은 절대적인 개념이 아닌 상대적인 것이다.
시간적, 공간적, 그리고 해양의 범위 등 다양한 측면에서 해전의 역사
는 제해권이 단지 상대적으로 제한적이고 일시적인 측면에 그치고 있
다는 것을 보여주었다. 이 때문에 현대의 해양전략가들은 제해권 대신
해양통제라는 개념을 사용하면서, 이를 제한된 구역에서 제한된 기간
동안, 그러나 실질적으로 해양을 통제하게 되는 것을 의미한다(박창희
2013, 270-271). 이 해양통제는 해양사용과 해양거부라는 2개의 하위
개념을 포함한다. 해양사용은 해양을 통한 교역과 수송, 해군력의 현시
와 투사 등과 같은 전통적인 국가목적을 달성하기 위해 해양을 자유롭
게 사용하는 능력을 의미한다. 한편 해양거부는 적이 원하는 목적을 달
성하지 못하도록 하기 위해 그들의 해양의 자유로운 사용을 방해하는
능력과 관계가 있다. 한 국가가 특정 해역에서 자유로운 해양사용과 적
대세력에 대한 해양통제가 모두 가능할 때 해당 해역에 대한 해양통제
권을 가진 것으로 간주할 수 있다. 대체로 한 국가의 해군력이 경쟁국
가에 비해 우세할 때는 해양사용과 해양거부를 모두 포함한 보다 공세
적인 해양통제를 추구한다. 반면 한 국가의 해군력이 경쟁국가에 비해
열세일 경우에는 해양통제에 대한 대안으로 수세적인 해양거부만을
추구하는 경향이 있다(박창희 2013, 272). 우주우세권을 이와 같은 해
양통제 개념으로 이해하면, 우주우세권은 우주공간에 대한 우주사용
과 우주거부로 구성되어 있고 상대적인 강대국은 우주사용을 추구하
고 상대적인 약소국은 강대국에 대한 우주거부를 추구하게 된다. 이러

한 맥락에서 첫 번째 그룹에 들어가는 미국과 중국은 우주사용과 우주 거부를 모두 포괄하는 우주우세권을 지향하며, 상대적 약소국인 러시아와 인도는 미국과 중국 등 경쟁국가의 우주우세권에 대응하는 우주 거부 능력을 추구하게 된다.

우주전(space war)은 우주 영역의 자산을 군사적으로 이용하거나 기존 지상·바다·하늘 영역의 무기체계를 확장하여 우주자산에 영향을 미치는 제반 군사활동을 말한다. 이를 위해 우주 영역에서 적에 대한 아측의 우주공간 장악이 필요하게 되는데 이를 우주우세권이라 정의할 수 있다. 미래 우주전은 위성을 이용한 정보, 통신지원 등 단순한 전장 지원의 개념에서 벗어나 인공위성을 공격하는 반위성무기(Anti SATellite, ASAT)가 사용될 것으로 전망된다. 이와 함께 위성 C4ISR(Command, Control, Communication, Computer, Intelligence, Surveillance, Reconnaissance) 시스템에 의한 정보통신과 인지우세 경쟁이 이루어질 것으로 예측되고 있다(육군교육사령부 2022, 46-47).

이와 같은 우주공간 장악의 필요성 때문에 우주의 군사화(militarization of space)는 필연적이다. 우주의 군사화는 우주의 무기화(weaponization of space)와 연계된다(Tripathi 2013, 193-195). 우주의 무기화는 우주 궤도에 다수의 위성을 배치하고 적의 미사일 발사를 탐지하고 이를 요격하겠다는 아이디어이다. 이는 기존의 지상, 바다, 하늘에 구축된 미사일방어체계를 대체하겠다는 것이 아니라 이에 연계하여 기존 다층방어와 통합하겠다는 개념이다. 즉 우주공간에 파괴적인 역량을 가진 군사무기를 배치하겠다는 아이디어이며, 1980년대 초반 미국의 이른바 스타워즈(Star Wars)로 불린 SDI(Strategic Defence Initiative)가 대표적인 사례이다. 우주의 무기화에는 우주공간에 배치된 위성과 같은 적의 자산을 공격하는 지상 등에 배치된 반위성무기 등도 포함된다. 우주의 군사화는 지상, 바다, 하늘에서의 군사작전을 지원하기 위한 목적의 우주공간의 이용을 의미한다. 여기에는 확인(verification)과 감시(surveillance), 정보(intelligence) 목적의 조기경보(early warning), 통신(communication), 지휘통제(command and control), PNT(Position Navigation and Timing), 감시/원격감지(monitoring/remote sensing), NTM(National Technical Means) 등과 같은 군사적 이용을 위한 우주자산과 이를 지원하는 지상기반시설(infrastructure)이 포함된다. 우주군사역량은 이 우주의 군사화와 우주의 무기화를 모두 포함하는 군사역량을 의미하며, 우주군은 따라서 이와 같은 군사역량의 전반에 대한 임무를 모두 포함한다(Tripathi 2013, 193-194).

보다 구체적으로 우주군사역량에는 다음의 세부 영역들이 포함된다. 첫째, 우주상황인식이다. 이는 작전지역 내 가용 우주자산을 활용한 우주에 대한 정확한 상황인식을 바탕으로 위협요소를 실시간으로 관측, 추적하여 지상군과 해군, 공군의 임무수행에 영향을 미치는 적 우주능력이나 의도를 파악하는 것을 의미한다. 둘째, 지상통제국 운영이다. 이는 인공위성이 궤도에서 정상적으로 운용되도록 하기 위해 지상에서 관제 및 통제하는 것으로 군이 자체적으로 운용하는 위성을 통제할 수 있는 역량을 구비해야 하는 것과 관련이 있다. 셋째, 위성통신이다. 이는 고기동부대에 대한 중단 없는 정보통신지원을 위해 대용량 트래픽을 실시간으로 처리하는 네트워크 인프라 구축 등 시·공간적 제약 없이 초연결 정보통신능력을 탄력적으로 제공해야 하는 것을 의미한다. 넷째, 감시, 정찰이다. 이는 기상 및 특정 활동 등의 각종 첩보를 인공위성에서 탐지, 수집, 추적하여 군에 제공하는 활동을 의미한다. 다섯째, 위치·항법·시간이다. 이는 자체적인 위성항법시스템을 구축하여 지휘소로부터 전투원, 플랫폼까지 모든 전투력이 시, 공간상 정확한 곳에 투사되도록 필요한 정보를 제공해야 하는 것을 의미한다. 여섯째, 우주자산보호이다. 이는 아군의 우주·지상·바다·하늘 연결체계가 적의 미사일, 레이저 무기 등과 같은 물리적 수단과 사이버 침해, 전자전 같은 비물리적 수단으로부터 우주전 수행의 자유를 보호받을 수 있는 능력을 구비해야 하는 것을 의미한다. 일곱째, 우주위협제거이다. 이는 우주 영역에서의 잠재적 위협요소를 식별하고 공세적 활동을 하기 위한 물리적(미사일, 레이저 무기 등)·비물리적 수단(사이버 공격, 전자전 등)을 확보해야 하는 것을 의미한다. 여덟째, 우주수송이다. 이는 우주발사체에서 인공우주물체를 탑재하여 궤도상에 안착시키는 것으로, 우주발사체 기술 확보를 의미한다(육군교육사령부 2022, 48).

우주군사력은 우주공간의 지형(topography)이라는 환경적 조건과 긴밀히 연계되어 있다. 지구궤도(terrestrial orbits)는 고도와 임무 활용성에 따라 4가지 유형으로 구분된다. 먼저 저지구궤도(low earth orbit)는 지구 표면으로부터 150-800km 상공이다. 이 궤도는 특히 지구관찰위성(earth observation satellites), 유인우주비행체(manned space flights), 그리고 국제우주정거장(international space station)에 유용하다. 두 번째 중지구궤도(medium earth orbit)는 지구로부터 800-35,000km 상공에 해당한다. 이 궤도는 GPS와 같은 항법위성(navigational satellites)에 활용된다. 세 번째 고지구궤도(high earth orbit)는 지구로부터 35,000km 이상의 상공에 해당한다. 이 궤도에서는 위성이 지구의 자전속도와 비슷하게 회전하기 때문에 지구를 하루에 한 번 주기로 돈다. 이는 위성이 지구의 한 지점에 고정되어 있는 결과를 초래한다. 이 때문에 이 궤도는 군사와 민간 통신위성과 탄도미사일 발사 탐지 목적 위성을 위한 가장 최적의 위치이다. 마지막으로 고도의 타원궤도(elliptical orbit)는 지구를 돌 때 같은 고도에 머물지 않는다. 이 궤도에서 위성은 250km 상공에서 40,000km 상공까지 가변적인 고도로 지구를 돈다. 이 때문에 이 궤도의 위성은 북극과 남극 지역을 관찰할 수 있다. 이 밖에 호만전이궤도(Hohmann transfer orbit)와 반 알렌 복사대(Van Allen radiation belts)가 존재한다. 전자는 우주선 또는 추진체가 궤도 사이를 기동할 때 가장 연료 효율성을 극대화할 수 있는 오목한 이동선이다. 한편 후자는 지구 자기적도 상공 320-32,400km의 고도로부터 지구 둘레에 형성된 도너츠 형상의 고밀도 입자 복사 지역이다. 반 알렌대는 지구 자기장에 포획된 양성자와 전자로 구성되어 있다. 이 복사대는 우주선에 매우 위험하며 따라서 회피되어져야 한다. 이와 같은 우주지형의 물리적 특성은 다수의 전략적 함의를 갖는다. 예를 들면, 공동의 위성과 우주선 기동 루트, 요충지(chokepoints), 우주통신선(celestial lines of communication),[1] 작전허브 또는 기반(hubs or bases of operation) 등과 같은 전략적 핵심 거점들이 존재한다. 이 때문에 이와 같은 전략적 거점들을 장악하면, 우주공간을 장악하고 통제할 수 있다(Sloan 2017, 161-162).

한편 우주공간은 그 특성 때문에 군사전략적 제한점이 존재한다. 먼저 위성은 특정한 궤도에서 예측 가능한 속도로 일정하게 기동하기 때문에 적의 공격으로부터 취약하다. 이는 위성의 경우 지상이나 바다,

---

1   우주통신선(celestial lines of communication, CLOC)은 교역, 물질, 보급품, 인원, 우주선, 전자기 전송, 그리고 일부 군사적 효과의 이동에 사용되는 우주공간 내의 우주공간을 통한, 그리고 우주공간으로부터의 통신선이다. 이는 다른 도메인의 해양교통로(Sea Lines of Communication, SLOC) 또는 항공교통로(Air Lines of Communication, ALOC)와 유사하다. 그러나 SLOC 또는 ALOC와 달리 CLOC는 물리적 경로가 아니라 전자기 전송에 의존하는 DLOC(Data Line of Communication)이다. CLOC는 우주작전에 중요하며 재밍, 스푸핑, 또는 고고도 핵 폭발과 같은 다양한 수단을 사용하여 적과 싸울 수 있다.

하늘의 군사 플랫폼과는 달리 우주공간의 물리적 특성으로 가변적 속도와 위치를 통해 스스로를 방어하는 것이 불가능하며, 위성 기동에 필요한 연료의 탑재가 극히 제한적인 점과 위성을 우주 궤도에 올려보낼 발사체나 운송수단의 탑재 무게의 제한 때문에 위성의 무게를 높이는 방어체계를 위성에 장착하기가 쉽지 않기 때문이다. 한편 우주 파편(space debris)의 문제도 있다. 이는 위성을 우주공간에서 물리적으로 파괴하는 것을 제한한다. 우주 파편은 사용하지 않는 낡거나 버려진 위성 또는 파괴된 위성의 조각들과 파편들로 구성되어 있다. 우주공간에서는 이와 같은 우주 파편들이 지구 궤도를 따라 고속으로 기동하기 때문에 이 우주 파편들이 위성이나 우주선 또는 우주발사체에 부딪히게 되면 상당한 위험이 된다. 이 때문에 적의 위성을 물리적으로 파괴하더라도 이 파괴된 위성 잔해들이 아측이나 동맹국가에게 위협이 될 수 있다. 따라서 지구 내 환경과는 달리 우주환경에서는 위성에 대한 반위성탄도미사일 등을 이용한 물리적 파괴가 제한적이다. 이와 같은 우주공간의 특성이 야기하는 제한점들은 각국의 우주군사역량 건설 전략과 방향에 주요한 영향을 미친다(Sloan 2017, 169).

현재 이와 같은 우주군사역량은 미국이 가장 앞서 있고 이와 같은 추이는 미래에도 계속될 것으로 전망된다. 미국은 전략적으로 우주우세권을 지향한다. 이에 따라 미군은 적의 우주능력을 거부하고 미국과 동맹국의 우주능력을 보호하는 것을 임무로 설정했다. 이를 보다 세부적으로 살펴보면 미국은 공식적으로 우주상황인식(Space situational awareness), 우주군사력 강화(Space force enhancement), 우주지원(Space support), 우주통제(Space control), 우주군사력 적용(Space force application)을 5개의 핵심 우주임무 분야로 설정하고 있다. 이에 따라 미국은 우주로부터 지구의 지상, 바다, 하늘을 공격하는 군사력과 우주 내에 군사무기를 배치하는 능력, 그리고 위성 또는 탄도미사일과 같은 우주 내에 있는 목표물을 공격하는 군사력, 그리고 우주를 통해 지상-해상-공중의 목표물을 타격하는 군사적 역량, 그리고 지상-해상-공중-사이버 등의 군사작전을 지원할 수 있는 정보통신지원체계를 우주공간 내에 구축하는 등의 전방위적 우주군사역량을 구축, 발전시키고 있다(Sloan 2017, 165-173). 미국의 압도적인 우주군사력 강화의 전략비전과 의도의 대표적인 사례는 PGS(Prompt Global Strike)에서 구현되고 있다. 이는 우주플랫폼 기반으로 전 세계 어디에 있는 목표물이라도 45분에서 2시간 30분 내에 정밀유도 재래식 무기 타격(precision-guided conventional weapon strike)을 구현하겠다는 계획이다(육군교육사령부 2022, 49).

이처럼 우주의 군사화와 무기화에서 가장 앞선 미국을 기점으로 각국의 우주군사역량 구축과 발전을 위한 상대적 전략적 비전과 목표는 다르게 위치한다. 이는 이 연구의 대상이 되는 러시아와 인도의 경우에도 유사하다. 각국은 미국과 유사한 전략적 비전과 의도를 토대로 우주군사역량의 구축과 발전을 기도한다. 그럼에도 불구하고 각국의 경제적, 과학기술적 역량과 축적된 군사전략적 역량과 전통, 우주군사 개발과 운용 경험 등의 한계에 의해 각국의 우주군사전략의 비전과 목표, 그리고 실행이 제한받는다.

III. 러시아의 우주국방전략

러시아의 우주국방전략의 핵심 기준점(reference point)은 미국이다. 러시아는 미국의 우주군사전략과 역량을 러시아의 핵심적 위협으

로 보고 이에 대한 대응역량과 전략을 발전시키는 것을 우주국방전
략의 핵심으로 삼고 있다. 러시아의 이와 같은 위협인식과 우주국방
전략 기조는 2014년 6월에 열린 17차 전 러시아 국방안보 과학실무
회의(17th All-Russia Scientific and Practical Conference on Defense
and Security)에서의 러시아 미사일과 포병과학 아카데미(Russian
Academy of Missile and Artillery Sciences)의 수장인 바실리 부레녹
(Vasiliy Burenok)의 기조발제에 명시되어 있다. 이에 따르면, 러시아
의 21세기 군사기술위협은 항공우주와 관련해서는 다음의 4가지이
다. 미국과 중국의 미사일방어시스템; 미국의 하이퍼소닉미사일(또
는 극초음속미사일); NATO의 초고속키네틱무기(high-speed kinetic
weapons), 레이저시스템, 무기통제시스템의 발전; 그리고 소형 또는
나노 위성의 사용과 같은 우주기술발전이다. 이와 같은 러시아의 항
공우주 분야 위협인식에서 미국은 주요한 위협국가로 지목되고 있다
(Thomas 2019, 179-180).

　러시아의 항공우주군사전략은 장거리정밀유도무기(long range
precision-guided)와 정보통신 우세권을 바탕으로 한 항공우주 전격
전(blitzkrieg)이 오늘날과 미래전의 핵심이라는 전망에 강하게 영향
을 받고 있다. 이 때문에 러시아는 미국-NATO의 기술적 군사력 우위
와 놀랄 만한 정밀유도무기들로부터 나오는 진정한 강제력에 대한 강
한 위협인식을 갖고 있다. 러시아는 항공우주 전격전이 갖는 비접촉 실
시간 정밀 파괴력이 미국-서방의 핵심적 전쟁 방식이기 때문에 러시
아의 강대국 힘의 경쟁과 군사력 균형, 그리고 러시아의 영향권(sphere
of influence)을 유지하기 위해서는 항공우주 분야의 군사력을 미국의
그와 같은 항공우주 전격전에 대응할 수 있는 수준으로 끌어올려야 한
다고 생각한다(Michael 2019).

이 밖에 러시아는 부차적인 기준점으로 중국을 설정하고 있다. 이는 앞서 언급한 러시아의 위협인식에서도 미국과 함께 중국이 지목되고 있는 것을 통해서도 알 수 있다. 러시아는 기본적으로는 미국에 대한 전략적 대응에서 중국과의 긴밀한 전략적 연대를 추구하고 있지만 잠재적으로는 중국 역시 러시아에 대한 위협으로 인식하고 있다는 사실을 확인할 수 있다. 이 때문에 러시아의 우주군사전략 역시 미국뿐만 아니라 중국에 대해서도 억제력을 갖춘 우주군사력 구축을 목표로 하고 있는 것을 추론할 수 있다.

러시아는 현재 미국과 중국에 버금가는 막강한 우주군사역량과 우주전 능력을 갖추고 있는 것으로 평가된다. 이는 다음과 같은 이유 때문이다. 첫째, 러시아는 우수한 발사 능력과 우주정거장 상용화, 우주군 운용과 우주전 수행 능력 등 우주강국으로서 위상을 여전히 유지하고 있다. 러시아의 우주전 수행 개념의 핵심목표는 '우주상황인식'이며, 이를 위해 타국 자산에 대한 감시, 다양한 우주위협에 대한 예측, 우주 영역의 상태와 상황의 모니터링으로 러시아의 위상을 강화하고 있다(육군교육사령부 2022, 51). 러시아는 독자적인 우주군을 편성 운용하고 있다. 러시아의 우주군은 현재 항공우주군(Vozdushno-kosmicheskiyesily, VKS)으로 편성되어 있다. 러시아의 우주군은 1992년부터 존재하였으나, 1997년에 전략미사일부대에 통합되었다가 2001년에 다시 독립하면서 임무와 명칭이 조금씩 변경되었다. 2015년 8월 1일부터 기존의 우주군과 공군을 통합하여 항공우주군을 편성 운용해오고 있다. 이 과정에서 전략로켓군(Strategic Rocket Forces)은 항공우주군과는 별도의 군으로 독립되었다. 러시아 국방장관 세르게이 쇼이구(Sergey Shoygu)와 인테르팍스 보도에 따르면, 이 항공우주군의 창설은 미래전쟁의 무게중심이 항공우주 영역(aerospace sphere)

으로 이동하는 것에 대한 신속한 대응이며, 미국의 우주군사전략의 핵심인 신속글로벌타격(Prompt Global Strike) 개념에 대한 러시아의 반응이었다(Thomas 2019, 173-174). 러시아의 우주전은 우주군과 로스코스모스(연방 우주국)에서 수행하며, 우주기반자산, 우주시스템에 대한 잠재적 위협 감시를 수행한다. 이와 같은 능력에서도 러시아는 미국에 버금가는 상당한 역량을 구축하고 있다(육군교육사령부 2022, 51).

둘째, 러시아는 우주발사 능력, 국제우주정거장 운용, 자체 위성항법체계(GLONASS 또는 ГЛОНАСС), ASAT 등 우주강국의 능력을 모두 보유하고 있다. 이와 관련하여 러시아는 저궤도·정지궤도별 다양한 발사 능력(앙가라, 보스토치니 등)을 보유하고 있으며 통신·정찰·조기경보 등 1,300여 기의 인공위성을 운용하고 있다. 러시아는 1960년대 반위성무기 실험 이후 지속적인 발전을 거듭해왔으며, 우주 전자전 및 사이버전 능력을 모두 보유하고 있다. 2018년 3월 이동형 요격미사일 PT-19(누들) 발사에 성공하였고, 차세대 저궤도 요격미사일 S-500과 레이저무기, 군용 GPS 재머 무기(Pole-21) 및 위성해킹용 프로그램을 전력화할 예정이다(육군교육사령부 2022, 51).

셋째, 러시아는 미국의 MD체계와 NATO군의 위협에 대한 대응전략의 일환으로 우주전력 증강에 매진하고 있으며, 우주강국의 지위를 확고히 하기 위해 각종 우주무기를 지속적으로 개발하고 있다(육군교육사령부 2022, 51). 이와 같은 러시아 우주군사전략의 방향성은 미국, 중국과 마찬가지로 우주공간에서의 공간지배권을 확보하거나 적어도 미국-NATO의 우주공간에서의 공간지배권 장악을 거부하는 데 맞추어져 있는 것으로 분석된다. 이와 함께 러시아는 지구 내 지상, 바다, 하늘, 사이버, 인지(cognition) 영역과 같은 다른 전쟁 영역에서의 전쟁 수행을 지원하고 다영역에서의 통합전쟁 수행 능력을 구축하는 방향으로 우주군사력을 건설하려고 기도하는 것으로 파악된다.

러시아는 미국-NATO 등의 적대적 군사강국이 초래하는 지정학적, 지전략적 군사위협을 다음과 같이 적시하고 있다. 이는 기존의 미사일공격 경보와 미사일방어시스템을 무력화하는 ICBM 능력의 업그레이드와 비핵대량살상무기를 장착한 재진입(re-entry) 운반체, 초장거리 크루즈미사일 개발, 다양한 목적의 하이퍼소닉 비행체, 우주, 공중, 지상 타깃에 대한 우주시스템과 궤도기반 타격 플랫폼 발전, UAV 업그레이드, 전략적·비전략적 탄도미사일 업그레이드, 미국의 미사일에 대한 미사일방어체계 업그레이드와 그와 같은 체계의 러시아 국경 인근 전진 배치, 새로운 물리적 원리(new physical principles)에 기반을 둔 무기 발전 등을 포함한다(Thomas 2019, 175-176). 특히, 러시아는 미국의 신속글로벌타격능력(Prompt Global Strike capability)을 가장 주요한 항공우주위협으로 인식한다. 러시아의 항공우주방어군 부사령관인 키릴 마카로프(Kirill Makarov) 소장에 따르면, 이 신속글로벌타격 개념은 미국이 적으로 간주하는 어떤 국가의 어떤 타깃이라도 40분에서 2시간 30분의 매우 짧은 시간 내에 순간적으로 즉시 타격할 수 있는 위성 기반의 공격체계이다. 이는 크루즈미사일과 대륙간탄도미사일, 극초음속 항공우주비행체, 레이저 무기, 그리고 새로운 물리적 원리에 기반을 둔 무기들로 구성되어 있다(Thomas 2019, 182-183). 러시아는 2022년 11월에 908일간의 장기간의 6번째 우주미션을 마치고 지구로 귀환한 미국 우주군에서 운용하는 X-37B 궤도시험무인우주선이 이와 같은 미국의 우주기반 무기체계의 개발·운용과 관련이 있는 것으로 의심한다(United States Space Force 2022).

이와 같은 위협인식에 근거해 러시아는 우주공간이 미래전의 승패에서 차지하는 전략적 중요성을 인지하고 잠재적 적국에 대한 군사력 우세권(force superiority)을 확보하기 위해 우주 영역(cosmic 또는 space sphere)에서의 군사력 역량 강화에 집중하고 있다(Thomas 2019, 246). 러시아는 군사전략적으로 항공우주공간을 하나의 별도 군사작전 전구(VKTVD)로 인식한다. 이 전구는 공중과 우주를 하나의 공간으로 결합한 항공우주공역이다. 이 공간에서 항공우주 지휘통제, 통신, 그리고 항법시설, 재급유, 재머항공기로이터구역(jammer aircraft loiter zones),[2] 항공우주공격능력 등의 역량을 갖춤으로써 러시아의 항공우주의 우월적 지위를 유지하려고 기도한다(Thomas 2019, 176). 이의 일환으로 러시아는 GLONASS 시스템을 더 긴 수명주기와 더 우월한 정확도를 갖춘 2세대 GLONASS-K 시스템으로 대체하고 있다. 가장 최근인 2022년 10월 10일에 다섯 번째 GLONASS-K 위성인 Kosmos-2559가 소유즈-2.1b 발사체에 의해 발사되었다(Zak 2022).

이러한 맥락에서 러시아는 미래전의 핵심무기로 우주기반공격무기, 반위성무기, 궤도전투우주정거장(orbital battle space station), 정찰정보자산과 로봇화된 통제시스템, 자동무기통제, 극초음속제트엔진, 자동비행관리시스템, 레이저무기, 초고위력탄두(super high-yield warheads), 고속 발사체를 갖춘 전열 화학 및 전기 역학건(electrothermal chemical and electrodynamic guns with high-speed projectiles), 초고위력 전자기펄스 제너레이터(super-high-yield

---

2   재머항공기로이터구역은 전자대책(Electronic Counter-Measures, ECM)을 장착한 항공기가 안전하게 비행하고 적의 레이더나 통신에 대한 재밍 작전을 수행할 수 있는 지역이다. 재머 항공기는 스탠드오프 재머 또는 에스코트 재머일 수 있다. 스탠드오프 재머는 적 미사일의 범위 밖으로 날아가 적 영토의 넓은 지역을 포괄하는 강력한 신호를 방출한다. 에스코트 재머는 공격기에 더 가까이 다가가서 거짓 목표물을 생성하거나 실제 목표물을 가리는 방식으로 적의 레이더로부터 보호한다. 로이터 구역은 재머 항공기가 오랫동안 공중에 머물고 재밍 임무를 수행할 최적의 위치와 타이밍을 찾을 수 있기 때문에 중요하다.

electromagnetic pulse generators), 인지통제와 정보전쟁을 위한 수
단들을 우주공간에 군사무기로 개발, 배치하겠다는 계획을 갖고 있다
(Thomas 2019, 180, 249).

특히 러시아의 반위성무기는 미국-서방의 항공우주군사력에 대
한 억제력을 구축하기 위한 헤징 및 상쇄전략의 핵심이다(Thomas
2019). 러시아는 2021년 11월 15일 누돌(Nudol) 직상승(direct-
ascent) 반위성미사일을 폐기된 쩰리나-D(Tselina-D) 위성을 상대로
시험했다. 해당 타격섬멸 시험은 타깃 위성을 1,500개의 궤도 부스러
기(debris) 조각으로 만들었다. 이는 미국과 동맹국의 우주 접근과 이
용을 거부하기 위한 수단을 획득하려는 러시아의 노력으로 평가된다.
미국은 이를 우주의 전략균형을 뒤흔드는 조치로 비난했고, 러시아
는 이를 우주의 전략적 균형을 회복하는 조치라고 주장했다(Thomas
2019, 436-437). 러시아는 이외에도 루돌프(Rudolph)로 명명된 이동식
반위성미사일시스템을 구축하기 위해 노력을 기울이고 있다(Thomas
2019, 445). 이처럼 러시아의 반위성무기시스템 개발은 미국-서방의
우월한 우주군사력에 대한 상쇄와 억제전략의 차원에서 추진되고 있
다(Thomas 2019, 446-450).

한편 러시아의 항공우주군 창설 역시 이와 같은 러시아의 위협인
식과 전략적 사고의 결과물이다. 러시아의 항공우주군은 세 개의 하
위구성군(sub-branches)인 공군(Air Force), 항공미사일방어군(Air
and Missile Defense Force), 그리고 우주군(Space Force)으로 구성된
다. 이는 다시 최고사령부(Main Command), 장거리비행사령부(Long
Range Aviation Command), 군사수송비행사령부(Military Transport
Aviation Command), 각 군관구에 배치된 4개의 공군과 항공방어군,
항공미사일방어군, 항공우주군, 국방부의 연방우주시험센터, 그리고

그 외 전자전, 신호, 무선기술과 자동화 지휘체계지원, 엔지니어링과 기상, 물류보급, 그리고 연구시설들을 포함하는 다수의 연합 별도 부대들을 구성 부문들로 포함한다(Thomas 2019, 181). 한편 러시아 우주군은 메인미사일공격경보센터(Main Missile Attack Warning Center)를 포함한다. 이는 적국의 탄도미사일 발사를 감시한다. 이를 위한 지상기반시설은 신형 보로네즈형(Voronezh-type) 레이더를 핵심 구성요소로 갖추고 있다. 메인우주상황정찰센터(Main Space Situation Reconnaissance Center)는 러시아의 우주정거장에 영향을 미칠 수 있는 이물질(foreign objects)에 대한 경보를 책임진다. 또한 메인우주시스템시험센터(Main Space System Test Center)는 우주와 지상 제대들(echelons)을 개발하는 임무를 수행한다. 이 밖에 두 개의 항공우주군 교육시설이 있다. 하나는 알렉산드르 페도르비치 모자이스키이 군사우주아카데미(Aleksandr Fedorovich Mozhayskiy Military Space Academy)이며, 다른 하나는 주코프 항공방어군 항공아카데미(Zhukov Air Defense Troop Air Academy)이다(Thomas 2019, 188).

러시아는 우주발사기지와 발사체, 그리고 우주정거장 등의 인프라 구축에도 관심을 기울이고 있다. 아르한겔스크 오블라스트(Arkhangelsk Oblast)에 있는 미르니(Mirny)에 위치한 플레세츠크(Plesetsk) 우주발사기지는 전적으로 군사위성발사에 특화되어 있다(Vidal 2021, 15). 2016년에 새로 선보인 보스토츠니 우주발사기지(Vostochny Cosmodrome)는 러시아의 야심 찬 우주계획의 핵심 기반시설이다. 이는 21세기 러시아가 수행한 가장 큰 규모의 인프라스트럭쳐 개발 사업이자 정치경제적 프로젝트였다. 이는 카자흐스탄에 있는 바이코누르(Baikonur) 우주발사기지에 대한 의존을 줄임으로써 러시아의 전략적 자율성을 강화하고 새로운 기반시설을 만들어내기 위한 조치였다(Vidal 2021, 35). 러시아는 2014년 12월에 크림반도 서안에 있는 예브파토리아 콤플렉스(Yevpatoriya Complex)를 우주 시스템 시험과 통제의 핵심센터로 구축했다. 이는 모스크바 지역에 있는 크라스노즈나멘스트(Krasnoznamensk) 티봇 메인우주시험센터(Tivot Main Space Test Center)와 연계되어 있다. 이 예브파토리아 시설은 1961년에 딥스페이스 커뮤니케이션센터(Deep Space Communication Center)로 시작하여 거의 모든 소련 우주선을 20년 동안 통제했으며, 소련 붕괴 이후 크림반도가 우크라이나로 넘어가면서 사용되지 않고 있다가 2014년 크림반도 합병 이후 다시 재가동되어 현재는 러시아 궤도집단(orbital groupings)의 우주선(spacecraft)을 통제하는 핵심 지상시설로 이용되고 있다(Thomas 2019, 197-198). 이번 러시아–우크라이나 전쟁에서의 크림반도의 전략적 중요성과 지난 2023년 3월 14일 예브파토리아 인근 흑해 해상에서 발생한 러시아 전투기 Su-27과 미국 군용드론 MQ-9 리퍼(Reaper)의 조우와 MQ-9 리퍼의 실종 사건은 이와 관련이 있을지도 모른다(РИА Новости 2023). 우주발사체는 기존의 소유즈-2(Soyuz-2)와 제닛(Zenit) 로켓을 대체하여 소유즈-5(Soyuz-5), 소유즈-6(Soyuz-6) 로켓을 개발하고 있다(Vidal 2021, 32). 러시아는 한편 기존의 국제우주정거장과는 독자적인 자체 러시아궤도정거장(Russian orbital station)을 개발할 것을 선언했다(Vidal 2021, 18).

이와 같은 러시아의 미국, 중국에 버금가는 전략적 비전과 항공우주군사 역량에도 불구하고 러시아를 두 번째 그룹으로 분류하게 만드는 가장 근본적인 이유는 러시아의 경제적, 사회적 힘의 한계 때문이다. 러시아의 경제적 취약성과 재정적 한계, 구조적·만성적 부패(corruption), 2014년 크림반도 합병 이후 2022년 우크라이나 침공 등으로 이어지는 국제적 경제재재(embargo) 등은 항공우주 분야를 포함한 국방기술과 산업 전반의 현대화(modernization)와 기술혁신, 무기·장비·시설생산 프로그램의 지연, 핵심기술 및 생산, 운용인력의 이탈 등을 초래하고 있다(Myers 2018, 99-102). 예를 들면, 매년 러시아는 거의 16억 달러를 우주군사프로그램에 지출하고 있다. 이에 비해 미국은 2021년에 미 우주군 예산 154억 달러를 포함하여 180억 달러를 우주군사 부문에 지출했다. 중국의 항공우주 예산은 비밀로 외부에 알려지지 않고 있으나 전문가들은 중국과 러시아의 우주 예산 역시도 상당한 격차를 보일 것으로 보고 있다(Vidal 2021, 16).

러시아의 항공우주역량은 마치 시간과 힘겨운 싸움을 벌이고 있는 것처럼 보인다. 최근 수십 년간 러시아는 항공우주개발을 위한 재정부족에 지속적으로 시달려왔으며, 이에 대한 대안으로 우주발사체의 좌석과 적재 공간을 다른 국가들과 민간인들에게 렌탈하는 방식으로 부족한 재원을 충당해왔다. 하지만 최근 들어 미국의 민간기업인 스페이스-X, 블루오리진 등과 인도와 유럽, 일본, 한국 등이 자체적인 우주 발사체를 운용할 역량을 갖추어감에 따라 그동안 우주 발사체 분야에서 러시아가 오랫동안 누려왔던 준독점적 지위가 크게 흔들리고 있다. 이는 러시아 항공우주 분야의 재정위기를 증폭시킬 것으로 전망된다. 2015년에 로스코스모스(Roscosmos) 연방회사의 설치로 우주 분야의 경쟁력을 강화하고 혁신적 발전을 가속화하려고 의도했지만 예산의 제약과 서방의 대러시아 제재로 인한 사회경제적, 기술적, 기반시설적 측면에서의 현실적 한계, 오랫동안 누적된 항공우주 분야의 관료주의의 병폐와 구조적 낙후성 등은 이와 같은 러시아의 야심 찬 우주 분야의 자율성 확보와 발전을 가로막는 중대한 걸림돌로 작용한다. 러시아는 항공우주발전의 3축으로 보스토츠니(Vostochny) 우주발사기지, 새로운 발사체의 개발, 그리고 위성배치(satellite constellation)의 유지관리 등을 특정하고 있으나 현재까지 이 세 축에 대한 발전 성과는 불균형을 보이고 있다. 대체로 러시아의 이와 같은 항공우주의 발전전략은 제한적인 성과를 낼 것이며 러시아 항공우주역량의 장기적 부식과 쇠퇴를 되돌리기에는 역부족일 것으로 전망되고 있다(Vidal 2021, 13-41). 특히 이번 2022-2023년 러시아-우크라이나 전쟁은 러시아의 이와 같은 항공우주역량의 쇠락을 가속시킬 것으로 추정된다(Deloitte 2022).

IV. 인도의 우주국방전략

흥미롭게도 우주국방전략과 우주군사역량 부문에서 인도는 러시아와는 상당히 대조적인 모습을 보인다. 인도는 우주개발프로그램의 역사가 오래되고 현재 우주개발역량을 갖춘 세계의 상위 10위 국가에 포함되지만 미국과 중국뿐만 아니라 러시아의 수준에도 현저히 미치지 못하는 우주국방전략과 우주군사역량을 보유하고 있다. 하지만 인도의 빠른 경제성장과 사회경제적 잠재력을 감안하면 인도의 우주군사전략과 역량의 미래는 밝다. 인도의 우주군사전략과 역량은 중, 장기적으로 획기적으로 발전할 것으로 전망되며 러시아를 추월하여 중국과의 격차를 상당히 줄일 수 있을 것으로 추정된다.

인도의 핵심 기준점은 중국이다. 인도는 중국과의 국경분쟁 등을 포함하여 중국을 가장 핵심적인 안보위협으로 보고 있다. 따라서 인도의 우주국방전략은 중국에 대한 상쇄 또는 억제적 우주군사역량을 구축하는 것을 목표로 삼고 있다. 이와 같은 인도의 전략적 비전은 인도

우주비전 2025(Space Vision India 2025)에 나타나 있다. 이에 따르면, 인도는 우주에서의 더 큰 현시를 목표로 지역 안보위협인 중국의 도전에 맞서 우주경쟁(space race)을 추진할 것으로 판단된다. 인도는 이를 위해 민간우주역량뿐만 아니라 군사우주역량을 강화할 것이라고 밝히고 있다. 이와 같은 군사우주역량에는 반미사일방어(anti-missile defense), 반위성무기(anti-satellite weapons), 우주엘레베이트(space elevator) 개발,[3] 유인우주비행, 위성기반 통신 및 항법 시스템의 연결성과 모바일 서비스, 보안 등의 강화, 행성탐사(planetary exploration) 등의 실용적이고 야심 찬 프로그램들이 포함된다(Sarti 2017, 72).

인도의 우주개발 역사가 오래되었음에도 불구하고 그간 인도의 우주개발은 비군사적인 민간부문 위주로 진행되어왔다. 이와 같은 인도의 전통적인 기조는 최근 들어 군사부문이 강조되는 우주발전전략의 군사화(militarization)로 빠르게 변화하고 있다. 이와 같은 인도의 전략기조 변화의 주된 이유는 중국의 위협에 대한 인도의 인식 때문이다. 인도는 중국 등 국경을 접한 다른 이웃 국가들과의 국경분쟁에 대한 핵심적 안보 이해가 있다. 인도는 이들 적대국가들과의 국경분쟁을 억제하고 전쟁 발발 시 이들 적국들과의 전쟁을 효과적으로 수행하기 위해서 우주군사전략을 추구한다. 이는 인도가 우주를 기존의 지상, 바

---

3 우주엘리베이터는 긴 케이블이나 밧줄을 사용하여 행성의 표면과 우주를 연결하는 유형의 운송 시스템이다. 지구의 우주엘리베이터는 적도에 고정되어 정지궤도(GSO)로 확장되어 균형추가 케이블을 팽팽하게 유지한다. 우주엘리베이터는 탈것이 전기 모터를 사용하여 케이블을 오르내릴 수 있게 하여 로켓 발사 비용과 위험을 줄인다. 우주엘리베이터는 종종 공상과학 소설에서 묘사되지만 엄청난 응력과 장력을 견딜 수 있을 만큼 강한 재료를 찾는 것, 궤도 잔해와 날씨로부터 케이블을 보호하는 것, 탈것과 승객의 안전과 안정성을 보장하는 것 등과 같은 많은 기술적이고 공학적인 도전들에 직면한다. 일부 연구자들은 탄소 나노튜브나 그래핀을 우주엘리베이터를 만들기 위한 가능한 재료로 사용할 것을 제안했다.

다, 하늘에 이은 4번째 전쟁 영역으로 인지하고 전쟁 승리에 결정적 영향을 미치는 우주공간의 전략적 중요성을 인식하기 때문이다. 특히 인도는 중국의 인도에 대한 우주군사력에 대한 억제력을 확보하고 전쟁 억제가 실패했을 시에 전쟁 수행을 위한 스스로의 우주군사력을 구축하는 것을 목표로 한다(Bommakanti 2017, 1-27). 흥미로운 점은 인도의 이와 같은 중국에 대한 적대적 스탠스와는 달리 러시아와 미국에 대해서는 우주와 관련하여 협력적 관계를 지향하고 있다(Sarti 2017, 73).

인도의 우주개발 역사는 오래됐다. 인도는 아시아에서 가장 오래된 우주국가들 가운데 하나이다. 1969년에 ISRO(Indian Space Research Organization)가 만들어졌고, 1972년에는 우주부(Department of Space, DoS)가 수상실 산하에 설치되었다. 1975년에는 소련 로켓에 실려 첫 번째 인공위성인 아랴브하타(Aryabhatta)가 발사되었다. 이후 아라비아해 연안 티루바난타푸람(Thiruvananthapuram) 인근 툼바(Thumba)에 첫 번째 로켓발사센터가 설치되었고, 1980년에 인도의 첫 번째 우주로켓발사체인 SLV(Space Launch Vehicle)-3가 성공적으로 발사되었다. 현재까지 ISRO는 112개의 우주선과 두 번의 재진입(re-entry) 미션을 포함한 82개의 발사 임무를 성공적으로 수행했다(Goswami 2022, 5-6). 최근 들어 인도는 미국의 민간 우주개발 프로그램인 스페이스X와 블루오리진 등에 자극받아 자체 민간 우주 부문에 투자를 시작했다. NSIL(New Space India Ltd)과 INSPACe(Indian National Space Promotion and Authorization Centre)의 설립은 글로벌 경쟁력을 갖추기 위한 인도의 민간 상업 우주 분야를 촉진시키기 위한 노력들이다(Goswami 2022, 5).

인도의 우주개발 프로그램은 3개의 주요한 추진 동력에 의해 영향

을 받았다. 이는 국가주의(nationalism)와 경제적 이해, 그리고 국가안
보의 이해이다. 이들 각각의 동력을 살펴보면 다음과 같다. 첫째, 국가
주의는 인도인들의 우주 프로그램에 대한 강한 자부심과 관련이 있다.
2014년 인도의 만갈리얀(Mangalyaan) 화성임무 우주선이 화성궤도에
들어갔다. 이는 인도인들의 국가적 성취감과 환희를 불러일으켰고, 영
화 〈만갈임무(Mission Mangal)〉로 대중문화로도 기념되었다. 이와 같
은 우주개발은 인도의 국가주의를 자극한다. 인도의 우주개발 프로그
램은 인도의 국가건설과 정권의 정당성, 국내적 국가발전, 그리고 국가
의 대외적 위상 제고 등에 매우 긍정적인 영향을 미쳐 인도의 국가주
의를 공고화하는 데 기여한다. 예를 들면 인도는 2014년에 화성에 도
달한 첫 번째 아시아 국가가 되었고, 2017년 한해에 ISRO는 그때까지
지구궤도에 가장 많은 수의 104개의 위성을 발사하여 진입시켰다. 이
와 같은 사례들은 인도의 국가주의 고취와 긴밀히 연계된다(Goswami
2022, 7-9).

둘째, 인도의 우주개발 프로그램은 경제적 이해에 의해서도 자
극받았다. 인도의 경제발전에서 우주는 특별한 의미를 가진다. 인도
는 영토가 넓고 기반시설이 잘 발달되어 있지 않아 이 점이 경제발전
의 큰 걸림돌로 작용한다. 우주개발은 이와 같은 인도의 제한점을 극
복할 수 있는 좋은 대안이 된다. 우주는 인도에게 더 나은 지리위치정
보(mapping), 이미지(imaging), 그리고 사람들과 지역들 간의 연결성
(connectivity)을 의미한다. 교통 인프라, 정보통신 인프라, 물류와 운
송 등의 인프라, 날씨 또는 기후변화나 재난에 대한 대응체계 등 경
제발전을 위한 주요한 핵심기반을 구축하는 데 우주는 매우 효과적
인 대안이 된다. ISRO의 인도지역항법위성시스템(Indian Regional
Navigation Satellite System 또는 NavIC)은 인도와 아시아태평양 지역

에 매우 정확한 위치정보를 제공한다. 인도의 우주산업은 약 4천억 달러의 이익을 내고 있으며, 이는 인도우주개발의 주요한 추진동력이 되고 있다(Goswami 2022, 9-10).

셋째, 인도의 우주개발은 국가안보의 필요에 의해서도 추동되고 있다. 앞서 언급한 대로 국경을 접한 중국과 파키스탄으로부터의 안보위협에 대한 대응 필요는 인도의 우주군사 개발에 강하게 영향을 미치고 있다. 인도는 특히 중국의 우주군사 인프라의 빠른 발전과 파키스탄의 미사일 발전에 대한 대응의 필요에 따라 우주군사역량을 발전시키고 있다. 우주 프로그램 투자는 인도의 군사적 목적의 NC3(Nuclear Command, Control and Communication), 군지휘통제(military command and control), GPS(Global Positioning System), PNT(Positioning, Navigation, Timing), ISR(Intelligence, Surveillance, and Reconnaissance) 등을 구축하기 위한 강한 동기에 의해 추동되고 있다. 결과적으로 인도는 자체 항법시스템을 발전시켰고, 독자적 군사위성을 발사함으로써 ISR 역량을 발전시켰으며, 군사우주 활동들을 조율하기 위해 2019년에 국방우주국(Defense Space Agency)을 창설하였다. 2019년 3월에 인도는 적대세력의 우주군사역량에 대한 신뢰할만한 억제로 자체 대우주능력(counter space capacity)을 보여주기 위해 ASAT 무기를 시험했다(Goswami 2022, 10).

인도는 이와 같은 우주에서의 군사역량 강화에 대한 합리적 이유를 다음과 같이 제시하고 있다. 중국은 인도-중국 국경 인근에 H-6K와 같은 장거리 전략폭격기들을 배치하고 군 비행장을 건설해왔다. 중국은 또한 PNT와 같은 군사우주 역량을 강화하고 인도 국경지역 군사자산들을 타깃으로 설정하고 있다. 특히 인도-중국 사이의 국경에 해당하는 LAC(Line of Actual Control)는 히말라야 높은 산악지대에 위

치하고 있어 HUMINT에 의한 감시가 매우 어렵다. 따라서 '하늘의 눈
(eyes in the sky)' 또는 위성감시의 발전이 국경침투에 대한 전략적 예
측이나 매핑(mapping)을 위해서는 매우 필수적이다. 이와 함께 중국
의 인도-태평양 지역에서의 증가하는 호전성과 제국주의 성향은 인도
에게 보편적 군사적 위협이 된다. 한편 같은 이유로 인도는 파키스탄에
대한 감시정찰의 필요에 의해서도 우주의 군사화를 추동한다. 카슈미
르(Kashmir) 지역의 인도-파키스탄 사이의 LoC(Line of Control)는 국
경분쟁과 테러리즘 침투의 지속적인 근심거리가 된다. 이 때문에 이 지
역에 대한 효과적인 감시와 정찰이 요구된다. 또한 파키스탄의 미사일
역량의 강화와 인도와의 국경분쟁 개연성은 인도의 ISR과 NC3의 역
량을 증대시킬 필요성으로 이어진다. 인도의 우주군사화는 이와 같은
다양한 적대적 위협에 대한 합리적 대안이 되고 있다(Goswami 2022,
10-11).

　　ISRO 비전 2025 계획(Vision 2025 Plan)에 따르면, 인도의 우주
전략 비전은 다음의 것들을 포함한다. 첫째, 인도는 시골 지역의 연결
성과 안보적 필요, 그리고 모바일 서비스 등을 위해 위성기반 통신과
항법 시스템을 발전시키려고 한다. 둘째, 천연자원과 날씨의 관리 그
리고 기후변화 연구들을 지원하기 위해 이미징 역량을 강화하려고 기
도한다. 셋째, 태양계와 우주에 대한 이해를 증진시키기 위해 '우주과
학' 임무를 더욱 발전시키려고 의도한다. 넷째, 헤비리프트발사체역량
(Heavy lift Launcher capability)을 발전시키려고 한다. 다섯째, 재사용
발사체(Reusable Launch Vehicles)를 발전시키려고 계획한다. 여섯째,
유인비행프로그램(human flight program)을 발전시키려고 기도한다.
인도는 이와 같은 역량을 종합적으로 구축하려고 하며, 이는 군사적 이
용뿐만 아니라 민간, 상업적 이용까지 포함하는 총체적인 국가의 우주

역량 발전을 의도하고 있다(Goswami 2022, 11).

인도의 우주군사역량은 이와 같은 군사적 위협에 대한 인식과 대응의 필요성, 그리고 인도의 총체적인 국가우주역량 강화를 위한 발전계획에 따라 꾸준히 발전되어 왔고 그 결과로 (비록 미국, 중국, 러시아 등에는 미치지 못하지만) 현재 상당한 정도의 우주군사역량을 구축하고 있다. 2021-2022년 인도의 국방예산은 496억 달러이며, 이 가운데 184억 달러가 무기 확보에 할당되어 있다. 구체적인 우주무기 확보에 할당된 예산액을 알 수는 없지만 해당 무기 확보 예산에는 공군을 위한 위성 확보와 같은 우주시스템에 대한 지출이 할당되어 있다. DRDO(India's Defense Research and Development Organisation)는 극초음속 발사체, 소형 대륙간탄도미사일, 그리고 저궤도와 정지궤도를 함께 타격할 수 있는 반위성무기(ASAT)들을 개발하는 핵심기관으로 운용되고 있다(Goswami 2022, 15).

인도의 우주군사화는 1999년에 카르길 전쟁(Kargil War) 기간 경험했던 정보 실패에 의해 촉진되었다. 인도는 2001년에 첫 번째 군사위성인 TES(Technology Experimental Satellite)를 발사했다. 2004년에는 국가기술연구조직(National Technical Research Organization, NTRO)을 ISR과 무인비행체(UAVs)를 감시하는 기관으로 설치했다. 인도는 현재 공군을 집중적으로 지원하면서 육군과 공유하는 약 15개의 군사용 위성을 보유하고 있다. 이 위성의 최우선 임무는 분쟁 중인 인도-중국 국경선의 고해상도 이미지 정보를 수집하는 것이다. 인도는 또한 SIGINT와 COMINT, 그리고 ELINT의 역량 강화에도 노력을 쏟고 있다. 위성은 또한 우주상황인식(Space Situational Awareness, SSA), ISR(Intelligence, Surveillance, and Reconnaissance), CnC (Command and Control) 등의 역량강화의 필요에도 부응하고 있다.

인도는 2010년에 이와 같은 다양하고 중요한 우주군사역량을 증대시키기 위해 국가안보보좌관이 이끄는 우주안보코디네이션그룹(Space Security Coordination Group)을 설치하였다. 2019년에는 국방우주국(Defense Space Agency)과 DRDO 산하에 군사우주역량의 발전을 전담하는 센터가 만들어졌다(Goswami 2022, 15).

인도의 우주군사역량은 미국과 중국에 비해서는 여전히 상당히 뒤처져 있지만, 인도는 이 점을 깨닫고 SSA와 ISR 등과 같은 핵심적 영역의 역량 강화에 노력을 기울이고 있다. 인도는 특히 중국과 같은 적대세력의 위성시스템의 물리적 파괴, 재밍과 무력화 등의 사건 발생 시에 빠르게 기존 위성시스템을 대체할 수 있는 역량을 발전시키려고 한다. 이의 일환으로 2022년에 인도 해군은 자체 통신위성인 GSAT-7R을 확보했다. 인도는 이와 함께 대중국 견제를 위해 미국과 긴밀히 협력하고 미국 위성의 데이터에 접근할 수 있도록 미국과의 우주협력시스템을 구축했다. 인도 해군의 지정학적 작전 범위는 최근에 인도양과 말라카해협 등으로 확장되었으며 이에 따라 군사위성의 확보 필요성이 증대했다(Goswami 2022, 16).

특히 중국의 우주군사화에 대응하는 인도의 ASAT 역량 강화는 주목할 만하다. 2019년 3월에 인도는 미션 샥티(Mission Shakti)라고 명명된 ASAT무기를 Microsat-R을 타깃으로 시험했다. 인도의 ASAT 시험은 대략 400개의 파편조각을 만들어냈고 이 조각들이 300km 이하의 궤도에 있기 때문에, 몇 주에서 또는 몇 달 내에 모두 사라질 것으로 예측되었다. 해당 ASAT 시험은 인도를 우주군사강국으로 확고히 자리매김했다. 이 ASAT 미사일 시험은 2007년 중국의 ASAT 시험과 중국 인민해방군 전략지원군(PLASSF) 창설에 대한 대응으로 해석되었다(Goswami 2022, 16).

이 밖에도 인도는 중국에 대응하기 위한 여러 우주군사역량 강화를 추진하고 있다. 이의 일환으로 자체 스크램제트 엔진(scramjet engine)에 의해 추동되는 극초음속 시범비행체(hypersonic demonstrator vehicle)를 2020년 9월에 시험했다. 또한 인도는 미국과 프랑스, 일본 등 다른 우주 강국들과 양자협력관계를 강화하고 있다. 2020년에 미국 의회는 국가정보장(DErector of National Intelligence)과의 논의를 거쳐 국방장관의 지목 이후에 국방수권법(National Defense Authorization Act)에서 인도의 NaVIC 항법위성시스템(GNSS)을 동맹국의 시스템으로 지정했다. 또한 인도는 미국과 우주안보대화를 양자 간에 구축하고 있다. 인도는 한편 프랑스와 2021년 8월에 양자 간 우주안보대화에 합의했다. 인도는 프랑스와 그 같은 협의를 유지하는 첫 번째 아시아 국가가 되었다. 이 밖에도 일본과도 양자 간 우주안보대화를 유지하고 있다(Goswami 2022, 16-17).

　　인도는 미래전에서의 우주의 군사적 중요성을 인지하고 국방과 우주의 통합을 통한 "국방을 위한 우주(Space for defence)"와 "우주의 방어(Defence of space)" 모두에서 역량을 강화하기 위해 노력하고 있다. 이와 같은 인도의 우주의 군사화와 관련된 미래비전은 '국방우주비전 2020(Defence Space Vision 2020)'에 잘 나타나 있다(SIAINDIA 2022, 20). 인도는 앞으로 러시아, 중국, 미국 등과 같은 우주군사강국들과의 격차를 점점 줄여 나갈 것으로 전망된다(SIAINDIA 2022, 21). 인도는 네비게이션을 포함한 ISR, 통신, 인프라스트럭처, SSA, 위성 소형화, 그리고 보복수단(countermeasure) 등 국방을 위한 우주와 우주의 방어 모두를 포함하는 우주군사화와 관련된 거의 모든 영역에서의 기술발전을 우선순위에 두고 있다. 인도는 이와 함께 우주와 국방의 통합을 위해 ① 정책 수준, ② 역량과 자금조달 수준, ③ 사용자 수준 모두에 총체적으로 초점을 맞추고 있다. 이를 구체적으로 살펴보면, 정책 수준에서는 민간과 국방을 포함하는 국가우주전략(National Space Strategy)을 만들고 통합하며, 국가우주전략을 뒷받침하는 국방우주전략을 만들고, ISR을 지속적으로 발전시키며, 국방무기 획득 가이드라인을 발전시킨다. 역량과 자금조달 수준에서는 국방부 아래에서 우주협력 프로젝트를 추진하고, 우주역량 프로젝트와 프로그램을 도입하고 DSA(Defense Space Agency), DSRO(Defense Space Research Organization), ISRO(Indian Space Research Organization) 간의 긴밀한 협력을 강화하고, 민간 부문에 자금을 지원하고 참여 인센티브를 제공한다. 사용자 수준에서는 우주 영역을 운용계획에 통합시키고, 역량구축(capacity building)과 훈련을 강화하고, 국방과 민간 간의 긴밀한 통합성을 높이고, 통신위성과 전투통신계획 간의 통합성을 발전시킨다(SIAINDIA 2022, 23-25).

V. 맺음말: 러시아-인도 사례들의 함의와 한국에 대한 시사점

미래전쟁이 다영역 전쟁으로 진화하면서 전쟁 승리에 미치는 우주의 전략적 중요성이 커지고 있다. 이는 역사적으로 전쟁 승패에 영향을 미치는 고지대 장악의 전략적 중요성의 맥락 속에서 이해되어야 한다. 비행기의 등장으로 전략적 중요성을 가지는 고지대는 하늘로 확장되었으며, 오늘날 이는 하늘보다 더 높은 영역인 우주로 확장되고 있다. 이와 같은 전쟁의 원칙 속에서 고지대인 우주공간을 장악하기 위한 우주의 군사화는 필연적일 것으로 전망된다. 물론 우주의 비군사화와 평화적 이용에 관한 국제협약 등과 같은 논의들과 노력들이 존재한다. 하지

만 이와 같은 논의들은 인류사를 관통해 온 국가 행위자들 간의 전쟁
과 갈등, 그리고 경쟁의 역동성을 감안하면 우주의 군사화를 막기에는
역부족일 것으로 전망된다.

우주의 군사화를 추동하는 또 다른 주요한 이유는 우주공간의 경
제적 가치 때문이다. 예를 들면, 달의 희토류와 헬륨-3와 같은 우주광
물자원 확보는 미래의 핵심적인 경제발전의 동력이 된다. 우주비행과
관광산업, 과학기술탐사, 정보통신, 날씨 및 기후관측, 항법시스템, 지
리위치정보 등 여러 우주기반 역량은 각국의 미래 경제발전을 위한 중
요한 기반이 된다. 이 때문에 우주공간의 군사적 장악은 제해권이 바
다를 통한 경제적 부를 가져다주는 것과 같은 우주공간을 통한 경제적
부를 가져다 줄 수 있다. 이와 관련하여 지구궤도와 반알렌복사대, 호
만전이궤도 등과 같은 우주의 지형 특성들은 우주공간의 전략적 요충
지를 군사적으로 장악할 수 있으며, 이를 장악함으로써 우주공간 전체
를 통제할 수 있다는 사실을 알려준다. 그리고 우주공간의 통제는 우주
공간의 경제적 가치를 독점할 수 있게 해준다.

우주의 군사화는 ① 국방을 위한 우주와 ② 우주의 방어를 모두
포함한다. 국방을 위한 우주는 지상, 바다, 하늘, 그리고 사이버와 같
은 다른 영역에서의 군사작전 또는 전쟁 수행을 지원하기 위한 우주
의 군사적 이용을 의미한다. 여기에는 우주상황인식(SSA) 역량과 조
기경보, 지휘통제, 그리고 ISR, 위성통신, 위치, 항법, 시간, 날씨기후
(meteorology) 등이 포함된다. 이와 같은 우주의 군사적 이용의 전략
적 의도는 지구 영역에서의 군사작전을 지원·강화하기 위해서이며, 우
주 영역과 다른 영역들과의 군사적 통합, 우주시스템과 지원서비스의
물리적 또는 비물리적 위협으로부터의 회복력 구축, 우주시스템의 비
키네틱 역량 강화 등이 필요조건들로 제시된다. 우주의 방어는 우주공

간의 군사적 장악력의 확보를 의미한다. 이를 위해 위성시스템을 포함
한 우주자산에 대한 키네틱, 지향에너지, 재밍, 스푸핑, 사이버 등의 공
격 위협에 대한 예방과 대응역량을 강화하는 것, 그리고 우주기반과 지
상기반의 우주자산의 방어와 ASAT 등의 반위성무기, 우주공간으로부
터, 우주공간을 통해, 또는 우주공간 내에서 타깃을 공격하는 물리적
또는 비물리적 군사무기의 우주공간 배치 등이 포함된다. 우주 방어의
전략적 의도는 우주전을 위한 역량을 발전시키는 것이며, 위성시스템
방어와 생존성 확보를 위한 소형 또는 나노 위성시스템의 발전, ASAT
등의 반위성 무기에 대한 방어역량 발전, 그리고 위성 등 우주공간에
물리적 및 비물리적 군사무기를 배치하는 우주의 무기화 등이 필요조
건들로 제시된다(SIAINDIA 2022, 15-17).

이와 같은 우주의 군사화에서 미국이 가장 앞서 있다. 중국과 러시
아는 미국을 핵심 기준점으로 삼고 미국의 우주공간 장악에 대한 억제
와 상쇄전략과 함께 자국의 우주의 군사화 전략비전을 추구하고 있다.
러시아는 미국에 대한 억제와 상쇄 전략의 일환으로 중국과의 우주에
서의 전략적 협력과 연대를 강화하고 있다. 인도는 중국을 핵심 기준점
으로 중국의 우주군사역량에 대한 억제와 상쇄전략을 추구하고 있다.
이를 위해 미국과 러시아, 프랑스, 일본 등과 협력하고 있다. 러시아와
인도는 모두 국방을 위한 우주와 우주의 방어를 모두 포함하는 통합적
이고 포괄적인 우주의 군사화 전략비전을 체계적, 지속적으로 추진하
고 있으며, 이는 미래전 준비의 차원에서 이루어지고 있다.

이와 같은 러시아와 인도의 우주군사전략이 한국에 주는 시사점
은 분명하다. 한국은 미래전에서의 우주의 군사화의 전략적 중요성을
인식하고 국방을 위한 우주와 우주의 방어를 모두 포함하는 통합적이
고 포괄적인 우주의 군사화를 체계적, 지속적으로 추진해야 한다. 이때

한국은 핵심 기준점을 명확히 할 필요가 있다. 현실적으로 한국의 핵심 기준점은 중국이 될 필요가 있다. 한국은 중국의 우주군사역량에 대한 억제와 상쇄전략을 추구하면서 미국의 우주공간 장악력을 지원하면서 한미동맹의 우주공간으로의 확장을 통해 한국의 우주공간 장악력을 확보하는 전략을 추구할 필요가 있다. 이는 인도의 스탠스와 유사할 것이다. 이 경우에 인도가 파키스탄에 대해 우월한 우주군사역량을 자연스럽게 구축하는 것처럼 한국은 북한에 대해 우월하고 압도적인 우주군사역량을 자연스럽게 구축할 수 있게 될 것이다.

한편 러시아를 통해 확인할 수 있는 시사점은 국가의 경제적, 과학기술적 역량과 관료주의의 극복, 인적자원의 확보 등이 미래 우주군사역량을 지속적으로 확보하게 하는 핵심기반이라는 사실이다. 이는 러시아의 우주군사역량의 미래가 그다지 밝지 않다는 점에서 도출할 수 있는 교훈이다. 우주의 군사역량발전은 그 국가의 사회문화적, 경제적, 과학기술적 역량에 달려 있다. 이 점을 유념할 필요가 있다.

참고문헌

박창희. 2013. 『군사전략론』. 서울: 플래닛미디어.

육군교육사령부. 2022. 『미래 작전환경분석서』.

윤민우·김은영. 2023. 『모든 전쟁: 인지전, 정보전, 사이버전, 그리고 미래전쟁에 대한 전략이야기』. 서울: 박영사.

Bommakanti, Kartik. 2017. "A Conceptual Analysis of Sino-Indian Space Deterrence and Space Warfighting." ORF Occasional Paper #111, April.

Deloitte. 2022. "Our point of view on the Russia-Ukraine crisis consequences on the Aerospace & Defense sector."

Goswami, Namrata. 2022. "Indian space program and its drivers possible implications for the global space market." NOTES DE L'IFRI, European Space Governance Initiative, January.

Kofman, Michael. 2019. "Drivers of Russian Grand Strategy." FRIVARLD. www.frivarld.se

Military Doctrine of the Russian Federation. 2014. http://kremlin.ru/events/president/news/47334

Myers, Nicholas. 2018. "The Russian Aerospace Force." *Security Forum* 2(1): 91-103. DOI: 10.26410/SF_1/18/8.

Sankaran, Jaganath. 2022. "Russia's anti-satellite weapons: A hedging and offsetting strategy to deter Western aerospace forces." *Contemporary Security Policy* 43(3): 436-463.

Sarti, Josiane Simao. 2017. "Space strategy and policy: analysis of the Indian case." *Revista da UNIFA* 30(1).

SIAINDIA(SatCom Industry Association). 2022. "Space for defence in India." pwc, October.

Sloan, Elinor C. *Modern Military Strategy An Introduction.* New York: Routledge.

Thomas, Timothy L. 2019. *Russia Military Strategy: Impacting 21st Century Reform and Geopolitics.* Middletown, DE: 4th Watch Publishing Co.

Tripathi, PN. 2013. "Weaponization and Militarization of Space." *CLAWS Journal.*

United States Space Force. 2022. "X-37B orbital test vehicle concludes sixth successful mission." *Space Force News*, November 12. https://www. spaceforce.mil/News/Article/3217077/x-37b-orbital-test-vehicle- concludes-sixth-successful-mission/

Vidal, Florian. 2021. "Russia's space policy: The path of decline?" French Institute of International Relations.

Zak, Anatoly. 2022. "Fifth GLONASS-K satellite lifts off." RussianSpaceWeb. Retrieved 10 January 2023.

РИА Новости. 2023. "ВС США заявили о столкновении российского Су-27 с американским БПЛА MQ-9." 14, 03. https://ria.ru/20230314/su-27-1857882287.html? ysclid=lh4i3t 6qc9787164641

제10장 항공우주산업 분야에서의 미래전 기술 경쟁

홍석훈(창원대학교)

I. 들어가며

한국의 우주개발은 1989년 항공우주 전문기관의 설립을 시작으로 1980년대 후반부터 본격 추진되어 선진국 대비 짧은 역사에도 불구하고 괄목할 만한 성과를 거두었다. 미래전은 지·해·공·우주 및 사이버 공간으로 일컬어지는 5차원 공간에서 진행될 것으로 전망되며, 항공우주산업과 무기체계의 발전 및 기술 확보가 국가안보를 지키는 매우 중요한 요인으로 작용할 것이다. 또한, 항공우주무기체계는 공중 및 우주까지 확대된 전장 공간에서 네트워크 기반의 전장 우세를 달성하고 원거리 전력투사 능력을 구비하여 전략적 임무를 효과적으로 수행하기 위해서는 철저한 준비가 필요하다.

　4차 산업혁명 시대를 맞이하여 전쟁 양상이 변화하면서 전쟁을 수행하는 수단도 획기적으로 변화하고 있는데, 군사적으로 초강대국인 미국을 비롯한 중국과 러시아 등 기존 군사강국들은 다양한 신무기와 새로운 전쟁 개념을 발전시키고 있다. 특히 북한의 우주개발은 북한 핵개발, 장거리 미사일 등 핵개발 전략과 전략무기 개발 정책과 연계되어 왔기 때문에 북한의 우주개발 현황과 우주전략의 방향성은 남북관계뿐만 아니라 한반도 안보적 위기 및 평화체제 정착에 중요한 변수로 대두되고 있다. 따라서, 군사적 경쟁 공간(사이버, 우주, 전자기 영역 등)에서 한국군의 신속한 대응과 상대적 우위를 통해 무력충돌을 억제하며, 무력충돌 시 군사력의 효과를 확보할 수 있는 방향으로 전쟁 개념이 발전되어야 할 필요성이 요구되고 있다.

　우리나라의 항공우주무기체계 기술 수준은 미국, 중국, 러시아와 같은 군사 강대국에 비해 아직까지 기술 격차가 크다는 인식이 강하다. 이에 따라 향후 관련 핵심기술 확보를 위한 중·장기 기술발전 기반

을 강화하고, 군사작전 지원 등 긴요한 우주전력 및 소요기술의 우선
확충이 필요하다. 따라서, 항공우주산업과 미래전에 대비한 우주무기
등 기술 경쟁에 대한 분류, 운용 개념, 위성체 및 발사체 발전 추세, 주
요국의 우주과학기술 개발 동향을 파악하고 우리 정부의 대응 방안이
마련되어야 할 것이다. 이 장에서는 향후 전개될 우주 공간의 미래전을
중심으로 주요 우주과학기술 경쟁 양상을 살펴보고, 이에 대한 한국의
과학기술 발전 현황과 과제를 분석하고자 한다.

II. 미래전 양상 변화와 우주전력

1. 미래전의 전략환경 변화

항공우주산업과 탑재 장비 등 과학기술의 발전은 미래 우주전력의 임
무 및 활용도에 대한 다각적 접근법이 요구되고 있다. 한국의 미래전
전략환경은 네트워크전, 첨단정보전, 하이브리드전(Hybrid Warfare),
우주전 등으로 급격하게 확장되고 있다. 미래의 전쟁은 지상, 해상 및
공중의 3차원 전쟁 양상에서 벗어나, 우주 및 사이버 공간을 포함한 5
차원 공간의 동시 전장화로 지휘통제C4I, 감시·정찰ISR과 정밀타격
PGMs이 결합된 복합정밀타격체계(C4ISR+PGMs)가 중심이 되는 통
합·협동전장 개념으로 확장, 전환될 것으로 예상된다(최재원 2015). 또
한, 군사과학기술의 발전은 정보통신기술, 항공우주기술, 나노(Nano)
기술, 로봇 및 무인체계 기술 등 과학기술의 비약적인 발전으로 이어져
무기체계의 변화를 이끌고 전쟁 수행 개념, 전략 및 방식에도 비약적인
변화를 추동하고 있다. 또한, 정보통신과 첨단 AI 기술 등의 발전은 실

제 전장 상황을 모니터링, 공유하면서 시공간을 뛰어넘어 실시간 지휘
통제가 가능케 하는 네트워크 중심의 작전 환경을 만들 것이다. 정밀
유도·타격 기술의 발전은 다양한 무기 발전으로 이어져 장거리 정밀
교전이 보편화되고 있으며, 이를 감시·정찰 및 지휘통제체계와 연계한
복합정밀타격체계로 운용함으로써 그 효과를 극대화하고 있다(최재원
2015, 77).

즉, 공간적으로는 다차원 전장 공간을 활용하는 능력이 전쟁의 승
패를 좌우하게 될 것이며, 네트워크 중심 작전 환경 하에서 전쟁을 수
행하기 위해 우주공간 지배는 필수가 될 것이다. 여기에 사이버 공간
에 대한 지배력이 전쟁에서 결정적 역할을 할 것으로 예상된다. 전투수
단 측면에서는 위성, 무인항공기 등과 같은 첨단 감시정찰 수단이 광역
에서 수집한 정보를 네트워크 중심 복합체계를 통해 실시간으로 사용
자에게 전파함에 따라 의사결정자들은 신속하고 정확한 판단과 지휘
결심을 하게 될 것이며, 물리적 파괴에 주안을 두기보다는 전자장비를
사용하는 무기체계의 비중이 증가함에 따라 기능을 마비시키기 위한
'Soft Kill' 형태로 전투수단이 변화할 것이다(정종·계중읍 2012, 307).
결국, 미래전 수행 개념은 네트워크화된 다차원의 비선형 전장 공간에
서 네트워크 중심 작전 환경에 적용되어야 하며, 다양한 주체가(민관군
및 동맹) 협력하여 통합 전략을 극대화하여 적을 효과적으로 신속하게
타격하는 것이다.

우선, 전장 인식의 핵심적 사고방식은 주도권 획득을 위해 육, 해,
공, 우주에 배치된 유, 무인 정찰 및 감시 자산을 통합하여 운용함으로
써 첩보를 수집하고, 이를 실시간으로 처리, 융합 및 분석하여 작전을
수행하는 지휘관에게 신속하게 전달함으로써 공통된 상황인식을 가능
하게 하는 것이다. 지휘통제의 핵심적 사고방식은 적보다 신속한 의사

결정과 작전 속도를 유지하며, 정보 공유 및 전장 가시화를 통해 정보 우위를 확보하기 위해 네트워크화된 지휘통제체계를 구축하여 효과적인 전력 운용을 보장하는 것이다. 전력 운용의 중심적 사고방식은 국제기구 및 동맹과 같은 다국적 요소와 긴밀한 협조 체계를 구축하여 전쟁 억제뿐만 아니라 유리한 전략적 환경을 조성하고, 작전적으로 각 군의 전력을 통합하여 전투력의 시너지를 극대화하여 먼저 타격함으로써 합동 작전의 성공을 보장하는 것이다. 또한, 방호의 핵심적 사고방식은 우군의 핵심적인 전략적 및 작전적 중심을 보호하고 합동 전력의 생존성을 보장하여 우군의 차기 작전과 행동의 자유를 보장하는 것이며, 지속적인 지원은 전쟁 지속 능력을 보장하기 위해 통합 군수 지원 및 적시적기(적재적소)에 근접 지원이 가능하도록 하는 것이다.

　우주 공간에 대한 군사적 이용은 1959년 미국이 소련의 핵 및 군사 주요시설에 대한 정보 획득을 목표로 정찰 위성을 발사한 것으로부터 시작되었으나, 현재 우주전력의 활용 분야는 감시 및 정찰, 미사일 발사 탐지, 조기경보, 전략 및 전술 표적 제공, 위성 요격 등의 군사적 임무와 통신, 항법, 기상, 측위 및 지도 제작, 우주실험, 자원탐사, 발사지원 등 군사작전을 지원하는 임무에 활용하고 있다. 또한, 우주 궤도에 운용 중인 위성의 경우 비군사용의 위성이라도 필요 시 언제든지 군사 용도로 전용 가능하여 전체 위성의 약 80~90% 정도가 유사시 군사 목적으로 사용될 수 있다는 지적도 있다(최재원 2015, 77).

　주요 전쟁에서의 우주전력 활용 사례로는 1991년 걸프전에서 미국은 조기경보위성의 미사일 발사 탐지, 항법위성을 활용한 타격능력 향상뿐만 아니라 표적, 통신, 기상등 다양한 분야에서 위성을 활용하여 실전에서 우주전력의 신뢰성을 최초로 검증하였다. 1999년 코소보전에서는 GPS 위성정보를 활용한 최초의 정밀공격이 시도되었으며(JDAM 투하), 우주전력에 의한 주도적 전쟁 수행 가능성을 제시하였다. 2001년 아프가니스탄전에서는 산악지역 및 비정규전에서 무인 정찰기와 다수의 위성을 통합 운영하여 작전 능력을 획기적으로 신장하였다. 2003년 이라크전에서는 지상배치 우주감시체계(전자광학, 장거리 레이더 등) 및 감시정찰, 조기경보, GPS, 기상위성 등 140여 기의 위성을 활용하여 우주전력이 총동원되었으며 미 측의 전쟁 승리 요인 80% 이상이 우주자산에 의한 것으로 평가된다(최재원 2015, 80).

표 10.1 우주전력의 활용 사례

구분	걸프전('91)	코소보전('99)	아프간전('01)	이라크전('03)
위성활용(통신/정찰)	60여 기	80여 기	100여 기	140여 기
ISR(표적탐지율)	15%	-	-	70%
C4I(작전반응속도)	수일~수시간	-	최소 20분	수분 이내
PGM(유도무기사용)	7.8%	35%	56%	70%

출처: 최재원(2015, 80).

미래전 양상의 변화 측면에서 몇 가지 주요 요소를 살펴보고자 한다. 첫째, 인공위성을 활용한 고도의 정보전 경쟁을 예상할 수 있다. 전쟁 이전 단계에서부터 위성 기반의 첨단 정보망 활용이 증가하며 지식정보의 우위 달성을 통해 적의 취약점에 전투력을 효과적으로 집중하여 전장 주도권을 장악하는 것이다. 둘째, 효과 중심 및 심리적 마비 지향의 요소이다. 군사력에 의한 목표지역 확보나 물리적인 파괴 위주의 전쟁보다 적의 핵심노드 또는 중심에 대한 타격을 통해 전쟁의 승리를 추구하는 효과 중심 및 심리적 마비 위주의 전쟁 수행 방식이 보편화될 수 있다. 셋째, 네트워크 중심의 작전 환경 변화이다. 기존의 플랫폼 중심의 작전 환경에서 다양한 작전 요소들이 상호 연결되어 실시간 정보 공유가 가능한 네트워크 중심의 작전 환경으로 변화되며, C4ISR+ PGM 체계 하에 모든 작전 요소들이 분산된 위치에서도 단일 효과 또는 작전목표를 달성하도록 동시·통합적 운용으로 변화할 것이다. 넷째, 인간적 요소를 중시하는 작전으로 변화할 것이다. 무기체계가 고도로 발전되고 지식정보의 중요도가 높아짐에 따라 인적자원의 지적, 전문적 능력이 전쟁의 승패에 큰 영향을 미치며, 최소 희생으로 전쟁 목적을 달성하기 위해 비살상무기 사용, 심리전, 전자전 확대 등 인명 중시와 인간 심리를 지향하는 작전 수행이 필요하기 때문이다. 이처럼, 미래전의 변화 양상을 분석할 때, 네트환경 및 지식정보 중심의 합동·통합 전장이 필요하고, 이를 달성하기 위해 정보(영상, 신호, 위치)의 정확성, 타격 무기체계의 정밀도 및 분산 환경에서의 합동 지휘·통제 능력이 요구된다(조동연 2021).

무엇보다도 첨단기술은 미래를 좌지우지할 새로운 게임체인저가 될 수 있으며, 이는 새로운 미래전의 프레임을 창출할 수 있다. 즉, 첨단기술은 기존의 기술 기반을 와해시키고 새로운 시장 판도를 만들 수 있는 잠재력을 갖고 있으며 전쟁의 패러다임을 전환시킬 가능성을 내포한다. 최근 이러한 기술혁신이 두드러지는 공간은 우주이며, 전쟁의 극명한 변화를 만들어내는 주요 원인이 바로 과학기술 발전에 따른 새로운 무기체계의 등장이라고 말할 수 있을 것이다

2. 우주산업의 중요성과 새로운 무기체계 등장

21세기 제4차 산업혁명과 뉴 스페이스(New Space) 시대의 도래와 함께 세계 각국은 우주를 새로운 전장으로 인식하고 군사적 우주활동에 박차를 가하고 있으며, 미국, 러시아, 중국 등 우주 강대국들은 우주의

군사화 및 무기화에 총력을 기울이고 있다. 한국군도 각 군을 중심으로 군사우주력 건설을 위해 박차를 가하고 있으며, 국방부 및 합참 차원에서 국방우주정책 및 군사우주전략을 수립하고 있다. 오늘날 우주 강국들은 민간에서도 고도의 기술력을 보유하고 있으며 한국도 평시에 민간항공우주산업 시장과 긴밀한 네트워크 구축이 요구되고 있다.

또한, 지난 2021년 5월 한미 정상회담에서 한미 미사일지침이 종료되었고 일런 머스크가 설립한 Space-X사 등 미국으로부터 불어오기 시작한 뉴 스페이스의 영향으로 우주산업에 대한 국민적 관심이 증가하고 있다. 우리의 우주개발은 항공기산업에 비해서 상대적으로 늦은 1989년 한국항공우주연구원과 KAIST의 인공위성연구센터(SaTRec)의 설립에서부터 시작되었다. 우리나라의 우주산업 규모는 2020년 기준 2조 8천억 원 정도로 세계시장 3,710억 달러의 1%에도 미치지 못하고 있는 실정이다(SIA 2021). 하지만 국내 우주산업은 선진국에 비해 짧은 역사에도 불구하고 괄목할 만한 성장을 이루고 있다.

복잡한 상황에서 전개되는 현대적인 전쟁의 승리를 위해서, 우선적으로 요구되는 군사적 능력으로서의 현대 무기체계 능력을 미국 랜드(RAND) 연구소는 3가지로 제시하고 있다(Matsumura et al. 2002). 첫째는 원거리 사격 능력이다. 원거리에서의 감시정찰 능력과 정밀타격 능력이다. 원거리에서 적을 타격하기 위해서는 발전된 C4ISR(command, control, communications, computers, intelligence, surveillance, and reconnaissance) 능력으로 사전에 멀리 떨어져 있는 적(군)에 대한 정확한 상황을 모든 아군에게 즉시 전파 가능해야 한다. 전쟁 지역에서 자동적으로 원거리의 적을 탐지하는 우수한 센서로 다수의 적 타격 목표를 동시에 찾아내야 하고, 적 상황을 아군이 실시간에 인지할 수 있도록 신속하게 전달하는 시스템이 필요하다(김종열

2018, 82). 또한, 스마트한 공격 탄약은 적에 대해 효과적으로 타격할 수 있는 도구여야 한다.

예를 들어, 공군 지대공 미사일의 경우에 지상 목표물을 발견 즉시 발사할 수 있고, 타격 목표를 발견할 수 있는 탐지기(seeker)가 적의 레이더 탐지거리 밖에 위치해야 하고, 저렴하며, 명중률이 높은(1m 이내의 오차) 정밀한 타격 수단이어야 한다는 것이다. 둘째는 전력의 신속배치 능력이다. 현재의 병력과 무기를 신속하게 이동하고 전개할 수 있어야 한다. 지상군의 경우, 신속 전개를 위해서는 전투력을 증대하면서 편성 장비의 경량화가 필요하다. 후속 지원될 정비나 탄약 분야도 전투 효과적이면서 경량화가 필요하다.

셋째는 통합, 연합, 합동 작전 능력이다. 개별적인 영역의 전투력을 통합하여 전쟁을 수행할 경우에 각자의 영역(예: 육, 해, 공, 우주, 사이버)의 능력이 최대화되고 시너지 효과를 발휘하게 된다. 나아가 각자 영역에서의 단점이 최소화되고 상호 보완된다는 것이다. 위에서 언급한 원거리 사격 능력과 지상군의 신속한 전개 능력의 통합도 해당된다. 통합에 의한 작전을 수행한 경우에 현대적인 전쟁 승리가 가능하다는 것이다. 즉 아군의 전력 손실 최소화가 이루어지고, 민간 영역의 인적, 물적, 정치적 손실을 최소화하면서 성공적인 목표 달성이 가능하다는 것이다(김종열 2018, 82-83).

이는 전쟁의 승리는 무기체계의 능력에 달려 있다고 보는 것으로 미래 우주전을 준비하기 위해서는 무기체계에 적용되는 과학기술이 군사과학기술로 적용될 수 있다는 점이다. 첨단 과학기술 능력의 우수성이 그 무기체계에 적용되고, 이는 곧 전쟁의 승리와 연결될 수 있을 것이다.[1]

이와 함께, 마이클 콜은 앞으로의 전쟁 양상을 바꿀 미래 무기체계 '게임체인저(game changer)'로서 다섯 가지를 제시하고 있다(Cole 2014). 첫째, 초현실 스텔스(hyper stealth, quantum stealth)이다. 빛의 굴절반사가 가능한 물질의 개발로 표적이 인간의 눈에는 보이지 않는 물체로 변하는 것이다. 예를 들어 보이지 않는 전투복을 입은 특수병사가 적진에서 활동할 수 있고, 적에게 기습공격을 가할 수 있다. 탱크나 장갑차 등의 지상 이동물체에 외부를 초현실 스텔스 필름으로 처리할 경우에는 적으로부터 관측이 어렵게 된다.

둘째, 전자기 레일건이다. 미 해군은 이미 함정에 레일건을 장착하여 운용시험 중이다. 탄약에 의한 발사보다도 높은 속도의 포구속도를 낼 수 있어서 정확도나 파괴력에서 우수하고, 무엇보다도 발사를 위한 탄약을 싣고 다닐 필요가 없게 되어 군수지원 측면에서 매우 유리하다.

셋째는 우주무기이다. 우주 공간은 다음 세대의 전장이 되어가고 있다. 공전하고 있는 군사용 인공위성을 전자펄스탄(EMP)으로 무능화할 수 있는 무기가 개발 중이다. 지상에서 발사하는 체계뿐만 아니라 비행기나 인공위성에서 발사할 수 있는 체계도 개발 중이다. 특히 우주선에 레이저 발사 장치를 장착한다면 ICBM의 초기부상 단계에서 쉽게 사용될 수도 있다.

넷째는 초고속 크루즈미사일이다. 미국에서 개발 중인 X-51A 초고속 크루즈비행체의 경우에 약 마하 5-8 수준의 속도로서 현재보다 약 10배 정도 빠른 비행속도를 갖게 된다. 전장에서 표적에 대한 긴박성이 요구될 수 있고, 표적이 이동하여 사라져 버릴 수도 있어서 초고속 비행미사일은 실시간 원거리 타격에 매우 긴요하게 사용될 수 있

---

1   알렉스 롤랜드는 근현대사에 발생한 전쟁과 분쟁들을 분석한 결과를 보면 전쟁의 승패를 좌우하는 변수들(군사과학기술, 리더십, 훈련, 사기, 전략전술 등) 중에서 고도화된 군사과학기술에 의한 무기체계가 가장 큰 영향을 미친다는 것이다(Roland 2009).

다. 타격 지점까지 2-3시간을 이동하는 현재의 미사일에 비하여, 10-20분으로 단축된다면 적이 대응할 시간을 허용하지 않고 타격이 가능하며, 지상의 표적 정보를 신속하게 공격하여 속전속결의 수단이 될 수 있다.

다섯째, 무인자율무기체계이다. 현재 대부분의 무기체계가 인간의 직접적인 조종이 필요하지만, 장차 미래 무기체계는 지상, 공중, 해상에서 자율적으로 기동·비행·항해하며, 표적의 탐지에서 발사까지 스스로 수행할 것으로 보인다. 특히 인공지능과 결합되어 지능화된 로봇 무기는 육·해·공군 모든 영역에서 혁신적인 변화를 초래할 것이다.

결론적으로 새로운 무기체계의 등장은 이를 극복하기 위한 무기체계의 등장을 촉진하고 전쟁의 승패는 어떻게 그 무기를 운용하느냐에 결정된다. '핵심 사항은 어떤 무기체계를 어떻게 사용하느냐?'이며 군사력 형태와 새로운 무기 및 과학기술에 대한 논의가 가장 중요한 사안이다(조동연 2021).

우주의 군사화(militarization)와 우주의 '무기화(Weaponization)'라는 두 가지 관점에서 살펴보자면, 우주의 군사화가 통신, 조기경보, 감시항법, 기상관측, 정찰 등과 같이 우주에서 수행되는 안정적이고 소극적이며 비강제적인 군사활동을 의미한다면 우주의 무기화란 대 위성무기 배치 우주 기반 탄도미사일 방어 등과 같이 적극적, 강제적, 독립적인 군사활동으로 볼 수 있다. 그리고 최근 우주의 무기화는 민간과 군의 겸용기술 발전으로 확대되고 있으며, 그 가속화가 높아지고 있다.

III. 우주과학기술의 발전과 경쟁

1. 우주과학기술 발전 추세

1) 우주무기체계

일반적으로 우주무기체계는 최첨단 과학기술의 집약체로 우주 공간에 배치된 우주물체를 공격하거나 우주에서 지상의 표적 또는 유도무기를 무력화시켜 적국의 우주전력과 능력을 파괴 또는 무력화하고 자국의 우주력 확장을 위해 사용되는 우주작전에서의 모든 무기체계를 통칭한다. 이러한 우주무기체계는 공격용 무기체계에 국한하지 않고 우주감시체계, 위성통신체계, 요격체계, 우주기동체계, 우주정보통합체계 등이 포함되어 그 범주가 매우 광범위하다. 그러한 이유로 아직 우주무기체계에 대한 명확한 정의나 개념에 대해 국제적인 합의를 도출하지 못하고 있다. 한국 역시 전장 개념이 우주로 확대되고 우주 영역의 특성을 고려한 우주무기체계에 대한 정의에 법적 근거가 마련되어 있지 않은 상황이다(조동연 2021).

대체적으로 '우주무기'라는 용어는 우주에 배치된 모든 군사적 목적을 가진 체계들을 총망라하며 그 범주는 단순히 공격용 무기체계에 국한되지 않고 정찰 및 감시, 통신, 항법, 기상등을 포함한 모든 방어적 의미의 우주체계를 포함한다. 우주무기체계는 군 작전 임무에 따른 분류와 기술적 분류로 크게 나눌 수 있다. 군 작전 임무에 따른 분류는 우주작전 형태와 운용 개념에 기반을 두어 〈그림 10.1〉과 같이 4대 우주전력으로 분류할 수 있다(최재원 2015, 77).

항공우주무기체계는 공중 및 우주까지 확대된 전장 공간에서 네트워크 기반의 전장 우세를 달성하고 원거리 전력투사 능력을 구비하

여 전략적 임무를 효과적으로 수행해야 한다. 고정익/회전익기는 선진
국에서 기체 자체에 대해 전방위 스텔스화를 추진하고 있어 향후 확보
할 우리 군의 항공무기체계도 기체가 스텔스화되어야 한다. 센서와 무

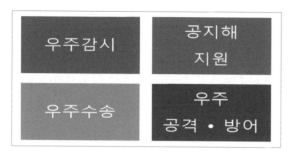

그림 10.1 4대 우주전력

장을 통합하여 네트워크 중심 작전 환경 하에서 원거리 작전 수행이
가능할 수 있도록 우선적으로 한국형 전투기를 군의 요구에 맞게 개발
하고, 공중조기경보통제기와 소해헬기, 수리온 개발 경험을 기반으로
상륙기동헬기 및 해상작전헬기 등을 확보해야 한다. 또한 장기적으로
는 전천후 작전이 가능하고 생존성이 향상된 스텔스 전투기, 작전 반경
확대를 위한 공중급유기 및 상륙공격헬기 등을 확보해야 한다.

무인기체계는 일반적으로 정찰용 무인기를 개발하여 왔으나, 최
근의 전쟁 사례를 살펴보면 공격용으로 사용되는 예가 적지 않다. 또
한, 네트워크 중심 작전 환경을 조성하기 위해 통신중계용 및 전자전을
수행할 수도 있으므로 향후 무인기체계는 장기체공 능력을 보유하고
다양한 무장과 장비를 탑재할 수 있어야 한다. 우주무기체계는 감시·
정찰을 위해 필수적인 요소로 조기경보는 물론 통신, 정보전파, C4I체
계 구축 및 정밀 요격과 대공방어를 위해 가장 핵심적인 역할을 수행
하고 있다. 앞서 기술하였듯이 미래전은 지·해·공·우주 및 사이버 공

간으로 일컬어지는 5차원 공간에서 진행될 것이므로 우주무기체계의 중요성은 더욱 절실하다.

특히 우주무기체계는 우주공간에서 지상의 유도탄과 같은 무기체계나 적의 중심부를 타격할 수 있으며, 또한 우주공간에 배치된 적의 위성이나 무기체계를 공격함으로써 적의 전쟁 수행 능력을 말살할 수 있어 향후 그 중요성은 더욱 확대될 전망이다. 따라서 단기적으로는 적의 유도탄이나 탄도탄 등의 공격과 공중으로부터 오는 잠재적 위협을 조기 경보할 수 있는 조기경보위성과 지상 우주감시체계 등을 확보하고, 장기적으로는 한국형 미사일 방어체계, 군사용 정찰위성 및 감시정찰용 소형 위성 등을 확보해야 한다(정종·계중읍 2012, 311-312).

또한, 4차 산업혁명은 정보통신의 급속한 발전으로 이어져 인류는 초연결사회(hyper-connected society)를 맞이하고 있다. 세계는 사이버 공간을 중심으로 초연결사회로 발전하고 있어 국가·사회·개인의 사이버 영역은 상호이익을 창출하면서도 국가의 안보 위협과 개인의 재산권 침해 및 정보 유출과 같은 광범위한 위협이 증가하고 있다. 사이버 공간은 사이버전으로 연관되어 있다. 사이버전에 대한 논의는 EMP(Electro Magnetic Pulse)나 HPM(High Power Microwave) 등을 사용하는 전자전과도 연결된다. 미국은 2013년 2월 북한의 미사일 발사를 무력화시킬 목적으로 '발사의 왼편(Left of Launch)'이라는 사이버·전자전을 감행한 것으로 알려져 있다. 최근 개발되는 민간 또는 군사 부문의 기술과 서비스들은 사이버·우주 공간의 복합성을 전제로 하고 있다. GPS와 드론 등을 활용한 지상무기체계의 무인화와 위성기술을 활용한 스마트화 등을 통해서 사이버·우주공간을 연결하는 복합 시스템이 등장하고 있다. GPS 신호를 방해하는 전자전 수단인 GPS 재밍(Jamming)은 바로 이러한 환경을 배경으로 출현한 비대칭 위협 중의 하나이다(김상배 2019, 103).

즉, 감시·정찰의 주요 수단이 되고 있는 무인무기체계는 향후 타격 및 전투 영역까지 그 역할이 확대될 전망이다. 비핵 전자기펄스(Electro-Magnetic Pulse, EMP), 고출력 전자파(High Power Microwave, HPM), 자유전자레이저(Free Electronic Laser, FEL), 탄소섬유탄, 고섬광발광탄, 초저주파음향무기 및 미세전자기계시스템(Micro Electro Mechanical System, MEMS)을 응용한 신무기체계 및 비대칭무기의 개발은 기존의 무기체계와 더불어 전투수단의 운용 범위를 획기적으로 확대하고 있다.

2) 인공위성 기술 경쟁

우주과학기술 발전 추세의 주요 분야로 인공위성 기술 경쟁이 주요 사안으로 대두되고 있다. 우주 공간에 군의 우주력을 증강시키기 위해 발사체, 통신체계 등과 같은 지원 체계의 상호 구축이 필요하고, 위성의 중요성이 부각되고 있다. 우주 위성의 종류와 임무는 운용 궤도에 따라 구별된다(그림 10.2 참조). 즉, 미래전의 과학기술 분야의 기술 경쟁은 위성체와 발사체 관련 분야에 집중되고 있다.

위성체 기술 발전과 관련하여 우주개발의 초창기에는 미국, 러시아 등 항공우주산업 선진국들 위주의 개발이 주류였으며, 최근에는 전자광학기술의 발전에 따라 저가에도 유용한 성능을 제공하는 초소형(정찰) 위성 분야 개발에 다수 국가들이 참여하고 있으며 증가 추세를 보이고 있다. 위성 개발 및 발사 비용에 대한 부담이 점차 줄어들고, 기술의 발전으로 위성체 소형화가 용이해지면서 과거의 단일 위성에 다종의 센서를 장착하는 것보다는 목적에 맞게 기능을 단순화한 소형 위성 여러 기를 발사하는 추세이다.

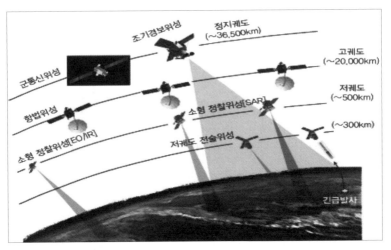

그림 10.2 궤도별 우주 위성 종류
출처: 최재원(2015, 78).

전통적인 위성 개발의 추세가 '모든 것을 한꺼번에' 제공하기 위해 '대형', '다기능'의 방향을 추구했었고 이는 높은 개발 비용, 긴 개발 기간, 오래된 기술의 사용, 짧아지는 수명 등으로 이어져 경제적으로나 운용적으로 효율성이 다소 결여되었다. 최근에는 소형 위성의 장점이 부각되고 있는데 집중된 임무로 인해 위성체 소형화 설계가 가능해지고 이는 곧 경제적인 개발 비용, 상대적으로 짧은 개발 기간, 최신 기술 사용이 가능해짐을 의미하는 것이다. 비용과 개발 시간 및 충분히 만족할 수 있는 개발 방향으로 발전 추세를 이어가고 있다.

전시 상황에서는 군의 전술적 목적을 위해 추가적인 발사와 신속한 대응이 가능한 저궤도 소형 정찰위성에 대한 요구가 증가하고 있다. 이러한 위성은 위성군 형태로 운용되면 재방문 빈도를 높여 시간과 해상도를 향상시킬 수 있으며, 동시에 발생하는 데이터를 수집하여 데이터 병합이 가능하다. 또한, 기능을 다수의 소형 위성으로 분산시킴으로써 운용 신뢰도를 향상시킬 수 있다. 감시정찰위성은 고해상도 영상 정보를 획득하기 위해 저궤도에서 운용된다. 이 위성은 전자광학 EO, 적외선 IR 및 영상 레이더 SAR와 같은 장비를 장착하여 구성되며, 더 높은 해상도의 영상이 요구되고 있다. 위성의 수와 궤도 설정은 짧은 방문 주기를 위해 매우 중요한 요소이기 때문이다.

위성 분야는 과학기술의 발전으로 점차 소형화, 경량화되고 있는 추세이며 정찰위성의 경우 실시간 영상 전송이 가능한 전자광학(EO) 및 적외선 IR센서와 전천후 임무 수행이 가능한 합성영상레이더(SAR)와 같은 임무 장비들을 복합적으로 활용하여 주요 관심 지역에 대한 감시정찰 임무를 수행하며, 국제법상 영공의 범위 밖에서 운용되어 지구 전역에 대한 제한 없는 정보 수집이 가능하다. 미국의 경우 키홀(KH)과 같은 군용위성뿐 아니라, 'Orbview-3', 'Ikonos', 'Quickbird'와 같은 상용위성도 함께 활용하여 정찰 활동을 수행하고 있다. 통신위성의 발전 추세는 상용통신과는 달리 암호통신 능력, 대용량 고속통신 능력, 대전자전 대응 능력 등을 갖추고 있으며, 광범위한 작전지역에 대한 체계적인 지휘통제체계를 확립할 수 있게 하고 있다. 항재밍 능력의 강화, 이동형 위성단말 지원, 광대역 데이터 전송으로 요약될 수 있다.

조기경보위성은 탑재된 적외선 감시장치로 대륙간탄도미사일 발사 시 발생하는 열을 감지하여 조기경계신호를 전송하며, 조기경보시스템과 연계된 탄도미사일 격추 기능과 같은 적극적 방어시스템 연구가 활발히 진행되고 있다. 대표적인 조기경보위성인 DSP 위성은 최근 SBIRS-GEO 위성으로 대체되고 있다. 항법위성은 미국의 GPS, 러시아의 GLONASS, 유럽연합의 Galileo 등 위성을 통칭하며, 다수의 위성에서 송출되는 전파측위 신호를 이용하여 언제, 어디서나, 수신자가

표 10.2 미군 위성통신체계 발전 추세

구분	현재 및 중기		장기
	MILSTAR	Advanced EFH(AEHF)	TSAT
Protected형 (생존성/항재밍)	·총용량: ~40Mbps ·사용자용량: 75bps~ T1급 ·저속(Low Data Rate): 192채널 ·중속(Medium Data Rate): 32채널	·총용량: 400Mbps ·사용자용량: T1급~8Mbps ·MILSTAR의 2배 성능	·총용량: 6Gbps ·사용자용량: 8~45Mbps ·IP기반 NCW구현 통신망 ·WGS와 AEHF가 진화된 통합구조
Wideband형 (대용량)	DSCS ·총용량: ~100Mbps ·사용자용량: T1급, E1급	Wideband Global System/GBS II ·총용량: 2.2Gbps ·사용자 용량: 15Mbps ·범세계적 네트워킹 제공	
Narrowband형 (소용량)	UFO(UHF Follow-On) ·DAMA방식의 기본 음성 통화능력 제공 ·총 단말 7,500여 대 운용, 수십 대 단말 동시 접속 ·COTM(Communication On The Movie) 기능	MUOS ·DAMA방식 ·전장 최하위 단위 제대까지 범세계적으로 통신능력 제공 ·소형 및 이동형 단말 지원 COTM ·총 단말 82,000여 대 운용, 2천여 대 단말 동시 접속	

출처: 최재원(2015, 83) 참조.

삼선측위(Trilateraltion) 방식으로 자신의 위치 및 시각을 판단할 수 있도록 서비스를 제공하는 전파항법(Radio Navigation) 시스템으로 PNTPosition, Navigation, Timming 통합정보를 제공한다.

항법위성은 미 해군의 잠수함 통제수단으로부터 발달하였는데, 이후 1995년부터 NAVSTAR GPS 위성이 정식 운용되어 현재는 지구 상에서의 위치를 확인하는 거대한 시스템으로 전면 실용화되었는데, GPS의 특징으로는 3차원 위치, 고도, 시간의 정확한 측정이 가능하며 전 세계적으로 24시간 연속적인 서비스를 제공하고 기상조건, 간섭 및 방해에 강한 측면이 있다. GPS는 각종 항공기뿐만 아니라 함정, 유도탄 등 다양한 무기체계에 적용·운용되고 있다.

　다음으로, 발사체의 측면에서 위성의 수요는 목적 및 기능에 따라 점차 증가할 것이며 핵심기술의 발전으로 점차 소형화됨에 따라, 발사가 용이하며 저렴한 발사 비용을 갖는 발사체가 요구되고 있다. 따라서 대형 위성체에 적합한 지상 발사체와 더불어 소형 위성체를 탑재한 소형 공중 발사체에 대한 관심이 점차 증가할 것으로 전망된다. 우주발사체 자력 개발 능력을 보유하고 있는 국가들은 발사 능력의 향상을 위해 후속 발사체를 개발 진행 중에 있으며, 그 외 국가들은 자주적 우주 접근 능력 확보를 위해 우주발사체 자체 개발에 노력을 다하고 있다.

　전통적인 우주 분야 강국들을 중심으로 발사 비용을 줄이며 효율성을 높이는 방향으로 우주개발사업들이 진행되고 있는 추세이다. 우주발사체 분야에서는 최근 자력 발사 능력을 확보하려는 국가가 더욱 증가하고 있는 추세이며 발사체 능력 확보 국가는 다음의 〈표 10.3〉과 같다.

표 10.3 위성 발사 기술 확보 국가

정지궤도 발사 능력 확보 국가	저궤도 발사 능력만 확보한 국가
• 미국-Delta 4, Atlas 5 • 러시아-Proton, Zenit • 유럽-Ariane 5 • 중국-Long March 3 • 인도-GSLV • 일본-H2	• 우크라이나-Zenit, Cyclone, Dnepr • 이스라엘-Shavit • 대한민국-KSLV

　미국, 러시아, 유럽이 이미 상업 발사를 하고 있으며, 최근에는 중국이 장정3, 인도가 PSLV으로 상업 발사를 하였고, 일본이 H2A로켓으로 우리나라의 다목적 실용위성 3호를 상업 발사한 바 있다. 미국의 경

우, 유인 탐사용 차세대 대형 발사체(Space Launch System, SLS)를 개발하였다.[2] SLS는 우주발사체 개발 비용을 줄이면서도 성능을 높이고 기술적으로도 신뢰할 수 있는 발사체 연구 프로그램이다. 러시아는 미래 '자주 발사' 능력 확보를 위해 차세대 발사체 신규 발사장을 개발 중에 있다. 차세대 발사체 시리즈(Angara-1·3·5·7호/1·5호'14) 개발 및 카자흐스탄 임대 발사장을 대신할 발사장이 보스토니(Vostochny)에 건설 중이다. 유럽은 미래 발사 서비스 시장 선점을 위해 차세대 발사체 개발 준비 및 검토 중에 있다. 현 Ariane-5의 성능 향상 모델(Ariane-5ME/'18) 및 후속기(Ariane-6/'21)를 연구 중에 있다. 일본은 '연구개발' 중심에서 '실리형' 우주개발로 패러다임 전환을 모색하고 있으며 그의 일환으로 발사 비용을 기존의 1/2로 줄이는 것을 목표로 차세대 발사체 H-III 개발을 확정 지었으며 선도적 연구개발을 지속적으로 계획하고 있다(최재원 2015).

또한, 미래 우주전장에서 가장 위협으로 인식되고 있는 분야는 대(對)위성 공격무기(Anti-SATellite, ASAT)로 예상된다. 현대 전투에서는 위성 기반의 감시 및 정찰 시스템의 역할과 중요성이 점차 증가하고 있다. 다양한 영역에서 상대 국가의 위성은 우위를 확보할 수 있는 효과적인 대상으로 간주되기 때문이다. 미국, 러시아, 중국, 인도 등 주요 우주개발 국가들은 이미 위성 공격용 무기체계를 개발하고 실제 실험을 수행했다(조동연 2021). 예를 들어, 1985년 미국은 F-16 전투기에서 발사한 ASM-135 미사일로 자국의 인공위성 P78-1을 요격했으며, 러시아는 1970년대에 지상 레이저를 사용하여 다수의 미국 정찰위성을 공격했다. 또한, 중국은 2007년에 시창 위성발사센터에서 미사일을

2　https://www.nasa.gov/exploration/systems/sls/index.html 참조.

발사하여 자국의 인공위성 FY-1C를 폭파시키고 대량의 우주 쓰레기를
생성하여 국제적인 비난을 받기도 했다. 인도는 2009년 대탄도미사일
을 개조한 PDV Mark-II 미사일로 인공위성을 격추하는 데 성공하여
세계에서 4번째로 ASAT 미사일을 성공적으로 실험한 국가가 되었다.

3) 전자전과 인지전

미국 전략국제연구센터(Center for Strategic and International Studies,
CSIS)에서 발표한 보고서에 의하면 가장 빨리 현실화될 우주전 양상
은 전자전으로 예상된다고 밝히고 있다(Harrison et al. 2020). 즉 전
자전 준비는 미래 우주무기 개발 체계에 중요한 항목이다. 현대전에
서도 전자장비에 크게 의존하고 있으며 전자기 스펙트럼의 복잡한 작
전 환경에서 수행된다. 이러한 환경을 전자기 환경(Electromagnetic
Environment, EME)이라고 한다. 현대전은 물론 미래전 역시 전자기
환경에서 방해받지 않고 군사작전을 지원해야 할 필요성이 더욱 커지
고 있다. 전자전(Electronic Warfare)은 상대방의 전자기 스펙트럼 및
신호 특성들을 미리 수집 분석하여 스펙트럼을 공격하거나 방해하는
것을 의미하며 전자전 지원(Electronic Warfare Support, ES), 전자공격
(Electronic Attack, EA), 전자보호(Electronic Protection, EP)로 분류할
수 있다(조동연 2021). 전자전의 대상 영역은 주로 지상과 공중 및 해
상이었으나 과학기술의 발전으로 인해 그 대상 영역이 우주로 확장되
는 양상을 보이고 있다.

불확실성이 큰 미래 우주전의 양상은 최근 정보작전(Information
Operations)의 증가로 인해 6번째 전장 영역으로서 가시화되고 있는
인지적 영역(Cognitive Domain)과 결합의 형태로 구현될 수 있다. 인
지적인 영역은 사이버 능력과 함께 우주 관련 첨단 과학기술의 발전으

로 인해 그 중요성이 점차 증가하고 있다. 이는 과학기술의 혁명적인 진보로 인해 전통적인 국가 중심의 정보 공유의 패러다임을 벗어나 일반 대중도 쉽게 정보에 접근할 수 있게 되었다는 점이다. 이러한 상황으로 인해 국가나 비국가 행위자들의 군사작전에 미치는 영향이 점차 확대되는 작전 환경이 조성되고 있다. 전통적인 국가 역할을 가진 주체들은 트위터, 페이스북 등의 소셜 미디어 플랫폼을 통한 정보 공유의 속도를 따라가기 어려운 상황에 처해 있다는 점에도 주목해야 한다. 이러한 인지적 영역이 전장에서 우주와 연관된 전쟁 형태는 '여론전(Public Opinion Warfare)'이 대표적이다. 중국은 우주와 관련된 여론 전쟁에 큰 관심을 가지고 있으며, 우주에서 활용 가능한 기술 개발에 집중하고 있다. 이는 단순히 우주개발이나 군사적인 우주 활용 측면을 넘어 중국의 국가적 지위를 높이는 데 초점을 맞추고 있다.

2. 주요국 우주과학기술 경쟁과 한국의 발전 추이

과거 우주과학기술 경쟁의 관점에서 보자면, 1957년 스푸트니크의 발사를 시작한 이래 1980년대까지 이미 미국과 러시아를 중심으로 미사일 경보 전략정보, 수집 및 핵무기 지휘 통제 등 주로 전략적 수준의 임무를 지원하기 위해 우주를 활용해왔으며 현대전, GPS 수행에 있어 우주는 유도탄에서부터 통신과 정보 감시정찰(Intelligence, Surveillance and Reconnaissance, Position, Navigation and Timing)에 이르기까지 이미 필수 불가결한 요소로 자리 잡고 있다.

최근 인공지능(AI), 양자컴퓨터, 사이버 로봇 등 우주에서 적용 가능한 첨단 과학기술의 발전은 그 자체로 첨단 방위산업이자 그 상업적 활용을 통해서 민간과 서비스 영역으로 그 분야가 더욱 확장되고 상호 연결되고 있다. 이른바 '뉴 스페이스(New Space)' 시대를 맞아 보다 가속화되고 있는 우주의 상업성은 정부, 군, 및 대기업만이 주도하는 시기의 한계가 도래했음을 의미한다. 국방, 과학기술 개발 분야에서 민간, 특히 스타트업, 엑셀러레이터 및 벤처투자자 등 새로운 행위자의 역할이 증가하면서 우주에 관한 관심을 재조명하는 계기가 되고 있다.

우주 전장은 경계선이 없어 글로벌 영향력을 미칠 수밖에 없다는 점을 고려할 때, 우주에 적용 가능한 첨단기술은 기존의 토대를 흔들며 시장의 판도를 완전히 변화시킬 잠재력을 가지고 있으며, 전쟁의 패러다임을 전환할 가능성을 내포하고 있다. 이로 인해 첨단기술의 발전은 미래 전투의 행태와 작전 교범 등 전쟁 수행에 있어 우주에 대한 의존도는 더욱 심화될 것이다. 과학기술 발전으로 인한 우주의 상업화는 우주의 군사화와 무기화를 가속화시키고, 이제까지 전략적인 공간 영역으로 여겨졌던 우주 공간을 작전 및 전술적 전장으로 변화시키는 원동력이 되고 있다. 따라서 다차원적인 전투 개념에 부합하는 우주 공간으로서의 전장을 이해하고 인식하는 것이 요구된다 하겠다.

미국의 우주과학기술 발전과 무기 개발은 과거 '정밀 유도무기'와 '통합전장 네트워크'라는 두 가지 군사과학기술의 혁신으로 인하여, 우주·지상·공중·해상에서 비교우위를 달성하고 상대 경쟁 국가를 압도해 왔다(손도심 2022). 군사과학기술의 중요성을 인식하고 있는 미국은 2017년 국가안보전략서(US national security strategy)에서 군사과학기술의 혁신과 발굴을 구체적으로 명시하고 있으며, 월등한 군사과학기술의 우세를 보유하고 유지하는 것이 국가안보전략의 일환이라고 간주하고 있다(The White House 2017). 트럼프 행정부의 국가안보전략서는 오바마 행정부의 국가안보전략서에서 언급하지 않고 있는 군사과학기술 혁신 분야를 구체적으로 제시했다.

우선 중국과 러시아를 비롯한 국가들이 미국의 군사과학기술 수준에 근접하여 따라오고 있고, 과거 미국이 누렸던 압도적으로 우월한 군사과학기술의 지위를 더 이상 유지할 수 없다고 보고 있다. 이러한 과학기술의 우세는 국가안보의 중요한 영역이고 국가안보에 많은 영향을 미친다는 사실을 강조하고, 국가안보를 위하여 다음과 같은 새로운 기술 영역을 우선적으로 개발하겠다고 언급한다. 즉, 데이터과학(data science), 암호화(encryption), 자율화기술(autonomous technology), 유전자 조작(gene editing), 신재료(new materials), 나노기술(nano technology), 컴퓨팅기술(advanced computing technology), 인공지능(artificial intelligence)을 제시하고 있다. 특히 자율주행차량, 자율무기(autonomous weapons), 인공지능 이 세 가지 분야는 급속하게 발전하고 있다고 보고 있다. 미국 정부는 세계적인 과학기술의 트렌드를 이해하고 미국의 안보에 어떠한 영향을 미치는가를 파악하려고 하고, 특히 미 국방부는 일반 민간회사와 전략적 파트너십을 형성하여 민간 영역의 과학기술을 국가안보 영역에 활용하려고 한다(김종열 2018, 84-85).

지난 2018년 3월 23일 미국 백악관은 미국 최초의 '국가우주전략(National Space Strategy)'에서 미국의 국익을 최우선으로 하는 광범위한 국가안보정책을 포함시키고, 국가안보, 상업, 민간우주 분야 간 역동적이고 협력적인 상호작용을 강조하면서 우주 분야의 힘을 통한 평화를 강조하였다. 미국의 국가우주전략의 핵심은 "미국 우선주의 관점에서 과학적, 상업적, 국가안보적 이익을 창출하기 위해 우주의 자유로운 활동을 보장하되 적대국들의 우주 전장 위협을 저지하고 이겨나가야 함"을 주장하고 있다. 또한, 기술 개발 기간의 장기화를 극복하고 개발된 기술이 신속하게 무기체계로 곧바로 전력화할 수 있는 체제로 바꾸려는 정책을 추진 중이다.

미국의 우주사령부는 미소 냉전 시기인 1985년 미사일 방어와 감시 기능을 통합하기 위해 미 공군에 창설되었다. 이후 2001년 9.11 테러가 발생하자 테러와의 전쟁에 관심이 집중되면서 우주사령부는 2002년 통합전략사령부로 재편되었다. 중국과 러시아의 우주군 팽창전략이 미국으로 하여금 더 이상 우주군을 공군에만 맡길 수 없는 상황이 지속적으로 진행되었다. 2019년 12월 20일 도널드 트럼프(Donald J. Trump) 미국 대통령이 서명한 국방수권법에 따라 공군 우주사령부가 우주군으로 승격, 창설되어 모체인 미합중국 공군 및 NASA와 밀접한 협력관계를 맺고 있다. 미국의 '우주군'은 미국의 육군, 공군, 해군, 해병대, 해안경비대에 이은 6번째 군대로, 1947년 공군이 육군에서 분리되어 별도의 군으로 창설된 이후 72년 만에 미국에 새로운 군대가 생겨났다.

우주군의 주요 야전사령부 편제로는 우주작전사령부(Space Operations Command, 콜로라도주 피터슨 공군기지), 우주시스템사령부(Space Systems Command, 캘리포니아주 로스앤젤레스 공군기지), 우주훈련준비태세사령부(Space Training and Readiness Command, 콜로라도주 피터슨 공군기지)로 편성 및 운영하고 있다. 미국의 우주군 창설 추진의 진실은 우주 패권을 선점하겠다는 의미가 더 강하다. 지구상 1시간 이내 전 세계 어디든 타격 가능한 '극초음속' 무기와 탄도탄 요격미사일, 핵전략자산, 무장스텔스드론 등의 분야에서도 미국은 상대적·기술적 우위를 차지하고 있기 때문이다(손도심 2022, 71-72).

최근 미 국방부는 주한미군(USFK)에 우주군 구성군사령부(component command)를 설치하였다. 2022년 12월 14일 오후 경기 오산기지에서 주한 미우주군(SPACEFOR-KOR) 창설식을 개최하였고,

미국 인도태평양우주군사령부 예하 부대로 출범한 주한 미우주군은 우주군사령부의 야전 구성군사령부 기능, 우주 기획, 우주 전문 역량, 우주 지휘통제 기능을 주한미군 사령관에게 제공하며, 역내 미사일 경보, 위성위치확인시스템(GPS), 위성통신 관련 임무를 수행할 것으로 알려졌다. 주한 미우주군은 대륙간탄도미사일(ICBM) 등 북한의 각종 탄도미사일 경보 임무에 집중할 것으로 예상돼 한국전구(戰區)에서 거의 실시간에 가까운 수준의 감시·경보 역량을 제공할 것으로 기대된다.[3]

중국의 우주과학기술은 지난 2007년 11월 자국의 고장난 위성을 미사일로 요격하는 데서 본격화되었다(손도심 2022). 중국은 21세기 초반 유인우주선 발사의 성공을 계기로 우주개발에 대한 자신감을 얻었으며, 달과 화성에 대한 탐사는 물론이고 착륙에 이르기까지 야심 찬 우주개발을 추진해 왔다. 중국은 2003년 10월 유인우주선 선조우(神舟) 5호 발사에 성공함으로써 미국과 소련에 이어 세계 세 번째 유인우주선 발사 국가로 등장했다. 이러한 성과를 바탕으로 중국은 2007년 10월 첫 달 탐사위성인 '창어(嫦娥) 1호'를 발사했으며, 2020년 11월에는 '창어(嫦娥) 5호'가 달 표면의 샘플을 채취하여 지구로 귀환하는 데 성공했다. 2011년에는 독자적인 우주정거장 '텐궁(天宮) 1호' 발사에 성공했으며, 2016년에는 텐궁(天宮) 2호를 발사하였다. 또한 2021년에는 첫 화성 탐사선 '텐원(天問) 1호'와 탐사 로버 '주룽(祝融)'을 화성에 착륙시키는 데 성공했다(박병광 2021, 36).

중국 탐사선의 화성 안착은 미국에 이어 두 번째로서 이는 중국이 미국, 러시아와 함께 우주개발 최강국으로 부상한다는 목표에 가까워

---

3   초대 지휘관으로 미 우주군 소속 조슈아 매컬리언 중령이 취임하였다(https://www.yna.co.kr/view/AKR20221214078052504?input=1195m, 검색일: 2022.12.31.).

졌다는 것을 알 수 있다. 중국은 자국의 우주 무기 개발 및 우주군사력 강화에 대해 공개적으로 발표한 적은 없지만, 다른 분야와 비교할 때 상당한 수준의 우주군사력을 보유하고 기술적 진보를 이룬 것으로 평가되고 있다. 중국의 우주군사력 발전에서 특히 주목할 만한 요소로는 반위성무기(ASAT) 체계의 개발, 우주 감시 체계인 자체 위성 항법 시스템(GNSS) 구축, 그리고 중장기 계획으로 추진 중인 우주 군대(天軍) 창설 등이 있다. 이 세 가지 분야는 중국이 우주군사력 건설과 관련하여 가장 심혈을 기울이는 분야라 할 수 있으며 추진 성과 역시 주목할 만하다(박병광 2021, 51-52).

　중국은 미국 위성의 눈을 멀게 하거나, 손상시키거나, 파괴하거나, 심지어 포획할 수 있는 능력을 갖춘 인공위성 요격 무기를 점점 더 많이 개발하고 있으며, 실제로 육군전략지원군(Army Strategic Support Force)이라고 하는 우주, 사이버 및 전자전에 전념하는 군대의 전체 부서를 보유하고 있다(Schuman 2022). 이러한 반위성무기의 경우 중국은 지난 2007년 1월 11일 지상에서 KT-1 미사일을 발사하여 863km 상공에 떠 있는 자국의 기상위성 '펑윈-1C(FY-1C)'를 격추하는 데 성공한 바 있다. 중국은 그 동안 다양한 반위성무기 개발에 주력해 왔으며 여기에는 지상에서 미사일을 발사해 목표 위성을 파괴하는 방법뿐 아니라 지상이나 공중의 무기체계에서 발사되는 레이저나 에너지 빔을 이용하는 방법, 공격용 위성을 발사하여 주변의 위성들을 공격하는 방법, 모(母)위성에서 발사되는 초소형 기생위성(parasitic satellite)을 표적위성에 달라붙게 하여 폭파하거나 기능을 저해하는 방법 등 다양한 수단이 연구되고 있으며 이미 상당한 연구 성과를 축적하고 있는 것으로 알려지고 있다(Kan 2007). 또한, 지난 2020년 중국의 화성탐사선 '텐원(天問) 1호'가 화성 궤도에 진입한 사례는 우주에 적용 가능한 최첨단 집적기술을 개발할 수 있는 국가적 역량을 보여줌으로써 미국과 대등한 소위 우주국가로서의 위상을 가질 수 있는 일종의 여론전을 펼쳤다.

중국은 독자적인 위성항법시스템(GNSS) 구축을 추진함으로써 미국이 통제하는 GPS의 전시 중단 및 기능 왜곡 가능성을 배제하고자 한다. 이는 국가안보와 정보 주권을 고려한 결정으로, 중국은 또한 우주 군사 전략적인 측면에서 독립적인 위치 정보 서비스 체계를 보유하는 것이 우주군사력 구축의 기초가 된다고 강조하고 있다. 중국의 우주군 창설 계획은 잠재적인 우주전쟁에 대비하기 위한 것으로, 궁극적으로는 우주전쟁에서의 주도권 획득을 목표로 하고 있다. 중국은 주요 강대국들 사이의 우주경쟁 시대가 가속화되고 있는 21세기, 미래전을 대비하여 가장 효과적으로 대응할 수 있는 방책이 우주 군사화를 상정하고 있으며, 우주 시대를 대비하고 있는 것으로 볼 수 있다.

시진핑 시기 국방군대개혁으로 새롭게 편성된 군종인 전략지원부대는 정보전, 반접근지역거부(A2/AD)전략 지원, 우주에 기반한 감시 정찰 및 지휘통제 능력 구비, 독자적 전 지구항법체계 구축, ASAT 개발, 사이버 공간 장악 등의 임무를 추진하는 것으로 알려지고 있다(박남태·백승조 2021, 143-144). 이러한 중국의 우주력 발전은 국제사회의 역학구도 변화는 물론 미중 간 패권 경쟁의 대립 양상을 초래할 가능성을 높이는 요인으로 작용하고 있다. 특히 우주군사력이 미래 국가안보와 국력의 중요한 구성요소로 등장하면서 미국과 중국의 우주를 둘러싼 갈등과 대립은 피하기 어려울 것으로 보인다.

지난 2020년 5월 일본은 항공자위대 산하에 우주 작전을 책임지는 '우주작전대'라는 조직을 만들었다. 우주작전대는 일본 항공우주연구개발기구(JAXA)는 물론이고 미국의 우주군과 협력을 공유하는 시스템을 만들고 있다. 사실은 미국의 미사일 방어국(MDA)은 이런 일본의 능력을 고려해 우주에서 극초음속 무기체계를 추적할 수 있는 '극초음속 및 탄도 추적 우주 센서(HBTSS)' 프로그램 합류를 논의했다. 일본의 우주작전대는 미국이 먼저 손을 내밀었다. 일본이 우주 능력 개발을 미국이 인정했다는 의미이다. 또한 일본 정부는 2022회계연도(2022.4~2023.3) 방위 예산에 우주 관련 예산 840억 엔(약 8,700억 원)을 증액하고 제2우주작전대를 창설, 우주 관련 부대를 120명 규모로 키우기로 했다. 일본은 지난 2022년 3월 18일에는 항공자위대 직할 부대로 상대국 인공위성 감시 등의 업무를 수행하는 '우주작전군'을 발족했다(손도심 2022).

이러한 우주과학기술 주요국의 군사화는 미래 우주 경쟁이 시작되고 있음을 감지할 수 있다. 즉, 미국과 러시아, 중국 등 주변 군사강대국들은 우주군을 창설하여 우주를 둘러싼 패권 경쟁에 이미 돌입했기 때문이다. 중국과 러시아, 영국, 호주, 인도 등 세계의 군사강대국들은 우주군을 창설, 우주전쟁에 대비한 기술을 개발하고 있다.

한국의 항공우주산업은 1970년대 제공호 사업을 시작으로 국가적 차원에서 기술 개발에 박차를 가하고 있다. T-50, FA-50을 미국과 공동개발 방식으로 개발하여 수출을 하고 있으며 차세대전투기 KFX도 국제공동개발 중에 있다. 우리나라의 우주개발은 1980년대 후반 과학기술처의 연구 개발 사업과 함께 시작하여 정부출연연구기관인 한국항공우주연구원이 1989년 설립되었으며, 우주산업 인력 양성을 목표로 한국과학기술원(KAIST) 내에 인공위성연구센터(SaTReC)를 설립하여 과학위성에 대한 연구에 착수하였다. 2001년 말레이시아로부터 수주한 'RazakSat'은 우리나라가 우주개발을 시작한 이후 해외시장을 개척한 첫 사례로 폭 1.5m, 높이 1.5m의 지구관측 소형 위성을 개발하는 사업,

2006년에는 두 번째 해외 프로젝트인 'DubaiSat-1' 사업을 UAE로부터 수주받기도 하였다. 2011년도에는 터키의 요청으로 제작한 소위성용 전자광학카메라인 OIS 카메라를 탑재한 'Rasat'이 발사에 성공했다.

2022년 7월 독자 기술로 설계·제작한 한국 첫 발사체 '누리호'의 성공으로 한국 우주산업은 새로운 국면을 맞을 전망이다. 미국, 러시아, 중국, 일본 등에 이어 세계 일곱 번째로 우주 발사체 개발에 성공한 만큼 우주 선진국 반열에 오르기 위한 초석을 마련했다는 평가다. 1993년 6월 한국 최초의 과학 로켓인 KSR-I이 발사된 지 30년 만에 이룬 쾌거다. 또한, 2023년 5월 25일 한국형 발사체 '누리호(KSLV-II)' 3차 발사는 첫 상업용 위성 발사 성공으로 항공우주 프로그램의 또 다른 핵심 단계를 밟았다고 평가되고 있다.[4] 2027년까지 차세대 소형 위성, 관측·정찰용 광학 위성을 실은 발사체를 쏘아 올림으로써 신뢰도를 확보하는 고도화 사업에 박차를 가할 예정이다(손도심 2022, 70).

또한, 한국은 군사위성 보유국 대열에 합류했다. 지난 2020년 7월 20일 아나시스 2호가 미국 케네디 우주센터에서 성공적으로 발사됐다. 아나시스 2호는 한국군 최초의 군 전용 통신위성이다. 아나시스 2호는 미국의 민간 우주탐사 기업인 스페이스X의 재활용 로켓 '팰컨9'에 실려 우주로 올라갔다. 우리 정부의 아나시스 2호가 정상적으로 운용되면 한국은 세계에서 10번째로 전용 군사위성을 확보하게 된다. 우리 군은 이를 통해 군용 통신 분야에서 미군에 대한 의존이 줄어들고 한국군 단독 작전 능력이 제고될 것으로 기대하고 있다. 아나시스는 육·해·공군 위성 정보 시스템(Army, Navy, Airforce Satellite Information System)의 약자로 육·해·공 통합전술을 가능케 하는 위

---

4   https://newsis.com/view/?id=NISX20230525_0002317485&cID=10101&pID=10100
     (검색일: 2023.6.1.).

성통신 체계를 의미한다(손도심 2022, 74).

　미래 군사작전, 전쟁에서 위성을 비롯한 우주과학기술의 영역은 전쟁의 승패를 좌우하는 매우 중요한 요소임에 틀림없을 것이다. 러시아의 우크라이나 전쟁에서 위성에서 확인한 표적 위치를 정확하게 타격한 사례 등은 위성 및 우주기술의 중요성을 단적으로 증명한다고 할 수 있다. 국가안보의 관점에서 미래전 군사적 자주권을 확보하는 것은 실시간으로 적을 탐지, 식별, 타격하는 합동체제를 마련하는 것으로, 우리의 독자적 위성을 운용하면서 우주전을 수행할 수 있는 기술력과 타격수단을 갖는 것이다. 이러한 우주전 패러다임을 마련할 때, 적을 압도할 수 있으며, 우리의 자주권을 유지할 수 있을 것이다.

　이러한 측면에서 우리 정부의 목표는 2020년대 중반까지 우리 군이 독자적인 감시·정찰 능력을 보유하는 것이다. 개발 중인 군 정찰위성은 고성능 영상레이더와 광학장비가 탑재돼 높은 해상도로 한반도를 감시할 수 있다. 또 한반도 상공 내 위성 방문주기도 단축돼 우리 군의 감시·정찰 능력이 대폭 향상될 전망이다. 2023년부터 추진하는 초소형 위성체계 사업을 통해 조기경보 능력도 구비할 계획이다. 초소형 위성체계 사업은 다수의 군집위성이 저궤도에서 각자 정해진 궤도를 돌면서 탐지 지역의 이상 징후를 식별할 수 있는 정찰위성체계다(손도심 2022, 74).

　한국군 최초 독자적인 정찰위성은 빠르면 2023년 말 정도로 계획하고 있다. 미국 일론 머스크의 스페이스X 팰컨 9 로켓에 의해 발사가 이루어질 예정이다. 우리 군은 2023년 말 첫 번째 위성 발사를 시작으로 2025년까지 800kg급 정찰위성 5기를 지구 궤도에 안착하는 계획을 가지고 있으며 이 가운데 5기는 카메라 기능을 하는 전자광학(EO), 적외선(IR), 위성과 레이더 전파를 활용해 관측하는 고성능영상레이더

(SAR)위성으로 구성되어 있다. 현재 방위사업청 주관으로 시행 중인 4.25사업 후속으로 정찰위성 12기 추가 발사가 계획되어 있다는 것은 우리 정부가 위성 및 우주기술의 중요성을 인지하고 있다는 증거이다 (국방신문 2023.2.19.).

여기에 우주기반 플랫폼이나 지상에 있는 우주전력통제시스템의 방호를 위한 전략은 회피(Avoidance) 및 반격, 정상작동유지(Robustness), 손상된 기능 복구(Recovery), 탄력성 (Resilience)을 지속적으로 유지해야 할 것이다. 특히, 북한의 전자전, 사이버전, EMP 공격에 대한 대응전략을 강구해야 할 것이다(조홍제 외 2021, 209-210).

최근 우리 공군은 우주작전대대를 창설했다. 공군이 우주 전문부대를 확대·개편해 국가 우주안보를 책임질 최선봉 부대를 창설했다. 공군은 지난 2022년 12월 1일 작전사령부에서 정상화 참모총장 주관으로 국방 우주력 발전 및 우주작전 역량 강화를 위한 '우주작전대대' 창설식을 거행하였는데, 우주작전대대는 그동안 공군 우주작전을 수행해온 우주작전대를 확대·개편한 부대이다. 2019년 9월 조직된 우주작전대는 전자광학 위성감시체계를 기반으로 한반도 상공을 통과하는 위성 등 우주 물체를 탐지·식별하고, 우주자산의 충돌 위험성 및 우주 잔해물 추락 예보 등 우주 영역 인식 임무를 수행해왔다. 공군은 국방 우주력 발전을 위해 지난 2021년 10월 공군참모총장 직속으로 우주센터를 창설하고, 전문인력 양성과 우주전력 확충 등 우주작전 수행 여건을 지속적으로 마련해 왔다. 주한 미 우주군부대와 협력해 연합우주작전 능력을 향상할 계획으로 알려져 있다.[5]

마지막으로 우리 정부가 추진해야 할 우주기술 개발의 방향성에

---

5   https://kookbang.dema.mil.kr/newsWeb/20221202/3/BBSMSTR_000000010025/
    view.do 참조.

관한 측면에서, 지난 2019년 미국은 동맹국 중 영국과 최초로 전 세계 우주 첨단기술을 가진 스타트업 초청행사에서도 엿볼 수 있다. 총 4개 국에서 온 10개 스타트업이 선발되어 미국 및 영국과 국방 우주 분야 혁신적인 프로젝트를 수행할 수 있는 약 백만 달러 규모의 투자를 받을 수 있었다. 이러한 'Shark Tank' 스타일의 행사는 미 공군이 2019년부터 시작한 이니셔티브로 첨단 기술을 연구 개발하고 있는 전 세계 우주 스타트업들을 초청하여 짧은 발표를 통해 기술을 선보이고 평가를 통해 선발되면 미 국방부가 초기 투자하고 있다(조동연 2021).

이러한 노력은 국방 분야에 첨단 우주기술을 신속하게 적용하기 위한 시도로 진행되고 있다. 이와 함께, 우주기술 개발에는 천문학적인 비용이 발생하는 실정이지만, 동맹국들과의 협력을 통해 초기에 예산을 절감하고 활용하고자 하는 목적도 있다. 이미 영국을 비롯한 동맹국들과의 이러한 노력이 진행되었으며, 앞으로도 한국, 일본 등 아태지역 동맹국들과의 협력을 통해 이러한 행사가 계속될 것으로 예상된다.

이러한 의미에서 행사는 그 자체만으로도 미국이 중국과의 기술 경쟁을 동맹국들과 향후 어떻게 대응할 것인지에 대한 지정학적, 군사적 의미를 함의하고 있다(조동연 2021). 또한 우주에 적용할 수 있는 최첨단 기술을 확보하기 위해서 단계적 발전계획과 한미동맹을 비롯한 우방국들과의 기술협력 및 민관협력의 상호작용을 통한 향후 우리의 우주기술개발 방향성을 상정할 수 있을 것이다.

IV. 나가며: 한국의 우주과학기술 발전 방향

1959년에 미국이 소련의 핵 및 군사 주요시설에 대한 정보 수집을 목표로 하여 정찰위성을 발사함으로써 우주전력의 활용이 시작되었다. 그러나 현재 우주전력은 다양한 군사 임무를 지원하기 위해 활용되고 있다. 감시정찰, 조기경보, 전략 및 전술 표적 제공, 위성 요격 등과 함께 통신, 항법, 기상, 측위 및 지도 제작, 우주 실험, 자원 탐사 임무 등에 활용되고 있다. 또한, 탑재 장비의 발전에 따라 우주전력의 임무와 활용도는 다양화되고 급속도로 발전될 것이다. 특히, 최근 우주과학기술 발전 추이를 반영할 때 인공위성을 활용한 고도의 정보전 분야는 미래전 기술 경쟁의 중요한 부분으로 인식되고 있다. 현재 우주 궤도에 운용 중인 위성의 경우 비군사용의 위성이라도 필요 시 언제든지 군사용으로 전용 가능하며 유사시 군사 목적으로 사용될 수 있다는 점도 주목해야 한다.

상기 기술한 내용으로 초연결·초지능의 미래 전장에서 우주 능력은 필수적인 요소이며, 우주 공간에서 방어·공격 능력 확보는 매우 중요한 사안이다. 미래전에서는 우주 공간이 중요한 무대가 될 것이기 때문이다. 따라서 'space vehicle'과 'satellite'의 중요도가 상승하는 가운데 항공우주산업 기술에 관한 기술 투자가 필요하며, 무인기 분야의 관심도 급부상하고 있다. 즉, 드론과 도심 항공모빌리티에 대한 관심 증대에 따라서 미래전에서 무인항공기 기술 경쟁도 매우 중요하다. 항공·우주무기체계는 원거리 전략표적에 대한 정밀타격을 가능케 하는 것으로 그 역할이 중요하기 때문이다. 종합적으로 항공기 및 통신, 전자전 등 다양한 임무 수행이 가능한 무인기와 조기경보 및 대공방어 능력을 구비한 우주무기체계를 구축해야 할 것이다(정종·계중읍 2012, 315-316).

최근 북한은 장거리 탄도탄 발사 능력 강화를 지속하면서 위성개발 및 위성항법재밍 능력을 지속적으로 발전시키고 있어 이에 대한 대비가 필요하다. 우리 군의 우주자산 및 전략자산이 유사시 적의 물리적 공격, 혹은 재밍이나 사이버 공격을 받았을 때 회피(Avoidance)하고 정상적 기능을 복구 및 회복하여 정상적인 임무를 수행할 수 있는 기술력이 필요하다. 즉, 북한의 전자전, 사이버전, EMP 공격에 대한 대응 전략을 강구, 이에 상응하는 기술 발전이 요구된다.

우주무기체계의 한국의 기술 수준은 미국, 러시아와 같은 선진국에 비해 아직까지 기술격차가 크기 때문에 향후 관련 핵심기술 확보를 위한 중·장기 기술 발전 기반을 강화하고, 군사작전 지원에 긴요한 우주전력 및 소요 기술을 우선 확충해야 할 것으로 판단된다. 이를 위해 군 고유의 기술 분야 및 해외 기술 통제 분야는 독자 개발을 추진하고 민간 보유 자산과 관련된 핵심기술은 민군협력으로 추진할 필요가 있다. 대규모 정부 우주 사업을 주관하고 자체 연구개발 역량을 갖출 수 있는 민간기업을 양성함으로써 한국형 발사체에 대한 신뢰성 확보와 다양한 우주첨단 기술을 확보해야 할 것이다. 물론, 민간기업의 첨단 우주산업 역량 확보는 쉽지 않다. 따라서, 한미동맹 등 가치 공유 기반의 기술 강국들과의 협력을 통해 단계적 우주기술 확보가 요구된다.

또한, 첨단 우주산업 기술 개발을 위해서는 우리 정부가 인적자원 확충을 위해 교육체계를 혁신하고 연구개발비에 대한 전폭적인 예산 지원을 통해 장기적 차원의 미래 우주산업 기술 발전 전략을 마련해야 한다. 첨단기술을 공유하고 대기업과 혁신적인 스타트업을 통해 차세대 역량을 개발하는 등 정부와 업계 간의 보다 긴밀하고 자발적인 협력이 필요하다.

우주는 미래의 전장일 뿐 아니라, 새로운 경제 영역이자 평화를 추진해야 할 미래 가치 공간임에 틀림없다. 미래 우주전을 대비하고 경제적 가치를 창출하기 위해서는 가상의 공간이나 특수 정책적 차원에서 벗어나 우주 공간을 현실적 차원에서 받아들이고 군사·공유 영역으로 인식하여 이에 맞는 우주전략을 구체화하고 미래 시대를 준비하는 노력이 요구된다. 우주 공간에 대한 종합적 사고가 국가정책 수립 과정뿐만 아니라 민관학 협력과 우주가치 체계 정립 등에도 연계되어야 한다. 우주 공간에서의 우주 작전 개념 발전 및 미래 우주전에 대한 연구가 보다 활성화되어야 하고, 경제적 가치 공간으로의 연구도 확장되어야 한다. 이제 민간 우주산업은 위성 제작, 발사 수송, 위성 서비스, 우주개발·탐사 등으로 영역이 확장되고 있으며 국가의 중요한 미래 산업으로 인식되고 있다. 누리호 발사 성공은 한국형 발사체의 안정·경제성을 지속적으로 확보, 경쟁력을 높이는 것으로, 정부는 향후 발사 단계별 기술 고도화와 민·관의 우주산업 생태계(클러스터) 조성에도 적극 나서야 할 것이다.

마지막으로 전술한 바와 같이 우주 공간은 기술 강국들의 패권 경쟁으로 확대되는 경향을 보인다. 따라서, 우주 기술 및 무기 경쟁의 기술 이전은 사실상 우호국들 간에 제한적으로 이루어질 가능성이 크고 핵심기술의 이전 역시 불가능할 수 있다. 따라서 한국의 미래 우주기술 확보를 위해서는 독자적 기술력이 민간기업과의 협업 속에서 추진되어야 하고 국내 제조업과 연계된 기술 축적과 거버넌스 체계가 만들어져야 할 것이다.

참고문헌

김상배. 2019. "미래전의 진화와 국제정치의 변화: 자율무기체계의 복합지정학." 『국방연구』 62(3): 93-118.

김종열. 2018. "미래 무기체계와 군사과학기술 발전추세 분석: 미국을 중심으로." 『전략연구』 76: 80-108.

박남태·백승조. 2021. "중국군 전략지원부대의 사이버전 능력이 한국에 주는 안보적 함의." 『국방정책연구』 37(1): 139-163.

박병광. 2021. 『미중 경쟁시대 중국의 우주력 발전에 관한 연구』. INSS 연구보고서.

손도심. 2022. "신무기체계: Game Changer 위성 등 우주기술." 『군사저널』 10월호.

정종·계중읍. 2012. "미래전 양상 전망과 무기체계 발전방향." 『제8회 국방기술 학술대회(구두발표)』.

조동연. 2021. "미래 우주전과 3D전략." 『한국항공우주학회 춘계학술대회 논문집』.

조홍제·박상중·이성훈. 2021. "한국군 군사우주전략 발전방향." 『항공우주정책·법학회지』 36(2): 193-220.

최재원. 2015. "우주무기체계 발전추세 및 개발동향." 『국방과 기술』 431: 76-85.

최현호. 2016. "현실화되고 있는 차세대 무기들[I] 전장을 지배할 차세대 무기레이저, 전자기펄스, 레일건." 『국방과 기술』 443: 34-45.

"[누리호 발사성공] 외신 "韓 우주 강국에 중요한 진전"(종합)." 『뉴시스』(2023. 5. 26.) https://newsis.com/view/?id=NISX20230525_0002317485&cID=10101&pID=10100 (검색일: 2023.6.1.).

"공군, 우주작전대대 창설…미래 전장 핵심 '국방 우주안보' 실현 앞장." 『국방일보』(2022. 12. 1.) https://kookbang.dema.mil.kr/newsWeb/20221202/3/BBSMSTR_000000010025/view.do (검색일: 2023.4.1.).

"군정찰위성 1호 11월 발사…북 미사일 대응 '425사업' 본격화." 『국방신문』(2023. 2. 19.) http://www.gukbangnews.com/news/articleView.html?idxno=5294 (검색일: 2023.4.1.).

"주한미군 '우주군' 창설…"北미사일 실시간 감시·경보 기대"(종합2보)." 『연합뉴스』(2022. 12. 14.) https://www.yna.co.kr/view/AKR20221214078052504?input=1195m (검색일: 2022.12.31.).

Cole, Michael J. 2014. "Five Futuristic Weapons That Could Change Warfare." https://nationalinterest.org/commentary/five-futuristic-weapons-could-change-warfare-9866 (검색일: 2023.4.1.).

Harrison, Todd. et al. 2020. "Space Threat Assessment 2020." Center for Strategic & International Studies. https://www.csis.org/analysis/space-threat-assessment-2020 (검색일: 2023.3.15.).

Kan, Shirley. 2007. "China's Anti-Satellite Weapons Test." *CRS Report for Congress*. April 23.

Matsumura, John, Randall Steeb, John Gordon IV, and Paul Stenburg. 2002. "Preparing for Future Warfare with Advanced Technologies: Prioritizing the Next Generation of Capabilities." RAND Arroyo Center.

Roland, Alex. 2009. "War and Technology." Foreign Policy Research Institute. http://www.fpri.org/print/530 (검색일: 2023.4.1.).

Schuman, Joe. 2022. "Military-Technology Competition Between the United States and China." *Georgetown Journal of International Affairs*. April 12. https://gjia.georgetown.edu/2022/04/12/military-technology-competition-between-the-united-states-and-china/ (검색일: 2023.6.1.).

SIA. 2021. "State of The Satellite Industry Report."

The White House. 2017. "National Security Strategy of the United States of America." *The White House*. Dec.

제11장   미래 우주산업 강화를 위한 한국형 민관협력 방향

윤정현(국가안보전략연구원)

* 이 글은 윤정현·이성훈. 2023. "뉴 스페이스 시대의 민관협력 변화와 한국형 발전방향 모색."『국가전략』29(3): 181-213을 토대로 수정 보완하였다.

I. 서론

오늘날 우주산업은 새로운 도약기를 맞고 있다. 재사용 발사체, 소형위성 기술을 비롯한 기술혁신과 우주궤도에서의 안보적·상업적 활동의 확장은 새로운 우주개발의 시대를 열어나가는 원동력으로 작용하고 있다. 여기에는 한 가지 중요한 공통점이 포착되는데, 바로 우주산업의 지형 변화와 이를 주도하는 민간의 적극적 역할에 대한 논의가 자리하고 있다는 점이다. 그간 대규모 투자를 요구하는 우주 분야는 정부가 거의 유일한 수요자로서 국가연구개발사업 중심으로 추진되어 왔던 것이 사실이다. 그러나 최근 민간의 기술과 자본 역량이 증대됨에 따라 우주의 상업적 가치를 재발견하는 한편, 안보 차원에서도 효과적인 전략 공간으로 활용하기 위한 상호 역할 분담과 파트너십을 새롭게 정립하고 있다.

실제로 주요 우주개발 선도국들은 비용 절감과 효율성 강화, 일정 지연에 따른 위험의 분산, 선택 대안의 다양화 등 민간기업이 가지는 장점을 더욱 적극적으로 도입하려 노력 중이다. 여기에 러시아-우크라이나 전쟁의 여파로 우주 공간이 군사작전에 필수적인 감시 영역으로 부상하면서, 안보적 측면에서도 우주는 군의 역할뿐만 아니라 민간기업의 역할이 중요해지고 있으며, 상호 시너지 극대화를 위한 효과적인 관계 정립이 핵심 화두로 부상하는 중이다.

이처럼 우주를 둘러싼 전략적, 산업적 접근 방식의 변화 기저에는 '뉴 스페이스(New Space) 패러다임'이라는 우주산업 전반의 거시적인 변화가 자리하고 있다. 즉, 우주개발을 위한 목표와 주체, 투자 규모와 추진·관리 방식, 정부와 민간의 역할 등 모든 부문에서 전통적 우주산업과 다른 전환적 특징이 나타나고 있다는 점이다. 과거의 우주개발이 군사안보 등 국가 차원의 목표 하에 정부 주도의 개발·통제 방식에 따라 대규모 공적 자금이 투입, 추진되어온 장기 프로젝트였다면, 최근의 우주개발 환경은 정부뿐만 아니라 대기업·스타트업 등 다양한 민간 주체 간의 혁신 경쟁이 두드러지고 단기적이고 소규모인 상업적 활동 역시 주목받고 있는 것이다.[1]

이에 따라 최근 민간기업과 공공연구시스템 사이의 민관협력 (Public Private Partnership, PPP) 재정립이 우주산업 분야의 혁신을 위한 제도적 경로로 확립되고 있다. 그간 민관협력은 국가 시스템 전체의 역량과 성과를 제고하기 위한 목적으로 민간의 혁신 역량 제고를 위한 공공의 투자 또는 기술이전 등을 통한 공공 연구개발 성과 확산이 주된 관심이었다. 그러나 우주개발 기술의 급속한 발전과 파급력의 증대에 따라 기술혁신 생태계의 행위자 간의 능동적이고 유기적인 파트너십 또한 강조되는 상황이다. 산·학·연 등 혁신 주체 간 역할 분담, 그리고 협력을 촉진하거나 조정하기 위한 정부의 관여, 초국가적 정부 간 협력, 다국적기업 간 전략적 제휴 또한 활발해지고 있다.

그러나 이 같은 뉴 스페이스 담론이 한국과 같은 우주개발의 후발주자에게도 유효한지에 대해서는 보다 면밀히 살펴볼 필요가 있다. 실제로 우주 공간은 새로운 전장 질서의 우위 확보를 위한 안보 공간이자 '신경제 공간'으로 기대를 모으고 있음에도 불구하고, 기존의 전통적인 작동 방식 역시 중요하게 기능하고 있다. 특히 우리나라는 후발진입국으로서, 과감한 정부 차원의 추격전략으로 일정 부분 역량을 확

---

[1] 아직 '뉴 스페이스'에 대한 사전적 정의는 없으나, 2010년대 등장한 개념으로서 통상 정부가 우주개발의 주된 자금 공급원이 되어 민간 대형 업체가 개발한 하드웨어를 구매하는 방식이 주를 이루던 기존의 우주산업(Old Space)이 새로운 민간 투자 파트너와 기업가적 활동 모델을 기반으로 한 소규모 기업들의 활발한 참여 속에 민간 주도로 변화되는 양상으로 설명된다(안형준 2021, 4; Trinita Del Monti 2020).

보하게 되었으나, 세계 6위인 항공운송산업을 제외하고, 우주산업 제조 전반에서는 아직 영세성을 벗어나지 못한 상태이다. 또한, 뉴 스페이스 담론의 발원지로서 벤처·스타기업과 같은 다양한 민간 행위자들이 혁신을 주도하는 미국과 달리, 국내 생태계는 국가의 전략적 목표와 정부의 투자가 우주개발의 방향을 결정하고 이끌어나가는 양상이다.

따라서 본고는 우주개발 분야의 거스를 수 없는 글로벌 트렌드로서 뉴 스페이스 패러다임의변화 기제에 주목하는 한편, 동시에 외부적 환경 변화뿐만 아니라 우리만의 특수한 단계와 여건을 종합적으로 고려한 민관협력의 방식 정립 역시 필요함을 강조하고자 한다. 즉, 뉴 스페이스 담론을 주도하고 있는 민관협력 방식을 우주개발의 추격국인 우리의 맥락에서 재검토하고 한국형 발전 방향에 대한 시사점을 도출하고자 한다. 이를 위해 먼저 일반적인 민관협력 개념이 우주 분야에서 갖는 의미를 짚어보고, 국내 상황에서 나타나는 한계와 쟁점들을 살펴볼 것이다. 이후 현재 글로벌 차원에서 벌어지는 우주산업 지형의 변화 속에 후발국에게도 민관협력이 간과할 수 없는 쟁점으로 부상하고 있는 상황을 고찰한다. 실제로 어떠한 부분의 진입장벽이 약화되고 있으며 기회적 요소를 제공하는지가 분석의 초점이 될 것이다. 이를 토대로 한국적 맥락을 고려한 뉴 스페이스 시대의 민관협력의 추진 방향을 세 가지 측면에서 제시하고자 한다. 통합적 혁신 생태계 구축을 위한 경제적 측면, 민군 겸용 분야에서의 개발·활용, 한미동맹 확장성과 관련된 안보적 측면, 향후 글로벌 진출을 위한 국제협력·규범 등 외교적 측면이 그것이며, 각각에 부합하는 실천 방안을 짚어봄으로써 이 글을 마무리하고자 한다.

II. 민관협력이 우주산업에서 갖는 의미

1. 민관협력(PPP) 모델의 개념

최근 민간기업과 공공연구시스템 사이에 협력체계를 구축하는 '민관협력(PPP)'은 첨단 과학기술을 전제하는 분야에서 혁신의 중요한 제도적 메커니즘으로 부상하는 중이다(안형준 외 2021, 8). 민관협력에 대한 정의는 학자마다 상이하며, 주로 주체, 목적, 대상의 특성을 중심으로 정의되고 있으며, 정책의 기능을 만족하기 위한 정부와 민간 사이의 협력관계를 의미한다(Linder and Rosenau 2000). 민관협력지식연구소(PPP Knowledge Lab.)에 따르면 PPP는 "민간과 정부 간의 장기계약으로, 공공자산 또는 서비스를 제공하면서 민간은 중요한 위험과 관리책임을 부담하며, 성과에 연계된 보수를 받는 것"으로 정의된다.[2] 민관협력 모델은 특정 사업 수행을 위해 정부와 민간(기업)이 관련 재원의 결합 투자, 프로젝트 진행 및 관리 등에서 역할을 정하고 협력하는 특징을 갖는다. 따라서 재원의 특성에 따른 주체 간 역할 관계 형성이 가능하며 이에 따라 사업의 리스크를 분담하게 되는 구조이다(Hodge and Greve 2007, 545).

초기 민관협력 모델 역시 자본 소요가 큰 영역에서 정부 단독의 재원 조달 및 서비스 제공이 아닌 민간의 재원과 경영관리 노하우가 투입되고 해당 인프라에 대한 일정 기간 사업권을 갖는 방식으로 추진되었다. 최근에는 정부와 민간(기업)이 함께 한다는 중심 기조의 설

---

2 기본적으로 해당 PPP사업에 대한 위험과 책임의 주체가 민간이라는 점과 보수는 성과에 근거한다는 점이 일반 도급사업과 큰 차이라 할 수 있다(외교부 중남미 자원·인프라·신산업협력센터 2020).

정 외에도 투자 방식이나, 적용 분야, 수행 방식 등 목적에 따라 유연하
게 추진되는 중이다(안형준 외 2020, 16-17). 즉, 민관협력은 국가 시스
템 전체의 역량과 성과를 제고하기 위해 민간의 혁신 역량을 공공투자
나 기술이전에 어떻게 성과로 연결시킬 수 있는지가 주된 관심으로 작
용하였다. 특히 비용 내비 효율성, 일정 지연에 따른 위험의 분산, 선
택 대안의 다양화 등 민간기업의 장점을 얼마나 적극 활용할 수 있는
지가 민관협력의 당위성을 강력히 뒷받침했던 이유였다(Roehrich et
al. 2014, 110). 무엇보다도 기술혁신 주체 간의 협력이 갖는 중요성이
부각되면서 민관의 능동적·유기적 연계와 파트너십이 주목받고 있다.
산·학·연 등 서로 간 역할 분담을 넘어 이들을 조정하고 협력을 촉진
시키기 위한 정부의 노력이 중요해지고 있으며, 정부 간 협력, 다국적
기업 간의 제휴 역시 활발해지고 있는 것이다(안형준 외 2021, 8).

이러한 민관협력 모델이 신기술과 관련된 분야에도 적용되면서,
혁신 인프라, 혁신 리스크 공유 등의 관점에서의 효과에 대한 분석이
이루어지고 있다. 미국 방위고등연구계획국(DARPA)의 민관협력 모델
의 경우 국가가 특정 방향성을 제시하고, 혁신을 위한 민관 교류를 중
개하며, 기술 개발 결과물의 사업화 방안의 제언까지도 그려나가는 적
극적인 접근을 추진하고 있다(마리아나 마추카토 2015). 여기에 최근
팬데믹에 의한 비대면 패러다임과 디지털 전환으로 민관협력 모델 역
시 온·오프라인에 걸쳐 다양화되고 있다. 'PPP Knowledge Lab'과 같
은 사이버 플랫폼을 통해 다양한 산업 분야별 또는 이슈별 특성에 부
합하는 형태의 지식창출형 민관협력이 대표적이다. 이 같은 흐름들을
종합하면, 각 민관협력 모델은 협력의 목적과 방식의 차이는 있더라도
보다 나은 혁신을 위해 명확한 참여 유인과 비교우위를 갖는 성숙된
역량을 확보하고 있어야 함을 알 수 있다. 또한, 파트너 간의 기본적인

상호 신뢰 역시 지속가능한 협력을 뒷받침하는 공통적인 전제조건이
된다.

2. 우주산업에서의 민관협력의 적용 필요성

우주산업은 소품종 소량생산, 고비용 장기투자, 첨단기술의 적용·성숙
도가 요구되는 진입장벽이 높은 분야였다. 그러나 일단 산업화에 성공
하면 고부가가치 이윤 확보의 가능성과 글로벌 시장 지배력이라는 매
력적인 측면도 존재하였다. 이는 필연적으로 경제 규모가 크고, 기초기
술 강국이면서도 추가적인 장기투자를 감당할 수 있는 일부 국가들만
이 우주산업을 전유하게 만드는 동인이 되었다. 결과적으로 우주산업
은 대규모 자금이 필요하고 실패의 위험 또한 매우 높아 국가연구개발
사업의 형태로 추진될 수밖에 없었다. 이는 정부 측과 기업 사이의 수
평적, 협력적 관계를 통한 기업의 기술역량의 성장효과를 어렵게 하였
으며, 민간이 사업의 주체로서 종합 역량과 기술 경쟁력을 높일 가능성
또한 약화시켰다. 특히, 우리나라는 후발 진입국으로서, 과감한 정부
차원의 추격전략으로 일정 부분 역량을 확보하게 되었으나, 세계 6위
인 항공운송산업을 제외하고, 우주산업 제조 전반에서는 아직 영세성
을 벗어나지 못한 상태이다.

　대표적인 거대 공공 분야로서 우주산업의 연구개발 환경은 다음
과 같은 공통된 특징을 보인다. 첫째, 정책결정 과정이 복잡하다. 대규
모의 예산 투입으로 인해, 정치적·재정적 요인들이 투자 결정에 영향
을 미치며, 투자시설의 거대화 및 복잡성, 경제적 효과 불확실성, 국제
협력 장애 등의 문제가 빈번하기 때문이다. 이 같은 프로젝트의 복잡
성은 성공적으로 추진되어 성과를 창출하기 위해서는 더욱 철저한 준

비·검토가 필요하다. 둘째, 과학적 측면에서 새로운 영역을 개척할 뿐만 아니라 확장과 발전을 주도할 수 있는 파급효과를 갖는다. 셋째, 새로운 제품과 서비스 및 산업 창출 효과뿐만 아니라 혁신화된 관리방식 창출 등 무형의 지식과 기반한 경제 효과를 창출할 수 있다. 넷째, 연구개발에 소요되는 막대한 비용들을 통해 많은 주체들의 참여와 협력을 유도할 수 있다. 그 외에도 활동의 초국가성, 및 접근 방식의 다학제성, 하드웨어와 소프트웨어의 균형 발전 등의 특성들을 확인할 수 있다(이민형 외 2010).

그러나 2010년대 후반 이후 우주개발 트렌드에서 급진적인 변화가 발견되고 있다. 당초 우주산업은 장기간의 꾸준한 투자를 전제하며, 단기적인 수익은 좀처럼 기대하기 어려운 분야였다. 이 때문에 민간기업을 참여시킬 유인이 적었으며, 각국 정부가 추진 주체가 될 수밖에 없던 것이다. 그 결과 우주개발의 목적 역시 상업적 이익보다는 새로운 우주 지식의 확보와 국민적 자긍심 고취에 초점을 맞춰왔다(이준 2021, 9). 그러나 최근 우주산업 내에서도 상대적으로 민간이 주도해나가고 있으며 성숙된 역량을 갖춰가는 부문이 강조되고 있다. 대표적으로 중소형 위성 부문이라 할 수 있는데, 위성 탑재체의 종류 역시 다양화되면서 상업적 목적과 공공 목적 모두를 만족시킬 수 있는 스타 기업들의 등장이 바로 그것이다. 이들은 일상생활뿐만 아니라 전시나 분쟁 상황에서 군과 정보 공유를 통해 우주의 군사적 활용 가치를 극대화시키는 주요 행위자이다. 이제, 위성 분야에서의 민관협력 활동은 방송, 통신, 기상, 항법, 작황, 환경, 정찰 모니터링에 이르고 있으며 사업을 통한 수익 역시 기대할 수 있게 되었다. 그 결과 다양한 민간기업체들의 우주 참여 장벽이 낮춰지고 있으며, 우주개발은 정부 주도 일변도에서 민간의 참여 역시 발전 경로에 영향을 미치는 조건으로 변모하는 중이다.

　실제로, 2021년 기준 세계 각국 정부의 우주 프로그램 비용의 총합은 924억 달러에 이르며, 이 중 민간 분야 지출이 530억 달러로 절반을 넘는 규모이다(Ehrefreund 2022). 실제로, 주목을 받고 있는 발사체 서비스와 위성 개발 및 판매는 2021년 기준 전체 우주산업에서 차지하는 비율이 10%가 되지 않는다. 즉, 매출의 90% 이상은 방송이나 지구관측 서비스 등 민간이 보다 적극적으로 부가가치를 창출할 수 있는 분야에서 나오는 구조이다(정지훈 2022). 심지어 누리호 역시, 한국항공우주연구원과 한국항공우주산업 주도 하에 한화에어로스페이스, 현대중공업 등 민간기업 300여 개가 참여하여 성과를 이룬 결과물이기도 하다(BBC Korea 2022).

III. 뉴 스페이스 시대의 부상에 따른 우주산업과 민관협력 지형의 변화

1. 민간이 참여하는 우주안보 시대의 본격화

최근 우주 영역에서의 경쟁과 혁신은 4차 산업혁명의 혁신적 기술들과 상호작용하고 융합되면서 새로운 서비스 창출 및 시장을 확대시키고 있다. 그간 우주개발을 둘러싼 주요 프로젝트는 미국과 러시아를 중심으로 이루어졌으며, 상업적 목적에 따라 민간이 중심이 되는 접근은 요원했던 것이 특징이다. 그러나 최근 정부가 주된 자금 공급원이 되는 거대 우주산업의 형태는 민간 투자 파트너와 기업가적 활동 모델을 기반으로 소형화·표준화된 지형으로 변모하고 있다. 이는 발사체

분야의 기술혁신과 우주 수송 비용의 획기적인 절감이 있었기 때문이
다. 발사체 재활용과 같은 혁신은 블루오리진(Blue Origin), Space-X
와 같은 민간기업들이 주도했으며 상용부품을 활용한 저가의 저궤도
군집위성 역시 실용성을 갖춘 새로운 서비스 플랫폼으로 등장하게 되
었다. 이른바 우주산업의 '뉴 스페이스(New Space) 시대'가 본격화된
것이다. 글로벌 투자은행 모건스탠리에 따르면, 위성통신 시장 규모는
2018년 540억 달러에서 2040년에는 5,840억 달러로 급성장할 것으로
전망된다.

　　4차 산업혁명과 우주 기술의 융합이 초래하는 군사적, 상업적 가

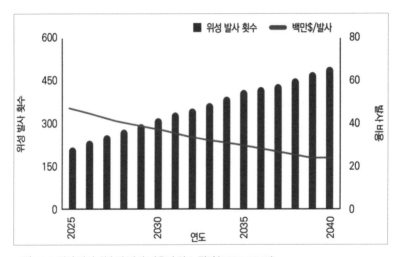

그림 11.1 위성 발사 횟수와 발사 비용의 감소 전망(2025-2040)
출처: Morgan Stanley(2017).

치의 중요성과 활용도가 높아짐에 따라 우주개발 선도국들뿐만 아니
라 소수의 개발도상국들은 위성 관련 기술의 군사적 함의와 경제적 파
급력을 고려하여 우주개발 경쟁에 뒤처지지 않기 위해 노력하고 있다.

아울러 민간기업, 대학, 연구소, 개인 등 비국가 행위자 역시 이러한 우주에 동참하여 우주 공간에서의 동학을 더욱 복잡하게 만들고 있다(정헌주 2021).

그러나, 뉴 스페이스 시대의 기술 발전과 비용 절감에 따른 기업들의 활발한 우주 진출은 역설적으로 우주공간을 국가가 지켜야 할 자산이 밀집된 영역으로 변모시키고 있다. 이는 필연적으로 국방 분야에서의 우주기술 개발 수요 증가를 낳았으며(안형준 외 2021, 4-5), 우주로부터의 위협 요소 증가에 따라 우주무기(space weapons)의 개념적 범위 또한 확장되는 추세이다. 2019년 2월 11일 미국 국방성 산하 국방정보국(DIA)이 발표한 보고서 "Challenges to Security in Space"에 따르면, 우주무기는 우주나 지상에서 궤도 상의 위성을 공격하는 무기, 우주로부터 지상 표적을 공격하는 무기, 우주를 통과해 지나가는 미사일을 무력화할 수 있는 무기 등, 우주와 관련된 다양한 작전 방식을 포괄하고 있다.

특히, 우주는 군사작전에 필수적인 궁극적인 감시 공간을 제공한다는 점에서 '전장 지배역량'을 위한 '최고의 고지(ultra higher ground)'로 주목받고 있는데, 민간기업과의 유기적 협조가 관건이 되고 있다. 인공위성에 탑재한 센서 및 데이터 전송 기술의 발전, 자동 감시 분석기술의 발전으로 이 같은 최고의 고지가 주는 이점을 극대화할 수 있기 때문이다. 실제로 2022년 러시아의 우크라이나 침공 과정은 우주공간의 전략적 가치를 보다 직접적으로 확인하는 한편 민간기업의 역할을 실감하게 하는 계기가 되었다. 당시 러시아군의 치밀한 폭격에도 불구하고 우크라이나 시민들은 인터넷에 접속할 수 있었는데, 여기에는 저궤도 위성인터넷 서비스를 제공하는 미국 기업 '스타링크(Starlink)'의 협조가 있었기 때문이다. 스타링크는 테슬라의 우주개발기업 스페이스X가 운영하는 저궤도 위성인터넷 구축 프로젝트로, 2019년 5월 60기 위성 발사를 시작으로 현재까지 2,000여 기가 발사된 바 있다. 지구 저궤도에 있는 수천 대의 위성을 활용하는 스타링크 서비스는 지상의 기지국이나 인터넷 회선이 파괴되더라도 안정적인 인터넷 서비스가 가능하다는 장점을 갖추었다. 테슬라의 최고경영자인 일론 머스크는 우크라이나 정부의 요청에 자사의 위성인터넷 서비스인 스타링크를 제공하였고, 그 결과 러시아의 지속적인 공격에도 불구하고 우크라이나는 인터넷 서비스 인프라를 유지할 수 있게 된 것이다(김상배 2022, 4).

특히, 민간 저궤도 위성기업의 전장 정보 제공은 우주안보에 결정적 영향을 미치는 민간기업의 잠재력을 재확인시킨 사건이었다. 맥사테크놀로지(Maxar Technologies Inc.), 플래닛랩스(Planet Labs), 카펠라스페이스(Capella Space) 등은 소형 인공위성을 운영하는 미국의 대표 기업들인데, 이들은 자사의 위성으로 촬영한 러시아군 정보와 관련된 고해상의 영상을 언론에 제공하며 상황을 그대로 생중계한 바 있다. 이들이 촬영한 사진에는 러시아군의 기동과 피해 상황이 그대로 노출되었으며, 이는 가짜뉴스와 프로파간다가 넘쳐나는 전시 환경에서 보다 객관적으로 전황을 파악할 수 있는 귀중한 정보로 자리매김했다. 우크라이나군은 이들이 제공한 영상정보를 통해 러시아군의 지휘부와 보급로를 타격하였으며, 주요 공격 루트에서 경량화된 대전차 무기와 드론 등을 통해 압도적인 화력을 가진 러시아군에 큰 피해를 입힐 수 있었다. 2월~3월 낮의 평균적인 우크라이나 기상은 약 80% 정도가 구름으로 뒤덮인 흐린 날씨를 보여주는데, 이 같은 감시의 악조건 속에서 저궤도 위성의 야간 촬영 정보는 러시아군과 차량의 기동을 파악하는 데 핵심적 기능을 하였음이 드러났다(Satnews 2022).

이처럼 정보 당국이 아닌 민간기업에 의해 민감한 군사 정보가 속속 공개되는 상황은 상업용 위성과 소셜미디어로 인해 접근하기 어려운 장소의 상황을 상세하게 실시간으로 볼 수 있는 '군사안보의 뉴 스페이스 시대'가 도래하였음을 시사한다. 즉, 우주공간의 상업화와 민간의 우주개발 참여가 극적으로 연계되면서 각국은 민관협력을 통해 상업적 효율성과 기술혁신의 기회 공간을 모색해야 하는 상황을 맞이한 것이다. 민간 주체 역시 정부와의 협력을 핵심 공공분야 시장에서 상업적 기술과 지적재산을 선점하고 우주기반 인프라, 서비스 데이터 같은 특별한 정부 자산에서 새로운 부가가치를 발굴하는 기회로 인식하고 있다. 우라나라의 경우, 제3차 우주개발진흥기본계획(2018-2022)과 2021년 시행계획에서 '민간 주도'를 우주산업 육성의 주요 전략으로 제시한 바 있다(관계부처합동 2018).[3] 이어, 제4차 우주개발진흥기본계획은 누리호와 다누리의 성과를 기반으로 본격적인 우주 탐사 확대와 민간 우주산업 생태계의 창출 등 새로운 단계의 우주정책 비전과 우주경제 로드맵을 발표한 바 있다(관계부처합동 2022). 4차 기본계획 역시 '공공주도 위성·발사체 개발' 중심에서 '민간참여 우주탐사·과학 및 우주산업으로의 확장'이라는 민간 역할 강조의 우주개발 정책 기조를 재확인한 상황이다.[4]

---

3   우주산업을 정부 주도에서 민간 주도로 전환하기 위해 민간 주도의 우주산업 시장 확대, 신산업 창출, 글로벌 경쟁력 강화, 혁신성장 기반 확충 추진 등 약 291.7억 원 수준의 투자계획을 명시하였다(관계부처합동 2018).

4   제4차 우주개발 진흥 기본계획에 따르면, 2028년까지 민간 소형 발사 프로젝트에 착수하게 된다.

2. '우주경제'의 부상과 민간 진입장벽의 약화

이와 같이 주요국 간 우주개발 경쟁이 격화되면서 각국은 민간 기술이 전과 민간 투자를 허용하고, 규제 완화와 우주개발 조직을 정비하고 있다. 특히, 민간기업의 상업적 이익 보호뿐만 아니라 공공성, 나아가 국방 활용 강화를 조율하기 위한 제도를 개선하는 중이다. 미국의 경우 이미 우주사령부 창설로 군사력을 강화하고 수출규제 완화로 규제를 개혁하며 '아르테미스' 유인 달탐사 프로젝트 등 국제협력을 강화하고 있으며, 중국은 독자 GPS 시스템 베이더우(北斗), 경쟁력 있는 GPS 칩셋, 중대형 발사체 및 액체 로켓엔진 개발에 중점을 두고 있는 상황이다. 우크라이나와 전쟁을 치르고 있는 러시아 역시 2028년까지 640기의 추가 위성군을 발사함으로써, 차세대 통신위성 시스템 및 달 탐사 착륙선 개발에 착수하였다. 인도와 일본 역시 유인탐사 우주선 프로젝트를 추진하고 있다(정귀일 2021, 16). 우주산업의 민관협력에서 정부의 입장 변화를 초래한 바탕에는 몇 가지 측면에서 우주에 기반한 신경제 가치의 인식이 작용하였다고 볼 수 있다.

첫째, 기술과 비용 혁신을 통한 우주산업 전반의 성장 가능성 확대이다. 최근 초소형 위성기술, 로켓 재사용 기술, 데이터 처리 용량 기술 확산으로 혁신이 가속화되면서 위성체의 제조와 발사, 데이터 활용 서비스에 소요되는 비용이 급격히 낮아졌다. 지난 2013~2019년간 발사단위 중량(kg)당 데이터 처리 용량은 6배 증가한 반면 데이터 처리 가격은 80%가 감소한 것으로 나타났다(Satellite Industry Association 2021). 여기에 3D 프린팅, 사물인터넷, 사물통신 등 4차 산업혁명 기술의 적용 확대 역시 위성의 수명 연장과 우주산업의 경제성을 제고해주고 있다. 실제로 3D 프린팅 기술을 활용할 경우, 제품과 부품을 제작하게 되면 연료탱크와 엔진 등의 제작 비용을 낮추고 시간을 획기적으로 단축할 수 있으며, 그동안 개발자들을 괴롭혀왔던 엔진 연소실 냉각 등을 위한 노동 시간과 비용을 절감시켜 주었다.[5]

인공위성 발사 비용은 이미 2억 달러에서 6천만 달러로 하락했고, 로켓 회수로 향후 약 6백만 달러까지 하락할 것으로 전망된다. 또한, 로켓이 목표 궤도에서 위성을 방출하기 위해 로켓에서 분리되는 페어링도 전용 선박을 이용해 회수하면 제작 비용을 최대 90% 절감하는 효과를 누릴 수 있다.[6]

둘째, 각종 연계 서비스 활용을 통한 국민의 삶과 밀접한 일상의 파급력이다. 위성영상정보 활용은 재난관리, 농업, 해양, 환경, 기상, 산림 모니터링 등 공공 부문뿐만 아니라 상업 부문의 위성TV, 위성 인터넷, 위성항법 등 국민생활 향상에 밀접한 범용성을 가진다. 나아가 기후변화, 수확량 모니터링, 유통 환경, 극지 항해 시 최단항로 예측 등 새로운 도전 영역과도 접목될 수 있다. 여기에 달, 화성, 소행성에 매장된 천문학적인 가치의 자원 탐사, 채굴 및 이용 프로그램 계획, 달의 헬륨3(핵융합발전의 연료)의 정제 기술 및 핵융합발전 기술을 활용한 에너지 문제 해결 방안 등이 주목받고 있다. 빅데이터, AI 등과의 접목을 통한 새로운 비즈니스 창출로 신산업의 발굴을 넘어 신경제의 가치 영역까지 나아가고 있는 것이다. 이로 인해 최근 상업위성 활용 시장 전

---

5 실제 3D 프린팅을 접목함으로써 엔진 연소실(combustion chamber) 냉각에 요구되었던 1,000개가 넘는 파이프를 일일이 용접해야 하는 문제를 단번에 해결해주었으며, 최근 민간업체들은 이를 로켓 제작에 활용하여 통상 1년이 소요되는 제작 기간을 2개월 이내로 단축한다는 목표를 세우고 있다.

6 실제로 머스크는 로켓 팔콘9(falcon 9)의 제작 비용은 6천만 달러이나, 연료 등 기타 비용은 20만 달러에 불과하므로 1,000번 재사용할 경우 발사 비용이 5~6만 달러로 하락한다는 입장을 발표한 바 있다.

망은 2020년 280조 원에서 2040년 540조 원 이상 예측되고 있는 상황이다(김종범 외 2022, 18). 최근 정지궤도를 넘어 저궤도 비즈니스 공간을 창출하고 있는 위성 기반의 6G 초고속 인터넷망 구상이 본격화되면서 저궤도 소형위성 시장 또한 급성장할 것으로 전망되고 있다. 우주로 발사된 소형위성은 지난 10년간 총 1,800여 기였으나, 향후 10년간 11,000여 기로 6배 이상 성장할 것으로 예측된다. 이 같은 혁신의 흐름은 민간기업들로 하여금 수익성과 생산성을 제고하는 한편, 향후 안정성과 지속가능성을 확보하게 하는 기제로 작용하고 있다. 제품과 서비스가 대량 공급되어, 공급자 간 본격적인 경쟁이 시작되면 현재보다 더욱 저렴한 가격의 제품과 서비스가 대거 등장할 것이라는 기대를 모으고 있다(정귀일 2021, 32).

표 11.1 위성 기반 6G 통신서비스의 구현 가치와 적용 분야

6G의 구현가치	적용 분야	미래 이용 서비스
초지능	자율주행	• 공중·해상으로의 자율비행 서비스 • 사업자의 개입을 최소화한 완전 자동연결 서비스
초정밀	원격제어	• 초저지연 기술 기반 드론에 대한 초정밀 원격제어 • 원격진료·원격근로 등 가상과 현실을 실시간으로 연결
초공간	Near Space 서비스	• 비용절감형 저궤도 위성을 통한 항공기체 내 6G기반 커버리지 확대형 초고속 광대역 서비스
초성능	인터랙티브 미디어	• 모바일+XR을 통한 초실감 몰입형 방송 미디어 서비스 • 비대면 초현실 가상서비스 보편화
초대역	스마트팩토리	• 高산재위험 환경을 가상공간에 구현한 디지털트윈으로 현실에서 발생할 수 있는 상황을 시뮬레이션 예측
초신뢰	스마트시티	• 블록체인을 통한 생체암호화 및 실시간 생체정보 관리, 진단케어 서비스

출처: 과학기술정보통신부(2020).

3. 국내 우주산업 내 민관협력의 주요 쟁점과 한계

이 같은 우주개발 트렌드의 변화에도 불구하고 국내 우주산업의 민관협력은 실질적인 추진 성과를 기대하기에는 몇 가지 주요한 애로점을 갖고 있는 것이 사실이다. 그 첫 번째는 '민관협력 프로젝트의 연속성 부족'이다. 현재 우주개발사업에 참여하고 있는 국내 기업들은 대부분 영세하고, 인력 규모, 보유 기술 측면에서 아직 공공에 비해 상대적으로 낮은 상황이다. 또한, 독자적인 비즈니스모델 개발이나 해외 시장 개척보다는 정부 우주개발사업에 용역 형태로만 참여하는 기업이 대부분이다. 이는 국내 우주개발과 관련해서 상대적으로 축적된 경험과 높은 역량을 보유하고 있는 공공부문의 기술과 노하우가 민간으로 확산되는 일이 우선되어야 함을 시사한다. 우주시스템 개발을 위한 역량 향상 차원에서 공동설계 기술이전 계약을 통해 발사 단계 전까지 다양한 교육 등을 실시하고 있으나, 단기간에 민간기업 인력이 충분히 흡수할 여건은 부족한 것이 사실이다. 이는 또다시 시장에서의 기업가치 절하와 투자유치 생태계 구축을 저해하는 요인이 되기도 한다(한국항공우주연구원 2021, 78).

둘째, 특히 국방 측면에서 우주개발사업은 많은 어려움을 안고 있다. 생태계의 성숙도가 아직 낮은 국내 우주산업의 경우, 새로운 국방사업 진입을 위한 지원과 복잡한 규제 지침의 정비가 부족하다. 일례로 2020년 '한미 미사일 지침 개정'으로 고체연료에 대한 제한이 해제되어 소형위성 사업의 확대가 전망되기도 하지만, 이를 기회로 도약할 수 있는 민간생태계 구축은 아직 미흡한 상황이다.[7] 공공서비스의 확대,

---

[7]　국내 뉴 스페이스 기업 정책수요 조사 결과, 국내는 발사 스테이지 부족으로 지상검증에만 3년 이상이 소요되며, 사업화 진행 시 우주물체 등록, 수출입허가 등 절차가 복잡한

산업 확장의 효과를 전제하고 있는 민간과 전쟁 억제, 전투력 개선의 유용한 방안으로서 우주개발을 바라보는 군의 시각적 간극을 좁히는 부분도 제기되어 왔다. 이는 사업 목적뿐만 아니라 추진 방식과 범위에 이르기까지 민관협력의 선순환적 파급효과를 제약하는 요소로 작용해 왔다. 이 밖에 군사기밀 노출 취약, 군사 전문성 문제도 제기된다.

표 11.2 우주개발사업의 민과 군의 관점 차이

	국방 우주개발	민간 우주개발
	전쟁 억제, 국토방위 임무	과학기술 진흥, 공공서비스, 우주산업 확장
목적	• 핵(WMD) 등 적 핵심표적 획득 임무	• 지도제작, 환경감시, 국토관리 역할 • 평시 일반적 통신 지원 • 과학탐구, 비군사위성 궤도 진입에 활용
	국방 R&D(방위력 개선사업) 절차에 따름	국가 R&D사업 절차에 따름
추진 방식	• 계약에 의한 R&D 방식 • 군 작전요구성능(ROC) 충족 중요 • 전력화 일정의 엄격한 준수 요구	• 주로 협약에 의한 R&D 방식
사업 범위	전·평시 우주감시, 우주통제 전력 포함	통신, 항법, 지구관측 등

출처: 오혜(2022, 9).

세 번째는 대다수를 차지하고 있는 '국가연구개발사업' 방식 적용의 한계점이다. 우주개발 분야는 대규모 자금이 필요하고 실패의 위험 또한 매우 높아 주로 국가연구개발사업의 형태로 추진되어 왔다. 또한, 우주탐사의 행위로 발생하는 우주개발로 확보한 편익은 공공재의 성격을 가지므로, 전통적으로 정부가 거의 유일한 수요자일 수밖에 없었다. 그러나 최근 우주산업 생태계는 저비용·고효율 중심의 민간 혁신

것으로 나타났다(한국항공우주연구원 2021, 83).

역량이 강화되고, 상업적 이용 목적의 인공위성 발사 등 새로운 비즈니스모델과 서비스를 제공하고, 관련 생태계가 급변하고 있는 추세이다 (안형준 외 2019; 신은정 외 2019). 특히, 최근 민간의 기술혁신 역량이 크게 높아지면서 '혁신을 위한 민관협력'의 우주산업 적용이 가속화되고 있다.

　그러나 국내의 우주 분야 민관협력 방식은 정부가 위성에 대한 수요를 제기하면 정부 산하 기관이 사업기획과 종합을 주관하고, 산업체는 개발 단계에서 일부 역할을 분담하거나 납품하는 '정부 주도의 민간계약' 관계에 머물러 있다. 이는 방위사업청 무기개발 체계와 유사한데, 합참과 군이 소요 제기를 하면 국방과학연구소가 체계 개발을 주도하면서, 민간기업들은 체계 개발 단계에서 일부 역할을 하거나 양산 단계에서 납품을 하는 방식이다. 물론, 정부 입장에서 연구개발사업은 주무 부처인 과학기술정보통신부뿐만 아니라 국토부, 산업부, 환경부, 기상청 등 수요 부처 입장에서도 예산 확보가 용이하다는 장점이 있다. 그러나 정부 측과 기업 사이의 수평적, 협력적 관계를 통한 기업의 기술역량 성장을 기대하기 어려우며, 사업의 주관기관으로서 체계 종합 역량과 기술 경쟁력을 높일 기회 역시 적다는 단점이 있다. 무엇보다 민간기업이 주도하여 참여할 경우, 제도상 인건비 및 수익이 매출로 인정받지 못해 기업은 주관기관으로 적극 참여하기에는 동인이 부족하다는 점이 지적되어온 상황이다. 이는 부품국산화 등 수출을 통한 민간의 수익 창출 전략의 부재와도 연결되기도 한다. 그동안 정부 주도의 위성개발사업을 통해 발사체, 위성 등 체계사업(system engineering)의 설계, 조립 능력은 세계적 수준에 도달했으나, 핵심부품은 여전히 해외 구매에 의존하는 경우가 많다는 지적이 줄곧 이어져 왔다.[8] 핵심부품의 해외 의존도가 지나치게 높으면 사업 예산의 증가와 사업 기간의 연장을 불러올 수 있을 뿐만 아니라,[8]정부 사업 예산의 많은 부분이 해외로 지출되어 국내 기업들은 기술 축적과 자생력을 가질 기회를 놓치게 된다.[9] 그러나 부품 국산화율의 산정 방식이나 목표가 실제 국내 산업 육성의 정책적 목표와 괴리가 있다는 지적 또한 제기되고 있다.

IV. '뉴 스페이스 시대 한국형 민관협력' 방향 탐색

그러나 뉴 스페이스 시대에 우주역량 강화를 위해서는 선진국들과 차별되는 한국의 우주개발 환경을 이해할 필요가 있다. 즉, 우주개발 역사, 기술, 인적자원, 자금 등의 많은 부분에서 선진국과 차이점이 존재하는 개발 환경을 고려한다면 타국의 민관협력 사례를 그대로 적용하는 데 제한점이 있다. 예를 들면 정부와 기업 간에 계약 유연화 방식을 추진했던 프랑스의 COD3, 개발 전주기 민관 컨소시엄 구성 및 협력을 추진한 일본의 JAXA, 공공 활용은 정부가, 상업적 활용은 민간이 독점하는 독일의 TerraSAR-X 등의 민관협력 사례들이 한국에 주는 시사점은 매우 크다고 할 수 있다. 그러나 선진국에서는 1980년대부터 우주산업이 단계적으로 민간에 이양되고 우주의 상업적 활용이 시작된 반면, 한국은 이제야 비로소 민간 참여가 활성화되고 있고, 해외 기업들

---

8   2020년 6월 제21회 국가과학기술자문회의 심의회의 운영위원회에서는 2019년 총 1017억 원이 투자된 '인공위성개발 사업군'이 특정 평가 대상으로 검토되었는데, 위성의 부품 국산화율이 50% 수준에서 답보 상태를 보이고 있다는 점이 문제점으로 지적되었다.

9   이러한 이유로 우리 정부는 2008년부터 우주핵심기술개발사업을 추진해 왔으며, 2021년부터 신설되는 '스페이스 파이오니어사업'을 통해 10년간 총 2,115억 원의 사업비가 첨단 우주 부품의 국산화에 투입된다. 이 사업을 통해 총 3,996억 원의 수입대체 효과와 97% 이상의 국산화율 달성을 목표로 하고 있다(산업일보 2020. 5. 1.).

과의 기술 격차, 협소한 국내시장 등의 구조적 한계를 고려하면 한국만의 차별되는 민관협력을 추진할 필요가 있다. 즉, '뉴 스페이스 시대 한국형 민관협력'이란 세계적 뉴 스페이스 환경 하에서 한국이 직면해 있는 관련 제약들을 효과적으로 극복하고 우주역량을 강화하기 위한 민관협력으로 요약될 수 있으며, 다음 사항들을 고려해야 할 것이다.

첫째, 시장과 기술적 측면에서 현재 한국의 우주역량과 민관협력 수준이 완전한 뉴 스페이스 환경이라기보다 전환기적 상황에 처해 있다는 사실을 인식하는 것이다. 즉, 현재 한국의 우주개발은 정부 주도에서 민간 주도의 민관협력으로 전환 중에 있으며, 이 과정에서 보완해야 할 요소들이 많다는 의미이다. 둘째, 뉴 스페이스 환경하에서는 우주안보와 상업적 영역의 경계가 명확하지 않거나 서로 교차하여 나타나는 동향이 많을 것으로 예상된다. 따라서 국가적으로나 우주산업 측면에서 투자의 중복을 방지하고, 시너지 확대를 위해서는 민관협력을 통해 관련 분야의 발굴 및 개발을 위해 노력을 강화할 필요가 있다. 셋째, 뉴 스페이스 시대가 주로 상업적 목적을 위주로 하는 특징을 가지나, 국가안보 목적의 우주역량 또한 지속적으로 요구될 것임은 미루어 짐작할 수 있다. 한국의 안보적 상황을 고려하여 동맹의 지원과 협력을 이끌어내고 우주역량 강화를 위한 비용 감소의 기제로 활용할 필요가 있다. 넷째, 민간의 세계 우주시장 진출을 위한 우주외교를 적극 활성화할 필요가 있다. 즉, 우주산업이 세계 시장으로 원활하게 진출하기 위해서는 우주 중견국의 입장에서 아르테미스 프로젝트와 같은 적극적인 국제협력사업의 참여가 필요하다. 이러한 노력들은 민간 산업 생태계 구축에 도움을 줄 수 있을 뿐만 아니라 기존 정부 주도의 패러다임과 비교 시 기술 확보를 보다 용이하게 할 수 있을 것이다.

1. 뉴 스페이스 시대에 부합하는 민관 통합 혁신생태계 강화

우주 분야의 민관협력은 국가 시장의 성숙도와 기술 수준이 그 수준을 결정하게 된다(안형준 외 2021, 12). 만약 시장이 미성숙하거나 기술 수준이 낮을 경우에는 우주 분야의 민관협력이 주로 정부 위주의 공공 시장 활성화를 위한 지원이나 기술이전에 집중될 것이다. 반면 시장이 성숙되었을 경우에는 정부가 기업에 직접 투자하거나 기업들이 공공의 필요 서비스를 구매하는 형태로 발전하게 된다. 시장의 성숙도에 따라 우주 분야의 민관협력은 다음 4가지로 구분된다. 즉, 민간 지원, 기술이전 → 정부 주도, 민간 계약 → 정부 투자, 민간 개발 → 민간 상품, 정부 구매가 그것으로 현재 한국의 민관협력 수준은 '정부 주도, 민간 계약'에서 3단계인 '정부 투자, 민간 개발'로 넘어가는 과도기에 있다고 볼 수 있다(안형준 외 2021, iv). 이 과정에서 극복해야 할 제약점으로는 단기간에 민간기업 인력의 확충 제한, 기반 제도나 규범의 부재, 관련 소재, 부품, 장비의 과다한 해외 의존 등 다수를 들 수 있다. 특히 소형위성 등 우주 사업이 급격히 확대될 것으로 전망이 되는 상황에서 민간 생태계 구축이 미흡하다는 점은 가장 근본적인 개선이 필요한 사안들이다.

이러한 차원에서 뉴 스페이스 시대의 우주역량 강화를 위한 민관협력의 첫 번째 지향점은 양자의 통합적 혁신 생태계의 강화이다. 민간기업의 우주 분야 진입 촉진을 위해 다양한 유인 제도를 마련하고 민간역량 조기 확보를 위해 장기적인 로드맵이 필요하다. 민간기업의 노하우 확보, 사업성 개선, 학습 기회 제공 등 향후 우주의 공공수요 확대에 대비하여 기술이전, 국내 우주산업 클러스터 구축을 통해 생산 및 기술협력 밸류체인을 구축하는 등 자생적 우주산업 생태계 조성이 요구된다. 이 과정에서 필수 국산 부품 우선구매 등을 적용시킬 필요가 있다. 다만, 여기서 유발되는 개발 시간 증가와 비용 상승의 문제를 민간에 어떻게 상쇄시킬 수 있는지 제도적 정비 역시 고려해야 하며, 우주 국가연구개발사업의 기획·평가는 민간 기술 습득과 축적 기회를 지속적으로 제공하는 데 초점을 맞춰 추진되어야 한다. 현재 NASA 등 선진국의 우주기구는 우주탐사 프로그램 등 정부 주도의 연구개발사업을 통해 기술이전 기회를 제공하여, 신규 시장을 창출하는 디딤돌로 활용하고 있음을 주목해야 할 것이다.

이 같은 목표는 결국 민간의 리스크를 얼마나 줄여주고 상호 신뢰를 구축할 수 있느냐에 달려 있다. 정부 우주개발사업에 대한 의존도가 매우 높은 국내 우주산업 생태계의 특성상, 민간기업의 장기적인 투자와 안정적인 고용을 늘리기 위해서는 국가우주개발사업 일정에 대한 정책 신뢰와 연속성을 높이는 일이 중요하다. 특히, 자체 연구개발 투자 의지가 약하고, 국가위성개발사업의 낙수효과만 기대하는 기업인들의 소극적인 자세를 바꾸기 위한 기업가 정신의 함양을 위한 여러 가지 자극과 동기부여의 기회를 제공하는 일도 필요하다.

정부고객 시장은 민간의 리스크가 작기 때문에 협력 방식을 할 경우 성공적인 경우가 많다. 성공적인 협력 사례를 보면 Skynet-5, TerraSAR-X의 경우 정부가 기업의 리스크를 줄여주어 정부미션 위성개발 및 운영을 완수한 성공적인 협력 방식으로 평가되고 있다(정지훈 2022, 8). 실제 사업이 지연되거나 중단한 사례들을 보면 기술적 예측과 수요 예측을 과대평가한 경향이 있다. 예상치 못한 수요 감소는 민간기업의 리스크를 증가시킬 뿐만 아니라 비용 일정 비효율성을 야기하였다. 따라서 사업 초기 사용자 수요를 정확하게 예측하는 것이 중요한 이유이다. 또한, 각국은 기업의 경쟁과 협력을 위해 경쟁

평가방식 등 공공민간협력의 정책수단을 다양화하고 있다. 미국은 단계식 검토(milestone review)를 거침으로써 다음 단계의 기술개발 계약 여부를 결정하고, 기업의 이익(예, IPR 인정)을 우주협력협약(Space ActAgreement)을 통해서 보장하고 있다. 이러한 방식은 국제우주정거장 운영과 달탐사 프로그램에도 도입하고 있다. 일례로, 일본은 우주혁신파트너십(J-SPARC) 프로그램을 신설하면서 민간 사업자와 JAXA가 사업화를 위해 개념 검토 및 기술 개발·실증 등을 실시하는 협력프로젝트를 병행 중이다.

이처럼 민관 통합적 우주산업 생태계를 활성화하기 위해서는 무엇보다 국가 우주개발 프로그램과 우주산업과의 조화를 통한 상호 발전이 필수적이며, 이를 위해서 국민적 공감대 형성을 통한 국가적 추진 의지가 필요하다. 더불어 민간기업의 기반 기술 제한, 우주 전문인력 부족, 정부 출연 기관의 기술이전 제한, 민간기업 자체 투자의 한계 등을 극복할 수 있도록 정부 차원의 지원 대책도 요구된다. 이와 함께 그간의 정부 주도의 연구개발 중심 체제에서 벗어나 민간 우주역량을 최대한 활용할 수 있도록 민간의 우주 참여 여건을 조성할 필요성도 제기된다. 즉, 정부 수요 측면에서도 과기부 외의 여러 부처(국토부, 환경부, 기상청 등)의 우주개발 수요 증가와 함께 국방 수요가 크게 증가할 것으로 예상되므로 정부 부문의 적절한 수요관리도 함께 병행하는 것이 바람직할 것이다.

2. 시장-우주안보의 교차영역에서의 전략적 민군협력 지원

우주기술은 단순 R&D를 넘어서 안보, 미래성장동력, 국제 외교관계 등 국가 차원에서 임무를 결정해야 할 전략적 핵심기술로 변모하고 있다. 모든 우주활동의 시작점이라 할 수 있는 발사체뿐만 아니라, 정찰, 정밀유도무기 운용, 작전 통신에 필수인 위성에 이르기까지 우주의 새로운 전략적 가치와 기회를 인지하고 국내 우주개발의 현재 수준과 한계점을 명확히 인식할 필요가 제기되는 것이다. 특히, 민군 겸용 위성 체계는 중복 투자 방지를 위해 기존 민간역량 활용 극대화가 필요하며, 민군 공동 활용이 가능한 공통플랫폼 개발을 통한 비용 절감 및 산업화 촉진 필요하다. 미국의 아르테미스 프로그램에서 보듯이 민간, 상업 부문에 대해 주체 구분 없이 우주기술을 강화하고 있으며, 민관협력 사업에서는 기반시설, 인력, 기술을 적극 공유함으로써 투자 중복 회피 및 시너지 효과를 꾀하고 있다(이성훈 2022, 12).

이처럼 뉴 스페이스 시대에 우주산업과 우주안보의 교차영역이 증대될 것임에 따라 개발 주체 측면에서 거버넌스의 개선의 필요성은 지속적으로 제기될 것으로 전망된다. 이미 우주개발 선도국들은 안보와 산업, 군용과 상용의 전통적인 이분법을 탈피하여 상호 유기적인 활용성을 극대화하는 방향으로 프로젝트를 추진하고 있다. 그리고 이 과정에서 민관협력의 효율성을 극대화하기 위해 정부·산업체·기업 간 협의체를 구성하고 소통을 강화 중이다. 현재 우주개발에서의 세계적인 흐름은 전통적인 안보 부문과 상업적/비전통적 안보 부문 간의 경계 소멸과 공통 기술 부문의 확장이라 볼 수 있다. 이 같은 추세를 고려하여 파편적인 개발 시 예산과 기술역량이 제한된 현실에서 막대한 투자에 대한 사회적 공감을 얻기 어려울 것이다. 선택과 집중이 필요함에 따라 두 영역이 교차하는 분야를 전략적 우선순위로 책정할 필요성이 제기된다. 이 같은 공통 분야의 발굴은 명확한 소요와 장기적 투자가 가능한 군과 수익성 높은 시장 창출이 필요한 민간의 불확실성을 완화함으로써 민군협력을 강화할 수 있을 것이다.

인공위성항법시스템과 같이 상업적으로 파급효과가 크고 군사적으로 자립이 필요한 분야로서 '한국형 GPS 구축'과 같은 프로젝트를 들 수 있다. 초정밀 위치항법시각 정보는 미래 성장동력인 자율주행, 드론, 도심항공교통 등에 활용될 수 있어 경제적 파급효과가 크며, 향후 위성항법정보 기반의 재난 방재시스템 구축과도 연결, 공공 인프라로서 국민경제적 편익을 제고할 수도 있다. 물론, 해외에 의존하지 않는 항법정보 역량의 확보는 국방 자립을 통한 군사력 증진 효과와도 밀접하다 할 수 있을 것이다. 현재 미국, 러시아, 중국, EU, 일본, 인도 등 6대 우주강국만이 독자 항법위성을 보유하고 있는 상황이다(정지훈 2022, 34).

표 11.3 우주산업과 우주안보의 영역별 핵심 우주기술

우주자산 지향	주요 시장 영역	상업+군사안보 영역	주요 군사안보 영역
지상→우주	• 궤도 및 주파수 경쟁 • 우주교통관제(STM)	• 발사체 • 초소형 위성 • 우주상황인식(SSA)	• 적대위성 요격 • 우주지향성 무기 • GPS 신호 방해
우주→우주	• 비의도적 위성 간 충돌 • 우주교통관제(STM)	• 우주기상(태양풍 등) • 우주파편, 쓰레기 제거 • 우주상황인식(SSA) • 전파장애	• 타위성으로부터 신호 방해 • 의도적인 위성 충돌 • 위성 공격무기
우주→지상	• 소행성충돌 • 우주물체 추락 • 우주교통관제(STM)	• 우주기상(태양풍 등) • 위성항법 • 우주상황인식(SSA)	• 지구지향성 무기 (탄도미사일 등) • 정찰, 감청 위성

출처: 공군본부(2019); 임종빈(2021); 이성훈(2022)를 종합하여 정리.

3. 한미동맹 차원에서의 우주협력 강화

한국은 세계 7위권의 우주 중견국이지만 6위 이내의 국가들과 비교할 경우 우주역량의 격차가 엄연히 존재한다. 따라서 미국과의 협력을 통하여 이러한 격차를 줄이는 것은 물론 우주 기술 확보, 소재 및 부품의 안정적인 글로벌 공급망 구축, 전문인력 양성 등에서 우주역량을 강화해 나가야 한다. 미국도 우주력 개발에 소요되는 막대한 비용을 감소하기 위해 동맹국들과 협력을 강화하여 비용을 분담하는 노력을 병행하고 있는 점을 십분 활용할 필요가 있다. 대표적인 예로 미국은 쿼드(QUAD)와 오커스(AUKUS)에서 우주와 사이버 안보에서의 협력에 대해 적극적인 행보를 하고 있으며, 한국, 일본, 호주 등과 양자적으로 우주협력을 강화하고 있기도 하다.

　한미 간 효과적인 우주협력을 위해서는 우선적으로 정책적 차원에서 정부, 민간 대화를 투트랙으로 병행할 필요가 있다. 지금까지 한미 간 우주협력을 보면 주로 정부 간 대화체를 중심으로 운영되어 왔으나, 최근에는 민간 우주대화 신설을 계기로 다양화되는 추세를 보이고 있다. 한미 간의 본격적인 우주협력은 2014년 제1차 민간 우주대화를 계기로 시작되었다. 2014년 한미 과학기술공동위원회 고위급 회담의 후속 조치 성격으로 1차 대화가 개최되었고, 2016년 2차 대화가 개최되었으나 그 후로 6년 넘게 진행되지 않았다. 2022년 한미 정상회담 후속으로 제3차 한미 민간 우주대화를 개최하였고, 우주탐사와 우주산업, 위성항법, 우주정책 등 우주 분야 전반에 대한 구체적인 협력 방안을 논의하였다. 3차 대화에서는 향후 민간 우주대화를 정례화해 우주 분야 기술 교류 등 다양한 분야의 협력 의제를 발굴할 것을 협의하였다.

　2015년 1월에는 제1차 한미 우주정책대화가 개최되었다. 이 대화는 2014년 한미 외교 국방 2+2회의의 후속 조치 성격으로 2016년 7월 2차 대화가 열렸으며, 2020년 7월 3차 대회를 계기로 정례화에 합의했다. 2016년 2월에는 평화적 우주개발을 위한 기술 교류의 차원에서

'한미 우주협력협정'을 아시아권에서는 최초로 합의하였다.[10] 이 협정은 한미 간 외기권 탐사 및 이용을 위한 향후 협력 조건을 규정하고 있다. 또한 우주 탐사 분야에 있어 양측 정부 간 협력에 관한 법적인 틀을 수립하여 미래 협력을 촉진하려는 의도로 체결되었다. 이 협정은 과학 데이터의 교환과 전문가 교류를 통해 행성 탐사나 지구관측 등에 관해 협력을 강조함으로써 한국형 발사체 '누리호'와 '한국형 달착륙선' 등 우주산업 전반에 큰 영향을 미치고 있다.

한편 2021년 한미 정상회담에서 한국의 아르테미스 프로그램 참여, 한미 위성항법 협력 공동성명 등이 발표되었으며(송근호 2021, 95, 109-111), 2022년 5월 한미 정상회담에서는 이에 더 나아가 우주 관련 전 분야에서 한미협력을 강화하겠다는 의지를 보였다. 특히 미국의 유인 달탐사 프로그램인 '아르테미스' 성공을 위한 공동연구 등을 강화하기로 하였으며, 한국형 달궤도선에 유인 달탐사 착륙지를 탐색하는 장비인 NASA의 '새도캠'을 싣는 등 우주 분야 협력을 이어가고 있다. 또한 2031년을 목표로 기획 중인 한국 달착륙선 사업에서도 양국의 지속적인 협력과 더불어 한국형 위성항법시스템(KPS) 개발 지원도 강화해 나가기로 하였다. 이 외에도 한미 우주정책대화 개최 및 양국 우주산업에 관한 협력 강화, 안전하고 지속가능한 우주환경 확보를 위한 지속적인 협력 등이 주요 골자였다. 2022년 11월에는 제5차 우주정책대화를 갖고 5월 한미 정상회담 시 합의 사항인 '우주협력의 전 분야에 걸친 한미동맹 강화'를 위한 구체적 방안에 대해 협의를 실시했다. 이 대화에서 한미 양측은 우주의 평화적 이용 및 '안전하고 안정적이고 지속가능한' 우주 환경 조성을 저해하는 우주 위협에 대한 평가를 공

---

10   정식 명칭은 「대한민국 정부와 미합중국 정부 간의 민간과 평화적 목적의 항공 및 대기권과 외기권의 탐사와 이용에서의 협력을 위한 기본 협정」이다.

유하기로 하였다.

국방 분야에서 한미 간의 우주협력은 2012년 한미연례안보협의회의(SCM)에서 '한미 국방우주협력회의' 약정을 체결한 후 국방우주 정책협의체인 SCWG(Space Cooperation Working Group)를 2013년부터 매년 개최하고 있다. 특히 2020년 제14차 SCWG에서 한국 측이 처음 제안한 '한미 우주정책 공동연구'를 2년간의 논의 끝에 2022년 18차 회의에서 최종 합의해 서명함으로써 양국의 국방우주협력에 대한 본격적인 토대를 마련하였다. 그 주된 내용은 한미 간 우주역량 강화를 위해 우주 영역에 대한 공통된 인식을 위한 정보 공유, 연습과 훈련 참여 등을 통한 우주 전문인력 양성, 상호 운용성 향상을 통한 연합우주작전 수행 능력 제고 등 국방우주협력을 지속하기로 하였다.

위에서 본 바와 같이 우주 분야에서 한미 간의 협력은 '우주동맹'으로 확장을 꾀하고 있다. 전통적인 군사혈맹 관계를 과학기술과 우주 분야로 진화시켜 나가고자 하는 것으로 그 중심에 바로 우주협력이 놓여 있다. 이를 위해서는 고위급 우주안보대화, 민간 우주대화 등의 정책 대화체와 더불어 민관협력을 통해 이러한 협조 노력을 강화해 나가는 것이 필요하다.

4. 민간의 세계 우주시장 진출을 위한 우주외교 논의 주도

국내 우주산업 규모는 세계시장의 0.9%에 불과하며, 정부 수요만으로 민간기업의 수익성 확보는 어려운 것이 현실이다. 또한, 내용적으로도 국내 수출은 소형위성, 위성방송통신, 위성안테나 및 위성수신 단말기가 대부분을 차지하고 있다. 결국, 국내 내수 수요 확대와 함께 새로운 수출시장 모색이 필요한 상황이다. 따라서, 국제협력 및 외교적 노력을 통해 국제 우주질서 형성에 참여하고 세계 우주시장 진출 방안을 적극적으로 모색해야 한다. 그동안 한국은 기술에 중점을 둔 우주개발에 치중해온 관계로 기술개발과 양자 간의 기술협력은 잘되고 있으나, 국제적인 우주외교의 장에서는 관심이 저조해온 것이 사실이다. 따라서 우주상황인식(SSA), 우주교통관리(STM) 등 우주의 지속성 확보를 위한 새로운 체제 구축에 동참하고 우주자원 활용 등 국제적 우주외교 논의에 적극적으로 참여할 필요성이 제기된다.[11] 이를 통해 우주자원 탐사, 유인우주기지 건설 등 미래 우주활동 참여를 위한 국제협력사업에 주목할 필요가 있다.

나아가 해외 수출시장 개척과 국제무대에서 우주규범 관련 한국의 발언권을 강화하기 위해 정부·민간 차원에서의 외교적 노력도 중요하다. 첫째, 공적개발원조(ODA) 등을 활용한 개도국과의 우주협력을 추진할 필요가 있다. 중국의 경우 정부 차원의 우주 관련 협력 협정 추진 → 국가항천국이 상대국의 우주기관과 협력 체결 → 국가항천국 산하의 공간기술연구원이 위성을 개발 → 중국 장성산업공사에서 개도국의 위성을 발사해 주고 있다. 이때 개도국은 우주개발을 위한 비용이 부족하기 때문에 중국 국가개발은행이 차관을 제공해서 해당 국가가 우주개발을 수행하는 데 지원하고 있다. 일본의 경우, 동남아 및 남미 등의 우주 신흥국을 대상으로 방송/통신/재난감시 등 소형위성 분야 시장에 집중해서 양자 간 ODA를 통해 무상 지원을 원칙으로 지원하고 있다. 한국의 경우 중국과 일본의 사례를 반영하여 유상원조와 무상원조를 적절히 혼용하는 전략을 수립할 필요가 있다. 즉 수출기반협

11　우주의 지속성 확보와 우주질서 논의를 위한 플랫폼으로는 UN COPUOS, UN CD(군축회의), PAROS GGE(군비경쟁 방지 정부 전문가회의), MTCR(미사일기술 통제체제) 등이 대표적이다(정지훈 2022, 9).

력과 관련해서 ODA 및 대외경제협력기금(EDCF) 차관 방식으로 개도국 지원이 가능할 것이다.

둘째, 기후변화, 재난관리 등 글로벌 현안 해결에 우주기술을 활용하는 국제기구에 적극적으로 참여하여 국가 위상 제고와 더불어 우주 분야에서 우리의 외교역량을 강화해 나가야 한다. 예를 들면 UN SPIDER(UN 주관 재난관리 프로그램), 지역 재난관리 협력체제인 Sentinel Asia, 국제적 재난관리체제인 International Charter 등으로 우리의 위성영상 자산을 제공하는 등 재난 예방 지원 활동을 수행할 필요가 있다. 이와 관련하여 국제우주연맹(IAF), 아태지역우주기관포럼(APRSAF), OECD Space Forum 등 국제적 수준의 비정부 간 국제기구에서의 활동도 강화할 필요가 있다.

셋째, 장기적으로는 세계 우주시장 형성에 중요한 영향을 미치는 핵심 의제 탐색과 규범 정립 논의에 적극적으로 참여해야 한다. 최근 우주 활동 및 행위자의 증가와 함께 신규 국제규범 제정 논의가 구체화되고 있는 가운데 적극 참여로 향후 우리의 실익을 투영할 수 있는 교두보를 마련해야 하는 것이다(이성훈 2022, 18). 예를 들어 유엔 총회 1위원회(국제안보/군축 분과), 유엔 외기권평화적이용위원회(UNCOPUS) 등 규범 수립 과정에 동참하여 우리 입장을 반영하거나 유엔을 중심으로 한 다자 차원의 우주협력 논의와 더불어 우주쓰레기 문제 등 이슈를 주도할 의제들을 개발한다면, 향후 이 분야에서의 선도적 역할을 배양할 수 있을 것이다.

현재 우주산업에서 국제규범에 대한 논의는 미국 주도로 주요 규범들이 구성되어질 가능성이 높기 때문에 이에 대한 선제적인 대응이 필요한 분야이기도 하다. 우주쓰레기 문제와 우주교통관리(STM) 관련 국제규범 제정 논의가 활발한 상황이며, 미국과 일본이 위의 논의들에 대해 국내 입법을 통해 여건을 조성하고 있는 점을 감안하여 우리 역시 관련 국내법적 기준들을 마련해야 한다. 미국, 호주, 인도 등 양자 차원에서 협력관계 구축을 통해 과학기술 및 국방 측면에서의 우호적 환경을 구축해나가야 할 것이다. 특히 미국과는 한미미사일협정 폐지를 바탕으로 ITAR로 대표되는 발사체 및 우주부품의 수출통제 부분에서도 협력을 강화하는 것이 향후 자체 우주력 강화 제약을 개정해나갈 수 있는 교두보로 활용할 수 있다. 이를 위해 한미 간 고위급 우주안보 대화 채널이나 호주, 일본, 프랑스, 인도 등과의 양자 군축·비확산 협의를 계기로 우주협력 논의로 이어질 필요가 있다.

V. 결론

살펴본 바와 같이 우주산업은 뉴 스페이스 시대의 새로운 도약기를 맞고 있다. 이에 따라 최근 민간기업과 공공연구시스템 사이에 협력체계를 구축하는 민관협력이 창출할 혁신동력 또한 우주산업의 고도화에 중요한 기제가 될 것이다. 민관협력은 과거 국가 시스템 전체의 역량과 성과를 제고하기 위한 목적으로 민간의 혁신 역량 제고를 위한 공공의 투자 또는 기술이전 등을 통한 공공 연구개발 성과 확산이 주된 관심이었다. 이제는 기술혁신 주체 사이에 능동적·유기적 연계와 파트너십의 중요성이 강조되어야 한다. 또한, 협력 과정에서 민관 혁신 주체 간 시너지를 강화하고 더 나은 제도 개선을 추진해가는 동력으로 기능해야 할 것이다. 나아가 시각을 보다 확장하여, 정부 간 협력, 인류의 우주공간 활용을 둘러싼 국제규범 마련, 다국적기업 간 전략적 제휴 또한 염두에 두고 추진되어야 한다.

이제 뉴 스페이스 패러다임은 우주개발의 상업화와 민간 참여의 확대 정도의 의미를 넘어서, '기존의 국가-거대기업 중심의 우주개발이 민간-중소기업으로 초점이 변환되면서 나타나는 우주산업 생태계의 총체적인 변화'로 통용되고 있다. 그러나 정부는 여전히 뉴 스페이스 기업의 성장에 결정적인 역할을 해 왔으며, 앞으로 그 역할이 더 중요해질 것이다. NASA의 경우, 현재 추진 중인 달탐사 프로젝트까지 많은 우주프로그램을 이러한 민관협력 방식으로 추진하면서 민간의 기술혁신을 촉진하고 이해관계자를 적극적으로 조정하는 중요한 역할을 수행하고 있다. 또한, 전통적인 우주산업 측면을 보더라도 록히드 마틴이나 보잉 같은 기존 우주강자들이 생산 효율화를 위한 신기술을 적극적으로 접목하고 있으며 변화에 적극적으로 대응하고 있는 점이 관찰된다. 즉, 우주산업은 거대기업-신생기업 간의 기술혁신 경쟁뿐만 아니라 글로벌 가치사슬의 형성과 편입 노력을 통해 공존할 것으로 전망된다. 특히, 뉴 스페이스에서 발견되는 중요한 특징 가운데 하나가 상이한 가치사슬 또는 분야를 통합하는 비즈니스의 확장 방식이다. 위성 부품 제조, 위성체 체계 제조, 서비스, 단말기 등 시장 구분이 뚜렷했던 과거와 달리, 최근에는 적극적인 기업 간 인수·합병으로 제조뿐만 아니라 최종 활용 서비스를 통합적으로 제공하는 기업이 느는 추세이며 시장 성숙에 따라 궁극적으로는 대기업 중심으로 재편될 것이라는 전망도 제시되고 있다.

국내 우주산업은 다수 기업이 영세한 규모로 독자적인 비즈니스모델 개발이나 해외 시장 개척보다는 정부 우주개발사업에 용역 형태로만 참여해왔던 만큼, 민간기업 스스로가 장기적인 목표를 갖고 투자와 고용을 확보할 수 있도록 국가우주개발사업 과정의 장기적인 비전과 계획에 대한 정책 신뢰도를 높이는 일이 필요하다. 특히, 기업을 혁신

투자의 파트너로 역할을 강조하는 민관협력 정책설계로의 전환을 고민해야 한다. 또한, 시장활성화 관점에서 민간 투자를 유인하기 위해 우주개발에 민간기업이 일정 비율을 투자하고, 위성 운용이나 위성 데이터의 활용 기회를 열어줌으로써 국가적인 우주력 향상과 민간의 투자 회수를 매칭시켜줄 수 있는 후속적인 제도 기반이 뒷받침되어야 한다.

마지막으로 뉴 스페이스 패러다임이 정책적 구호나 뉴스 제목의 선정적 구호에만 머문다면 국내 우주개발 민관협력의 실효적 개선을 위한 기제로 활용하기 어려울 것이다. 즉, 현실을 외면한 채 선도국들의 뉴 스페이스 담론 그대로를 수용한다면, 이는 우리의 우주개발 역량 증진이나 혁신과는 동떨어진 진단과 처방으로 이어질 수도 있을 것이다. 특히, 3,40년 이상의 우주개발 역사를 통해 민간에 점진적으로 산업적 역할을 이양해왔던 주요 선도국들과 달리, 한국은 최근에야 민간 참여가 활성화되고 있는 상황이다. 이 같은 구조적 한계를 염두에 둔다면 뉴 스페이스라는 외부적 환경 변화뿐만 아니라 우리만의 특수한 단계와 여건을 종합적으로 고려한 민관협력의 방식을 정립할 필요성이 제기된다. 이 같은 한국적 현실에 기반한 정책 진단과 민관의 관계 정립이야말로 레토릭 차원을 넘어 우주개발의 실질적 전진을 위한 출발점이 될 것이다.

참고문헌

강문수. 2011.『민관협력(PPP, Public Private Partnership) 활성화를 위한 법제개선연구』.
　　한국법제연구원.
공군본부. 2019. "하늘로! 우주로! 우주를 이해하면 미래가 보인다!"『월간 공군』487: 46-47.
김상배. 2022. "미래전의 시각으로 본 우크라이나 전쟁."『Issue Briefing』173.
김종범 외. 2022.『주요국의 우주개발관련 민간참여 현황조사』. 대전: 한국항공우주연구원.
과학기술정보통신부. 2020.『2020년 우주산업 실태조사』. 과학기술정보통신부.
관계부처합동. 2018.『제3차 우주개발 진흥 기본계획(안)』. 과학기술정보통신부.
＿＿＿. 2022.『제4차 우주개발 진흥 기본계획(안)』. 과학기술정보통신부.
대덕 넷 헬로디디. 2020. "미국보다 한수 위, 日 소행성 탐사 성공비결: 300개 기업의 협력."
　　12월 11일.
마리아나 마추카토. 2015.『기업가형 국가』. 서울: 매일경제신문사.
산업일보. 2020. "첨단 우주산업에 사용되는 부품 국산화, 우주산업 육성 가속화." 5월 1일.
성태경·이원경. 2008. "연구개발시스템에서 공공-민간 파트너십."『과학기술정책』18(5):
　　100-112.
송근호. "한미 우주협력: 우주개발 협력 이슈와 협력 강화 방안에 대한 제언."『국가전략』
　　27(4): 95-126.
신은정·이세준·서지영·안형준·장필성·강민지·박현준·손수아·이민형·손수정. 2019.
　　『국내외 혁신연구 동향 분석 및 제도혁신 전략 연구』. 세종: 과학기술정책연구원.
안형준. 2021. "Intro: 뉴 스페이스(New Space)가 식상해(old)지기 전에."『Future
　　Horizon+』51: 3-6.
안형준·박현준·강민지·유지은. 2021. "뉴 스페이스 시대, 우주산업 경쟁력 제고를 위한
　　민관협력 확대 방안."『STEPI Insight』273.
안형준·박현준·이혁·오승환·김은정. 2019.『뉴스페이스(New Space) 시대, 국내우주산업
　　현황 진단과 정책대응』. 세종: 과학기술정책연구원.
안형준·손수정·강민지. 2020. "민관협력 기반 성과 창출을 위한 R&D제도 개선방안:
　　우주개발 분야를 중심으로."『혁신성과 제고를 위한 정부 R&D 제도 개선방안(4권)』.
　　세종: 과학기술정책연구원.
오혜. 2022. "국가우주조직체계 및 국방 우주전문인력 발전에 대한 제언."『대한민국
　　공군발전협회 제10차 안보학술회의 자료집: 우주경쟁시대의 생존전략』.
외교부 중남미 자원·인프라·신산업협력센터. 2020. "2020년 중남미 PPP 시장 현황."『라틴
　　인더스트리 NOW』. https://energia.mofa.go.kr/WZ/WZ_202/html/special_topic3.
　　html (검색일: 2023.1.28.).
윤정현·박병원·백서인·박현준. 2021.『안보 관점에서 본 미래 기술전망』. 서울:
　　한국보안정보연구원.
이성훈. 2022. "New Space 시대 한국의 우주력 개발방향: 개발 주체, 영역, 규범을 중심으로."

『INSS 전략보고』195.

이민형 외. 2010. 『거대과학 종합관리체계 구축 및 추진 전략』. 서울: 과학기술정책연구원.

임종빈. 2021. "국가우주개발 30년, 우주정책의 역할과 방향." 『STEPI 국가우주정책연구센터 우주정책포럼』.

_____. 2022. "우주안보 개념의 확장과 국방우주 중요성 증대 시대의 우리의 대응 자세." 『SPREC Insight』.

이준. 2021. "Intro: UAM도입과 뉴 스페이스 시대, 새로운 전환기로 접어든 항공우주 분야." 『기술과 혁신』449: 8-9.

정귀일. 2021. "우주산업 가치사슬 변화에 따른 주요 트렌드와 시사점." 『TRADE FOCUS』 2021-29. 한국무역협회.

정지훈. 2022. "뉴 스페이스 시대, 우주선진국으로 가는 지름길." 『KISTEP 수요포럼 포커스』.

정헌주. 2021. "미국과 중국의 우주 경쟁과 우주안보딜레마." 『국방정책연구』37(1): 9-40.

한국산업기술진흥원. 2013. "주요국 민관 파트너쉽 현황: 유형 및 운영의 시사점." 『KIAT 산업기술정책브리프』2013-38.

한국항공우주연구원. 2021. 『뉴 스페이스 스타트업 생태계 현황과 스케일업 지원방안』. 대전: 한국항공우주연구원.

BBC Korea. 2022. "다누리 발사: '우주경제' 준비하는 한국…기대와 한계는." 8월 4일. https://www.bbc.com/korean/features-62406756 (검색일: 2023.2.18.).

BryceTech 2020. "Breaking Defense graphic from Bryce Space and Technology data."

CSIS. 2020. "Space Environment: Total Launches by Country." https://aerospace. csis. org/data/space-environment-total-launches-by-country (검색일: 2022.3.2.).

DIA. 2022. *Challenges to Security in Space: Space Reliance in an Era of Competition and Expansion*. Defense Intelligence Agency.

Ehrenfreund, Pascale. 2022. "New Space Economy." *Seoul Forum 2022 'How Korea's New Growth Strategy: Bold Challenge to Find a Way in Space'*. June 16.

Hodge, G. A. and C. Greve. 2007. "Public–Private Partnerships: An International Performance Review." *Public Administration Review* 67(3): 545–558.

Mihaly, Heder. 2017. "From NASA to EU: the evolution of the TRL scale in Public Sector Innovation." *The Innovation Journal* 22: 1-23.

Morgan Stanley. 2017. "Space: Investment Implications of the Final Frontier" (12 Oct.).

_____. 2019. "Investment Implications of the Final Frontier."

Linder, S. H. and P. V. Rosenau. 2000. "Mapping the Terrain of the Public-Private Policy Partnership." in P. V. Rosenau (ed.). *Public Private Policy Partnerships*. Cambridge, MA: MIT Press.

Roehrich, Jens K., Michael A. Lewis, and Gerard George. 2014. "Are public–private partnerships a healthy? A systematic literature review." *Social Science & Medicine* 113: 110–119.

Satnews. 2022. "Capella Space Publishes SAR Imagery Of The Ukraine-Russia Crisis."

https://news.satnews.com/2022/02/28/capella-space-publishes-sar-imagery-of-the-ukraine-russia-crisis/ (검색일: 2023.2.24.).

Satellite Industry Association. 2021. "Global Satellite Industry findings." NY: SIA.

Trinita Del Monti. 2020. "The Newspace paradigm: SpaceX is just the beginning." June 15. http://trinitamonti.org/2020/07/15/the-newspace-paradigm-spacex-is-just-the-beginning/ (검색일: 2023.4.28.).

Zubrin, Robert. 2022. "The case for space: how Korea can become a leader in the spaceflight revolution?" *Seoul Forum 2022 'How Korea's New Growth Strategy: Bold Challenge to Find a Way in Space'*. June 16.

찾아보기

지은이

신범식 서울대학교 정치외교학부 교수

서울대학교 외교학과에서 학사와 석사과정을 마치고 모스크바국제관계대학교에서 정치학 박사학위를 취득했다. 서울대학교 국제문제연구소 소장 및 아시아연구소 부소장을 맡고 있다. 국회, 외교부, 통일부, 국방부, 법무부, 합동참모본부, 북방경제협력위원회 등에서 정책 자문 활동을 하였다. 주요 연구 분야는 유라시아국제관계, 러시아 외교안보, 환경·에너지 국제정치, 메가아시아 및 비교지역연구 등이다. 주요 저술로 『21세기 유라시아의 도전과 국제관계』(2006), 『유라시아의 지정학적 중간국 외교』(2022), 『메가아시아의 형성과 동학』(2023) 등이 있다.

김상배 서울대학교 정치외교학부 교수

서울대학교 외교학과를 졸업하고 동 대학원에서 석사학위를 받은 뒤 미국 인디애나대학교에서 정치학 박사학위를 받았다. 서울대학교 국제문제연구소 미래전센터장을 맡고 있으며, 한국국제정치학회 회장을 역임하였다. 주요 연구 분야는 신흥안보, 사이버 안보, 디지털 경제, 공공외교, 미래전, 중견국 외교 등이다. 대표 저서로 『미중 디지털 패권경쟁: 기술·안보·권력의 복합지정학』(2022), 『버추얼 창과 그물망 방패: 사이버 안보의 세계정치와 한국』(2018), 『아라크네의 국제정치학: 네트워크 세계정치이론의 도전』(2014) 등이 있다.

김양규 동아시아연구원 수석연구원

서울대학교 정치외교학부 강사를 겸임하고 있다. 서울대학교에서 불어교육·외교학 학사와 외교학 석사학위를, 플로리다인터내셔널대학교에서 국제정치학 박사학위를 받았다. 플로리다인터내셔널대학교 겸임교수와 컬럼비아대학교 살츠만전쟁평화연구소에서 방문학자를 지냈다. 주요 연구 분야는 강압외교, 핵전략, 세력전이, 미중관계, 북핵문제, 그리고 국제정치 및 안보이론이다.

송태은 국립외교원 안보통일연구부 조교수
서울대학교에서 외교학 박사학위를 받았다. 현재 정보세계정치학회 총무이사, 한국
사이버안보학회 편집위원장, 한국정치정보학회 연구이사, 국회도서관 의회정보자
문위원(외교분과)이며, 주요 연구 분야는 신기술, 사이버 안보, 정보전·심리전·인지
전, 하이브리드전 등 신흥안보 분야이다. 주요 논문으로는 "북한의 사이버 위협 실
태와 우리의 대응"(2023), "연합 사이버 전력의 역할과 한미 사이버 안보협력의 과
제"(2023), "현대 전면전에서의 사이버전의 역할과 전개양상"(2022), "러시아-우크
라이나 전쟁의 정보심리전"(2022) 등이 있다.

성기은 육군사관학교 정치사회학과 교수
육군사관학교를 졸업하고 연세대학교에서 석사학위를 받은 뒤 미국 아이오와 주립
대학교에서 박사학위를 받았다. 현재는 육군사관학교 정치사회학과장을 역임하고 있
다. 주요 연구 분야는 국제분쟁, 자연어 분석, 통계적 방법론, 미래전이다. 주요 논문으
로는 "한국의 군사혁신(RMA) 담론연구"(2022), "한국 육군 개혁 담론의 구성에 관한
연구"(2022) 등이 있다.

임경한 해군사관학교 군사전략학과 교수
해군사관학교를 졸업하고, 한국개발연구원 국제정책대학원(KDI School)에서 석사
학위를 받았으며, 서울대학교 국제대학원에서 박사학위를 취득하였다. 연구 분야는
강대국의 안보 경쟁과 주요 국가들의 군사전략 및 해양전략이다. 최근 주요 저서로는
"Impacts of Russia-Ukraine War on East Asian Regional Order"(2022), "미국의
파트너십 확대를 통한 대(對)중국 견제 전략과 함의"(2022), 『우주 전장시대 해양 우
주력』(2022) 등이다.

엄정식 공군사관학교 군사전략학과 교수
서울대학교에서 외교학 박사학위를 받았다. 현대 한미 외교사와 국방안보 문제를 연
구해왔으며, 공군사관학교에서 국가안보론, 미래전연구 등을 강의하고 있다. 근래에
는 우주안보 연구와 교육에 매진하고 있으며 군사우주전략, 공군우주조직, 해군우주

작전 등 정책연구와 조기경보위성체계 등 국방우주기술 연구에도 참여했다.

이승주 중앙대학교 정치국제학과 교수
연세대학교 정치외교학과를 졸업하고, 미국 캘리포니아대학교 버클리캠퍼스에서 정치학 박사학위를 받았다. 주요 논저로 "South Korea's Economic Statecraft in a Risky High-Tech World"(2022), "Changes in Interdependence, US-China Strategic Competition, and the New Dynamics of the East Asian Regional Order"(2022),『패권의 미래: 미중 전략 경쟁과 새로운 국제 질서』(2022) 등이 있다.

윤민우 가천대학교 경찰안보학과 교수
성균관대학교 정치외교학과를 졸업하고 미국 인디애나 주립대학교에서 석사학위를 받은 뒤 미국 샘 휴스턴 주립대학교 형사사법대학에서 범죄학 박사를 그리고 서울대학교 외교학과에서 국제정치학 박사학위를 받았다. 대표 저서로는『폭력의 시대 국가안보의 실존적 변화와 테러리즘』(2017),『모든전쟁: 인지전, 정보전, 사이버전, 그리고 미래전쟁에 대한 전략이야기』(2023), "Cyber cognitive warfare as an emerging new war domain and its strategies and tactics: Cases of Russia Ukraine war and violent extremism"(2022) 등이 있다.

홍석훈 창원대학교 국제관계학과 부교수
미국 조지아대학교에서 정치학 박사학위를 받았다. 통일연구원에서 기획조정실장 및 연구위원으로 재직하였으며, 동북아 국제관계, 북한정치, 사이버 안보, 지방 공공외교 등 다양한 분야에서 연구를 수행하고 있다. 주요 저서로는 *STRATEGIES OF SURVIVAL: North Korean Foreign Policy under Kim Jong-un*(공저, 2023),『12개 주제로 생각하는 통일과 평화, 그리고 북한』(공저, 2022) 등이 있다.

윤정현 국가안보전략연구원(INSS) 부연구위원
서울대학교에서 외교학 박사학위를 취득했다. 외교부 경제안보외교센터 자문위원으로 활동하고 있으며, 과학기술정책연구원(STEPI) 선임연구원, 국가과학기술자문회의 전문위원을 역임하였다. 전문 분야는 신기술과 기술지정학, 메타버스, 신흥안보 및 미래리스크 연구이다. 주요 논저로 "반도체 공급망 안보의 국제정치"(2023), "메타버스 시대 남북 교류·협력의 가능성과 숙제"(2022), "디지털 안전사회의 의미"(2022), "국방분야의 인공지능 기술도입의 주요 쟁점과 활용 제고 방안"(2021), "신흥안보 위험과 메타거버넌스"(2020) 등이 있다.

Challenges of Future Warfare
and Aerospace Industry

....

Challenges of Future Warfare and Aerospace Industry
Edited by Shin, Beom-Shik

Publisher: Sahoipyoungnon Academy Co., Inc., 2023
56 World Cup buk-ro 6-gil, Mapo-gu, Seoul, 03993, Korea
http://www.sapyoung.com
ISBN 979-11-6707-127-9 93340